Hermann Rudolph

BERLIN –
Wiedergeburt einer Stadt

Mauerfall, Ringen um die Hauptstadt,
Aufstieg zur Metropole

QUADRIGA

Dieser Titel ist auch als E-Book erschienen

Die Orthografie der Zitate wurde angepasst an die Regeln
der neuen deutschen Rechtschreibung.

Originalausgabe
Copyright © 2014 by Bastei Lübbe AG, Köln
Textredaktion: Dr. Ulrike Brandt-Schwarze, Bonn
Umschlaggestaltung: fuxbux, Berlin
Umschlagmotiv: Christo und Jeanne-Claude: Skizze Wrapped Reichstag,
Berlin 1971–95. Foto (Ausschnitt): Wolfgang Volz / laif
Satz: fuxbux, Berlin
Gesetzt aus der Adobe Caslon Pro
Druck und Einband: CPI – Ebner & Spiegel, Ulm
Printed in Germany
ISBN 978-3-86995-074-7

5 4 3 2 1

Sie finden uns im Internet unter www.quadrigaverlag.de
Bitte beachten Sie auch www.luebbe.de

Inhalt

PROLOG

Ein Kampf um Berlin
Oder: Der Ritt über den Bodensee

Berlin ist weniger und mehr, weil es zwar nicht
den Querschnitt durch unser Land, aber den durch
unser Schicksal gibt.

FRIEDRICH SIEBURG[1]

Die Sonne geht fast schon unter über dem Rheintal, als sich im
Deutschen Bundestag gespannte Stille ausbreitete. Dann das leise
Gemurmel, mit dem sich die Vermutungen über das Abstimmungsergebnis durch die dicht besetzten Reihen schlängeln.
Schließlich durchbricht die Stimme der Bundestagspräsidentin
die Spannung. Aber Rita Süssmuth kommt nur bis zu der Zahl 337
für die abgegebenen Berlin-Stimmen, dann brandet bereits der
Beifall auf. Es ist 21.47 Uhr am 20. Juni 1991 in Bonn, im alten
Wasserwerk, dem provisorischen Tagungsort des Bundestages, als
überall die Berlin-Befürworter aufschnellen, während die Parteigänger Bonns wie versteinert auf ihren Plätzen sitzen und fassungslos auf ihre jubelnden Kollegen blicken. Berlins Regierender
Bürgermeister Eberhard Diepgen nimmt auf der Bundesrats-
bank mehr erleichtert als strahlend die Glückwünsche entgegen –
schließlich hat er in der Tasche die vorbereitete Erklärung für den
Fall der Niederlage. Und während die Bundestagspräsidentin, die
gegen Berlin votiert hat, die Debatte mit der verblüffenden Ankündigung beendet, nun werde gefeiert, breitet sich unter den

Tausenden, die auf dem Bonner Marktplatz die Debatte verfolgt haben, erschrecktes Schweigen aus. Die Dixielandmusik, die in die Stille hineinbricht, wirkt wie ein hilfloser Tribut an das Siegesfest, das nun ausfällt. Aber auch in dem gut fünfhundert Kilometer entfernten Berlin dauert es einige Zeit, bis man begreift, was geschehen ist. Schließlich ordnet der Chef der Senatskanzlei an, die Freiheitsglocke im Schöneberger Rathaus zu läuten.

Selten hing eine Entscheidung so am seidenen Faden wie dieser Beschluss, der Berlin wieder zur deutschen Hauptstadt macht. Nur sieben Stimmen, nicht einmal ein Prozent der 660 abstimmenden Abgeordneten, geben den Ausschlag. Zwar finden sich in der Nachkriegsgeschichte der Bundesrepublik vergleichbar knappe Entscheidungen – die Mehrheit von einer Stimme brachte 1949 Adenauer ins Kanzleramt, zwei Stimmen durchkreuzten 1972 das Misstrauensvotum gegen Willy Brandt. Aber diesmal standen sich nicht nur Mehrheit und Minderheit bis zur Konsequenz eines kaum noch wahrnehmbaren Vorsprungs gegenüber. Die Berlin-Abstimmung durchschlug auch die Grenzen der Fraktionen des Parlaments, zerlegte die Parteien und schuf für die Entscheidung eine Situation, wie sie das Hohe Haus noch nie gesehen hatte. Am Abend dieses längsten Tages, den das deutsche Parlament erlebt hat – fast zwölf Stunden Debatte, 106 Redner, dazu fast ebensoviele, die ihre Rede zu Protokoll gaben, das 653 Seiten umfasst –, bot der Bundestag ein verblüffendes, politisch absurd erscheinendes Bild. Union und SPD waren in sich zerrissen und mehrheitlich auf der Verliererseite, die kleinen Parteien im Vergleich dazu geschlossen und bei den Gewinnern, FDP und Grüne zu rund zwei Dritteln, die PDS praktisch einstimmig. Wäre es nach den Volksparteien gegangen, den traditionellen Garanten des politischen Bestands der Bundesrepublik, so wäre Berlin nicht Sitz von Bundestag und Regierung geworden.

Kaum je hat es aber auch eine Entscheidung gegeben, die so im vollen Sinne des Wortes zur Weichenstellung wurde wie diese.

Gewiss, Berlins Weg in seine Hauptstadtzukunft begann in der Nacht des Mauerfalls, und die Erneuerung der Stadt war auf dem Wege, als der Beschluss über den Regierungssitz getroffen wurde. Niemand weiß auch, wie es mit Berlin weitergegangen wäre, wenn Bonn das halbe Dutzend Stimmen bekommen hätte, das ihm zum Abstimmungserfolg fehlte. Selbstverständlich wäre die Stadt auch dann wieder zusammengewachsen, wäre zur Metropole und wohl auch ein Anziehungspunkt geworden. Es mag auch sein, dass die Stadt ein gewisses hauptstädtisches Flair gewonnen hätte – immerhin hätten Bundespräsident und Bundesrat ihren Sitz in der Stadt gehabt, hätten Regierung und Bundestag dort häufiger getagt, und vielleicht hätte sie damit sogar so etwas wie »Deutschland als Ganzes« repräsentiert, wie das einigen der Befürworter einer solchen Lösung vorschwebte. Aber das Berlin von heute gäbe es nicht.

Denn: Was wäre die Stadt ohne Reichstagskuppel und Regierungsviertel, ohne die Geschäftigkeit des politischen Betriebs, der Landesvertretungen und diplomatischen Missionen, ohne die Fülle der Verbände und Lobbyisten, Berater und Repräsentantenbüros? Die Stadt wäre jedenfalls nicht der Schauplatz des Politischen und des Gesellschaftlichen in der Bundesrepublik, der sie mittlerweile ist. Man muss sich im Gegenteil fragen, ob die malträtierte Millionenstadt in der Lage gewesen wäre, sich ohne die Schubkraft des Hauptstadtprojekts in den Turbulenzen der deutschen Vereinigung zu behaupten. Man kann nicht einmal sicher sein, dass sie nicht doch zu der großen, derangierten Agglomeration geworden wäre, zu jener East-Site ohne Manhattan, von der Zyniker in der Hauptstadtdebatte für den Fall des Scheiterns unkten. Der schwierige Prozess der Erneuerung der Stadt profitierte ja insgesamt von den Bauten und Rekonstruktionen, mit denen sich die Hauptstadt in Berlin ausbreitete. Selbst ihr Aufstieg in die Liga der Weltstädte wäre schwer vorstellbar ohne die Dynamik, die davon ausging, dass die Bundesrepublik ihre politische

Mitte nach Berlin verlagerte. Nicht nur für die Hauptstadtgeschichte der Deutschen, sondern auch für das Schicksal der Stadt, für den beispiellosen Prozess, der aus dem vier Jahrzehnte geteilten Berlin wieder eine Stadt machte, hatte die Abendstunde im Bonner Wasserwerk eine Schlüsselbedeutung.

Der Rang dieser Entscheidung ergibt sich aber auch daraus, dass sich niemand mehr vorstellen kann, dass sie anders ausgefallen wäre. Der hauchdünne Ausgang und der Umstand, dass die alte Bundesrepublik sich dafür mithilfe von FDP, Grünen und PDS sozusagen politisch selbst austricksen musste, sind längst von der Selbstverständlichkeit verdrängt, mit der das Ergebnis der Debatte in den Bestand der Republik eingegangen ist. Nicht zuletzt zeigt sich der Zäsurcharakter dieser Entscheidung am Schicksal der einstigen Regierungsstadt. Bis zu diesem Juniabend der Inbegriff der Politik in der Bundesrepublik, ist Bonn als politische Adresse seither hinter den sieben Bergen verschwunden. Und es sind fast nur noch die mit schöner Regelmäßigkeit wiederholten Forderungen nach dem Umzug aller Ministerien nach Berlin, die in Erinnerung rufen, dass die Stadt am Rhein nicht nur Vergangenheit, sondern immer noch politische Gegenwart ist – bis 2000 arbeitete die Mehrheit der Beamten noch in Bonn, jetzt sind es noch knapp 40 Prozent. Was Zufall war, hat den Zuschlag der Geschichte erhalten. Sie hat die Koordinaten des politischen Deutschlands radikal gedreht und die Landkarte der Bundesrepublik in einer Weise neu definiert, die weit über den damals getroffenen Beschluss hinausgeht. Der betraf den Umzug des Bundestags und die Verteilung der Regierungsfunktionen. Daraus entstanden ist ein neuer Auftritt der Republik.

Umso geisterhafter nimmt sich die Auseinandersetzung aus, die in dieser Entscheidung kumulierte. Berlin-Befürworter und Bonn-Verteidiger führten sie nach allen Regeln der politischen Kriegsführung. Die SPD brach über dieser Debatte ziemlich genau in der Mitte auseinander – mit gerade einer Stimme Mehrheit hatte sie bei ihrem Parteitag Ende Mai 1991 für Bonn plädiert. Spätestens seit diesem Desaster war klar, dass die Frage nach der künftigen Hauptstadt zu einer Zerreißprobe für die Bundesrepublik werden würde. In Bonn stieg die Ratlosigkeit stündlich wie das Rhein-Hochwasser im Frühjahr, während der Druck anwuchs, irgendeinen Kompromiss zu finden. Ohne Erfolg: Zwei Tage vor der Abstimmung zeichnete sich in den Umfragen ein vollkommenes Dilemma ab – nach Emnid, beauftragt vom Berliner Senat, waren zwei Drittel der Bevölkerung für Berlin, nach Infas, das für den Bonn-nahen Westdeutschen Rundfunk in Köln tätig wurde, 53 Prozent für Bonn. Der lange Hauptstadtstreit, so schrieb resigniert ein Korrespondent in seinem letzten Leitartikel vor der Abstimmung, ende nun doch mit einem »Elfmeterschießen«.

Das alles war ziemlich viel Nervenkrieg für eine Debatte, zu deren Merkwürdigkeit es gehört, dass sie gar nicht hätte stattzufinden brauchen. Denn dass Berlin im Falle einer Wiedervereinigung wieder Hauptstadt werden würde, war in vierzig Jahren Bundesrepublik eigentlich niemals ernsthaft bestritten worden – jedenfalls so lange, wie die Einheit allenfalls für den Sankt-Nimmerleins-Tag erwartet wurde. Es gehört zu den hintersinnigen Begleitumständen der Wiedervereinigung, dass der Hauptstadtanspruch Berlins gerade in dem Augenblick zur Disposition gestellt wurde, in dem seine Verwirklichung möglich geworden war. Verwundert hat das indessen kaum jemanden: Jedem war klar – und der Hauptstadtstreit und sein knapper Ausgang demonstrierten es drastisch –, dass die offiziöse Lesart hinsichtlich der Hauptstadtrolle Berlins den meisten Deutschen in Wahrheit längst fragwürdig geworden war. Die Treue der Bundesrepublik zur Hauptstadt Berlin stand wenn nicht auf tönernen, so doch bestenfalls auf rechtlich-moralischen Füßen und war politisch in der alten Bundesrepublik zu einem Muster ohne Wert geworden.

Nach dem Mauerfall hatte sich auch bald gezeigt, dass Berlin als Hauptstadtaspirant keine besonders guten Karten hatte. Selbst ein Urberliner und leidenschaftlicher Stadtpatriot wie der Verleger Wolf Jobst Siedler vermutete, Berlin habe den Hauptstadtanspruch wohl endgültig verloren – angesichts der Veränderungen in Deutschland und Europa spreche wenig dafür, dass es »seine alte Rolle jemals wiedergewinnen« könne. Und seitdem der Hauptstadtstreit wogte, häuften sich Stellungnahmen für Bonn, die man wohl Offenbarungseide nennen kann, nicht zuletzt von illustren Köpfen, an deren Geschichtssinn kein Zweifel sein kann. Die Vergangenheit der Stadt sei für eine Hauptstadt »zu trübe« (Golo Mann), ihre Wahl ein »falsches Signal«, weil es die Deutschen verführen könne, sich auf den »Nationalstaat« statt auf »Europa« hin zu orientieren (Marion Gräfin Dönhoff), sie sei als Hauptstadt ungeeignet, weil sie keine »Stadt des Westens« (Klaus Harpprecht) sei – der Westen als Koordinate der Nachkriegsgeschichte verstanden. Als DDR-Ministerpräsident Lothar de Maizière im Juni 1990 die Gespräche über den Einigungsvertrag mit der apodiktischen Forderung einleitete, dass Berlin Hauptstadt des vereinten Deutschland werden müsse, stieß er bei der Bonner Delegation auf Verwunderung und wenig Verständnis. Die nach heftigen internen Auseinandersetzungen gefundene Kompromisslinie, nach der im Einheitsvertrag Berlin zwar zur Hauptstadt erklärt wurde, die Entscheidung über den Sitz von Regierung und Bundestag aber später getroffen werden solle, hielt die Entscheidung zwar noch einmal offen, überantwortete sie damit aber dem öffentlichen Kampfgetümmel.

Aber die Wiedereinsetzung Berlins als Hauptstadt war in Wahrheit ja auch keine Selbstverständlichkeit, sondern eine ungewöhnliche, ja abenteuerliche Operation. Denn das ist der Abbruch eines Regierungssitzes, der sich bewährt hat, und seine Neuerrichtung in einer Stadt, der ganz andere Probleme auf den Nägeln brannten und die als Standort eher exzentrisch gelegen war. Gewiss gehorchte der Widerstand dagegen zumeist der schlichten Besitzstandslogik, und ein großer Teil der Argumente für Bonn und gegen Berlin blieb dem Rang der Entscheidung vieles schuldig, zumal Glaubwürdigkeit und historische Perspektive. Über weite Strecken wurde der Hauptstadtstreit zur großen Stunde der Personalräte und Kommunalpolitiker, die mit der Sorge um die Arbeitsplätze in Bonn und die Zukunft der Region bis hin zum Lamento über das Schicksal der Bonn-Pendler aus dem Umland in die Debatte zogen. Doch der Spott, ein Stück Welttheater werde in den Kulissen einer Provinzbühne abgehandelt, geht daran vorbei, dass der Widerstand gegen einen Umzug die über die Jahrzehnte hin gewachsene Realität einer erfolgreichen Regierungspraxis für sich hatte. In den Monaten, in denen sich die deutsche Einheit mit elementarer Gewalt ihren Weg bahnte und die Aussicht eröffnete, dass Berlin wieder seine alte Rolle einnehmen könne, meldeten sich gleichsam die Veränderungen zu Wort, die sich im Nachkriegsdeutschland im Verhältnis von Land, Hauptstadt und Geschichte vollzogen hatten. Im Widerstand gegen die Hauptstadt Berlin steckte auch der Wunsch der Bundesrepublik, das zu bleiben, was sie geworden war.

Die Bundesrepublik hat keine Debatte erlebt, in der sich Tiefgang und Oberflächlichkeit so spektakulär mischten. Was einerseits Züge eines »Glaubenskriegs« (Klaus von Beyme) annahm, wurde andererseits geführt – so der Berliner Bundessenator Peter Radunski – wie der Wettbewerb zweier Städte um eine Bundesgartenschau. Während zugleich die alten Symbol- und Reizfiguren der jüngeren deutschen Geschichte einen abschließenden, pathetischen Auftritt hatten. Das alles gab dem Redemarathon im Bundestag den Charakter eines letzten Gefechts. In ihm trat nochmals die heftige Verunsicherung zutage, in welche die Wiedervereinigung die Bundesrepublik gestürzt hatte. Einerseits wurde mit dem Flammenschwert namens Glaubwürdigkeit für Berlin gefochten – die alten, längst abgelegten Schwüre avancierten zur Schlüsselfrage der aktuellen Auseinandersetzung. Andererseits wurde Bonn als Bollwerk aufgerüstet – gegen die Gefahr der Sogwirkung einer

Hauptstadt Berlin, die alles mitreißen könnte, was der Bundesrepublik bisher Halt gegeben hatte, Machtteilung, Föderalismus, europäische Orientierung, gar die Wendung zu Maß und Mitte, die der Ertrag ihrer Bonner Jahre sind. Am Horizont der Debatte tauchte als Argument die abschreckende Megastadt auf, zu der der Umzug Berlin machen werde – an die Wand gemalt wurde ein Wachstum bis zu sechs Millionen Einwohnern in wenigen Jahren. Dagegen stand – fast im gleichen Atemzug, zwei, drei Redner später und nicht weniger heftig intoniert – die Befürchtung, das Verbleiben der Regierung in Bonn würde Berlin und die östlichen Bundesländer zu den großen Verlierern der Vereinigung machen. Dazwischen und daneben waberte die schlichte Furcht vor allen Veränderungen: zum Argument zugespitzt in der Warnung vor den Kosten des Umzugs, der Gefahr für die Arbeitsplätze und der Bedrohung des sozialen Gleichgewichts.

Gleichsam im Hintergrund stand eine verblüffende Konversion im Gefühlshaushalt der Deutschen. Berlin, die alte Reichshauptstadt, die doch für die Bundesrepublik eine Nachkriegszeit lang der fast heroische Platz ihrer Selbstbehauptung gewesen war, sah sich vorgeführt als unheimliche Hauptstadt, als fast schon verrufener Ort in der nationalen Geschichte, als potenzieller Quell von Größenwahn, Zentralismus und preußischer Arroganz. Der Umzug galt nicht mehr als Einlösung eines Versprechens, sondern als Einleitung einer bedrohlichen Entwicklung, die das Gleichgewicht unter den Regionen der Republik gefährden werde. War die kleine Stadt am Rhein nicht über die Jahrzehnte hinweg hochmütig belächelt und von allen bedeutenden Geistern verachtet worden? Erst als das reaktionär-schwüle »Treibhaus« – im Nachkriegsroman von Wolfgang Koeppen –, dann abfällig als »Bundesdorf« – in hochmütigen Selbstgesprächen auf Bundesebene –, dann als die »Raumkapsel«, mit der ein Fernsehfilm das Thema der Entfremdung der Politik von den Menschen versinnbildlichte. Nun rückte sie auf zum »Sinnbild deutscher Demokratie«, zum

»Kleinod deutscher Demokratiegeschichte«, zum Eckstein von Föderalismus und West-Bindung.

Angesichts der seitherigen Entwicklungen erscheint diese Stunde der Wahrheit im Bonner Wasserwerk, die sogleich zur parlamentarischen Sternstunde ernannt wurde, partienweise wie eine Geisterstunde, belebt vor allem von den Ängsten und Verdrängungen der Deutschen. Kaum etwas von den Erwartungen und Befürchtungen, die die Abgeordneten erhitzten, ist ja eingetreten. Aber verstanden hat die Hauptstadtdebatte außer den Deutschen ohnedies niemand. Als der deutsche Außenminister sich am Tag der Hauptstadtdebatte kurzfristig entschied, die im Berliner Reichstag stattfindende KSZE-Tagung zu verlassen, um nach Bonn zu fliegen und das Gewicht seiner Rede in die schwankende Waagschale der Entscheidung zu werfen, reagierten seine Ministerkollegen – wie sich Hans-Dietrich Genscher erinnerte – »verblüfft; sie konnten nicht verstehen, dass die Entscheidung für Berlin umstritten war«. Kommt hinzu, dass die Entscheidung auch nicht die Erwartungen eingelöst hat, die sich viele von der Hauptstadt Berlin versprachen. Weder hat die Politik – wie manche hofften – ein neues Format gewonnen, noch hat der neue, östlichere Standort das Ungleichgewicht zwischen neuen und alten Ländern abgetragen. Selbst der ehrgeizige Versuch, die Bundesrepublik aus Berlin und Bonn zu regieren, um es beiden Städten recht zu machen, ist wenn nicht gescheitert, so doch nicht gelungen. Mittlerweile sind die Mehrheiten in den Umfragen stabil gegen diese Aufteilung der Regierung, und wenn an ihr festgehalten wird, dann nicht aus tieferer Überzeugung oder Einsicht, sondern um das mächtige Bundesland Nordrhein-Westfalen nicht zu reizen.

Aber in der Zuspitzung des Hauptstadtstreits zeigten sich ja auch in erster Linie die Schwierigkeiten eines hauptstadtentwöhnten Landes, wieder eine Hauptstadt zu gewinnen. Vierzig Jahre hatte die Bundesrepublik mit einem Regierungssitz gelebt, der zuerst nicht Hauptstadt sein durfte – noch der Neubau von Regierungsgebäuden galt lange als Verrat an Berlin – und der auch dann, als diese Vorbehalte gefallen waren, kaum mehr war als eine komfortabel ausgestattete politische Geschäftsstelle für die Bundesrepublik. Die Wiedervereinigung konfrontierte die Deutschen mit Fragen, die sie nicht mehr hatten und deshalb auch nicht beantworten konnten. Wollten sie überhaupt wieder eine Hauptstadt im historischen Sinn des Wortes? Vertrug das in den Nachkriegsjahrzehnten massiv föderalistisch gewordene Deutschland überhaupt eine Hauptstadt? Gar nicht zu reden von der grundsatzschweren Bedenklichkeit, die natürlich auch ins Spiel gebracht wurde: ob denn Hauptstädte angesichts des entstehenden Europas und der Schwäche der Nationalstaaten überhaupt noch zeitgemäß seien. Und war man in der Bundesrepublik nicht stolz darauf, zu einem postnationalen Staatswesen geworden zu sein, das für eine Hauptstadt eigentlich keine Verwendung mehr habe?

Das Ringen um Berlin und Bonn erscheint derart als eine Art Endspiel des Vereinigungsprozesses. Mit der Hauptstadt stand an diesem diesigen Juniabend im Rheintal zur Debatte, wie sich das vereinigte Deutschland künftig selbst sehen und verstehen werde. Das Verbleiben der Regierung in Bonn hätte das vereinte, größere Deutschland noch stärker in der Spur der alten Bundesrepublik gehalten, die hier ihren Schwerpunkt gefunden hatte – mit der Hintergrundfarbe der rheinischen Mittelstadt, einem bürgerlichen Biotop, an dem eine zweitausendjährige Vergangenheit mit Römerzeit, altem Reich und rheinischer Katholizität mitgemodelt hat. Die Rückkehr in die alte Hauptstadt rückte die Republik dagegen deutlicher in die Fluchtlinien des deutschen Nationalstaates, der nach Kriegsende geteilt wurde, um dann vierzig Jahre lang als fast verlorener Schatten den Weg der beiden deutschen Staaten zu begleiten. Denn es war ja Berlin, wo so ziemlich alles stattgefunden hat, was für die Deutschen in den vergangenen hundertfünfzig Jahren politisch wichtig geworden ist, im Guten wie im Bösen, dazu, hoch verdichtet und hautnah-konkret, das Drama von Teilung und Einheit. Dass es nur neun Stimmen waren, die am Ende bei dieser historisch-politischen Ortsbestimmung den Ausschlag gaben, offenbarte den beklemmenden Grad der Unsicherheit der Deutschen darüber, was mit dem neuen Zustand des Landes gemeint sein könne, auch noch zwei Jahre nach der großen Wende.

Weshalb die Abstimmung für Berlin ausging, ist seither umstritten. Es ist auch nicht leicht zu erklären. Die meisten Beobachter haben eine Wendung während der Debatte nicht gespürt. Andere glaubten, seit dem Vormittag einen leichten Umschwung wahrzunehmen. Hatte Bonn schon am Anfang der Debatte mit Norbert Blüms plakativem, in vielen Behauptungen überzogenem Plädoyer für die alte Regierungsstadt an Boden verloren? War es der Auftritt von Wolfgang Schäuble, der, wie oft gesagt wird, die Sache entschied? Der parteiübergreifende Händedruck von Willy Brandt, der den stehenden Beifall für den in seinen Rollstuhl gefesselten Politiker krönte?

Vieles spricht dafür, dass die Entscheidung eine Konsequenz der unterschiedlichen Strategien war, die beide Seiten verfolgten. Dass Berlin gewann, weil seine Befürworter ihre Chancen mit einer Kompromisslösung suchten, und dass Bonn verlor, weil seine Verfechter ganz auf Sieg gesetzt hatten. Etliches spricht auch dafür, dass das Blatt sich in dem Maße für Berlin wendete, in dem die grundsätzlichen Dimensionen der Entscheidung hervortraten und ihre Überlagerung durch Kostenfragen und regionale Wirtschaftsängste zurückdrängten. Denn tief grub die Debatte ohne Frage. Am Ende warf die Entscheidung die Deutschen offenbar zurück auf elementare Unterschiede, historisch gewachsene, mentale und konfessionelle, alte und neuere: Am Votum für die Hauptstadt Berlin schieden sich – das legen die Analysen nahe – der Norden vom Süden, der Osten vom Westen, die Protestanten von den Katholiken und die Generationen, denn insgesamt stimmten mehr Alte als Junge für die alt-neue Hauptstadt.

Übrigens wurde Berlin von dem Ausgang der Entscheidung fast noch mehr überrascht als Bonn, der Uns-kann-keiner-Selbstsicherheit zum Trotz, für die die Stadt berüchtigt ist. Sie hatte den Hauptstadtstreit mit steigender Verwunderung und hinhaltender Vertrotztheit begleitet. Dass Berlin wieder Hauptstadt werden müsse, weil die Hauptstadt der Stadt zustehe, galt den meisten Berlinern für so selbstverständlich, dass man sich kaum dazu aufraffen konnte, das Ringen darum mit einer Mobilmachung der Kräfte der Stadt zu begleiten. Abgesehen von drei bürgerschaftlichen Initiativen – für Bonn fochten deren acht –, führte die politische Klasse die Auseinandersetzung, zuvörderst der Senat. Anders als in Bonn gab es kaum Demonstrationen und Menschenketten. Ziemlich zeitig macht sich auch ein larmoyantes Gefühl der Resignation breit. Die Klausurtagung des Senats am letzten Wochenende vor der Abstimmung gilt nicht der Hauptstadtentscheidung, sondern den Problemen des Haushalts. Im Unterschied zu Bonn waren keine Siegesfeiern geplant, nur der lokale Rundfunksender hat für den Abend eingeladen. Die Nachricht von der Entscheidung wurde – wie eine Berliner Zeitung vermeldete – »mit zunächst verhaltener Freude« aufgenommen. Auch der Jubel und die Hupkonzerte, zu denen es später am Kurfürstendamm kam, hielten sich in moderaten Grenzen. Und der Journalist, der am späteren Abend durch den Ostteil der Stadt fuhr, fand kaum eine Spur tieferer Bewegung.

Angesichts dessen, was für Berlin auf dem Spiel stand, fügt das den Merkwürdigkeiten dieser Auseinandersetzung eine weitere hinzu. Vielleicht kann man sagen, dass Berlin im Hauptstadtstreit jenem Reiter über den Bodensee glich, der, nach der Sage in der Ballade von Gustav Schwab, erst am Ufer begreift, dass er über einen zugefrorenen See geritten ist. In den Jahrzehnten, die seither ins Land gegangen sind, hat sich immer wieder seismografisch das Gefühl gemeldet, dass die Stadt damals haarscharf an einer Katastrophe vorbeigegangen sei. Der Regierungssitz war vielleicht tatsächlich – wie Wolf Jobst Siedler spottete – der »Rettungsring«, der ihr in einer Lage zugeworfen wurde, in der sie, ausgelaugt durch ein halbes Jahrhundert exzeptioneller Existenz, das rettende Ufer kaum aus eigener Kraft hätte erreichen können. Allerdings: Die Sage weiß, dass der Reiter über den Bodensee vor Schreck tot vom Pferd fiel, als er begriff, was für eine Gefahr er überstanden hatte. Berlin stand dagegen vor einer Herausforderung, wie sie noch keine Stadt je erlebt hat. Es musste die deutsche Wiedervereinigung als innerstädtischen Kraftakt vollziehen: als Zusammenwachsen zweier Teil-Städte nach vierzig Jahren Trennung, ja, als Wiederbegründung der Stadt. Für Berlin, das im 19. und 20. Jahrhundert zur deutschen Metropole herangewachsen war, bedeutete das – nach Krieg, Zerstörung, Teilung und deren Ende – nichts Geringeres als eine zweite Geburt.

KAPITEL I

Der Fall der Mauer
Oder: Wie Zufälle Geschichte machen

> Le Figaro: Sie haben Gott für den 9. November gedankt.
> Glauben Sie, dass Er wollte, was passiert ist?
> Willy Brandt: Ganz gleich, welchen Rahmen man
> ihm gibt: Ja, er wollte es.
>
> INTERVIEW VOM 8. FEBRUAR 1990[2]

Die längste Nacht Berlins

Am Anfang steht das Ereignis, das ohne Vergleiche ist: der Fall der Mauer. Doch im Unterschied zur Hauptstadtentscheidung, die in deutschen Händen lag, sind es die Kräfte der europäischen Geschichte, ja, der Epoche, die dabei tätig sind. Zwar kann man lange darüber streiten, welche Entwicklungen welche Geschehnisse erzeugten. Doch es liegt auf der Hand, dass der Fall der Mauer – der DDR-Staatschef Erich Honecker hatte ihren Bestand auf hundert Jahre veranschlagt – in der Falllinie der Bewegung liegt, die die Verhältnisse in Osteuropa wie in der Welt insgesamt ergriffen hatte. Vieles musste geschehen, damit es zum 9. November 1989 kommen konnte: Der Ost-West-Konflikt musste sich entspannen, Michail Gorbatschow in der Sowjetunion ans Ruder kommen, die Unzufriedenheit mit der kommunistischen Herrschaft überall im Ostblock wachsen und oppositionellen Strömungen Rückhalt geben, bis schließlich die Solidarność in Polen den Stein ins Rollen brachte. Und doch bleibt es mirakulös, weshalb sich der Kick des

Wandels an diesem Abend ereignete: Der historische Augenblick hat seine eigene Geschichte.

Gehört die Öffnung der Mauer deshalb zu den Ereignissen, bei denen auch diejenigen, die sie erleben, geraume Zeit brauchen, bis sie begreifen, was geschieht? Sie kam wie der Dieb in der Nacht, sie war – nach allem, was wir wissen – weder geplant noch gewollt, sondern die unverhoffte Konsequenz konfuser Entscheidungen. Und sie vollzog sich als Sturzgeburt der Geschichte: Zwischen der Frage eines italienischen Korrespondenten auf einer Pressekonferenz, mit der alles begann, und dem Entschluss eines Grenzpolizisten, die Schlagbäume zu öffnen, liegen nur wenige Stunden. Sie sind auf die Minute festgehalten: 18.35 Uhr wird die Frage gestellt, auf die der ZK-Sekretär Schabowski die merkwürdig verschlungene Antwort gibt, die schließlich wie eine Bombe wirkte, 23.20 Uhr kapitulierte an der Bornholmer Brücke, einem Grenzübergang im Berliner Norden, der leitende Offizier mit den Worten »Wir fluten jetzt« vor den Tausenden, die den Übergang faktisch einzudrücken drohten.[3]

Wie die Vorgänge am Abend des 9. November zum Ereignis wurden, ist mittlerweile bis in die Einzelheiten hinein erforscht (vor allem von dem Zeithistoriker Hans-Hermann Hertle[4]). Alles in allem genommen war es die Folge von Missverständnissen innerhalb des engsten Kreises der SED-Führung, in denen sich allerdings die Verstörung und die Panik niederschlugen, die die friedliche Revolution und die Woge der Ausreisen in der herrschenden Klasse der DDR ausgelöst hatten. Gegen das Reisegesetz, mit dem SED und DDR-Regierung auf den Druck im Lande reagierten, wurde noch am gleichen Tage – einem Montag, seit Wochen der Tag der friedlichen Proteste – in über vierzig Städten demonstriert, mit Forderungen, die an den Nerv der DDR rührten. Die Verordnung, die die SED-Führung im Eiltempo auf den Weg brachte, um den Druck zu verringern, versprach den DDR-Bürgern als Übergangslösung freie Reisen in den Westen; sie sollte am Tag darauf in Kraft treten. Dann folgte der Auftritt des erst seit Kurzem für die Medien zuständigen ZK-Sekretärs Günter Schabowski in der historisch gewordenen Pressekonferenz am späten Nachmittag des 9. November. Unsicher über die Einzelheiten der Regelungen, veranlasste ihn die Frage nach ihrem Inkrafttreten zu der stotternden, vom ratsuchenden Blättern in seinen Papieren begleiteten Auskunft: »... nach meiner Kenntnis ... ist das sofort, unverzüglich.«

Hat je eine Fehlinterpretation solche Wirkungen gehabt? Obwohl zunächst kaum jemandem wirklich klar ist, was Schabowski meint, elektrisiert der Halbsatz die Nachrichtenjournalisten. Nach wenigen Minuten gehen die ersten, mit Eilvermerken versehenen Meldungen heraus. Da die Pressekonferenz vom DDR-Fernsehen übertragen wird, erreicht die Szene mit dem hilflosen Schabowski im voll besetzten Saal des Pressezentrums eine breitere Öffentlichkeit. Überall löst sie – bei anhaltendem Rätseln – teils ungläubiges Staunen, teils sprachlose Überraschung aus. Die Fernsehanstalten verbreiten sie postwendend in ihren Abendnachrichten: erst, um 19 Uhr, die ZDF-»Heute«-Sendung, eine halbe Stunde später die »Aktuelle Kamera« der DDR, dann zum »Tagesschau«-Termin um 20 Uhr die ARD. Zu diesem Zeitpunkt ist die Wirkungsgeschichte der Verlautbarung, eine beispiellose Kettenreaktion von sich jagenden Meldungen und Gerüchten, bereits in vollem Gange. Die beabsichtigte Erleichterung der Ausreise ist zur Grenzöffnung geworden, die sich in die Sensation verwandelt, die DDR öffne die Mauer. Der explosive Vorgang zeigt, wie entzündbar die Lage in der DDR geworden ist. Die medial verbreitete »Fiktion« der Maueröffnung – um mehr handelt es sich bis dahin noch nicht –[5] rührt aber auch an die heikelste Stelle des DDR-Systems: die Verweigerung der Freizügigkeit, mit der es seine Bürger über die Jahrzehnte hin verletzt und gedemütigt hatte. Dies begreifend, vielleicht auch nur erahnend, riskiert es der Regierende Bürgermeister von Berlin, Walter Momper – Schabowskis Erklärung ist gerade eine halbe Stunde alt –, dem Vorgang den historischen Stempel aufzudrücken: Dies sei »ein Tag, den wir uns lange ersehnt haben, seit 28 Jahren«[6] – seit dem die Stadt trennenden Bau der Mauer 1961. Die »Tagesschau« stellt die Nachricht um 20 Uhr schon unter die Schlagzeile »DDR öffnet Grenze«. Wenig später wird Bundeskanzler Helmut Kohl, der sich zu einem Staatsbesuch in Warschau aufhält, die Nachricht überbracht. Noch am Abend erlebt das politische Bonn, dass ein überwältigter Bundestag die Nationalhymne anstimmt.

Dabei hat sich bis dahin nur eine überschaubare Zahl von Menschen an den Grenzübergängen eingefunden, sei es, um die Probe auf den Gehalt der Schabowski-Erklärung zu machen, sei es einfach aus Neugierde. Doch je weiter die Nachricht ihre Kreise zieht, desto stärker schwillt der Strom der Ostberliner an und wächst an den Grenzübergängen zu einer brodelnden, die Abfertigungsanlagen bedrängenden Menge heran. Zum Brennpunkt dieses sich dynamisch selbst verstärkenden Vorgangs wird der Übergang Bornholmer Straße im Berliner Norden, in unmittelbarer Nähe des dicht bewohnten Stadtbezirks Prenzlauer Berg. Schließlich entlädt sich die Erregung der auf Tausende angewachsenen Menge in dem Ruf: »Tor auf! Tor auf!« und drückt derart bedrohlich auf die Absicherungen, dass die Grenzsoldaten resignieren und um 22.30 Uhr den Übergang öffnen. Nur Minuten später, um 22.42 Uhr, erklärt Hanns-Joachim Friedrich im ARD-Fernsehen zu Beginn der von ihm moderierten Tagesthemen, die DDR habe mitgeteilt, »dass ihre Grenzen ab sofort für jedermann geöffnet sind. Die Tore in der Mauer stehen weit offen«. Das Markenzeichen des deutschen Fernsehjournalismus und die bekannteste Nachrichtensendung drücken dem Vorgang das bestätigende Siegel auf.

Im Rückblick verschlägt einem Friedrichs Erklärung schier die Sprache, so deutlich greift sie dem Gang der Dinge voraus. Zu diesem Zeitpunkt ist der Übergang Bornholmer Straße noch der einzige, der geöffnet worden ist. Auch der die Fernsehnachrichten illustrierende kurze Film kann noch keine geöffnete Grenze zeigen, sondern nur einen Reporter, dem Westberliner Passanten von einem Paar berichten, das an der Bornholmer Straße die Grenze überquert habe und in Tränen aufgelöst auf sie zugelaufen sei.[7] Friedrichs Formulierung verpasst der Situation ein vorauseilendes Profil – und gibt ihr damit zugleich die Bedeutung, die Geschichte machte. Tatsächlich geben die Grenzpolizisten binnen Kurzem an den anderen Übergängen dem Druck nach. Eine Stunde später, um Mitternacht, sind alle Berliner Grenzübergänge zwischen Ost und West geöffnet. Danach beginnt die Besetzung der Mauer am Brandenburger Tor, mit der ihre Öffnung zum historischen Datum wird, in faszinierenden Bildern festgehalten für alle Zeiten. In den frühen Morgenstunden des 10. November kulminiert das Geschehen dann in West-Berlin, auf dem Kurfürstendamm und seinen Nebenstraßen – eine überwältigende ost-westliche Verbrüderung, mit der die Nacht neben den Jubelszenen auf der Mauer am Brandenburger Tor ihren Höhepunkt erreicht.

Aber auch die DDR-Obrigkeit hat ihren gar nicht zu überschätzenden Anteil an dem Ereignis dieser Nacht. Allerdings besteht er weniger darin, dass die Grenzsoldaten und ihre Offiziere – worauf die DDR-Repräsentanten mit Vorliebe hinweisen – auf Repressionen verzichten und schließlich dem Gang der Dinge ihren Lauf lassen. Die Mitwirkung der DDR an dem historischen Ereignis besteht in ihrer Unfähigkeit, auf die Ereignisse an der Mauer und in West-Berlin zu reagieren – ein spektakulärer Fall von Handeln durch Unterlassen. Dabei ist es eine offene Frage, ob und bis wann der Mauerdurchbruch noch rückgängig zu machen gewesen wäre. Aber nicht einmal der Versuch wird unternommen. Die DDR-Medienfunktionäre fühlen sich von Schabowskis Äußerungen wie vor den Kopf gestoßen und verfallen in Schweigen. Die ADN, die Allgemeine Deutsche Nachrichtenagentur, rührt sich bis 2 Uhr früh nicht. Das DDR-Fernsehen versucht, dem Ereignis die Brisanz zu nehmen, indem es den Mauerdurchbruch zum Erfolg der Reiseverordnung umdeutet. Mit ihrem Verhalten überlassen die DDR-Medien dem Westen die Deutungshoheit über die Ereignisse.

Auch die Partei- und Regierungsfunktionäre stellen sich faktisch tot. Die Stützen des Regimes machen sich nach dem Ende der Sitzung des Zentralkomitees gegen 9 Uhr auf den Heimweg beziehungsweise begeben sich in das Gästehaus der SED, in dem die auswärtigen ZK-Mitglieder untergebracht sind. Sie lassen sich auch durch die Bilder des Fernsehens nicht zum Handeln bewegen. Während in West-Berlin schon am frühen Abend eine Sondersitzung des Senats für 22 Uhr anberaumt wird, setzt im ZK-Gebäude eine Handvoll Mitglieder die Arbeit an einem Aktionsprogramm fort – und Egon Krenz, der neue Generalsekretär, macht einsam und unentschlossen seine Runde durch die leeren Gänge.[8] Die Nacht, in der die Herrschaft der SED endgültig erschüttert wird, findet ihre Führung weit ab vom Geschehen, im Prominentengetto Wandlitz oder in ihren Wohnungen in der Stadt, und nur in Telefongesprächen tauschen ihre Mitglieder ihre Ratlosigkeit aus. Anders als der Regierende Bürgermeister Walter Momper, der kurz nach Mitternacht an der Invalidenstraße erscheint, versucht keiner der SED-Funktionäre, persönlich auf die Menschen einzuwirken. Einzig Günter Schabowski lässt sich an die Grenze fahren, ohne jedoch zu begreifen, was geschieht – alles denkwürdige Symptome eines Systems, das, gefangen in dem Reglement des demokratischen Zentralismus, seinen Akteuren abgewöhnt hat, eigenständig zu entscheiden und zu handeln.

So entsteht aus den Meldungen der Westmedien, der Explosion der Stimmungen erst in Ostberlin, dann im Westteil der Stadt und aus der Unfähigkeit der DDR-Führung zu irgendeiner Reaktion jene sich selbst beschleunigende Dynamik, die Geschichte machte. Der Mauerfall war, so die Formulierung seines Chronisten Hans-Hermann Hertle, »eine nicht beabsichtigte Folge sozialen Handelns«[9]. Erst recht wird die staunenswerte Dimension dieses Vorgangs deutlich, wenn man sich vor Augen hält, wie begrenzt nicht nur der Zeitrahmen war, in dem in dieser Nacht Geschichte gemacht wurde, sondern auch die Zahl ihrer Akteure. Auf »ca. 68 000 Bürger« beziffert das Ministerium für Staatssicherheit am 10. November die Zahl der Grenzpassanten, 45 000 seien noch in der Nacht zurückgekehrt – kaum mehr als die Zahl, die ein hochrangiges Fußballspiel auf die Beine bringt, in einer Millionenstadt eine vergleichsweise geringe Größe. Und was die bewegenden Szenen um die Gedächtniskirche und den Kurfürstendamm in West-Berlin angeht, so schätzt die Polizei, dass nicht mehr als 4000 Menschen daran beteiligt waren.

Nicht Hunderttausende, wie sie die Legende auf den Straßen sieht, machen die Wirkung des Mauerfalles aus, sondern seine dramatische Ereignishaftigkeit. Mit ihr überrennt ein durchaus begrenztes Geschehen die bisherige Wirklichkeit mit ihren Prognosen, Erwartungen und Planungen. Das machte diese Nacht zur Nacht der Nächte, nach der in Berlin nichts mehr so war, wie es 28 Jahre lang, ja, seit der Nachkriegszeit gewesen war. Und in Deutschland auch nicht.

Ein Bann löst sich

Aber was ist es, das in dieser Nacht vor sich geht? Und was macht dieses Ereignis mit der Stadt? Auch der Jubel und die Tränen verhüllen ja noch die Bedeutung dessen, was geschehen ist. Die Maueröffnung offenbart ihre Mission nicht in Ankündigungen, Postulaten und Visionen, sondern in unbeschreiblichen Szenen, die eben deshalb so oft beschrieben wurden. Das Begrüßungsgetrommel auf den Dächern der Trabis und Wartburgs an den umringten Grenzübergängen, die in langen Schlangen Schritt fahrenden Autos auf dem Kurfürstendamm, die Umarmungen von wildfremden Leuten – das alles verdichtet sich zu einer Botschaft, die dem Geschehen weit voraus ist. Die Öffnung der Grenzübergänge ist ja zunächst nicht mehr als eine Kurzschluss- und Panikreaktion der DDR-Behörden. Andererseits bedeutet sie den größtmöglichen Umbruch der Vorstellungswelt, der in der geteilten Stadt denkbar ist, und dank ihrer exponierten Stellung an der Nahtstelle von Osten und Westen erreicht er sogleich auch Deutschland, ja, Europa. Sie stellt eine Erschütterung der Teilung der Stadt, ihrer Absicherung in Gewalt und Gewohnheit dar, die keine Macht mehr hätte reparieren können.

Dabei zeichnet es die Maueröffnung aus, dass sie in einem nichts und alles ändert. Es gibt am Morgen danach noch immer die Mauer, die DDR und ihre monströse Sicherheitsapparatur, Grenztruppen, Volkspolizei und Volksarmee. Sie sind keineswegs ausgeschaltet, sie funktionieren nach wie vor, eingeschlossen die Auslösung der erhöhten Gefechtsbereitschaft nach allen Regeln der militärischen Praxis. Aber das Erlebnis dieser Nacht lässt alle einschlägigen Überlegungen ins Leere laufen. Es nimmt der Grenze die trennende Macht. Die Besetzung der Mauerkrone am Brandenburger Tor und das Vordringen der Menge bis ins Allerheiligste der Grenzanlage – den innersten, streng abgeschirmten Bereich zwischen Mauer und Pariser Platz – rüttelt an dem Punkt der geteilten Stadt, an dem wie kein anderer der Anspruch der kommunistischen Macht fassbar und die weltpolitische Verwerfung zwischen Ost und West zum europäischen Schicksal geworden sind. Der Mauerdurchbruch löst gleichsam den Bann, den die Geschichte über Berlin gelegt hat – wie sie, umgekehrt, dem Grenzregiment faktisch das Rückgrat bricht.

Das massenhafte Auftauchen der Ostberliner im Westen der Stadt, in dem sie über Jahrzehnte hinweg nur wie exotische Boten von einem fremden Stern erschienen waren, und ihre spontane Vermischung mit den West-Berlinern erschüttert die Gewöhnung an die Trennung. Dass so gut wie alle Ostberliner in die »Hauptstadt der DDR« zurückkehrten, ändert nichts daran, dass die Teilung Berlins in zwei Städte, zwei Systeme, zwei Welten in dieser Nacht einen Stoß erhält, von dem sie sich nicht mehr erholt. Die Stadt wirft die Duldungsstarre ab, mit der sie seit Jahrzehnten ihr Schicksal getragen hatte. Im überquellenden Gefühl von Rührung und Ergriffensein wird auch das Gewebe von Fremdheit, Distanz und Resignation gesprengt, das sich zwischen Osten und Westen im Lauf der Jahre gebildet hatte. Und zum ersten Mal seit den bald 45 Jahren, in denen die Stadt unter alliierter Kontrolle stand, werden die Deutschen wieder zum Subjekt des Geschehens: »In dieser Nacht waren die Deutschen zum ersten Mal seit bald einem halben Jahrhundert wieder allein für Berlin verantwortlich, und sie meisterten die Lage großartig.«[10] Die Alliierten treten nicht in Erscheinung. Obwohl sich kaum etwas verändert hat, ist die Stadt eine andere geworden. Denn sie ist – für wenige Stunden – im Gefühl ihrer Bewohner wieder eine Stadt.

Dabei gehören zum Erlebnisgehalt dieser Nacht noch gar nicht die großen Perspektiven, die später ihre Bedeutung ausmachen werden. In der Überwältigung, die die Menschen erfasst und den Ausruf »Wahnsinn!« zum Losungswort der Stunde macht, spielt noch keine Rolle, was Thema der nächsten Wochen und Monate sein wird – nicht die deutsche Wiedervereinigung, nicht das Ende des Ost-West-Konflikts und nicht einmal die Wiederherstellung der Einheit der Stadt. Allenfalls wird dieser oder jener Parteigänger der DDR von einer Ahnung ihrer Bedeutung heimgesucht. »Jetzt ist es aus«, sei ihm durch den Kopf geschossen, als er bei der Heimfahrt die Menschen Richtung Grenze strömen sah, bekennt später Wolfgang Rauchfuß[11], ein gerade ins SED-Politbüro aufgerückter Wirtschaftsfachmann, und Gregor Gysi erinnert sich, dass er zu seiner Lebensgefährtin gesagt habe: »Das ist der Anfang vom Ende der DDR.«[12] Dagegen ergibt sich für die meisten Berliner im Westen der Stadt kaum mehr als der Eindruck eines ungeheuren Ereignisses. »Die Lage hatte sich in einer Nacht von Grund auf gewandelt«, urteilt Dieter Schröder, der Chef der Berliner Senatskanzlei, »aber niemand wusste, wie tragfähig dieser Grund sein würde.« Er und seine Kollegen sehen sich in einer Rolle, die sich »am besten mit der des Beobachters eines gewaltigen Erdrutsches, wenn nicht gar eines Erdbebens vergleichen« lasse. »Die Welt um uns war in Bewegung, aber die Richtung und die darauf einwirkenden Kräfte waren noch keineswegs deutlich zu erkennen.«[13]

Allerdings haben die zurückliegenden Wochen und Monate deutlich gezeigt, dass auf die seit einem halben Jahrhundert bestehenden Verhältnisse kein Verlass mehr ist. Mittel- und Osteuropa befinden sich in heftiger Bewegung. Pausenlos geschieht bisher Unvorstellbares. In Ungarn wird Imre Nagy, der hingerichtete Führer der Revolution von 1956, rehabilitiert und mit einer gewaltigen Demonstration zu Grabe getragen. In Polen wird inmitten des noch immer diktatorisch verfassten Ostblocks eine parlamentarische Regierung gebildet. Selbst die DDR, die doch als unerschütterbarer Hort des real existierenden Sozialismus gilt, ist von der Unruhe erfasst. Die Ausreisen verwandeln sich in einen massenhaften, die Stabilität des Staates untergrabenden Exodus, die Montagsdemonstrationen wachsen lawinenartig an, und aus zahllosen kleinen Protestaktionen, Gruppenbildungen und Manifestationen erwächst das Gefühl, dass ein Umbruch bevorsteht. Im September schlägt Ungarn mit der Öffnung seiner Grenze nach Österreich die erste Bresche in den Eisernen Vorhang.

Anfang Oktober spitzt sich die Situation in der DDR zu. Das Land ist erfasst von Unruhe und Erregung, der spektakuläre Akt der Ausreise der Flüchtlinge aus der Prager Botschaft durch die DDR facht sie weiter an, in Dresden und Berlin lässt der Polizeieinsatz gegen aufbegehrende DDR-Bürger die Lage eskalieren, in Leipzig bringen 70 000 Demonstranten auf dem Ring die Staatsmacht dazu, von der vorbereiteten militärischen Repression abzusehen. Schließlich überschlagen sich die Ereignisse: Sturz Erich Honeckers am 18. Oktober 1989, Ankündigung einer »Wende« durch seinen Nachfolger Egon Krenz, Rücktritt von Regierung und Politbüro, Auftritt eines letzten Aufgebots mit dem vermeintlichen Hoffnungsträger Hans Modrow als Ministerpräsident an der Spitze – die Reaktionen der DDR-Führung machen mehr und mehr den Eindruck hektischer Rettungsaktionen auf einem sinkenden Schiff. Fünf Tage vor dem Mauerfall, am 4. November, demonstrieren eine halbe Million Menschen auf dem Alexanderplatz in der Mitte Berlins, dass alle diese Schritte nicht ausreichen, um die Desillusionierung der Menschen über das Regime zu stoppen und ihren Wunsch nach Veränderung aufzuhalten.

Nach alledem ist man auch im Westen auf Veränderungen eingestellt, erst recht in West-Berlin, das seit Monaten ein bevorzugtes Ziel der Ausreisen aus der DDR ist – 39 000 Übersiedler sind seit Jahresbeginn gekommen, mehr als fünfzig Turnhallen dienen als Notunterkünfte, längst sind die Aufnahmemöglichkeiten der Weststadt erschöpft. Vor allem in der Senatskanzlei und den Senatsverwaltungen blickt man gespannt auf die Vorgänge im anderen Teil Berlins. Knapp zwei Wochen vor der Maueröffnung hat Günter Schabowski dem Regierenden Bürgermeister Walter Momper auch schon angekündigt, dass eine liberalere Reiseregelung in Arbeit sei – das Gespräch hatte Manfred Stolpe, der zwischen Ost und West vermittelnde Konsistorialpräsident der Evangelischen Kirche, arrangiert. Seither bereitete sich die Westberliner Verwaltung auf einen »Tag X« vor. Doch hat sie dabei nicht einmal ahnungsweise ein Ereignis wie die Maueröffnung im Blick. Immerhin stellt sie sich für den Fall der Lockerung der Besuchsbestimmungen auf eine kleine Invasion ein – die Schätzungen reichen bis zu 300 000 Besuchern, insgeheim rechnet man sogar mit 500 000.

Die Überlegungen in der Weststadt sind deshalb vor allem auf die Bewältigung dieses Ansturms gerichtet – zumal er wahr-

scheinlich auf das erste Adventswochenende und damit die vor-
weihnachtlichen Einkaufstage fallen wird. Also kreisen sie vorwiegend um praktische Fragen: ob die Übergänge ausreichen, ob
es genügend Zahlstellen für das Begrüßungsgeld gebe, das seit
1987 einmal im Jahr an DDR-Besucher ausgezahlt wird, welcher
Bedarf an Notquartieren bestehe, und selbst die Frage von Bus-
verbindungen über die Stadtgrenze hinaus, nach Potsdam und
Nauen, wird geprüft. Und weil auch der Westteil der Stadt in
Herbst und Winter von der Braunkohlen-Dunstglocke betroffen
ist, die über der DDR liegt, wird ausgiebig diskutiert, was getan
werden könne, wenn etwa mehrere Hundertschaften von Trabis
zusätzlich die Luft verunreinigten, einschließlich der Überlegung,
ob dieser Gefahr mit Fahrverboten begegnet werden könne –
keineswegs unbegründet: Eine Woche später gibt es in Berlin die
erste Smogwarnung. Eine Schließung des Kurfürstendamms für
den Verkehr wird erwogen und wegen der Furcht vor einem Um-
satzrückgang wieder infrage gestellt. Andererseits: Würden nicht
300 000 Besucher das Begrüßungsgeld abholen, und würde dieser Millionenumsatz nicht in West-Berlin bleiben? Aber die Besucher – so beruhigt sich ein Zeitungskommentator – »kämen ja
nicht alle auf einen Schlag«.[14]

Wenig später, in der Nacht des 9. November, sind sie da, und
der offene Brief, mit dem der Regierende Bürgermeister die Berliner auf den Besucherstrom hatte vorbereiten wollen, bleibt unvollendet.[15] Mit einem Male sind auch die Bedenken über die
Belastungen durch die Besucher wie weggeblasen, verdrängt von
der ungleich größeren Herausforderung der über die Stadt her-
eingebrochenen Freizügigkeit. Die Handvoll Übergänge, durch
die in der gespaltenen Stadt das Rinnsal der Kontakte geflossen
war, reicht hinten und vorne nicht. Und nichts bewegt die Stadt
so sehr wie die gleich neun Grenzübergänge, die die DDR nach
dem Schockerlebnis dieser Nacht einrichtet – bis dahin hatte sich
Ostberlin Erleichterungen nur um den Preis nervender Verhand-

lungen abringen lassen. Der Potsdamer Platz und die Glienicker Brücke, die dazugehören, werden zu Ikonen des Geschehens, ihre Bilder gehen um die Welt – der schmale, von Menschentrauben bedrängte Durchlass im Zentrum der Stadt, hinter dem sich dem Blick die gewaltige Brachfläche der Grenzzone in der Mitte Berlins öffnete, wie die Verbindung von Berlin nach Potsdam über die herbstlich graue Havel, einst Schauplatz für das Spektakel des Austauschs von Agenten.

Zumal die Eröffnung des Potsdamer Platzes zwei Tage nach der Maueröffnung hinterlässt tiefe Spuren im Gedächtnis der Stadt. »Früher kalter Nebel lag über dem Areal«, erinnert sich Walter Momper. »Fernsehscheinwerfer tauchten die Szene in ein gespenstisches Licht. Hunderte junge Soldaten arbeiteten mit großer Hast an den letzten Metern, schaufelten Schutt und Steine beiseite, fegten den Sand weg, den der Wind in fast drei Jahrzehnten an der Mauer abgelagert hatte, und holten das alte historische Pflaster wieder heraus.«[16] Nachdem Momper und der Ostberliner Oberbürgermeister Erhard Krack sich die Hände geschüttelt haben, geht »ein Jubelschrei durch die Menge ... Hunderte Ostberliner rannten auf den Übergang zu. Jetzt gab es auch auf der westlichen Seite kein Halten mehr.«[17] Am Mittag besucht Bundespräsident Richard von Weizsäcker den Platz und wird zum Mitakteur einer Episode, die die Absurdität und Doppelbödigkeit der Situation scharf beleuchtet. Er geht, aus der Stimmung heraus, dass »man nicht weiß, was nun gilt«, über die leere Fläche in Richtung Osten. Erst richten sich Ferngläser auf ihn, dann kommt ein Offizier auf ihn zu, salutiert vorschriftsmäßig und sagt mit ruhiger Stimme: »Herr Bundespräsident, ich melde: keine besonderen Vorkommnisse.« »So schnell«, so Weizsäckers Resümee, »stand alles auf dem Kopf.«[18]

Das Wochenende verwandelt dann die Inselstadt West-Berlin in einen brodelnden Menschenkessel. Es bestätigt die kathartische Wirkung der nächtlichen Grenzöffnung überwältigend. Geschätzte zwei Millionen Besucher, überfüllte Züge aus der ganzen DDR – zeitweilig müssen Bahnhöfe geschlossen werden –, ausgebuchte Flüge, die Innenstadt rund um die Gedächtniskirche für Autos gesperrt, »stehender Fußgängerverkehr auf Kurfürstendamm und Tauentzien«, registriert der Polizeisprecher –, Volksfeststimmung überall. In Ostberlin stehen die Menschen in Viererreihen fünf Stunden an, bis sie den Grenzübergang erreichen, an dem jedoch faktisch nicht mehr kontrolliert wird. Im Westen sind über das ganze Wochenende die Schalter der Banken und die Sozialämter geöffnet, auf 135 Millionen D-Mark beläuft sich schließlich das ausgezahlte Begrüßungsgeld. Übernachtungen werden angeboten, viele schlafen im Trabi – 500 der Plastikgefährte werden pro Stunde am Kontrollpunkt Dreilinden durchgewinkt –, dabei ist Bodenfrost angesagt. Die Ost-West-Spaltung, die ein halbes Jahrhundert über der Stadt gelegen hat, löst sich für zwei rauschhafte Tage auf.

Tatsächlich sind diese zwei Tage ein »erster Probelauf«[19] für das gemeinsame Berlin. Hunderte, ja Tausende von Menschen strömen schon am Sonnabend zwischen Brandenburger Tor und Potsdamer Platz hin und her, und die Atmosphäre lässt einen Reporter nach der Jubelmetaphorik von Goethes »Osterspaziergang« greifen: »Vom Eise (der Trennung) befreit ... Zufrieden jauchzet groß und klein: Hier bin ich Mensch, hier darf ich's sein.«[20] Es sind Tage voller Gesten und Zeichen, die die Woge des Glücksgefühls und der Wiederentdeckung der Stadt fassen wollen. In der Philharmonie in Sichtweite der Mauer dirigiert Daniel Barenboim ein Konzert der Philharmoniker nur für DDR-Bürger – »Tränen der Rührung im Orchester wie im Publikum«[21]. In der Westberliner Deutschlandhalle treten Größen der Rockmusik auf und werden von Ost- und Westbesuchern begeistert gefeiert. Zum Dank für den Einsatz der Bankmitarbeiter, Busfahrer und Behördenangestellten, die geholfen haben, den Besucheransturm zu bewältigen, fährt Ende November ein Buskonvoi mit zwanzig

Doppeldeckern 1800 West-Berliner zu einer Varieté-Vorstellung im Friedrichstadt-Palast nach Ostberlin. Bis zum Jahresende reichen die Feiern der unerwarteten Gemeinsamkeit – Konzerte, Begegnungen, ost-westliche Sportveranstaltungen. Sie lassen fast vergessen, dass sich der Sickerstrom fortsetzt, der die Fundamente der DDR in den letzten Wochen und Monaten unterminiert hat. Noch immer melden sich pro Tag Tausende Übersiedler im Notaufnahmelager Marienfelde.

Handeln durch Unterlassen

Das glatte Gegenbild bietet die andere Seite, die DDR-Führung und ihre Parteigänger: Lähmung, Unvermögen, Resignation. Während die Westberliner Zeitungen noch in der Nacht vom 9. zum 10. November Extrablätter herausbringen, findet das welthistorische Ereignis in den Ostberliner Blättern so gut wie keinen und schon gar keinen angemessenen Niederschlag. Ist der Grund dafür der Schock des Ereignisses, die Gewöhnung an die zentrale Steuerung der Redaktionen oder ein Mangel an Zivilcourage? Ganz nach der Maxime, dass nicht sein kann, was nicht sein darf, will der stellvertretende ADN-Chef bis nach Mitternacht nichts von eine Öffnung der Grenze wissen.[22] Und der stellvertretende Chefredakteur der »Berliner Zeitung«, der maßgebenden Ostberliner Regionalzeitung, der an diesem Abend Dienst hat, wehrt – wie er sich zwei Jahrzehnte später erinnert – am 9. November 1989 kurz vor dem Andruck die Aufnahme der Meldung über die Maueröffnung ab, die ein Redakteur aus einer Telefonzelle an der Bornholmer Straße übermitteln will. Im zerknirschten Rückblick erklärt er diese Entscheidung mit der Stimmungslage eines irritierten SED-Zeitungsmannes – einer Mischung »aus Zeitnot, Routine, Erschrecken, Frust«[23].

Am Tag danach wird offenbar, dass die SED weder willens

noch in der Lage ist, sich dem historischen Ereignis zu stellen. In einer Mischung aus Verlegenheit und Rechthaberei bleibt sie fixiert auf die Aktionen, mit denen sie in den vergangenen Wochen versucht hat, die Bewegung im Land aufzuhalten. Was in der ganzen Welt Mauerfall heißt, wird in den Ostberliner Zeitungen bürokratisch-bieder zur »Reisefreiheit« heruntergeschrieben und als Leistung der DDR proklamiert, die Durchbrechung der Grenze als eine Art Tagesausflug verharmlost. Ungerührt nutzt die »Berliner Zeitung« für ihre Titelzeile die traditionelle DDR-Floskel, mit der sonst Produktionserfolge beschrieben werden: »Aus Worten wurden Taten«, um mit der Schlagzeile »Hunderttausende DDR-Bürger schauten sich Westberlin an«[24] den Tabubruch zu bemänteln. Noch schlichter drückt sich das SED-Zentralorgan »Neues Deutschland« um die Wahrnehmung des Mauerfalls: »Viel Verkehr an den Grenzpunkten«[25]. Und wenn überhaupt das Ereignis der Nacht erwähnt wird, dann in Zitaten aus Westzeitungen oder mit gespielter Pikiertheit: »Getrübt wurde der Tag nur von Einzelnen, die auf der Mauer Randale wollten – schade!«[26] Nur da und dort, zumeist in den Zeitungen der Blockpartei, und auch da fast zwischen den Zeilen, finden sich Reflexe des Ereignisses, die es wagen, an seine Bedeutung zu rühren. »Nachdenken über ein Glücksgefühl«[27] ist der Bericht überschrieben, mit dem in der »Neuen Zeit«, dem zentralen Organ der Ost-CDU, über das Geschehen des Wochenendes berichtet wird. Und die »Nationalzeitung«, das Blatt der Nationaldemokratischen Partei, tastet sich an die Tiefendimension des Ereignisses heran: »Aus einer unerträglich gewordenen Enge heraus atmen die Menschen auf, obwohl sie kaum glauben können, was geschehen ist, war es doch gestern noch undenkbar.«[28]

Noch immer glaubt die SED, mit Personenopfern und Verlautbarungen in Parteiprosa das Heft wenden zu können. Der Mantel der Geschichte weht durch Berlin, doch sie setzt ihre Hoffnungen auf das Aktionsprogramm, das sie auf der Tagung des Zentralkomitees berät – einen Aufmarsch von überfälligen politischen, ökonomischen und sozialen Reformversprechungen. Sofern die DDR-Führung auf den Mauerfall antwortet, findet ihre Reaktion sozusagen im Saale statt. Denn die SED setzt die Beratungen fort, die am Tag vor dem Mauerfall begonnen haben, nicht ungerührt, aber ohne sich ihm zu stellen. Es wird eine gespenstische Sitzung. Der Mauerfall ist das Thema des Tages, aber nur in Kantine und im Foyer des Plenarsaals. Stattdessen geben sich die Spitzen des Staates der Erörterung teils der Wirtschaftslage, teils Kaderfragen hin. Es braucht eine gute Stunde, bis Egon Krenz, der neue Generalsekretär, die Ereignisse der vergangenen Nacht überhaupt nur erwähnt – aber nur um eine Kommission vorzuschlagen. Und doch gerät die Sitzung des SED-Gremiums, die läuft, wie die Parteisatzung es befiehlt, zunehmend zu einem Drama von fast antikem Format. Gefühlsausbrüche, erbitterte Vorwürfe, Selbstzerfleischung: »Wir sind belogen worden«, ruft ein alter Genosse, ein anderer: »Die Partei ist kaputt im Grunde genommen.«[29] Hinter den undurchlässigen Mauern des Zentralkomitees breiten sich »Panik, Chaos und eine allgemeine Auflösungsstimmung«[30] aus.

Am Nachmittag ruft die SED-Führung, genötigt von ihren ratlosen Mitgliedern, zu einer Großkundgebung im Lustgarten auf – eine Parallelaktion zu den Kundgebungen im Westen, vor dem Schöneberger Rathaus auf dem Breutscheidplatz. Genossen aus ganz Ostberlin sind dazu zusammengetrommelt worden. Sind es 150 000, wie die Partei behauptet? Sind es 50 000, wie andere Schätzungen lauten? Aber die SED verweigert dem Ereignis, das in allen Köpfen ist, die Wahrnehmung. Stattdessen zelebriert sie die Rituale kommunistischer Kampfdemonstrationen mit den Bekenntnissen parteitreuer Werktätiger, geballten Fäusten und dem Gesang der »Internationalen«. Novemberkälte, frühes Dunkel, der Dom gleißend im starken Halogenlicht – angesichts der großen, abgeräumten Mitte der Stadt, die nun noch leerer wirkt als sonst, bekommt die Kundgebung etwas von einem letzten Aufgebot.

Die SED spricht sich – so beschreibt es der niederländische Schriftsteller Cees Nooteboom – »mit Losungen, Spruchbändern und mechanischen Kampfliedern aus den großen Lautsprechern Mut zu … Manche singen zögernd die verstärkten Lieder von blutroten Fahnen und Kampf mit, doch die Stimmung ist unsicher«. Die Bilder, die am nächsten Tag in den Zeitungen sind, zeigen die Parteiführung auf den Stufen des Alten Museums »wie eine belagerte Gruppe«, »Regenmäntel, hochgestreckte Fäuste, die Münder zum Anstimmen eines Kampflieds geöffnet«.[31] Währenddessen macht sich die Maueröffnung im Alltag spürbar. Arbeiter verlassen Betriebe, stellen die Produktion ein, und die kommunale Versorgungswirtschaft wird nur mit Mühe aufrechterhalten.[32] In dem einen Betrieb sind nur 15 Prozent einer Abteilung zur Arbeit gekommen, in einem anderen ist stundenweise überhaupt niemand da. Für das Wochenende, an dem die Ostberliner massenhaft im Westen sind, setzt die SED Parteitagungen und Mitgliederversammlungen an. Sie sollen festigen, was nicht mehr zu festigen ist.

Krenz hält übrigens unbeirrt an der Fiktion fest, die Maueröffnung habe in der Linie des Umdenkens der SED gelegen und zumindest der unblutige Verlauf sei der Partei zu danken. Zwei Jahrzehnte später wird Hans Modrow, der letzte Ministerpräsidenten aus den Reihen der SED, zu diesem Zeitpunkt gerade Mitglied des Politbüros, also des obersten Führungsgremiums geworden, die Maueröffnung mit einer ganz anderen Lesart versehen. Sie sei »haarscharf an einer Katastrophe« vorbeigegangen, eine »kopflose Regierung« habe »etwas in Bewegung gesetzt«, das »erst durch das Verhalten der Grenzoffiziere in Balance« gebracht worden sei.[33] Man muss in Modrows Äußerungen kaum mehr als eine nachträgliche Dramatisierung erblicken, unternommen mit dem Ziel, den Grenztruppen einen nachträglichen Anteil einem welthistorischen Ereignis zu verschaffen. Allerdings trifft zu, dass der militärische Apparat der DDR nochmals heftig rotiert, einen militärischen Einsatz erwägt und einschlägige Operationen überlegt, bis ihm und der politischen Führung klar wird, dass da nichts mehr zu gewinnen ist.[34] Immerhin: Die Überzeugung, dass die Situation nicht eskalieren dürfe, beherrscht die Akteure in Ost und West. Als am 11. November am Brandenburger Tor die Lage kritisch wird – junge Leute auf der Mauerkrone fordern die Grenzpolizisten heraus, die Wasserwerfer auffahren –, wird sie einträchtig von beiden Seiten entschärft.

Der eigentliche Grund für den friedlichen Verlauf der Wende ist der Wandel selbst, der sich in der DDR und im Ostblock vollzieht. Die explosive Mischung von Götterdämmerung und Selbstbefreiung in den Hierarchien wie in den Gesellschaften hat die ideologisch und praktisch ausgelaugte DDR und die SED demoralisiert. Das mag auch die tiefere Erklärung für den Umstand sein, dass die DDR insgesamt so rasch kapituliert – siebzig Jahre kommunistische Bewegung in Deutschland, vierzig Jahre real existierender Sozialismus in der DDR brechen binnen weniger Wochen ohne nennenswerten Widerstand in sich zusammen. Denkwürdig die Antwort, die hohe DDR-Offiziere dem Westberliner Polizeipräsidenten auf die Frage geben, weshalb sie nicht bis zum letzten Mann für den DDR-Sozialismus gekämpft hätten wie 1945 die SS für das Dritte Reich: »Wissen Sie, auf die SS warteten die Russen, auf uns die Bundesrepublik.«[35] Es gibt dem Gespräch den makabren Hintergrund, dass es am Reichstag stattfindet, in dem noch die Spuren der erbitterten Kämpfe zu sehen sind, die sich die SS 1945 mit den sowjetischen Truppen lieferte.

Wie tief der Mauerfall die Gemüter aufwühlt, ist freilich nicht nur an der Hochstimmung abzulesen, in die er die Stadt versetzt. Sie spiegelt sich auch in den widersprüchlichen Empfindungen, die ihm wie ein Schatten folgen, im Westen und im Osten. Der Seufzer, dass »jetzt jeden Tag Ansturm ist wie Kirchentag

hoch 3«[36], ist schon an dem Jubelwochenende nach dem Mauerfall in dem von den Ereignissen schier überrannten Westberlin
da und dort zu hören – die Weststadt hatte im Sommer einen
Kirchentag erlebt. Im Osten reagiert nicht zuletzt die Opposition irritiert, am prononciertesten Bärbel Bohley, die Frontfrau
der Konfrontation mit dem System, die ihre Verwirrung über den
Mauerfall drastisch zum Ausdruck bringt: »Die Leute sind ver-
rückt, und die Regierung hat den Verstand verloren.«[37] Ein Teil
der Dissidenten sieht die Maueröffnung mit hoher Skepsis: Wird
er nicht den Prozess der friedlichen Revolution gefährden, der
in den letzten Wochen die Entwicklungen in der DDR vorangetrieben hatte? Werden die Menschen noch für Reformen auf die
Straße gehen, wenn sie in den Westen reisen können? Unbescha-
det der Freude über die neue Freiheit reicht das bei manchen ihrer
Wortführer und Strategen bis zu Verlustempfindungen; sie sehen
sich durch den Mauerfall und seine Folgen als Akteure geradewegs »politisch enteignet«[38].

Zum Schock der Konfrontation mit einer Situation, die niemand vorhergesehen hat, kommt die Furcht vor den vorgestellten
wirtschaftlichen Folgen. Drei Tage nach der Maueröffnung fällt
der Bürgerrechtler Wolfgang Ullmann, Sprecher von »Demokratie jetzt«, um Mitternacht seinem Mitkombattanten Erhard Neubert ins Haus, weil ihn die Frage bedrängt, »ob die Opposition
nicht zur Grenzschließung aufrufen solle, da die DDR ansonsten
wirtschaftlich schnell ausbluten würde«[39]. Ullmann wird als prominenter Bürgerrechtler angesprochen: Er möge doch dem Bundespräsidenten oder dem Berliner Bischof klarmachen, »dass die
Mauer wieder für ein Vierteljahr geschlossen werden muss, damit
wir hier unsere Wirtschaft wieder ein bisschen stabilisieren können«[40]. Ein Gefühl plötzlicher Bodenlosigkeit macht sich breit,
auch bei den Gegnern des Systems. Freya Klier, Dissidentin und
geharnischte DDR-Kritikerin, fürchtet: »Die DDR könnte sich
auflösen wie eine Brausetablette.«[41]

Gerade in Berlin, wo die Ost- und Westwelt nun unmittelbar aufeinanderstoßen, wohnen das Glücksgefühl über den Einbruch des Wunders in die Geschichte und die Fassungslosigkeit über den Wandel der Situation Wand an Wand. Und nirgendwo wird die Freude über den Mauerfall so bald eingeholt und auch schon überholt von Bedenken und Befürchtungen. Bereits drei Tage nach der historischen Nacht finden sie Eingang in die Erklärung des »Neuen Forums«, der stärksten oppositionellen Sammlungsbewegung in der DDR. In ihr zittert die hohe Erregung dieser Tage nach, doch der Bekundung der Freude über das Ereignis, auf das »wir fast dreißig Jahre gewartet« haben, folgen auf dem Fuß händeringende Bekundungen von Befürchtung und Verstörung. »Ausverkauf« heißt die Fanalformel für die Verunsicherung, in die der Mauerfall vor allem die Bürgerrechtler stürzt. An die Wand gemalt wird ein wahres Schreckensszenarium: der »Ausverkauf unserer Werte und Güter an westliche Unternehmer«, die Überfüllung der Erholungsgebiete durch »Westmarkttouristen«, eine Teilung der Bevölkerung, bei der die »sozial schwächere Hälfte der Bevölkerung« bedroht ist, »während die Westgeld-Löwen oben schwimmen«. Sind die Bürger der DDR nicht die »Helden einer politischen Revolution«? Nun appellieren die Träger des Umbruchs an sie mit der Warnung vor einer drastisch ausgemalten Abstiegsperspektive: »Lasst das Land nicht verhökern und euch nicht als Mietsklaven verdingen.«[42] Die Beschwörung eines Ausverkaufs der DDR begleitet die Auseinandersetzung mit dem Schock der Maueröffnung, aufgerufen ebenso von der SED wie von ihren Gegnern.

Überhaupt erzeugt der gewaltige Einschlag des Unvorhergesehenen in die Normalität ein zwiespältiges gefühlshaftes Erbeben. Die Überwältigung fährt vielen als eine Art heiliger Schrecken in die Glieder. Trauen die Deutschen, die notgedrungen gelernt haben, mit der Teilung zu leben, dem plötzlichen Glück nicht? Ist das Ereignis des Mauerfalls einfach zu groß? Aber wie

kann man ein solches Wunder verkraften? Es gehört zur Befindlichkeit Berlins, dass vor allem die Perspektive der Wiedervereinigung, wenn sie denn auftaucht, rasch gestellt und eingekreist wird
von einer Phalanx der Befürchtungen und Bedenken, im Westen
wie im Osten. Den Ausdruck gibt diesem Gefühl kein Geringerer
als der Bundespräsident, in Berlin aufgewachsen, später Regierender Bürgermeister der Stadt und seinem Selbstverständnis nach
Berliner geblieben. Sogleich nach der Nachricht des Mauerfalls
nach Berlin aufgebrochen, bekennt Richard von Weizsäcker »eine
rückhaltlose, tiefe und erstaunte Freude«. Doch seine Ansprache
bei dem Dankgottesdienst in der Gedächtniskirche, der nur zwei
Tage nach der Maueröffnung West- und Ostberliner vereinigt, ist
gleichwohl mit der Mahnung versetzt, »nicht loszuballern mit
großen Tönen und Reden. Keiner von uns hat es schon immer ge-
wusst – keiner von uns weiß, wie es weitergeht«.[43]

Durch die Weststadt ein Riss

Der Westen der Stadt ist noch in einem weiteren Sinne auf die
Maueröffnung nicht vorbereitet: Während die Zeitgenossen in
Berlin und in Europa dabei sind, das Geschehen dieser Novem-
bernacht in seiner Bedeutung zu begreifen und zu verarbeiten,
zeigt sich ein tiefer Riss in der politischen Gesellschaft der Stadt,
und er betrifft nichts Geringeres als die Perspektiven, die ihr der
9. November eröffnet. Bevor die Stadt beginnt, auf ihre Vereinigung zuzusteuern, ist sie erst einmal nachdrücklich uneins mit
sich selbst. Bereits am Tag nach dem Mauerfall gerät das Abgeordnetenhaus, das Berliner Parlament, in einen verbissenen Streit
darüber, ob die deutsche Einheit das Ziel deutscher Politik sein
dürfe. Die CDU beantragt einen Beschluss, dass die Deutschen
an dem Ziel festhalten, »auf einen Zustand des Friedens und der
Einheit Europas hinzuwirken, in dem auch das deutsche Volk in

freier Selbstbestimmung seine Einheit erlangen kann«.[44] Die regierende SPD hätte eine solche Erklärung auch mitgetragen, denn sie ist aus sozialdemokratischem Urstoff – sie nimmt die Formulierung des »Briefs zur Deutschen Einheit« auf, den die sozialliberale Koalition 1972 dem Moskauer Vertrag hinzugefügt hatte. Nicht jedoch ihr Koalitionspartner, die Alternative Liste: Fest überzeugt von der Gebotenheit der deutschen Zweistaatlichkeit, scheut sie den Begriff wie der Teufel das Weihwasser. Es folgt ein langes Ringen vor und hinter den Kulissen, das schließlich in einem Kompromiss mündet, bei dem statt von der Einheit ausweichend-umwegig von der Erwartung die Rede ist, dass das deutsche Volk zu »der Gestaltung seines Zusammenlebens gelangen kann, für die es sich in Ausübung seines Selbstbestimmungsrechts entscheidet«[45] – und bei einem kontroversen Abstimmungsergebnis, denn die CDU mag der sophistischen Formulierung am Ende doch nicht zustimmen.

Die Brüchigkeit des politischen Zustands von Berlin zeigt sich erst recht in dem Eklat, zu dem die nachfolgende Kundgebung vor dem Schöneberger Rathaus gerät. Mit ihr wollen das politische Berlin und die Bonner Politik das historische Ereignis würdigen. Bundeskanzler Helmut Kohl und Außenminister Hans-Dietrich Genscher unterbrechen dafür einen Staatsbesuch in Polen, der wegen des schwierigen deutsch-polnischen Verhältnisses bis eben noch die Schlagzeilen beherrschte. Der SPD-Vorsitzende Willy Brandt und andere prominente Bonner Politiker kommen aus Bonn nach Berlin. Anwesend schon während der Sitzung im Abgeordnetenhaus, nehmen sie wahr, wie sich auf dem Platz vor dem Rathaus – wohin die Sitzung per Lautsprecher übertragen wird – die Stimmung auflädt. Die Unruhe steigert sich noch, als die Politiker vor dem Rathaus erscheinen. Es gibt Beifall für Walter Momper, Willy Brandt und Hans-Dietrich Genscher und unbeschreiblichen Jubel, als der Außenminister die Liste der neuen Grenzübergänge vorliest. Doch kaum tritt der Kanzler ans Mikro-

fon, wird er mit gellenden Pfiffen und rüden Zwischenrufen attackiert; er hat Mühe, seine Rede zu halten. Die danach ange-
stimmte Nationalhymne geht in Protestgeschrei und Pfiffen unter.

Das Geschehen ist mehr als ein Misston. Es ragt wie ein
Dorn in die beginnende Vereinigung der Stadt hinein und wird
weithin als Skandal empfunden. Mit gutem Grund: Am gleichen Ort hat John F. Kennedy sein »Ich-bin-ein-Berliner«-Be-
kenntnis abgelegt, haben die West-Berliner über die Jahrzehnte
hinweg ihren Willen zum Widerstehen und Überleben bekun-
det. Nun demonstriert der Zwischenfall die Explosivität und die
Zerrissenheit des politischen Klimas in der Stadt – so wie die folgende Kundgebung der CDU vor der Gedächtniskirche, die Helmut Kohl feiert. Wie es eigentlich dazu gekommen ist, dass die
Veranstaltung entgleist, bleibt umstritten, aber vieles spricht dafür, dass die jungen Leute, die der Stimmung auf dem Platz den
Stempel aufdrücken, vor allem zum alternativen Milieu gehörten.
Und unüberhörbar ist auch, dass sie für alles, was mit dem Nationalstaat zu tun hat, erst recht mit dem Gedanken einer Wiedervereinigung, nur Spott und Häme übrig haben – ihr Sprachrohr,
die links-alternative Tageszeitung »taz« stellt eine Hörfolie des
gestörten Nationalhymnengesangs mit dem hohntriefenden Titel »Deutschland-Lied/Schöneberger Fassung« her, die sie ihrer
Weihnachtsausgabe beilegt. Der desaströse Eindruck bleibt an
dem Ereignis hängen: »Ungerecht und unflätig«[46] nennt Walter
Momper die Missfallenskundgebungen in seinen Erinnerungen – obwohl er ein gewisses Verständnis für den Protest nicht
verhehlt –, als »eine Stunde der Schande und der Irritationen«[47]
empfindet sie sein Vorgänger und Nachfolger Eberhard Diepgen.
Doch die Bruchlinien im Bewusstsein der Stadt, die an diesem
10. November sichtbar werden, reichen weiter, tief in die regierende SPD hinein. Die deutsche Vereinigung, die ein Jahr später
Realität sein wird, erweist sich als eine Größe, an der sich die
Geister scheiden.

Überhaupt spiegelt dieser Tag die Ambivalenz des historischen Augenblicks. Walter Momper, der Regierende Bürgermeister, der am Morgen im Bundesrat in Bonn mit seinem enthusiastischen Wort, die Deutschen seien in dieser Nacht das glücklichste Volk der Welt gewesen, den großen Geschichtston getroffen hat, hängt das Ereignis am Abend demonstrativ niedriger: Der 9. November sei ein »Tag des Wiedersehens« gewesen, keineswegs ein »Tag der Wiedervereinigung«.[48] Willy Brandts Rede dagegen ist schon ganz auf seine berühmte Einheitsformel gestimmt – »Nun wächst zusammen, was zusammengehört« –, obwohl sie in seiner Ansprache noch nicht vorkommt; Brandt formuliert sie im Laufe des Tages mehrfach in Interviews und fügt sie in die gedruckte Fassung der Rede ein.[49] Bundeskanzler Kohl beschwört die »Einheit unserer deutschen Nation«. Aber seine Rede mäandert vorsichtig zwischen dem Respekt für die Bürgerbewegung in der DDR und der Beschwörung einer gemeinsamen Zukunft. Er sichert dem ostdeutschen Freiheitswillen die »volle Unterstützung« der Bundesrepublik zu – und erwähnt die Wiedervereinigung mit keiner Silbe.[50]

Tatsächlich ist zu diesem Zeitpunkt noch kaum ein Politiker bereit, die Vereinigung als aktuelles Ziel deutscher Politik zu postulieren. Zu groß sind die Ängste, damit den noch ganz unabsehbaren politischen Prozess zu gefährden, der im Osten in Gang gekommen ist, zu schattenhaft ist der Gedanke im Laufe der Jahrzehnte in der Bundesrepublik selbst geworden. Dementsprechend vage sind Positionen und Prognosen. Hält man sich an den Stand, den die deutschlandpolitischen Debatten bis zum 9. November erreicht haben, so gehen sie kaum weiter als bis zu der Erwartung, dass die DDR sich zu einer freieren Gesellschaft mit Rechtsstaatlichkeit, Mehrparteiensystem und Reisefreiheit entwickeln werde; alle darüber hinausgehenden Perspektiven sind fest an Europa geknüpft – an die erhofften Wirkungen des KSZE-Prozesses, das künftige Zusammenwachsen des Kontinents und an einen allgemeinen, die Probleme der Ost-West-Spaltung auflösenden Friedenszustand. Für Berlin heißen sie: mehr Zusammenarbeit zwischen Ost- und Westteil, Verbesserungen in praktischen Fragen und eine neue Perspektive für die Existenz der Stadt. Selbst die Wiederherstellung des ganzen Berlins ist zur Zeit des Mauerfalls offensichtlich noch kein Thema, das sich als Postulat und Perspektive aufdrängt. Versteht sie sich von selbst? Oder ist sie zu dieser Zeit eines jener Themen, die nur mit spitzen Fingern angefasst werden und von denen es formelhaft heißt, dass sie nicht »auf der Tagesordnung« stehen?

Doch die neue Wirklichkeit, der der Mauerfall den Weg bereitet, setzt bisher eher schwelende Differenzen frei. Sie bilden für Berlin nichts Geringeres als eine Art Eröffnungsbilanz seiner neuen Lage. Am Vorabend der zweiten Geburt Berlins bringen sie an den Tag, welche Gegensätze und Verspannungen Köpfe und Gemüter besetzt halten. Regierung und Opposition, SPD/ AL-Koalition und CDU beziehen diametrale Positionen. Walter Momper stellt sich ganz auf die Seite der Volksbewegung in der DDR und nimmt Partei für die Eigenständigkeit des – wie er formuliert – »Volkes der DDR«, das Hilfe, aber keine Einmischung und schon gar keine Wiedervereinigungsdebatte brauche. Ganz anders Eberhard Diepgen, der CDU-Vorsitzende: Für ihn ist der 9. November schon zwölf Stunden nach dem Mauerfall »ein Tag der nationalen Einheit«; im gleichen Atemzug fordert er das Ende der Mauer – da sie politisch gefallen sei, müsse sie »auch als Bauwerk abgerissen werden«[51].

In der Debatte über die Frage von Einheit und Zweistaatlichkeit, zwischen der von allen vertretenen Versicherung, die Haltung der Menschen in der DDR zu respektieren, und den eigenen Positionen spitzen sich unterschiedliche Meinungen polemisch und grundsatzschwer zu. Momper zeigt sich überzeugt davon, dass man im Osten Freiheit wolle, aber nicht – so glaubt er und formuliert es gerne mit einer Prise Polemik – unter dem »Patronat eines gesamtdeutschen Staates«. Die Bürger der DDR strebten die »soziale Demokratie und den dritten Weg eines demokratischen Sozialismus« an und müssten eine »faire Chance« erhalten, um »die Eigenständigkeit ihrer Wirtschafts- und Gesellschaftsordnung« zu entwickeln.[52] Diepgen und die CDU setzen dagegen: Ja zur Respektierung des Willens der DDR-Bürger, aber Widerstand dagegen, »dass der gescheiterte Sozialismus in der DDR als neuer Sozialismus des dritten Weges mit unserer Hilfe und mit unseren Finanzen aufgebaut wird«[53]. Gegen den Vorwurf, die Forderung nach Einheit bevormunde die Ostdeutschen, setzt Diepgen die Gegenfrage: ob denn die Fixierung auf die Zweistaatlichkeit nicht die »eigentliche Bevormundung« der DDR-Deutschen darstelle?[54]

Die Alternative Liste (AL) demonstriert dagegen vor allem, wie weit das politische Spektrum in West-Berlin ausgefranst ist. Fest eingemauert in einer zum Getto gewordenen Erfahrungswelt von Friedens- und Ökologiebewegung, offenbart sie, dass sie – und das von ihr repräsentierte Milieu – keinen Zugang zu den Themen hat, die mit dem 9. November die Szene betreten. Sie antwortet auf den Mauerfall mit ihrem ganzen Programm: radikale und einseitige Abrüstung, die Halbierung der Bundeswehr sowie – ausgerechnet – die Einstellung der Debatten über die deutsche Frage. Die bittere Pointe im Schlagabtausch der Parteien setzt der Sprecher der Republikaner, die seit dem Frühjahr im Abgeordnetenhaus sitzen. In seiner Rede nennt der von allen Parteien Gemiedene die Ziele, die wenige Monate später Realität werden – die Wiedervereinigung, eine gemeinsame Währung, ein gemeinsames Wirtschaftssystem. Sind die demokratischen Parteien, deutschlandpolitisch verstrickt und zerstritten, wie sie sind, noch nicht so weit? Das alles lässt ahnen, welche Mühen es bereiten wird, die neue Lage zu begreifen, und wie schwer es der Politik werden wird, sich aus den bisherigen Vorstellungen herauszuarbeiten, um der neuen Situation gerecht zu werden.

»Ganz Berlin« in der Schwebe

Aber die Maueröffnung und ihre Folgen konfrontieren Berlin ja auch mit Fragen, die die Stadt sich seit Langem nicht mehr gestellt hat. Sie betreffen nicht zuletzt ihre Verfassung selbst, ihren emotionalen und mentalen Zustand nach dreißig Jahren Teilung. Vielleicht kann nur ein Ausländer wie der Niederländer Cees Nooteboom beim Durchstreifen der Stadt unbefangen daran denken, wie es sein wird, »wenn sie wieder eine Stadt ist«[55]. Für die Berliner ist diese Aussicht gespickt mit Unvorstellbarkeiten. Gewiss ist das Bewusstsein, dass Berlin eine Stadt ist, in Ost und West wach geblieben, und Ost- und Westberliner eint nicht zuletzt die Überzeugung, Berliner zu sein. Auch haben die stürmischen Tage der Maueröffnung vielen das Gefühl vermittelt, einen Vorgeschmack dieser Einheit bereits wieder erlebt zu haben, und tatsächlich bleibt die Spontaneität denkwürdig, mit der aus der zufälligen Grenzöffnung nach jahrzehntelanger Teilung eine massenhafte Verbrüderung im Westteil der Stadt geworden ist. Andererseits wissen die Berliner, dass sie Bewohner zweier Städte, zweier Staaten, ja, zweier Welten sind – die jüngere Geschichte hat es ihnen jahrzehntelang eingeprügelt. Außerdem gibt es auch noch die zwei deutschen Staaten und die Viermächteverantwortung für die Stadt – beides steht einem wiedervereinigten, ganzen Berlin im Wege. Eberhard Diepgen bringt das Dilemma eine Woche nach der Maueröffnung auf den Punkt und trifft damit das Problem von Mompers Haltung: »Man kann nicht Berlin als ungeteilte Stadt betrachten und gleichzeitig zwei deutsche Staaten wollen. Wer zwei deutsche Staaten will, der will entweder das ganze Berlin in die DDR eingliedern, oder er will einen neuen, einen dritten deutschen Staat.«[56]

Allerdings ist das auch die Crux der Stadt: Ihre Vereinigung hängt unvermeidlich an der deutschen Einheit. Doch auch wenn die Ost-West-Spaltung unter der Wucht der Veränderungen in Osteuropa wankt, ist Ende 1989 noch keineswegs klar, ob die europäische Teilung wirklich überwunden werden und wie diese Überwindung aussehen kann – und noch weniger, ob es einen Weg zur Wiederherstellung der deutschen Einheit gibt. So ruht die Erwartung, dass Berlin wieder zu einer Stadt wird, zunächst vor allem auf dem schlichten Umstand, dass sich niemand vorstellen kann, Berlin könne auf Dauer geteilt bleiben. Dabei hat nur ein kleiner Teil der Berliner noch Erinnerungen an das Leben in einer gemeinsamen Stadt. Das Halbjahrhundert unterschiedlicher Existenzweisen und Entwicklungen hat sich vor die Stadt geschoben, die Berlin einmal war, und selbst die Vergangenheit steht nicht einfach zur Verfügung. Eigentlich ist nur die Zukunft der Raum für das wiederzugewinnende, ganze Berlin. Aber diese Zukunft ist – bis in die Anfangsmonate des kommenden Jahres – im Dezember 1989 noch ziemlich unsicher.

Einen Schatten des ganzen Berlins hat immerhin der Viermächtestatus der Stadt durch die Nachkriegszeit getragen. Denn die von den Siegermächten 1945 ausgebrütete Konstruktion ihrer gemeinsamen Herrschaft über »Deutschland als Ganzes« – wie die Formel lautet, die die vier Mächte im Juni 1945 verkündet haben – ist in Berlin noch in Kraft, obwohl sie in einer langen, ost-westlich gebrochenen Nachkriegszeit immer bizarrer geworden ist, mythisch und mysteriös zugleich. Aber als Rechtsinstitut besteht der Anspruch fort. Und während die Stadt von der neuen Wirklichkeit durchdrungen wird, welcher der Mauerfall den Weg geöffnet hat, erreicht dieses Relikt sogar noch einmal das Licht der Öffentlichkeit. Im Dezember treffen die Botschafter der vier Siegermächte zusammen – im gleichen Gebäude, in dem einst der alliierte Kontrollrat tagte, bis 1948 die Blockade und der Auszug des sowjetischen Vertreters den Beginn der Teilung einleitete. Für einen Tag wird das Haus aus seinem Dornröschenschlaf erweckt, Putzkolonnen haben es über Nacht konferenztauglich gemacht –

nur die alliierte Überwachung des Luftverkehrs mit Berlin ist hier noch tätig. Es ist das erste Treffen, seitdem hier vor achtzehn Jahren das Viermächteabkommen über Berlin ausgehandelt wurde, auf dem seither die Stabilität der Lage in und um die Stadt beruhte.

Das Treffen geht auf die Initiative der Sowjetunion zurück, die versucht, mit der Aktivierung des Viermächtestatus Einfluss auf die Entwicklungen in Deutschland und Berlin zu nehmen. Es gelingt ihr sogar, die einstigen Alliierten zu einem Gruppenfoto vor dem Kontrollratgebäude zu versammeln. Das »schlimmste Bild des Jahres« nennt es Vernon A. Walters, der amerikanische Botschafter, der den sowjetischen Absichten tief misstraut.[57] Auch die Deutschen beobachten den Vorgang mit Argwohn: Soll hier etwa das Nachkriegsbündnis der Siegermächte wiederbelebt werden? Doch am Viermächtestatus halten auch die Westalliierten fest, denn es ist auch die Grundlage ihrer Rechte. Es braucht einen langwierigen und umwegigen diplomatischen Prozess, um diesen Teil der Berliner Nachkriegswelt wieder abzutragen. Als Teil des Zwei-plus-Vier-Prozesses dauert er bis zur Herstellung der deutschen Einheit im Oktober 1990.

Notgedrungen bewegen sich die Versuche der Politik, mit der neuen Lage umzugehen, im Ungefähren von Appellen, Spekulationen und Prognosen. Gefordert wird vor allem die Verknüpfung der beiden Teilstädte, ihre »Verklammerung«, wie Eberhard Diepgen mit Vorliebe formuliert. Bereits wenige Tage nach der Maueröffnung schlägt er einen »gemeinsamen Rat für ganz Berlin« vor. Die aufkommende poetisch angehauchte Wendung von der beginnenden »Verlandung der Insel«[58] lässt den ungefestigten Zustand der Stadt erkennen. Denn der Gedanke der Wiedervereinigung hat noch längst nicht gezündet, die Eigenstaatlichkeit der von Grund auf erschütterten DDR bleibt weithin unbestritten, bei den wichtigen Akteuren der friedlichen Revolution ebenso wie in der Bevölkerung – noch Ende November ermitteln die ers-

ten Umfragen in der DDR eine massive Mehrheit für die Eigenständigkeit, 73 Prozent sind dafür, nur 27 Prozent für die Einheit.
Auch in der Bundesrepublik wird heftig debattiert, ob eine Wiedervereinigung möglich und wünschenswert sei, und vor allem
eine starke Phalanx von Publizisten und Intellektuellen will – so
das legendär gewordene Wort eines »Spiegel«-Chefredakteurs –
partout »nicht wieder vereinigt werden«[59].

Entsprechend tastend sind die Vorschläge und Gedankenblitze,
mit denen die Zukunft der Stadt sondiert wird. Alles schwebt
noch über den Wolken. Wird West-Berlin – weit entfernt von der
Bundesrepublik, wie die Halbstadt ist – seine Zukunft im Umfeld
der DDR finden müssen, mit der Perspektive einer »Metropole des
Ostens«, eingeschlossen den osteuropäischen Grauschleier?[60] Soll
Westberlin in Ostberlin, die Hauptstadt der DDR, eingemeindet
werden, wie es der sowjetische Botschafter in Bonn, Julij Kwi-
zinski, für zwangsläufig hält?[61] Während die Stadtentwicklungs-
senatorin Michaele Schreyer, AL-Mitglied, für Berlin die historische Aufgabe erblickt, »im Herzen Europas eine Stadt zum
Funktionieren zu bringen, die zwei verschiedenen Staaten ange-
hört«[62]. Das alles ist schwer vorstellbar für West-Berlin, selbst mit
einer reformierten DDR. Bleibt der Gedanke einer geteilt-einigen
Doppelstadt, den Peter Bender in den Achtzigerjahren erwog, um
Berlin eine Zukunft zu gewinnen.[63] Doch das war gestern. Seit
dem Mauerfall lässt die Wirklichkeit auch die seinerzeit avant-
gardistischen Gedanken alt aussehen.

Aber der Ruf der Demonstranten »Wir sind das Volk« ist ja
zu diesem Zeitpunkt gerade erst dabei, die historische Wende zu
vollziehen, die aus ihm die Einheitslosung »Wir sind ein Volk«
macht. Rund zehn Tage nach dem Mauerfall sind bei den Montagsdemonstrationen in Leipzig die Parolen »Deutschland, einig
Vaterland« und »Wir sind ein Volk« zu hören, eine Woche später ist die Wiedervereinigung schon das beherrschende Thema.[64]
Auch Helmut Kohl tastet sich mit seinem Zehn-Punkte-Pro-

gramm vom 28. November 1989, mit dem er eine Einheit in »kon-
föderativen Strukturen« anpeilt, noch sehr vorsichtig an die Möglichkeiten im Schoß der Zukunft heran. Überhaupt braucht es
seine Zeit, bis die deutsche Wiedervereinigung ihr Nachkriegs-
schicksal abschüttelt, als wohlfeile Prognose für den Sankt-Nimmerleins-Tag zu gelten. Bis dahin muss die Stadt hautnah mit den
Möglichkeiten leben, die über der Entwicklung Europas hängen.
Meint der frühere Stadtentwicklungssenator Volker Hassemer
diesen Zustand, als er überschwänglich davon spricht, Berlin sei
seit dem Mauerfall »das wichtigste Stück der Erdoberfläche geworden«[65]? Hat Jens Reich, führende Stimme der Bürgerrechtler, das im Auge, wenn er seine Mitstreiter warnt: »Der ›Wille
zur Einheit‹ darf bei uns nicht ›als politisches Treibholz herum-
schwimmen‹«, nahe bei der Verfassungsfeindlichkeit, denn wenn
er ungezügelt durchbreche, »kann alles aus sein – bis zur Destabi-
lisierung Europas«.[66]

Aber noch im Januar 1990, als die Dinge schon heftig in Bewegung geraten sind, lässt der einstige Stadtplanungssenator erkennen, von welchen Imponderabilien und Eventualitäten das ganze
Berlin umwittert ist: wie sich die Dinge in Berlin vollziehen würden, sei konkret noch nicht zu prognostizieren, sicher sei jedoch,
dass die Stadt in Zukunft »immer weniger geteilt« sein, »immer
weniger am Ende von Welten – einer östlichen und einer westlichen – liegen« werde.[67]

Reicht das Erlebnis des Mauerfalls und der aus ihm folgenden
Wandlungen noch nicht aus, das Gewicht abzuwerfen, mit dem
die Mauer bald drei Jahrzehnte lang die Stadt und die Vorstellungswelt ihrer Bewohner besetzt gehalten hat? Jedenfalls fällt die
Vorstellung schwer, die geteilte Stadt werde aus dieser Zeitphase
wie selbstverständlich als ganze Stadt wieder auftauchen.

Wendewirren, Realitätsverluste

Die ungewöhnliche Situation Berlins, Resultat der Verflechtung seiner Vergangenheit mit seiner plötzlichen neuen Gegenwart, spiegelt sich nicht zuletzt in der Gestalt ihres Regierenden Bürgermeisters Walter Momper. Der Mauerfall macht aus dem langjährigen Landespolitiker – einst Anführer der Kreuzberger Linken, mittlerweile Inhaber eines wohlerworbenen Rufes als politischer Polterer, doch außerhalb von Berlin so gut wie unbekannt – eine öffentlichkeitswirksame, fast volkstümliche Figur. Er ist an allen Fronten präsent und bewältigt couragiert das Tohuwabohu der notwendigen Entscheidungen im Fluss der Ereignisse. Doch zugleich hält er daran fest, dass es sich bei der deutschen Einheit um keine politische Option handele, die geboten und wünschbar sei, und ist davon überzeugt, dass es Sache der DDR-Bevölkerung sei, das Dilemma von grenzüberschreitendem Vereinigungssog und der Verteidigung der Zweistaatlichkeit aufzulösen – was alles zusammen auf eine pragmatisch amputierte Berlin-Strategie hinausläuft, für die sich aktuelle Stadtprobleme wie die Lagerung des Berliner Mülls im Umland und die Regelung des Verkehrs vor die immer zentraler werdende Frage schieben, wie Deutschland und Berlin auf den Sog der Vereinigung reagieren sollen.

Woher kommt diese – von der späteren Entwicklung her gesehen – eklatant abwegige Einschätzung der Situation? Momper, in seiner vorpolitischen Zeit Geschäftsführer der Historischen Kommission zu Berlin, ist ein historisch gebildeter und belesener Mann. Steht hinter seinem Lavieren nur die – fraglos begründete – Furcht, das Geschehen könne aus dem Ruder laufen? Sind ihm die Verhältnisse in der DDR so fremd oder seine Kontakte in das andere Deutschland so selektiv, dass ihm der Gedanke fremd bleibt, die Mehrheit ihrer Bürger sei keineswegs auf einen erneuerten Sozialismus erpicht, und die Exponenten der friedlichen

Revolution stellten eine Minderheit dar? Oder surft er als alter Linker in jenen Strömungen seiner Partei, für die – wie für deren Stimmführer Oskar Lafontaine – die Wiederherstellung eines deutschen Nationalstaates ein reaktionäres Projekt ist, das die Gefahr eines nationalistischen Rückfalls heraufbeschwört?

An Walter Momper zeigt sich das Problem weniger der Entspannungspolitik, des großen deutschlandpolitischen Projekts des letzten Drittels des 20. Jahrhunderts, als vielmehr ihrer späten, zweiten Phase, auf die seit den Achtzigerjahren große Teile der SPD und ihre jüngeren Parteigänger eingeschwenkt sind – der »zweiten Ostpolitik«[68], wie sie der britische Zeithistoriker Timothy Garton Ash nennt. Mit ihren Debatten über atomwaffenfreie Zonen, eine europäische Friedensordnung und diverse sicherheitspolitische Konzepte glaubten viele, den Entwicklungen in Europa und der Welt auf der Spur zu sein, Egon Bahr als Prophet immer voran. Nicht ihm, aber vielen anderen gerät dabei die deutsche Einheit aus den Augen, sofern sie sie nicht überhaupt als Relikt von vorvorgestern abtun. Im Zuge dieses Bewusstseinswandels verengte sich die Politik der kleinen Schritte und der friedlichen Nachbarschaft gegenüber der DDR zur Anerkennung des Status quo und zur Hinnahme, oft genug auch zur Rechtfertigung der deutschen Teilung. Damit einher geht ein politischer Paradigmenwechsel, bei dem unter der Flagge einer Politik der inneren Reformen »weiche« Themen die harten realpolitischen Tatsachen und Prioritäten an den Rand drängen, die die europäische Situation im letzten Viertel des 20. Jahrhunderts bestimmen. Auch Momper versteht seine Koalition mit der AL vor allem als Reformbündnis und rechtfertigte es in erster Linie mit sozialen Themen – Verbesserung des Mietrechts, ein Beschäftigungsprogramm und verstärkte Wirtschaftsförderung.[69]

Kurz: Der Einbruch der Geschichte in die Gegenwart trifft Walter Momper und große Teile der Westberliner SPD auf dem falschen Fuß. In einem wichtigen Moment der Stadtgeschichte gehört der Berliner Regierende Bürgermeister zu den von dem Brandt-Biografen Peter Merseburger ausgemachten »vermeintlichen Realpolitikern, denen zusehends die Realität abhandenkommt, auf die ihre scheinbar eherne Logik baut«[70]. Unterfüttert wird diese Haltung durch die dauergereizte Aversion der deutschen Linken gegen den »ganzen alten Nationalplunder«[71], wie die Grünen-Politikerin Antje Vollmer die Bereitschaft unnachahmlich abfällig abfertigt, Nation und Einheit für unabdingbare politische Werte zu halten. Sie hat eine halbe Generation mit einer traumatischen Animosität gegen den Nationalstaat und damit auch die Wiedervereinigung geimpft.

Die politische Konfrontation gewinnt zusätzliche Schärfe, weil sie noch immer im Windschatten des Regierungswechsels steht, der Berlin im Januar 1989 kalt erwischt hat. Keiner hatte zu diesem Zeitpunkt damit gerechnet, dass Walter Momper die Hand nach dem höchsten Amt der Stadt würde ausstrecken können, erst recht nicht, dass er dafür eine Koalition mit der AL eingehen würde – noch in der Wahlnacht hatte er die Partei als »nicht regierungsfähig« bezeichnet. Tatsächlich galten die Alternativen, reichlich besetzt mit Exzentrikern, politisch als nicht satisfaktionsfähig, nicht zuletzt wegen ihrer Weigerung, die Legitimitätsgrundlagen der Stadt anzuerkennen – die Anwesenheit der Schutzmächte und die Bindung West-Berlins an den Bund. Seither vergiftet der Vorwurf des Wortbruchs das politische Klima. Die Koalition wird von der CDU als politische Katastrophe empfunden, als Aufkündigung des demokratischen Konsens und Weichenstellung für in eine andere Republik.

Der Wechsel in Berlin hat seinen bundespolitischen Stellenwert: Die Bonner Koalition von Union und FDP betrachtet die rot-grüne Koalition in Berlin mit unverhohlenem Misstrauen, ja, Ablehnung – die Grünen, seit 1982 im Bundestag, spielen noch immer den Part des Bürgerschrecks. Momper seinerseits ist überzeugt davon, dass Bonn die Berliner Regierung als ihren »politischen Hauptfeind«[72] betrachtet. Hinzu kommt Eberhard Diepgens Groll, dass in der einzigartigen Situation Momper und die SPD am Ruder sind und nicht die CDU, die die Stadt nicht nur erfolgreich durch die Achtzigerjahre gesteuert hat, sondern ein positives Verhältnis zur deutschen Einheit unterhält. Die neue Lage macht die alten Gegensätze scharf, weil sie die Ahnung vermittelt, dass der bisherigen Rhetorik die Probe der Praxis bevorsteht. Sie führt dazu, dass die Inkubationsphase des Umgangs mit der neuen Situation überlagert ist von einer heftigen parteipolitischen Gegnerschaft von Bonn und Berlin.

Es ist auch kein Zufall, dass sich der Eklat vor dem Schöneberger Rathaus an Helmut Kohl entzündet, den damals auch ein liberaler Linker wie Peter Glotz als die »Eckfigur der deutschen Rechten«[73] empfindet. Momper und Kohl bilden nicht zufällig die Spannungspole des Zwischenfalls, beide verkörpern denkbar konträre Gegensätze. Bei Mompers Rede sei Kohl nahezu ausgerastet – so berichtet Momper in seinen Erinnerungen – und habe empört gezischt »Lenin spricht, Lenin spricht«[74]. Danach behandelt der Kanzler den Regierenden Bürgermeister mit der demonstrativen Nichtachtung, die zu seinem politischen Verhaltensrepertoire gehört. Momper revanchiert sich, indem er dem Kanzler am nächsten Tage »eklatantes Versagen« vorwirft, ausgerechnet mit dem Argument, dass dieser nicht »die Gefühle der Menschen« treffe.[75] Das wird bald von der Entwicklung der deutschen Situation dementiert, aber dem Regierenden Bürgermeister schlägt in Bonn eine aggressive Ablehnung entgegen, die bis an die Grenzen des politischen Anstands geht.

Das gespaltene Verhältnis gegenüber den Folgen des Mauerfalls teilt Walter Momper mit so ziemlich der gesamten linken Szene in der Bundesrepublik – sie wird sich in den nächsten Wochen und Monaten noch oft vor den Entscheidungen blamieren, die die deutsche Vereinigung in Gang setzen. In der Westberliner Linken, die bislang eher nach Chile und Nicaragua als nach Osteuropa oder gar nach Ostberlin blickte, löst der Mauerfall heftiges deutsch-ideologisches Diskutieren und Gestikulieren aus. Die »taz«, ihr ambitioniertes Sprachrohr, kommentiert die Maueröffnung mit einem regelrechten Solidaritätsappell: »Kämpfen wir für den Traum von der Freiheit, der in der DDR begonnen hat, träumen wir mit.«[76] Tatsächlich gibt es eine gefühlte Nähe zum oppositionellen Milieu in der DDR, erzeugt von Friedensbewegung, ziviler Aufsässigkeit und einem vergleichbaren lässig-provokanten Lebensstil, und vor allem Jüngere verfügen auch über persönliche Kontakte zu Kirchen und Umweltgruppen. Mit spürbarer Anteilnahme druckt die »taz« den Aufruf »Für unser Land« ab, mit dem Ende November DDR-Intellektuelle – von Christa Wolf bis zum Ostberliner Generalsuperintendenten Günter Krusche – für eine eigenständige Entwicklung, eine »sozialistische Alternative zur Bundesrepublik« plädieren.[77] Allerdings offenbart die Sympathie der Linken für Aufbruch in der DDR vor allem auch ihr Gefangensein in einer Vorstellungswelt, in der etwas anderes als deutsche Zweistaatlichkeit nicht mehr vorkommt, während der Gedanke einer Wiedervereinigung energische, ja, hysterische Abwehr hervorruft. Die Demonstranten in Leipzig sind schon dabei, mit ihren Sprechchören die deutsche Einheit ins Visier zu nehmen, da wünscht sich die »taz« noch, die Wiedervereinigungsdebatte möge endlich »in die Endlagerung historischen Giftmülls« kommen, »wo sie hingehört«[78].

In dieser Anteilnahme der Linken an der friedlichen Revolution steckt eine Selbsttäuschung, die der Gang der Dinge unnachsichtig vertreibt. Die »linken Projekte« waren – so räumt der maßgebende Kommentator der »taz«, Klaus Hartung, nach gut einem halben Jahr in einer Bilanz der Wendemonate ein – »so haltbar wie ein Schneemann in der Lawine«.[79] Er erkennt die Eigenständigkeit der DDR, das Schlüsselthema im Streit um die Konsequenzen des Mauerfalls, als Projektion des Wunsches der westdeutschen Linken nach einem anderen Deutschland; sie hin-

dert sie daran, die DDR-Realität wahrzunehmen. Die damit verbundenen Einwände gegen eine rasche Wiedervereinigung sind
dahingeschwunden, die Hoffnung auf einen autonomen Weg der
Demokratisierung fiel dem Tempo der Vereinigung zum Opfer,
der Wunsch nach Verlangsamung scheiterte am Willen der Menschen in der DDR, endlich mit denen im Westen gleichzuziehen.
Bei seinem selbstkritischen Rückblick arbeitet sich der Autor
ausgerechnet an Helmut Kohl ab, der dabei ist, zum »Kanzler der
Einheit« zu werden – »ein Mann unter allem Niveau, aber auf der
Höhe der Zeit«[80]. Immerhin lässt er dem Kanzler ein sorgsam
abgemessenes Quantum an Gerechtigkeit zukommen: Er »hatte
recht und wird dafür nicht geliebt. Ihm ist es zu danken, dass sich
die Deutschen vereinigen ohne pathetische Garnitur, ohne Visionen, ohne den Anspruch, die Nachbarn mit einem Vorbild für die
Versöhnung von Ost und West zu beunruhigen.«[81]

KAPITEL II

Expedition in eine Stunde null Oder: Wenn die Beschleunigung selbst das Kommando übernimmt

> In der Maueröffnung erschien
> die Realität des gespaltenen Landes.
>
> KLAUS HARTUNG[82]

Ein Anfang, ein Abgrund

Die Öffnung der Mauer beendet die Teilung Berlins, aber sie stößt die Stadt auch vehement auf deren praktische Folgen. Nun tritt vor aller Augen, dass dieses halbe Jahrhundert für Berlin etwas war wie die mittelalterliche Strafe des Räderns, bei der den Delinquenten bei lebendigem Leibe die Glieder zerschlagen wurden. Straßen und Schienen enden am Niemandsland der Grenzzone und durchsetzen die Stadt in ihrer Mitte mit Sackgassen, unterbrochenen Gleisen und verwilderten Flächen, die einst betriebsame Plätze waren. In der Mauerzone erinnern oft nur noch die Kanten der Bürgersteige daran, wie früher hier die Straßen verliefen. An manchen Stellen sind selbst die alten Fahrbahnverläufe kaum mehr zu erkennen – als am Tag nach der Maueröffnung am Potsdamer Platz die Verbindungsstraße zwischen Osten und Westen wieder hergerichtet werden soll, droht kurzfristig das Missgeschick, dass beide sich verfehlen. Aus dem Geflecht von S- und U-Bahn-Linien, die früher die Stadt in alle Richtungen verbanden, sind zwei getrennte, voneinander abgekoppelte

Verkehrsnetze geworden, mit zugemauerten Geisterbahnhöfen an den Stellen, an denen die Westberliner U-Bahn-Linien den Osten unterqueren, und einem hoch gesicherten, fuchsbauartigen ost-westlichen Knotenpunkt in der Mitte, dem Bahnhof Friedrichstraße. Von den Telefonverbindungen der Millionenstadt ist nur ein Minimalbestand geblieben – 460 von West nach Ost, 113 aus der DDR nach Westen –, zugeordnet unterschiedlichen Verteilernetzen, was ihre Wiederherstellung zusätzlich erschweren wird. Selbst die Versorgungsleitungen unter der Erde sind gekappt, die Abwasserkanäle durch Sperrgitter gegen Fluchtversuche abgesichert.

Das macht die Wiederbegegnung der beiden Halbstädte zum Start einer Expedition in eine neue Stunde null. Was zusammenwachsen soll, muss buchstäblich erst einmal wieder Wege zueinander finden. Die ersten Marksteine dafür bilden die Grenzübergänge – aus dem halben Dutzend, die die DDR am Tag nach dem Mauerfall geöffnet hat, sind nach einer knappen Woche 22 Übergänge geworden, und bis zum Dezember sind die beiden Teilstädte mit rund fünfzig Übergängen wieder notdürftig zusammengeflickt. Und obwohl die DDR-Grenzpolizisten nach dem euphorischen Nach-Maueröffnungswochenende ihre Kontrollen wieder aufnehmen, setzt eine stürmische Annäherung der beiden Teilstädte ein. Premieren überall: Erste Gänge über die Grenzen, durch die Stadt und ins Umland, der Polizeipräsident von West-Berlin nach 41 Jahren zum ersten Mal wieder in dem alten Berliner Polizeipräsidium, das in Ostberlin liegt, erste Reichsbahnzüge aus DDR-Städten in einem Westberliner Bahnhof seit den Fünfzigerjahren, Gespräche unter Stadtplanern aus dem Osten und Westen. Die erste Begegnung der Stadtoberhäupter West und Ost in der Berliner Nachkriegsgeschichte wird angebahnt. Als sie zustande kommt, Anfang Dezember, wird sie vorsichtshalber – noch sind die Siegermächte die oberste Instanz in der Stadt – weder im Roten Rathaus noch im Rathaus Schöneberg anberaumt, sondern in einem Ostberliner Hotel; es trägt immerhin den Namen »Hotel Stadt Berlin«.

Zugleich gerät die Stadt in einen atemlosen Wirbel der Anspannungen und Widersprüche. Die Maueröffnung kehrt die beiden Teilstädte, die sich jahrzehntelang den Rücken zugewandt hatten, wieder zueinander und stellt sie entlang der Grenzlinie auf als surreal verfremdetes Szenarium – Fassaden und Brandmauern, Abbrüche und Leerflächen, zwischen den Städten, mitten in der Stadt, eine Peripherie nach innen. Noch einmal blitzen schemenhaft die kahlen, zerbrochenen Stadtlandschaften auf, mit denen der Maler Werner Held in den Nachkriegsjahren das zerbombte Berlin der Trümmerzeit festgehalten hat. An den Übergängen bilden sich Besucherschlangen, die sich wie Ameisenpfade nach hüben und drüben ziehen. Kolonnen von Trabis und Wartburgs bewegen sich langsam von Ostberlin und aus dem Umland in die Weststadt, 10 000 pro Wochentag, 15 000 bis 20 000 am Wochenende. Es herrscht ein ziellos-zielbewusst dahinwogender Ausnahmezustand: Fassungslosigkeit und Verblüffung, Menschen- und Medienpulks, wo immer prominente Besucher auftauchen, um neue Übergänge zu besichtigen oder sich zu den Ereignissen zu erklären. Immer dabei der Regierende Bürgermeister Walter Momper, der als der Mann mit dem roten Schal zur Leitfigur der Erregungs- und Erwartungswellen wird, die das vorwinterlich graue Berlin durchziehen. In der Mitte als Erkennungsmal für den Zustand der Stadt: die gewaltige Brache zwischen Brandenburger Tor und Potsdamer Platz, zwischen Tiergarten und DDR-Plattenbau-Fassaden, mit Mauer, Sperrzone und der Stadtkulisse im Hintergrund. Ein riesiger Krater an der wieder zum Zentrum gewordenen Grenzzone der beiden Berlins, der sichtbar macht, was für ein ungeheuerlicher Vorgang sich hier ereignet hat. Darüber Schwärme von Krähen. Der Offenbarungseid der Geschichte der Teilung. Eine deutsche, eine mitteleuropäische Geschichte.

Doch ist unübersehbar, dass eine andere Zeit beginnt, Tag für Tag mehr, und Wochen gleichen fast schon Epochensprüngen. Ost-Berliner auf dem Kurfürstendamm, West-Berliner Unter den Linden, aber doch irgendwie anders, freier als früher – Pirschgänger in fremd gewordene Welten, Blicke in der Stadt und auf die Stadt und über die Grenze an Stellen, die viele Jahre von Sichtblenden verstellt waren. Tastende Gespräche, überraschende Bekanntschaften, vorsichtiges Ausstrecken von Fühlern über die ihrer Macht beraubte Mauer hinweg. »Wer jetzt in Berlin lebt«, notiert bewegt der Bürgerrechtler Jens Reich, »fühlt die Stränge wachsen: überall neue Kontakte, neue Begegnungen, neue Unternehmungen.«[83] Ist es der Zauber, der nach dem Dichterwort jedem Anfang innewohnt? Tatsächlich liegt über den Begegnungen von West- und Ostberlinern in diesen ersten Wochen und Monaten noch der Überschuss der Euphorie des Mauerfalls. Er gibt ihnen einen fast beschwingten, die Gemüter und Köpfe öffnenden Elan. Ein animierender Zwischenzustand, der Westen und Osten miteinander verbindet, verwandelt den kollektiven Gefühlshaushalt: »Die Menschen sind einander noch hinreichend fremd, aber so interessant ähnlich.«[84] Auch mit dem Ja-aber-Widerspruch aus dem tiefen Kreuzberg, auf den der Essayist Friedrich Dieckmann bei seiner ersten Westvisite in einem Schaufenster stößt: »Bewegung – Ja! / Aber: bitte nicht nach hinten! / Freier Weg für freie Bürger. / Aber: dem Kapitalismus keine neue Chance.«[85]

Im Ostteil der Stadt aber schlägt die Maueröffnung ein wie ein elementares Naturereignis. Sie schüttelt den Alltag durch, greift hinein in das Leben der Einzelnen mit neuen Freiheiten und massiven Verunsicherungen. »Der Alltag war ein Irrsinn, in dem sich die Zeiten ineinanderschoben, Tage sich selbst überholten«, erinnert sich der Journalist Robert Ide, der vierzehn Jahre alt ist, als die Mauer fällt. Er erfährt den neuen Zustand als »tägliche Gefühlsentstauung«, als Folge von Momenten, »in denen fast alles Erlernte und Erlebte vom Herbststurm davongefegt wurde.

An einem Dienstag demonstrierten wir vor dem Haus des Lehrers gegen den Sonnabendunterricht – am Sonnabend gab es ihn schon nicht mehr. An einem Montag riefen die Menschen ›Wir sind das Volk‹ für eine reformierte DDR, am nächsten feierten sie Helmut Kohl. An einem Freitag machten in der Schönhauser Allee in Prenzlauer Berg, dem vermeintlichen ›Ku'damm des Ostens‹, die Geschäfte nicht mehr auf, weil alle zum richtigen Ku'damm pilgerten. Und irgendwann sagten die Menschen zum Sonnabend das Wort Samstag«[86] – Berliner, die immer Sonnabend gesagt hatten, ein Begriffswechsel, der ihre Überwältigung offenlegt. Die Zeit schmilzt zusammen und dehnt sich zugleich aus.

Plötzlich ist vieles möglich, was bisher nicht vorstellbar war. Fünfzehn Jahre lang war zum Beispiel der 1976 verbotene Film »Die Spur der Steine« ein Exempel der restriktiven Kulturpolitik der SED. Jetzt wird er aufgeführt, sogar der neue SED-Generalsekretär Egon Krenz besucht die Vorstellung und schüttelt dem Hauptdarsteller Manfred Krug die Hand, der eine DDR-Legende war und inzwischen eine Film- und Fernsehgröße in West-Berlin ist.[87] Wolf Biermann hat im Dezember 1989 seinen ersten Auftritt in Berlin seit seiner Ausweisung 1976, und im Publikum mischen sich Tränen der Rührung und kalte Wut.[88] Mit einer öffentlichen Diskussion über den Stalinismus setzt die Auseinandersetzung mit der DDR-Vergangenheit ein und findet ihren Höhepunkt in einer sechsstündigen Debatte im Deutschen Theater am 21. Dezember – es ist der Geburtstag des Sowjetführers, der zum Inbegriff der Fehlentwicklung des Systems geworden ist. Die Volkskammer, die alte Zustimmungsmaschine, wird zum Platz erstaunlicher Szenen und liefert Zitate, die sogleich Flügel bekommen: »Man hat das Gefühl, vierzig Jahre Sozialismus rinnen unter den Füßen davon«, gesteht Horst Sindermann, Altfunktionär auf vielen Posten, und Stasi-Chef Erich Mielke wird berühmt mit seiner gestammelten Eröffnung: »Ich liebe euch doch alle« – sie gibt einem Buch mit Stasi-Protokollen den Titel, das ein paar Wochen später den Verkäufern aus den Händen gerissen wird. Und auf dem Weihnachtsmarkt in Ostberlin tauchen – eine UFO-Landung könnte nicht spektakulärer sein – der amerikanische Senator Edward Kennedy und Willy Brandt auf.

Mit dem Aufatmen, das durch die Stadt geht, gerät aber auch der Zustand massiv in den Blick, in dem sich ihr Ostteil befindet, und er ist ruinös. Das ist keine wirkliche Entdeckung, aber nun tritt die verzweifelte Lage Ostberlins ins Licht der öffentlichen Debatte und wird zum Thema der Zeitungen und der elektronischen Medien. Die Lücken, die die Ausreisewellen der letzten Wochen und Monate gerissen haben, werden in den Stadtverordnetenversammlungen und den Medien erörtert, ebenso die Folgen der Misswirtschaft im Alltag. Überall werden beklemmende Bilanzen aufgemacht. Es sind die konkreten Details, die die Misere sichtbarer machen als jeder Leitartikel: In einem Stadtbezirk sind – so kann man jetzt in den Zeitungen lesen – seit Jahresbeginn 1782 Bewohner ausgereist, außerdem 12 Ärzte, 13 Zahnärzte, 32 Krankenschwestern[89], in dem anderen beläuft sich der Abgang auf 2200, davon allein 450, die im Handel und in der Versorgung tätig sind.[90] Da müssen achtzehn Geschäfte geschlossen, dort die Öffnungszeiten verkürzt werden, die Versorgungslage spitzt sich zu, und im Transportwesen wird händeringend nach freiwilligen Helfern gesucht. Die Lage im Gesundheitswesen ist so bedrohlich, dass die Westberliner Ärztekammer erwägt, Westberliner Ärzte für die Arbeit im Osten anzuwerben; das Vorhaben scheitert an den drastischen Unterschieden beim Einkommen und an der Drohung der Ostberliner Ärzte für den Fall, dass der Barausgleich für die Westkollegen zu groß ausfällt. Und in die Klagen über die Zustände in den Betrieben wie in den Theatern – bei den herrschenden Minusgraden wird in der Volksbühne empfohlen, die Mäntel anzubehalten, weil das Haus nicht beheizbar ist – mischen sich die Nachrichten über Regierungskorruption und Übergriffe der Staatsgewalt.

»Wann wird der Sumpf endlich trockengelegt?«[91], fragt empört die »Berliner Zeitung«, das Ostberliner SED-Blatt, Anfang Dezember dreispaltig auf ihrer ersten Seite. Anlass ist die Flucht von Alexander Schalk-Golodkowski nach West-Berlin, des »ominösen Staatssekretärs«, wie das Blatt die graue Eminenz des Staatshandels nennt, mit dem sich die DDR auf halbkriminelle Weise die begehrten Westdevisen beschaffte. Doch die Schlagzeile bringt auch das Erschrecken zum Ausdruck, das in der Öffentlichkeit um sich greift. Es gilt den Entdeckungen, die DDR-Journalisten zum Beispiel in Wandlitz machen, der abgeschotteten Wohnsiedlung der Partei- und Staatsführung. Dort gibt es alles, was es in der DDR nicht gibt – Lebensmittel aus dem Westen, Elektronik auf internationalem Niveau, kapitalistische Luxuswaren. Die Nachricht, dass in einem Dorf in Mecklenburg ein Lager für den internationalen Waffenhandel entdeckt worden ist, wirkt in einer erregten Öffentlichkeit wie ein Funke in einer explosiven Ladung. Und so weiter und so fort: Fassungslos erleben viele – auch solche, die mit dem DDR-Sozialismus sympathisierten –, dass sie über einem Abgrund an Unwahrhaftigkeit gelebt haben. Wie benommen über das Tempo und den Tiefgang der Veränderung kommentiert eine Kritikerin einen Dokumentarfilm über die Proteste in der Gethsemane-Kirche im Oktober, einem Hauptort der friedlichen Revolution. Sie waren in der DDR verschwiegen worden, obwohl die Nachrichten darüber sich lauffeuerhaft verbreiteten: »Der Film entstand in einer Zeit, als uns morgens die Schamröte ins Gesicht stieg, wenn wir die eigene Zeitung aufschlugen. Es ist noch nicht ein halbes Leben her, wie uns das mitunter vorkommen will, das war alles im vergangenen Monat.«[92]

Der Mauerfall öffnet Ostberlin aber auch für Veränderungen, die ihre Bewohner treffen wie die Wassereinbrüche auf einem sinkenden Schiff. Vor allem das Währungs- und Preisgefälle zwischen dem West- und dem Ostteil treibt die beiden Stadthälften um. West-Berliner können im Osten zu Billigpreisen einkaufen, Ost-Berliner arbeiten im Westen für D-Mark. Auf dem Terrain dieser Spannungslage wächst die Furcht vor dem »Ausverkauf der DDR« zu einem gravierenden Nebenschauplatz der Vereinigung heran. Denn zu den dunklen Geschäften, für die das Neben- und Miteinander von West und Ost ein ideales Pflaster bietet, und zu den »Grenzgängern« aus dem Osten, die im Westen arbeiten – der Begriff stammt schon aus der Zeit vor dem Mauerbau –, kommt verstärkend die galoppierende Verunsicherung, die die Ostberliner angesichts ihrer schwachen Position im West-Ost-Vergleich befällt. Tatsächlich sind die Geschäftemacher, die mit der in den Keller gefallenen DDR-Mark ihren Reibach machen, keine Erfindung; es gibt sie und auch die Schwarzhändler, die mit Koffern voller DDR-Mark die Grenze passieren, um aufzukaufen, was irgendeinen Wert hat. Andere belassen es beim billigen Friseurbesuch oder der Bockwurst, die umgerechnet – Mitte November 1989 liegt der Wechselstubenkurs bei 1 zu 20 – nur Pfennige kostet. Die DDR wettert gegen die »Schieber« und versucht, mit einem massiven Verbotskatalog gegen den Missbrauch der Währungsdifferenz zu Felde zu ziehen. Allerdings flackern auch in West-Berlin die Alarmlichter: Ist die Kampagne der DDR gegen Währungsspekulanten etwa – man kennt seine Pappenheimer – eine Art »Stimmungsmache für Eingriffe in den Reiseverkehr?[93] In Wahrheit zeigt sich darin die Unhaltbarkeit der Situation der Stadt, in der die Menschen bereits zwischen Ost und West hin- und herfluten, während Politik und Verwaltung noch in den beiden Teilstädten denken und handeln.

Das Krisengefühl wird gesteigert durch Zehntausende von Polen, die dank der Visafreiheit Berlins und wegen der Währungs- und Wohlstandsdifferenz täglich voll beladen den Bahnhof Friedrichstraße passieren, zum Ärger der DDR, die heftig gegen sie mobil macht. Dabei ist das Ziel dieser kleinen, tumultartigen Völkerwanderung West-Berlin. Seit Polen seinen Bürgern Anfang

1989 Reisefreiheit zugestanden hat, nutzen seine Bewohner sie zu Verkaufszügen in den Westen, erst recht nach der Maueröffnung. Am Reichpietschufer und am Potsdamer Platz entstehen Polen-Märkte, die bald berühmt-berüchtigte Orte einer kleinen osteuropäischen Invasion werden, bevölkert von Klein- und Kleinsthändlern, die alles und jedes zum Verkauf anbieten – Krakauer Wurst und Kunstgewerbe, Spirituosen und Kleidung, Nippes und Tinnef. Das Ganze bietet ein ebenso erbarmenswürdiges wie wüstes Bild und wird in West-Berlin zum Stadtgespräch, in dem die Beunruhigung über den stürmischen Wandel der Zeitumstände eines ihrer Themen findet. Zudem drängen sich im Zentrum des Westens, am Bahnhof Zoo und in der Kantstraße, die polnischen Reisebusse, Polski-Fiats und Lieferwagen, während Duzende von Billigläden, vor allem für Fernseher, Videorekorder und anderes elektronisches Gerät, aus dem Boden schießen und die Gegend in eine Art Basar verwandeln, eingeschlossen die dichten Schlangen vor den Aldi-Märkten. Vor allem der Umkreis des Bahnhofs Zoo wird zur Reizzone – Signal einer Osterweiterung vor aller politischen Veränderung, Indikator für die Erschütterung des Kontinents. Übrigens nur bis zur Währungsunion. Dann sind die Polen mit einem Schlage verschwunden.

In der ost-westlichen Quarantänezone

Hinter alledem steht das Hauptproblem, mit dem die Maueröffnung die Stadt konfrontiert: Wie kann die seit einem halben Jahrhundert geteilte und 28 Jahre durch Beton und Stacheldraht getrennte Stadt wieder zusammengefügt werden? Oder genauer, weil eher auf der Höhe des Problems: Wie kann aus den beiden Teilstädten, aus zwei Lebensräumen und Lebensarten, wieder ein gemeinsamer Lebensraum werden? Die politischen, wirtschaftlichen und gesellschaftlichen Strukturen haben jahrzehntelang an der Mauer geendet. Über die Jahre hinweg gab es nur wenige offizielle Kontakte zwischen dem West- und dem Ostteil der Stadt, und die standen unter den Bedingungen des Viermächtestatus der Stadt. Zwar gelang es immer wieder, notwendige Kontakte herzustellen, und sei es auf Schleichwegen an den Strukturen der Teilung und den Tabus des Ost-West-Verhältnisses vorbei. Aber was für zwei getrennte Städte ausgereicht haben mochte, genügt nicht mehr für die Lage nach dem Mauerfall und den Veränderungen in Ostberlin. Die Öffnung der Grenzen und das Zusammenwachsen der Stadt verlangen nach dem Zusammenwirken von West- und Oststadt über die bisherigen Grenzen hinaus, in der Stadt und gegenüber dem Umland. Die Aufgabe ist heikel, in mehrfacher Hinsicht: Abgesehen von der bekannten Verstocktheit der Ostbehörden, denen nur mit Mühe Lösungen abzuringen sind, muss die Politik in West-Berlin mit den Alliierten rechnen, die noch immer die Verantwortung für die Stadt haben, doch auch mit dem Argwohn, mit dem in Bonn traditionellerweise Berliner Eigenwege beobachtet werden. Der Westteil der Stadt muss handeln, aber er kann es nur gleichsam unterhalb der Ebene der Politik.

Einen ersten Pfad in den Verhau der west-östlichen Berliner Verhältnisse schlägt Dieter Schröder, der Chef der Senatskanzlei, angeregt ausgerechnet durch ein Beispiel aus Westeuropa, wo es am heilsten ist – der Verflechtung im Grenzgebiet von Schweiz, Frankreich und Deutschland, der sogenannten Regio Basiliensis[94]. Ein Regionalausschuss soll eine Ebene für die Arbeit an den Themen bieten, die den beiden Hälften Berlins auf den Nägeln brennen, an den Grenzen der beiden Staaten und vor allem am Viermächtestatus der Stadt vorbei. In ihm sitzen Vertreter aus Ost- und West-Berlin und der benachbarten DDR-Bezirke, aber auch von Bundes- und DDR-Regierung. Noch vor Weihnachten 1989 konstituiert sich das Gremium im Schöneberger Rathaus. Man sitzt sich noch ziemlich steif gegenüber, die Westseite ergreift zumeist die Initiative, die Ostseite verhält sich eher defensiv, und während Walter Momper mit großer Geste sogleich die Vision der gemeinsamen Arbeit für den neu entstehenden Ballungsraum beschwört, der mit sechs Millionen Einwohnern neben dem Ruhrgebiet der größte in Deutschland sein werde, kommt der Ostberliner Oberbürgermeister Krack über die alte DDR-Formel von der »Hauptstadt der DDR«, die mit »Berlin (West)« zusammenarbeiten wolle, nicht hinaus.[95] Rechtlich schwebt das Gremium in der Luft, aber es wird zu einer Plattform, die es möglich macht, die getrennte Region über Alltagsprobleme wieder zusammenzubinden, Luftmaschen eingeschlossen. Es geht um Nahverkehr, Grenzübergänge und Visa – und wenn sich im Osten ein Engpass bei Gabelstaplern zeigt, gerät auch der auf die Tagesordnung.

Bei alledem bemühen sich die Ostberliner Funktionäre, gute Miene zum neuen Spiel zu machen. Eilfertig, oft auch mit ehrlicher Bereitschaft, zur Bewältigung der Situation beizutragen, versuchen sie, Fuß zu fassen in den so stürmisch in Bewegung geratenen Verhältnissen. Manche bemühen sich – im Wettlauf mit dem Zerfall der DDR –, den real-sozialistischen Verhältnissen eine Spur politischer Normalität nach westlichem Muster einzuflößen. Im Roten Rathaus veranstaltet der Oberbürgermeister »Gespräche auf der Rathaustreppe« und weist seine Verwaltung an, Kontakte mit der Verwaltung in West-Berlin zu suchen – ein kühner Schritt für eine Obrigkeit, die sich bisher strikt abgeschottet hat.[96] Auch sonst versucht man, sich demokratischen Gepflogenheiten zu nähern – Ende November nehmen zum Beispiel im Stadtbezirk Lichtenberg die Angeordneten zum ersten Mal nicht mehr nach dem Alphabet, sondern wie in demokratischen Parlamenten nach Fraktionen Platz.[97] Selbst die Funktionäre aus dem Grenz- und Kontrollapparat der DDR üben sich in einer bisher nicht gekannten Staatsdienerrolle. Allerdings haben viele Genossen dabei vor allem im Auge, ihren Anteil an dem in Gang gekommenen Veränderungsprozess zu bekommen. Irgendwie möchten sie nun auch zu dem Volk gehören, das das System herausgefordert hat. Nicht zuletzt spekulieren sie darauf, in den neuen Strukturen einen Platz zu gewinnen.

Gleichwohl bleibt die Begegnung von Ost und West oft irritierend. »Man ist schon ganz Kollege«[98], entfährt es verblüfft einem Westberliner Beamten nach den ersten Kontaktrunden, bei denen man vielfach noch immer mit den gleichen Leuten zu tun hat, die eben noch gegenüber dem Westteil der Stadt eisern ihren Kurs kleinlich-ideologischer Rechthaberei praktiziert haben. Nun machen sie den Eindruck, Kreide gefressen zu haben. Ohnedies sind es unübersehbar zwei fremde Welten, die da aufeinanderprallen – Westbeamte, im Vollgefühl ihres öffentlich-rechtlichen Status, ganz auf Aufbruch gestimmt, und die Ostangestellten, kadergetrimmt, in der Zucht des demokratischen Zentralismus erzogen, denen anzumerken ist, dass ihr Wandel mehr der Not als der Neigung entspricht. Verblüfft, ja, befremdet berichtet die West-Reporterin von ihrem ersten Besuch im Ostberliner Parlament im Roten Rathaus: Sie findet Abgeordnete, »von der Wende moralisch schwer angeschlagen«, die sich brav nacheinander zu Wort melden, »allesamt nachdenklich bis schuldbewusst« und »gleichzeitig bemüht, es nun aber endlich richtig anzupacken«.[99] Übrigens sind die meisten von den Ostberliner Offiziellen, mit denen die Westberliner Beamten in diesen Wochen nach dem Mauerfall zu tun haben, nach ein paar Monaten nicht mehr in ihren Ämtern. Und kaum einer der Stadtverordneten – wie die Mitglieder der Ostberliner Volksvertretung heißen – sitzt noch in dem frei gewählten Parlament von Ostberlin, das bei den Kommunalwahlen im Mai 1990 bestimmt wird.

Allerdings geht die Anpassung der Ostberliner Funktionäre an die neue Realität oft auch einher mit einer guten Portion Realitätsverlust. Häufig treten sie auf, als seien sie nicht weniger legitimiert als ihre Westberliner Gegenüber, eben legitimierte Repräsentanten des Ostens gegenüber denen des Westens. Doch der

Ostberliner Oberbürgermeister Erhard Krack zum Beispiel, dem der Mauerfall eine kurze Karriere als Repräsentant Ostberlins im sich vereinenden Berlin beschert – er hinterlässt dabei durchaus einen redlichen Eindruck –, ist, natürlich, ein Exponent des SED-Herrschaftssystems. Auch er verdankt sein Amt den manipulierten Kommunalwahlen vom Mai 1989, deren Aufdeckung durch die Bürgerbewegung der erste spektakuläre Schritt auf dem Weg zum Ende der DDR war. Gleichwohl spielen nicht wenige auf der DDR-Seite allen Erschütterungen zum Trotz unverdrossen weiter Staat, der Apparat sitzt »noch immer auf seinem hohen Ross«[100], notiert Dieter Schröder, der als Chef der Senatskanzlei für die Westberliner Seite die Zusammenarbeit mit Ostberlin organisiert. Sie schwanken zwischen alter Rechthaberei und eilfertiger Anpassung an die neuen Verhältnisse. Aber wenn zum Beispiel der Westvertreter im Regionalverband darauf dringt, dass die Grenzpolizei die Wassersportler auf den Berliner Seen endlich in Ruhe lässt, pocht der Ostvertreter darauf, dass es sich »hier immer noch um die Grenze zwischen zwei souveränen Staaten«[101] handele.

Übrigens hat auch West-Berlin Mühe, sich von den alten, in vielen Teilungsjahren antrainierten Sichtweisen frei zu machen. Auch die Bewohner der Weststadt sind von dem Tempo und der Tragweite des Geschehens überfordert. Noch im Januar 1990, als die ost-westlichen Verhältnisse bereits spürbar in Bewegung kommen, veröffentlicht der »Tagesspiegel« eine Karte mit den Grenzübergängen, die für das nächste Halbjahr geplant sind – und zeigt damit, wie wenig man sich vorstellen kann, dass die lange Zeit der Grenzen und Schikanen in wenigen Monaten nur noch Erinnerung sein würde.[102] Und gibt es nicht gute Gründe, dem neuen Frieden nicht zu trauen? Obwohl mit dem Mauerfall die Grenzen ihren trennenden Charakter verloren haben – wie oft und gern erklärt wird –, verschwindet das militante Regiment an den Übergängen nur zögernd. Es dauerte bis zum März

1990, bis Transitreisende freudig berichten, dass am Grenzkontrollpunkt Marienborn »nur noch durchgewinkt«[103] werde. Und erst am 1. April darf der Westberliner Rettungshubschrauber bei einem Einsatz die Grenze überfliegen. Es wird Mai, bis die Fahrgäste bei Fahrten mit Westberliner Linienbussen ins Umland an der Grenze im Bus bleiben können. Aber kontrolliert wird noch immer.

Selbst das Schicksal der Mauer bleibt zunächst im Ungefähren. Dass sie fallen wird, versteht sich von selbst, es liegt in der Luft – im wörtlichen Sinne, denn überall ist das helle Klopfen der Mauerspechte zu hören, die sich Stücke aus dem Bauwerk heraushämmern. Aber wann und wie dieser Abbau geschehen soll, ist noch längst nicht absehbar, und solange das der Fall ist, ist sie auch eine Projektionsfläche für das Spekulieren über die Zukunft der Stadt. Zumal die Fantasie von Naturschützern und AL-Politikern entzündet sich an ihr. Sie würden den Mauerstreifen am liebsten zu einem Grünstreifen quer durch die Stadt machen – immerhin ist in ihrem Schutz in 28 Jahren ein regelrechtes Biotop entstanden; der Sandstreifen daneben ist allerdings biologisch tot, weil er ebenso lange mit Totalherbiziden behandelt wurde, um die Spurenerkennung zu erleichtern. In Ostberlin entsteht eine Initiative »Die Mauer GRÜN«, der Ostberliner Magistrat denkt an einen Fuß- und Radweg anstelle des Postenweges, und die alternative Senatorin Michaele Schreyer plädiert für die Errichtung eines Berliner »Central-Parks«[104], der Ost und West verbinden soll.

In Ostberlin, auf dessen Territorium die Mauer steht – die Mauer sei Sache der DDR, kommentiert der Regierende Bürgermeister kühl einschlägige Diskussionen –, ist die Unschlüssigkeit im Umgang mit der Mauer mit Händen zu greifen. Die Verantwortlichen nähern sich ihrer Liquidierung mit äußerster Vorsicht. Einerseits bildet sie die Grenze des Währungs- und Wirtschaftsgebietes der DDR und sichert deren Währung sowie ihr eigenes, in

permanenter Krise befindliches Wirtschaftsleben gegen das Übergewicht von D-Mark und Westen. Andererseits liegt auf der Hand,
dass die Identität Ostberlins und der DDR an der Mauer hängt
wie die sichtbare Spitze an dem unsichtbaren Eisberg. Oder übersteigt es einfach die Fantasie der Eingeschlossenen von Ostberlin, sich vorzustellen, dass es gar keine Grenze mehr geben könne?
Während sich Vaclav Havel, der Held der tschechoslowakischen
Revolution, bei einem Berlin-Besuch Anfang Januar 1990 erstaunt
darüber zeigt, dass es die Mauer noch gibt, ist man in Ostberlin
gerade bei den Überlegungen angekommen, ob und wie man die
Grenze anders markieren könne. Manfred Gerlach, Vorsitzender
der liberalen Blockpartei und zu dieser Zeit Staatsratsvorsitzen-
der der DDR, denkt daran, die Mauer »durch eine weniger schroffe
Markierung« zu ersetzen, der Ostberliner Oberbürgermeister
Krack an einen Zaun, um wenigstens das »Betonartige« dieser
Grenze korrigieren.[105]

Die Geschichte im Galopp

Dabei hat die Stadt längst eine neue Dimension gewonnen. Das
bis zum Herbst 1989 in eine politische Randlage abgedriftete
Berlin wird in wenigen Wochen wieder zu einer wichtigen politischen Bühne. Natürlich hat bereits der Donnerschlag des
9. November und seine weltweite Resonanz die Stadt aus ihrer
west-östlich zernierten Isolierung geholt und ins Zentrum weltweiter Aufmerksamkeit gerückt. Mit dem Niedergang der real-
sozialistischen DDR wird der Osten Berlins nun zum Schauplatz
eines spektakulären Kapitels der deutschen Nachkriegsgeschichte.
Denn die Demontage der Strukturen des zweiten Deutschlands,
der Rücktritt der Größen des Regimes und die Auflösung seines
Herrschaftsapparates, machen den Platz frei für die Zukunft eines
wiedervereinigten Deutschlands.

Dieser letzte Akt des SED-Staates wird zu einem dramatischen Schauspiel, an dem die Öffentlichkeit mit Staunen und Beklemmung teilnimmt, nicht nur im Osten, sondern auch im Westen. Sprunghaft steigt die Zahl der westlichen Journalisten und Beobachter, die sich tage- und wochenlang in der Stadt aufhalten, um sich zwischen den grauen Machtburgen der DDR-Führung und den Altbauquartieren der Oppositionellen auf die Spur der Wende zu setzen – Ostberlin als Freiluftgehege des historischen Übergangs. Überall erscheinen in den Zeitungen Berichte, Reportagen und Stimmungsbilder, die das Geschehen verfolgen. Porträts und Interviews geben den Akteuren ein Gesicht. Unbekannte Namen werden als künftige Vorsitzende oder Sprecher von Parteien oder Verbänden in die Öffentlichkeit katapultiert. Der Verbrauch an solchen Namen ist allerdings groß, viele steigen rasch auf und versinken bald wieder. Ibrahim Böhme etwa, eine irrlichternde Gestalt in der SPD, gelangt in wenigen Wochen an die Spitze der neu gegründeten Partei, um nach seiner Entlarvung als Stasi-Agent von einem auf den anderen Tag spurlos von der Bildfläche zu verschwinden. Gregor Gysi wird für die SED zum Retter in der Not und erweist sich als politischer Shootingstar. Nur wenige werden zu dauernden Akteuren der Politik und zur Verkörperung des politischen Neuanfangs.

Die politische Szene wechselt im Wochenrhythmus. Erst versucht der glücklose Egon Krenz mit seinem krachenden Funktionärsanbiederungston zu retten, was nicht mehr zu retten ist, dann übernimmt der Hoffnungsträger Hans Modrow das Geschäft, der als der »gute Mann von Dresden« – wo er ein passables Regiment als SED-Bezirkssekretär geführt hatte – auch für den Westen zur Figur geworden ist. Die Blockparteien versuchen, sich aus ihrer SED-Abhängigkeit zu befreien. Fast von Tag zu Tag entstehen neue politische Formationen, ohne dass ein Ende dieses Bebens abzusehen wäre. Zum Advent konstituiert sich schließlich ein Zentraler Runder Tisch. Das evangelische Bonhoeffer-Haus in der Berliner Mitte, in dem seine ersten Sitzungen stattfinden, und der Herrnhuter Stern, der hell im Verhandlungssaal leuchtet, weisen diesen runden Tisch als Zeugnis einer Gegenwelt aus, obwohl er zur Hälfte mit den Repräsentanten der bröckelnden DDR-Macht besetzt ist. So improvisiert betrieben wie die ganze Revolution – damit die ersten Beschlüsse zu Papier gebracht werden können, muss der im Haus wohnende Pfarrer geweckt und um seine Schreibmaschine gebeten werden[106] –, wird er zum Schauplatz des Ringens zwischen den neuen und den alten Kräften, zwischen den Bürgerrechtlern und der angeschlagenen Staatsmacht und damit zu einem wichtigen Forum, das zumindest die Friedlichkeit des schwierigen Übergangs der Wende sichert.

Auch die politische Bundesrepublik setzt nun auf die Bühne Berlin. Einen Tag nach dem überraschenden Botschafterauftritt im alten Kontrollratsgebäude nutzt der amerikanische Außenminister James Baker die Jahresveranstaltung des Berliner Presseclubs, einer Journalistenvereinigung, um in einem Westberliner Hotel am 12. Dezember den Entwurf einer weiträumigen »Architektur für eine neue Ära« in Europa« zu präsentieren. Sie ist ein erster Schritt zur Bewältigung der Herausforderungen, die der Mauerfall der Politik stellt: Sie soll Deutschland und Berlin die Chance eröffnen, ihre Teilung zu überwinden, zugleich jedoch die Sicherheit Europas und der Vereinigten Staaten gewährleisten.[107] Eine ganz andere Ebene kommt drei Tage später im Ostberliner Kino Kosmos an der Karl-Marx-Allee ins Spiel: Dort erklärt die DDR-CDU auf einem Parteitag als erste Ostpartei die Abkehr vom Sozialismus und bekennt sich zur sozialen Marktwirtschaft und zu kommunaler Selbstverwaltung. Und die SPD, hin- und hergeschüttelt zwischen Zustimmung und Ablehnung des Einheitsprozesses, reagiert auf die historische Bewegung mit einer entschlossenen Rochade: Kurzfristig verlegt sie ihren für die zweite Dezemberhälfte in Bremen angesetzten Bundesparteitag nach Berlin – halb in der Hoffnung, mit dem in Gang gekommenen Prozess mitzuhalten, halb in der Furcht, von ihm abgehängt zu werden.

Allerdings dokumentiert der SPD-Parteitag nicht zuletzt den gespaltenen Zustand der Partei. In der kühlen Konferenzmaschine des ICC, des Internationalen Congress Centrums, machen die Reden von Willy Brandt und Oskar Lafontaine klar, dass der Riss, der West-Berlin entzweit, auch durch die SPD geht – am ersten Tag bejubeln die Delegierten die Rede des Parteipatriarchen, der für die deutsche Einheit plädiert, am zweiten erreicht der Beifall für den SPD-Kanzlerkandidaten, der kein Hehl aus seiner Distanz gegenüber einer Vereinigung macht, eher noch höhere Phonzahlen. Am späten Nachmittag flimmern dann auf den Fernsehschirmen, umdrängt von den Delegierten, andere Bilder: Ein schwarz-rot-goldenes Fahnenmeer im Scheinwerferlicht, grün-weiße Wimpel dazwischen – die noch kaum einer als sächsische Farben erkennt –, eine tief aufatmende Menge. Es sind Ausschnitte vom Auftritt Helmut Kohls vor der Dresdener Frauenkirche. Das alles lässt keinen Zweifel mehr daran, dass Deutschland an der Schwelle zu großen Veränderungen steht.

Aber ist die Partie wirklich entschieden? In Ostberlin wird mit Demonstrationen auf Kohls Dresden-Auftritt reagiert. »Mindestens 50 000 Menschen«[108] versammeln sich auf dem Gendarmenmarkt zur größten Demonstration seit dem 4. November, meldet die »Berliner Zeitung«, im Mittelpunkt stehen Losungen gegen den »Ausverkauf« und die »Kolonisierung« der DDR. Aber so geteilt ist Deutschland noch immer, dass so gut wie nichts davon im Westen wahrgenommen wird. Die Bundesrepublik steht ganz im Banne von Kohls Rede vor der Ruine der Frauenkirche, die in den Medien als Durchbruch zur deutschen Einheit begriffen wird, während die Ostzeitungen versuchen, die historische Szene als Randerscheinung der Gespräche erscheinen zu lassen, die Kohl und Modrow geführt haben. Sie werden im Westen allenfalls als Nebenschauplatz wahrgenommen. Tatsächlich liegen die

Verhandlungen über eine Vertragsgemeinschaft von Bundesrepublik und DDR, die dort begonnen werden, vor allem im Interesse der Regierung Modrow, doch noch in das fast verlorene Spiel zu kommen – die Bundesrepublik soll die marode DDR stützen, die Mobilisierung ihrer Anhänger ihre eigene Position stabilisieren.

Ähnlich verhält es sich mit den hektischen Anstrengungen der wankenden Institutionen Ostberlins, sich eine Legitimation zu geben. Der Ostberliner Oberbürgermeister stellt Mitte Dezember den Stadtverordneten die Vertrauensfrage – ein bisher in der DDR noch nie praktizierter, bisher nicht vorstellbarer Schritt, der tatsächlich dem schwindenden Vertrauen entgegenwirken soll. Ihr neuer Vorsitzender, ein Historiker, hebt hervor, dass die Abgeordneten nur ihrem Gewissen verantwortlich seien, »das wurde bisher nicht gern gehört«[109]. An der Frontseite des frisch renovierten Saales prangt wie immer groß das DDR-Staatswappen. Aber nun fällt Beobachtern auf, dass sich in den Fenstern unter den Wappen der Bezirke noch immer die Wappen der Westberliner Bezirke befinden. Eine Flaschenpost aus dem Berlin vor der Teilung: Beim Wiederaufbau des Roten Rathauses 1948 waren sie dort angebracht worden und haben die vergangenen vier Jahrzehnte der Teilung der Stadt überlebt.

Das Tempo, in dem bisher Unvorstellbares zum Ereignis wird, reißt immer rascher die Schranken des Vorstellungsvermögens ein. Zwei Tage vor Weihnachten wird das Brandenburger Tor geöffnet. Es ist der Höhepunkt der Ereignisse seit der Maueröffnung, ein Spektakel in strömendem Regen – auf den Bildern der Fotografin Barbara Klemm gerinnt es zum dramatischen Schattenriss: ein bewegtes schwarz-weißes Panorama von Schirmsilhouetten. Dabei sind die Regierungschefs und Bürgermeister aus Ost und West, Walter Momper lässt die Wortfanfare »Berlin, nun freue Dich« erschallen – mit dieser Liedzeile feierten die Berliner vor mehr als dreihundert Jahren den Sieg in der Schlacht von Fehrbellin (1675) –, doch am Ende droht die Veranstaltung in einen chaotischen Massenauflauf umzukippen. Der Heilige Abend rundet das Jahr fast zur Idylle: Walter Momper und Eberhard Diepgen, der Regierende Bürgermeister und sein Vorgänger, feiern ihn in der Heilandskirche in Potsdam-Sacrow, einem preußisch-klassizistischen Bau auf dem DDR-Ufer der Havel, der mit dem Mauerbau zur Beute des Niemandslands der Grenze und zum Memento der Teilung geworden ist. Die Kirche ist überfüllt, nicht zuletzt mit Westberlinern, die den Weg durch die Grenzzone gefunden haben. Es ist ein bewegender Abend auf rasch organisierten Stühlen, bei Kerzenbeleuchtung, mit mobilen Heizkörpern, und es gehört zum anrührenden, weihnachtlich gestimmten Kontext dieser Tage, dass der gleiche Pfarrer den Gottesdienst hält, der vor 28 Jahren hier zum letzten Male gepredigt hatte.[110]

Auch ansonsten Bescherungsstimmung allenthalben: Alte Schikanen der DDR wie das Verbot, das im Osten nicht ausgegebene DDR-Geld in den Westen mitzunehmen, werden aufgehoben. In S- und U-Bahnen bekommen die Zeitkarten Gültigkeit für West- und Ostberlin. Anderes, was zum geteilten Berlin gehört hat, verschwindet. Zum Beispiel die Besucherbüros, mit deren Hilfe der hart erkämpfte west-östliche Grenzverkehr seit einem Vierteljahrhundert verwaltet wurde. Noch im Dezember verabschieden sich »in herzlichem Einvernehmen«[111] die Ostberliner Beschäftigten, angeblich Postbeamte, in Wahrheit Stasi-Leute, und »Franzke«, der Name des Unterzeichners der grün gestreiften Anträge für den Eintritt in Ostberlin, gibt sein schattenhaftes Leben auf – es hat ihn, wie sich herausstellen wird, als Person nie gegeben. Noch vor Jahresschluss wird eine DDR-Außenhandelsfirma mit der Vermarktung der Mauer betraut. Es ist eine Baustofffirma, und es gibt dem Jahr den angemessenen Abschluss, dass die Mauer, der »antifaschistische Schutzwall« der DDR, wieder in die Hände der Baustoffindustrie zurückfällt. Bereits zu Weihnachten kann man – dank findiger Geschäftsleute – in Filene's Basement in Boston ein Mauerstück kaufen, 60 Gramm schwer, für 12,95 US-Dollar, verpackt in einen Schmuckbeutel und ein Gedenkkästchen.[112]

Der große Untergang nebenan

Während derart die Dinge allmählich ins Lot kommen, geht haarscharf daneben ein großer Untergang vonstatten. Wie ein sinkendes Schiff mit seinem in die Tiefe ziehenden Sog reißt das untergehende Regime der DDR die Strukturen von System und Gesellschaft mit, und nirgendwo sonst wird dieser Umbruch so zum Ereignis wie in Ostberlin, der »Hauptstadt der DDR«, dem Zentrum des anderen deutschen Staates. Die mutig gewordenen DDR-Medien konfrontieren ihre Obrigkeit mit Recherchen über die Übergriffe von Polizei und Staatssicherheit gegen die Demonstranten am Rande der Vierzig-Jahr-Feiern der DDR Anfang Oktober und öffnen den Blick auf die Hinterbühnen und Verließe des Systems. Die Stadtverordnetenversammlung sieht sich gezwungen, einen Untersuchungsausschuss einzusetzen. Die für DDR-Verhältnisse bislang unvorstellbare Initiative befördert empörende Beispiele von polizeilicher Härte und richterlicher Arroganz zutage. Selbst Christa Wolf, Mitglied der Kommission, die als treue DDR-Sympathisantin eben noch »Unser Land« verteidigt hat, erschrickt vor der kalten Brutalität der Vertreter des Sicherheitsapparates, die »Beton in den Adern und, wie ich fürchte, auch in den Gehirnwindungen«[113] haben. Immer spektakulärer werden die Enthüllungen über die komfortable Existenz der DDR-Nomenklatura. Wer hätte zum Beispiel gedacht, dass der bescheiden auftretende Erich Honecker einen wahren Autokult betrieb? Und dass die grauen Repräsentanten des Arbeiter- und Bauernstaates komfortable Landsitze unterhielten, in denen sie mit Vorliebe der feudalen Leidenschaft der Jagd nachgingen? Die Berichte und Bilder über den verheimlichten Luxus der

Obergenossen brechen wie Stürme ein in das Bild, das die SED von der DDR entworfen hat – ein nicht mit Wohlstand gesegnetes, dafür ehrliches und bescheidenes Gemeinwesen; sie entwurzeln den Rest des Ansehens der DDR.

Im Dezember wird schließlich eine Sporthalle in Hohenschönhausen, eine der Trainingsstätten des weltbekannten DDR-Sportwunders, zur Arena für die beispiellose Selbstdemontage der SED, der Staatspartei der DDR. Wie benommen geben sich die Delegierten auf einem Sonderparteitag ihren Klagen und Anklagen hin. Sechzehn chaotische Stunden, bis zum frühen Morgen, dauert die Sitzung – und muss doch zwei Wochen später fortgesetzt werden, weil der Abgrund des Versagens noch längst nicht ausgeschöpft ist –, die Partei, die das Organ einer welthistorischen Mission sein wollte und eben noch Staat und Gesellschaft dominiert hat, zeigt sich als ratloser Haufen, der nicht einmal den Versuch einer Rechtfertigung wagt. Unter Zurücklassung ihres Namens SED flüchtet sie ins Ungewisse, geführt von Gregor Gysi, bis dahin ein weithin unbekannter Rechtsanwalt. Er tritt den Vorsitz der zur SED/PDS umbenannten Partei an, wie eben ein Anwalt einen wenig aussichtsreichen Fall übernimmt. Wenn sie sich nicht selbst aufgelöst hat, dann nur, so wird kolportiert, um das Parteivermögen nicht zu verlieren. Es dauert nur noch einen Monat, bis die Arbeiter mit der Demontage des riesigen Parteiabzeichens mit den verschlungenen Händen beginnen, das vom Gebäude des SED-Zentralkomitees auf die monumentale Leere der Berliner Innenstadt schaute.

Dabei lässt der Niedergang der DDR noch gar nicht die dramatische Verschiebung im Verhältnis von Osten und Westen ins Bewusstsein dringen, die er zur Folge hat. Solange eine Wiedervereinigung bestenfalls ein Traum war, gehörte es zu ihren unausgesprochenen Prämissen, dass im Fall der Fälle beide Seiten diese Aufgabe irgendwie gleichberechtigt in Angriff nehmen würden, sozusagen auf Augenhöhe. Auch in den ersten Wochen nach der Maueröffnung klammern sich viele im Osten an diese Vorstellung, nicht zuletzt die Bürgerrechtler. Die Wirklichkeit, die nun im Anzug ist, sieht anders aus. Immer deutlicher zeichnet sich im deutsch-deutschen Verhältnis eine gewaltige tektonische Verschiebung zulasten des Ostens ab. Dem begonnenen deutsch-deutschen Brückenschlag kommt gleichsam der östliche Pfeiler abhanden – eine massive Schieflage zwischen Osten und Westen ist die Folge, und in Berlin ist dieses Abrutschen in die Instabilität mit Händen zu greifen. Zuvörderst bei den Verantwortlichen in Ostberlin: Sie verlieren nicht so sehr den Boden unter den Füßen, als dass sich herausstellt, dass sie keinen mehr haben.

Doch bald zeichnet sich auch ab, dass von den Bürgerrechtlern wenig Hilfe zu erwarten ist; die friedliche Revolution ist nicht in der Lage, die west-östliche Schräglage zu stabilisieren. Unsanft wird der Regierende Bürgermeister darauf gestoßen, als er Anfang Dezember eine Reihe führender Bürgerrechtler ins Schöneberger Rathaus einlädt. Drei Stunden dauert das Gespräch, dann ist ihm klar, dass die Helden der friedlichen Revolution keine Politiker sind und es auch nicht werden wollen. Die Macht liegt tatsächlich auf der Straße, aber die Revolutionäre sind weder willens noch fähig, sie aufzuheben und damit den Verhältnissen Halt zu geben. Einige ringen sich zu der Einsicht durch, Verantwortung übernehmen zu müssen, andere zögern und weichen vor dieser Konsequenz zurück. Besonders die Überzeugungen von Bärbel Bohley »entsetzten« Momper, weil sich diese Ikone der Bürgerrechtler standhaft weigert, sich auf politisches Handeln einzulassen.[114] Danach gibt der Regierende Bürgermeister seine bisherige Linie auf, sich nicht in die inneren Angelegenheiten in der DDR einzumischen.[115] Was ihm prompt die Kritik seines Koalitionspartners einträgt. Denn die AL ruft unverdrossen auf dem falschen Bein Hurra: Sie ist, wie Senatorin Schreyer erklärt, stolz darauf, dass der Berliner Senat die einzige Landesregierung sei, die gegen die »Bonner Wiedervereinigungsgelüste«[116] Front macht.

Inzwischen dringen aus Ostberlin zunehmend Nachrichten über den Zustand der kommunalen Politik und Wirtschaft in den Westen, die im Senat Besorgnis, ja, Bestürzung auslösen. Der Magistrat und die Stadtbezirke, die unteren Verwaltungsebenen, sind offenbar von den Aufgaben, die ihnen der Umbruch stellt, völlig überfordert. Die nach dem Prinzip des demokratischen Zentralismus, also mit viel Zentralismus und wenig Demokratie geführte Verwaltung verliert dank der Erschütterung der Autorität der Verantwortlichen ihre Handlungsfähigkeit; kopflos geworden, fällt sie auseinander. Der Handel, ohnehin ein altes Leiden des DDR-Systems, zeigt sich der Konkurrenz nicht gewachsen, die die offenen Grenzen mit sich bringen. Zum Beispiel, so hören die Repräsentanten des Senats vom Oberbürgermeister, verfaulen die zu DDR-Zeiten heiß begehrten Apfelsinen, weil die Menschen nur rasch über die Straße gehen müssen, um sie billiger und besser im Westen zu kaufen.[117] Auf der Westseite steigt die Besorgnis, dass die Turbulenzen im Ostteil der Stadt auch das Funktionieren der Infrastruktur in der Weststadt belasten könnten. Denn bei der Abfall- und Abwasserbeseitigung, der Stromversorgung der S-Bahn und dem Betrieb der U-Bahn-Tunnel in Ostberlin ist West-Berlin auf den Osten angewiesen, sodass sich der Chef der Senatskanzlei in eine seltsame Lage versetzt sieht: »Wir mussten also im eigenen Interesse darüber nachdenken, wie der Apparat im Osten wenigstens partiell in Gang gehalten werden konnte.«[118]

Die Schieflage vermischt sich explosiv mit der Verwandlung der öffentlichen Temperatur in der Stadt. Ist das Vorzeichen dafür die Silvesterfeier am Brandenburger Tor? Sie wird zum ersten gesamtdeutschen, gesamtberliner Fest und zieht rund eine Million Menschen an. Sie verläuft ausgelassen und bewegend – doch am Ende bricht eine Tribüne zusammen, es gibt einen Toten und über hundert Verletzte, und vandalistischer Übermut schlägt die Quadriga auf dem Tor reparaturreif; erst im August 1991 kann sie nach langwierigen Wiederherstellungsarbeiten wieder aufgestellt werden. Wird aus dem Zusammenwachsen von Ost und West nun doch das »Zusammenwuchern«, vor dem Bundespräsident Richard von Weizsäcker bald nach der Maueröffnung gewarnt hat?

Die Euphorie, die die vergangenen Wochen getragen hat, geht über in einen stürmischen Aufbruch, der zum guten Teil ein Umbruch ist und für viele einen gravierenden Bruch mit ihrer Biografie bereithält. Berlin bietet das Schauspiel einer Stadt, die die Fesseln abschüttelt, die sie für zwei, drei Generationen eingeschränkt und geknebelt haben. Die Doppelstadt reißt sich los von den vergangenen vier Jahrzehnten: vom politischen Ab- und Ausgeschlossensein im Osten, von dem Gefühl des inselhaften Eingeschlossenseins im Westen. Der Versuch, wieder eine Stadt zu werden, vollzieht sich als Zusammenprall unterschiedlicher Lebensweisen und Mentalitäten. Zielstrebigkeit trifft auf Ratlosigkeit, Goldrausch auf die Angst, auf der Strecke zu bleiben. Es sind die hochgehenden Wogen der Veränderung der Stadt, die jetzt ihre Vereinigung vor sich her schieben. Sie bescheren Berlin eine Mutation, die ohne Beispiel ist. So spiegelt diesen Zustand eine Momentaufnahme der Journalisten Klaus Hartung und Kuno Kruse, Zeitpunkt April 1990: »In Ostberlin westliche Arroganz und kleiner Reibach mit subventionierten Waren, Gaststätten okkupiert von Westlern, die für wenige Mark Menus verschlingen, West-Penner beim Billigfusel vor Broilerbuden. Östlicher Rassismus gegen Westberliner Türken, Duty-free-Shop-Ketten in Ku'damm-Nähe für den Direktexport taiwanesischer Kofferradios via Berlin nach Warschau oder Wilna, Geldwechselbündel in den flinken Händen der Geldwechsler und Devisenschieber vor den Eingängen des Bahnhofs Zoo.«[119] Wilder Osten, verunsicherter Westen. Darüber der Auspuffqualm von Trabis und Wartburgs. Das eben noch eingemauerte Berlin wird im Schnellkurs zum aufgerissenen Gelände, zur offenen Stadt.

Scheitelpunkt Januar 1990

Im Januar 1990 erreichen die Entwicklungen und Erschütterungen, die die Maueröffnung in Gang gesetzt hat, einen ersten Scheitel- und Wendepunkt. Für einen Augenblick scheint die Nadel der Entscheidung über dem Schicksal der friedlichen Revolution zu zittern. Das Signal dafür sind Meldungen über rechtsradikale Schmierereien am sowjetischen Ehrenmal in Treptow. Sie dringen bereits in den Weihnachtstagen an die Öffentlichkeit und werden zunächst nicht wirklich wahrgenommen, denn die Stadt gibt sich aus vollem Herzen der Feier des ersten gemeinsamen Weihnachten hin: 1,2 Millionen DDR-Bürger im Westen, 765000 West-Berliner im Osten, drei Stunden Wartezeit am Brandenburger Tor, die Straße Unter den Linden wegen Staus für Autos gesperrt.[120] Umso entschlossener macht sich die PDS/SED daran, den Vorfall politisch aufzugreifen und ihre Anhänger zu einer Demonstration »gegen Rechts« zu mobilisieren.

Dass Rechtsradikale die Täter sind, wird nie belegt, und da die Tat selbst auch nicht aufgeklärt wird, halten sich hartnäckig Gerüchte, die Stasi habe ihre Hand im Spiel gehabt. Der eine Verdacht nährt den nächsten, nach dem der Vorfall der Partei ganz recht gekommen sei, um ihre Macht zu demonstrieren – immerhin gelingt es ihr, den eigenen Angaben nach, am 3.Januar rund 250000 Menschen zu einer »Kampfdiskussion« auf die Straße zu bringen, ganz im alten (SED-)Stil. Mit der Machtdemonstration verbindet sich der Versuch des alten Regimes, politisch-moralische Auffangstellungen für ihre verunsicherten oder schon fliehenden Regimenter zu zimmern. Die Regierung Modrow bietet sich den beunruhigten Bürgern als Ordnungsmacht gegen das Chaos an. Ein Verfassungsschutz soll gegründet werden – niemand kommt auf die Idee, dass er etwas anderes als ein Unterschlupf für die Stasi sein könnte –, und die Forderung nach einer antifaschistischen Einheitsfront wird der friedlichen Revolution und ihren Folgen gleichsam als sozialistische Monstranz entgegengehalten. Es laufe, so merkt der Ostberliner Schriftsteller Rolf Schneider bissig an, »eine Kampagne zur moralischen Wiederaufrüstung«[121] der SED. Tenor: Die PDS/SED sei ebenfalls eine erneuerte Partei. Ist es der letzte Versuch des alten Regimes, das Heft des Handels in die Hand zu bekommen und die Kräfte der Wende zurückzudrängen? Oder nur das letzte Grollen eines abziehenden Gewitters?

Doch am Horizont des neuen Jahres 1990 wetterleuchtet es bald heftig. Während in Berlin ein Winterintermezzo Dom und Schlossbrücke bilderbuchartig mit Schnee bedeckt, kommen aus dem Süden der DDR erste Nachrichten über Warnstreiks. Hans Modrow reagiert darauf mit einer Regierungserklärung, mit der er sich als besorgter Hausvater und biederer Treuhänder der gemeinsamen Sache empfiehlt. Doch erntet er damit nur heftige Proteste: Erst ziehen die Bauarbeiter vor die Volkskammer, dann umkreisen Taxifahrer hupend den Palast der Republik, und schließlich stürmen Tausende von Eltern die Kaufhäuser, weil die DDR die unumgängliche Abschaffung des verzerrten Preissystems mit der Einstellung der Subventionen für Kinderkleidung beginnt. Die wirtschaftliche Situation verschlechtert sich rapide. Der wachsende Hass gegen die Staatssicherheit lässt befürchten, dass die Grenze zur offenen Gewalt überschritten werden könnte. Und weil die Politik Modrows keine klare Perspektive erkennen lässt und der Verdacht steigt, in ihrem Schatten bahne sich eine Restaurierung der alten Strukturen an, tritt die Bereitschaft zur Abrechnung mit der DDR in eine neue Phase ein. Die Zahl der Demonstrationen und Warnstreiks nimmt zu, ebenso die der Teilnehmer. Angesichts ihrer Richtung gegen die Regierung Modrow und den SED-Staat spricht Ehrhart Neubert, führender Bürgerrechtler und Historiker der friedlichen Revolution, von einer »Januar-Revolution«[122].

In der Mitte des Monats erreicht die Situation das Format eines veritablen Kräftemessens. Am 14. Januar 1990, bei der traditionellen SED-Manifestation zur Erinnerung an die Ermordung von Karl Liebknecht und Rosa Luxemburg, demonstriert die SED/PDS ihren Machtanspruch. Rund hunderttausend Menschen ziehen zu ihren Gräbern – allerdings, wie Ostberliner Beobachtern auffällt, schon ohne Marschmusik und Hochrufe, die früher zum Ehrungsritual gehörten.[123] Am gleichen Tag zeigen die West- und Ostberliner Sozialdemokraten, obgleich noch nicht vereinigt, mit einer ersten Großkundgebung im Ostteil der Stadt ihre Stärke – zum ersten Mal seit gut vierzig Jahren, seit der Zwangsvereinigung von KPD und SPD zur SED 1948. Rund hunderttausend Teilnehmer versammeln sich auf dem Alexanderplatz, auch sie im Zeichen von Rosa Luxemburg. Doch gemeint ist hier – wie die Redner deutlich machen – die andere Rosa Luxemburg, nicht die KPD-Mitbegründerin, sondern die Autorin des Satzes, dass Meinungsfreiheit auch immer die der Andersdenkenden sein müsse. Nur einen Tag später, am 15. Januar, erlebt das Ringen um den Weg der friedlichen Revolution seinen explosiven Höhepunkt. Mehrere Tausend Demonstranten erstürmen die Stasi-Zentrale in der Normannenstraße und hinterlassen ein Chaos von Glassplittern und zerrissenen Akten.

In der Aktion manifestiert sich so etwas wie das ultimative Aufbäumen der Bürgerrechtsbewegung. Es hat sich seit Wochen angekündigt mit Besetzungen der Stasi-Behörden in der ganzen DDR und in der Auseinandersetzung um die Errichtung eines Verfassungsschutzes. In alledem gipfelt das Beben, das den ganzen Osten erfasst hat und dessen Epizentrum der Zusammenbruch des Systems selbst ist. Zugleich rücken der Spitzelapparat und seine monströse Dimension massiv in den Blick der Öffentlichkeit – die Nachricht vom Sturm auf die Stasi-Zentrale bricht hinein in die Sitzung des runden Tisches, bei der bekannt wird, dass die Stasi über 85 000 hauptamtliche und über 100 000 inoffizielle Mitarbeiter verfügt, rund die Hälfte der Hauptamtlichen davon in Berlin, wo sich ihr Apparat über Hunderte von Objekten ausdehnt. Das alles macht den Sturm auf die Normannenstraße zum »Gegenstoß der Revolution« (Friedrich Dieckmann), auch wenn seine Umstände dunkel bleiben: War die Stasi selbst beteiligt? Hat sie wichtige Belege schon vorher beseitigt? Gleichviel, das Ereignis selbst macht Geschichte: Es durchkreuzt die Absicht der Regierung Modrow, sich als stabilisierende Kraft zu empfehlen und die entgleitende Macht festzuhalten. Es räumt die Befürchtung aus, dass die alten DDR-Kader noch in der Lage sind, das Rad der friedlichen Revolution anzuhalten oder gar zurückzudrehen.

Wie schwer es andererseits der Weststadt fällt, sich aus den Fronten der Vergangenheit zu lösen, in denen man sich seit Jahr und Tag beharrt, beleuchtet fast zum gleichen Zeitpunkt eine Entscheidung im Abgeordnetenhaus. Soll man sie ein Gedenkblatt nennen, mit dem West-Berlin gleichsam en passant seine zwiespältige Befindlichkeit dokumentiert, auch: dass es auf einem anderen Stern existierte? Eines langen (Parlaments-)Tages Reise in die Nacht endet mit der Abschaffung der sogenannten Eingangsformel durch die rot-grüne Koalition. Mit ihr hatte das Berliner Parlament seit 1955 zum Beginn seiner Sitzungen die Forderung nach der deutschen Wiedervereinigung sowie der Hauptstadt Berlin zum Ausdruck gebracht, seit dem Mauerbau 1961 auch die nach deren Abbau. Indem das Parlament mit seiner Mehrheit von SPD und AL der alten Berliner Schwurformel in dem Moment einen Fußtritt gibt, in dem sich deren Verwirklichung anbahnt, liefert es ein geisterhaftes Nachspiel zu einer ganzen Epoche. Mit der Eingangsformel ist das Bekenntnis zur Wiedervereinigung der Stadt einer zunehmenden Erosion anheimgefallen – bis zu der gerade ein paar Monate zurückliegenden Weigerung der AL-Vizepräsidentin des Parlaments, die Formel zu sprechen, weil sie nicht an die Wiedervereinigung glaube.[124]

Auf dem Schlachtfeld der abendlichen Auseinandersetzung zwischen den Parteien bleibt das Bild eines in sich zerstrittenen Gemeinwesens, einer zerklüfteten politischen Landschaft – eine rechthaberische CDU, die aber recht behalten wird, eine SPD, in der sich viele gegen die Wiederherstellung der Einheit wehren, ihre Unschlüssigkeit gegenüber der Station dafür mit der Forderung bemänteln, dass Deutschland neu vereinigt werden müsse, und eine AL, die sich in einer fast komischen »Nein-meine-Suppe-ess-ich-nicht«-Haltung gegen die heraufziehende staatliche Einheit sträubt. Angemessenerweise endet diese Geisterstunde nach Mitternacht, und es gibt der Entscheidung die symbolisch-ironische Schlagseite, dass sie am 18. Januar geführt wird, dem Tag, an dem 1871 der deutsche Nationalstaat gegründet wurde, der gerade eben zu zeigen beginnt, dass er ein Phänomen von erstaunlicher, unerwarteter Dauerhaftigkeit ist.

Die Geschichte findet ihren Platz am gleichen Tag in Bonn: In einer deutschlandpolitischen Debatte stellt der Bundestag faktisch die Weichen in Richtung deutscher Einheit. Die Vertragsgemeinschaft, die Hans Modrow im Dezember vorgeschlagen hat, müsse, so fordert die Koalition von CDU/CSU und FDP, über den Grundlagenvertrag hinausgehen und sich die staatliche Wiedervereinigung Deutschlands zum Ziel setzen. Der Paradigmenwechsel hängt in der Luft, aber die regierende Berliner Koalition aus SPD und AL will ihn noch nicht wahrhaben. Trotzig beharrt der Regierende Bürgermeister darauf, »die nationale Frage werde die sozialen und ökologischen Fragen nicht verdrängen können«[125]. Ungerührt nimmt er das fällige Dreihundert-Tage-Jubiläum seines Senats zum Anlass, die Zukunft der Stadt anhand der alten Ziele ihrer rot-grünen Agenda zu buchstabieren. Als befände sich Berlin noch in der Situation vor der Maueröffnung, blättert er den ganzen Katalog linksliberaler und wohlfahrtsstaatlicher Reformpostulate auf – Ausländerwahlrecht, Bildungsurlaub, Frauenquote im öffentlichen Dienst, Antidiskriminierungsgesetz.[126] Noch immer erhält die Vereinigung in der Hierarchie der politischen Aufgaben Berlins nicht die ihr zukommende Priorität.

Anders die im Oktober gegründeten ostdeutschen Sozialdemokraten: Wenige Tage später bekennt sich ihr Ostberliner Zweig auf seiner ersten Delegiertenkonferenz – kaum dass sie ihren Geburtsnamen SDP abgelegt und sich SPD genannt haben – zur deutschen Einheit. Doch erst am 22. Januar kommt die SPD aus West-Berlin mit der aus Ostberlin zu einer ersten gemeinsamen Vorstandssitzung zusammen. Auch dabei zeigt sich, wes unterschiedlichen Geistes Kind sie sind. Senatskanzleichef Dieter Schröder, in Atem gehalten von der praktischen Organisation der Zusammenarbeit zwischen den beiden Berlin, registriert verblüfft, dass Teile der Westberliner SPD die neuen Genossen zunächst einmal »auf die Höhe der innerparteilichen Diskussion des Westens«[127] bringen wollen, einschließlich des Bekenntnisses zum demokratischen Sozialismus, gegen das sich die neue Ost-SPD wehrt – sie hat vom Sozialismus die Nase voll. Dementsprechend haben die ostdeutschen Sozialdemokraten – wie sich die spätere Bürgermeisterin Christine Bergmann erinnert – ihre Schwierigkeiten mit der in West-Berlin üblichen »Genossen«-Anrede, und als die West-Berliner bei einem gemeinsamen Abend Arbeiterkampflieder anstimmen, gibt es Tränen, weil sie bei zu vielen Ostberlinern bedrängende Erinnerungen an FDJ-Lager-Aufenthalte oder Kampfgruppen-Aufmärsche auslösen.[128] Doch an diesen Differenzen der Berliner Sozialdemokraten ist die Entwicklung längst vorbeigegangen. Das Realitätsprinzip greift immer unnachsichtiger nach der friedlichen Revolution. Der Wahlkampf für die ersten demokratischen Volkskammerwahlen im März 1990 wirft schon seine Schatten voraus, da spricht an einem trüben Januarwochenende in der Ostberliner Akademie der Künste, an dem das »Neue Forum« sich als Partei konstituiert, der Bürgerrechtler Jens Reich das Wort der Stunde: »Die romantische Phase unserer Revolution ist vorbei.«[129]

Jetzt lockern sich auch die Knoten, die bisher die Entwicklungen festgezurrt hatten. Am spektakulärsten zieht Hans Modrow an ihnen, nachdem ihm in Moskau von Präsident Gorbatschow eröffnet worden ist, dass die Sowjetunion der deutschen Wiedervereinigung nicht mehr im Wege stehen werde. Zurückgekehrt, versucht der DDR-Ministerpräsident mit einer »Konzeption für den Weg zu einem einheitlichen Deutschland« die Flucht nach vorn – ausgerechnet unter dem Ruf der Leipziger Montagsdemonstrationen »Deutschland einig Vaterland«. Allerdings ist die Tür, durch die er am 1. Februar mit seinem Stufenplan stürmt, schon längst geöffnet – die Einheit ist die unabwendbare Perspektive der unübersehbaren Auflösungserscheinungen der Institutionen des SED-Staates DDR und der friedlichen Revolution. Daraufhin holt Walter Momper, politischer Pragmatiker, der er auch ist, die Fahne der Zweistaatlichkeit ein. Von diesem Zeitpunkt an geht es nun tatsächlich – wie er im Rückblick einräumt – »nicht mehr um das Ob der Einheit, sondern nur noch um das Wann und das Wie«. Niemand, der politisch ernst genommen werden wolle, könne sich dem »Strom der Einheit« noch entgegenstellen.[130] Tatsächlich sperren sich nur noch die SED/PDS, die westdeutschen Grünen, die Alternative Liste und Teile der Berliner SPD dagegen.

Nun fasst Momper energisch die Einheit in den Blick und sucht seine Partei für die Aufgabe zu erwärmen, sie voranzubringen. Anfang Februar macht er sich nach Paris und London auf, um den Schutzmächten der Stadt die Lage in der DDR zu erklären und ihre Zustimmung für die Vereinigung der Stadt zu gewinnen. Denn die Synchronisierung von Innen- und Außenpolitik erkennt er jetzt als wichtigste Aufgabe – gerade in Berlin, denn in der Berlin-Frage, dem Viermächtestatus der Stadt, bündeln sich die »vertrackten inneren und äußeren Probleme der Einheit wie unter einem Brennglas«[131]. Momper versucht sogar, sich mit einem eigenen Vereinigungsmodell in die Debatte einzuschalten. Kaum aus London zurückgekehrt, verblüfft er mit der Prognose, noch für das laufende Jahr könne die Wiedervereinigung Deutschlands und Berlins bevorstehen. Als er sie auf dem ersten Parteitag der Ostberliner SPD verkündet, wird es, so erinnert er sich, im Saal »ziemlich ruhig«[132] – so weit sind viele offenbar noch nicht. Manche sind wie vom Donner gerührt. Ist die Vereinigung so nahe, fragt erschreckt die »Berliner Zeitung«, dass man die Termine »bereits in seinen Kalender eintragen könnte«? Der Kommentator verrät auch, dass selbst in SED-nahen Kreisen ein Umdenken einsetzt, und flüchtet sich fürs Erste in den Zynismus: Momper wiege, so heißt es, »die DDR-Bürger nicht länger in der Illusion, dass ein dritter Weg uns die Vorzüge von Sozialismus und Kapitalismus bescheren wird und dass die DDR-Reformer den Stein der Weisen schon finden werden, den wir als Lizenz dann Westeuropa verkaufen werden«.[133]

Auch die Westberliner SPD hat Mühe, mit dem Geschehen gleichzuziehen. Etliche konfrontieren den Regierenden Bürgermeister vorwurfsvoll mit der Frage, ob er nun auch »in das Lager der Wiedervereiniger umgeschwenkt sei, und das auch noch ohne gründliche Konsultation mit den Gremien der Partei«[134]. Doch Momper lässt sich davon so wenig irritieren wie von den spitzen Anmerkungen, mit denen die CDU seinen Strategiewechsel belegt. Er ist überzeugt davon, dass aus den Märzwahlen in der DDR eine Regierung – welcher Couleur auch immer – hervorgehen wird, die schnell die Vereinigung realisieren muss. Vor allem aber weiß er, dass ein Politiker, der Einfluss behalten will, den realen Entwicklungen auf dem Fuße folgen muss. Nur der Vorbehalt gegen das Nationale bleibt, verpackt in eine reichlich spitzfindige Interpretation des Einheitswillens der Ostdeutschen: Dessen Motive seien »sozialer und politischer Natur und nicht etwa nationalistischen Ursprungs«[135].

Der Wandel in Berlin nimmt Tempo auf, als habe die Beschleunigung selbst das Kommando übernommen. Fast hasten die Akteure den Veränderungen nur noch hinterher, um nicht von deren Sturmlauf abgehängt zu werden. Zudem verschärft sich die politische und wirtschaftliche Situation in der DDR – Anfang Februar spricht Modrow von einer apokalyptischen Situation –, und die Repräsentanten Ostberlins versuchen im internen Gespräch, gar nicht mehr zu verbergen, dass ihre Lage katastrophal ist. Noch unter dem Siegel der Verschwiegenheit erklärt der langjährige DDR-Bevollmächtigte für Gespräche mit West-Berlin, der seit Jahren knallhart die Ostlinie verfochten hat, dem Chef der Senatskanzlei, Dieter Schröder, dass die Verwaltung der Oststadt auf dem letzten Loch pfeife. Seine Schilderung gibt »das Bild eines perfekten Chaos. In Ostberlin waren Polizei, Energieversorgung und Gesundheitseinrichtungen an ihrem Ende«[136]. Auch den Funktionären ist nun klar, dass nur eine schnelle Wiedervereinigung der Stadt dem Osten helfen kann.

Das administrative Desaster wird vollendet durch das immer deutlicher werdende Legitimitätsdefizit ihres Führungspersonals. Am 23. Februar wirft Oberbürgermeister Krack das Handtuch, weil ruchbar geworden ist, dass auch er an der Fälschung der Kommunalwahlen vom Mai 1989 beteiligt war. Die Wahl seines Nachfolgers wird zum Signal der politischen Kapitulation: Er bekommt in der Stadtverordnetenversammlung zwar eine Mehrheit, aber sie besteht nur aus 80 Stimmen und reicht lediglich deshalb aus, weil von den 225 Mitgliedern nur noch 123 zur Wahl gekommen sind – die Volksvertretung Ostberlins befindet sich in Auflösung. Die Dramatik der Lage zeigt sich an Überlegungen, die eben noch für absurd gegolten hätten: Könnte der Verwaltung in Ostberlin nicht geholfen werden, wenn ihr – so fragen Ostberliner Funktionäre – West-Berlin, eben noch der Klassenfeind, stellvertretende Behördenleiter zur Verfügung stellen würde? Der sowjetische Gesandte, der Vertreter der Sowjetmacht in Berlin, empfiehlt ein gemeinsames Übergangsgremium der Parlamente von Ost und West, eventuell unter Mitwirkung der vier Mächte.[137]

Und in der Ost-CDU wird überlegt – und eine Westberliner Boulevardzeitung posaunt es heraus –, ob es nicht am besten wäre, wenn der Regierende Bürgermeister gleich selbst die Geschäfte in Ostberlin übernähme. Aber was ist absurd, wenn sich im Schöneberger Rathaus die Runde der Abteilungsleiter die Köpfe über Auffangmaßnahmen für den Fall zerbricht, dass die öffentlichen Dienste im Ostteil der Stadt kollabieren?[138] Für den Zustand, den Ostberlin knapp drei Monate nach dem Mauerfall erreicht, findet Dieter Schröder im Rückblick die Worte, die ihm im Blick auf die Berliner Nachkriegsgeschichte die historische Signatur aufdrücken: »Die Kommunisten geben auf.«[139] Wenige Wochen später muss er sich eingestehen, dass die Idee des Zusammenwachsens von Ost und West obsolet geworden ist, weil jede Grundlage für die Übernahme von östlichen Konzepten fehle: Eine »westliche Besitznahme« des Ostens wird »geradezu herausgefordert«.[140]

Traumland mit doppeltem Boden

Hinter den Wendungen und Kehren des Zusammenwachsens Berlins steht aber vor allem die Veränderung der Stadt selbst. Wie ein Feuerwerk steigen die Erwartungen und Prognosen über ihr auf. In den Büros der Immobilienfirmen und Consulting-Gesellschaften avanciert das zerrissene, graue Berlin zum Traumland. Ist die Stadt nicht dafür prädestiniert, das Gravitationszentrum des heranwachsenden Mitteleuropas zu werden? Hat sie nicht alle Voraussetzungen, der attraktivste zukünftige Wirtschaftsstandort im Herzen des Kontinents zu werden? Aus der Sicht der Planer und Prognostiker steht Berlin am Anfang einer gewaltigen Karriere. Prophezeit werden ein Bauboom ohne Beispiel, ein stürmisches Wachstum der Bevölkerung, eine spektakuläre Zunahme des Verkehrs. »Platzt Berlin aus allen Nähten?« ist ein »Ausblick auf das Jahr 2010« betitelt – Forscher rechnen die zwei Millionen

Bewohner in Westberlin und die 1,3 Millionen im Ostteil bis 2010 auf fünf bis sechs Millionen Einwohner hoch und leiten daraus ein sprunghaftes Wachstum ab: 800 000 Wohnungen, 20 Millionen Quadratmeter Bürofläche, 1500 Hektar zusätzlicher Industrie- und Gewerbefläche.[141] Auf den Karten der Stadtentwickler drängt Berlin wie eine Riesenamöbe nach allen Seiten ins Umland. Und in den Anzeigenseiten der Zeitungen im Westen und – mittlerweile – auch im Osten mischen sich unter die Offerten von Wohnungs- und Grundstücksimmobilien schon Angebote und Nachfragen nach Wochenendgrundstücken an den brandenburgischen Seen und Jagdrevieren in der Schorfheide.

Scharenweise fallen jetzt die Geschäftsleute in die Stadt ein und verbreiten Goldgräberstimmung. Sie nehmen die großen Ostberliner Hotels in Beschlag, in deren Lobbys und Bars nun Firmenvertreter und DDR-Direktoren, Journalisten und sonstige Schlachtenbummler herumwuseln. Schwärme von Gerüchten kreisen über der Stadt und lassen sich auf wechselnden Plätzen nieder, oft nur vorübergehend – ein Großflughafen, einmal in Königs-Wusterhausen, dann wieder anderswo, japanische Weltunternehmen in Mitte, große Kaufhäuser und Handelsketten überall, wo Grundstücke und Gebäude an Brennpunkten der Stadt zur Verfügung stehen. Verrottete Flächen an der Mauer werden über Nacht zu städtebaulichen Filetstücken, und für Büroetagen, für die sich eben noch kaum einer interessierte, werden Fantasiepreise geboten. Gebrauchtwarenhändler füllen Lücken und Leerflächen mit improvisierten, bunt bewimpelten Verkaufsflächen, Discounter für elektrische und elektronische Geräte breiten sich aus, und die Baulöwen schleichen durch die maroden Viertel zwischen Pankow und Friedrichshain.

Von heimlichen Verhandlungen zwischen westlichen Großinvestoren und östlichen Wendehälsen ist die Rede, und bei den hoffnungslos überforderten Behörden stapeln sich die Zulassungsanträge für private Unternehmungen. Das alles erzeugt

»eine Art Berliner Vibration« (Matthias Matussek) – alles scheint möglich, alles ist irgendwie schon im Gange. Die Stadt steht unter dem Andrang der Interessenten, die Spekulation auf dem Grundstücksmarkt – den es eigentlich noch nicht gibt – steigt sprunghaft an, und an den Abenden stauen sich vor den Grenzübergängen von Osten nach Westen die Wagen, die von ihren Erkundungs- und Eroberungszügen durch den Ostteil der Stadt zurückkehren. Ein veritabler Goldrausch tobt durch die mitgenommenen Quartiere der ehemaligen Hauptstadt der DDR. Die Stadt, die bis dahin, gemessen an anderen Metropolen, eher leer wirkte, wird überwältigt von Betriebsamkeit und einem chaotisch gewordenen Verkehr, während im märkischen Umland, wo sich bislang die Füchse gute Nacht sagten, eifrige Geschäftsleute und ehrgeizige LPG-Vorsitzende einen Golfplatz nach dem anderen ankündigen.

Zugleich gerät Ostberlin weiter in die Defensive. Denn es stellt sich, je länger, desto mehr, als Sanierungsfall in fast jeder Hinsicht heraus. Dass es dort Viertel gibt, die seit Jahren verfallen, ist zwar ungefähr bekannt, im Osten ohnedies, aber auch im Westen, zumal die Spuren davon auch bei flüchtigen Visiten nicht zu übersehen sind. Tatsächlich hatte die DDR bereits zum Flächenabriss ganzer Straßenzüge angesetzt. Aber nun drängten die Erkenntnisse über die Verhältnisse auf dem Wohnungsmarkt in Ostberlin mit alarmierenden Zahlen massiv ins öffentliche Bewusstsein: Zwischen 25 000 und 40 000 leer stehende Wohnungen werden für Ostberlin genannt, viele davon baufällig, und vom ehemaligen Scheunenviertel, einem der ältesten Stadtteile im Zentrum Berlins, heißt es, dass es zum Teil fast unbewohnbar sei. Um wenigstens die nötigsten Sanierungsarbeiten einzuleiten, legt der Westberliner Bausenator Wolfgang Nagel im Februar ein Sanierungsprogramm zur Unterstützung Ostberlins in Höhe von 25 Millionen D-Mark auf.[142] Es ist die erste städtebauliche Kooperation zwischen West- und Ost-Berlin, und sie hat noch mit den

politisch-administrativen Resten des geteilten Berlins zu tun –
Baumaterialien, Maschinen und Werkzeuge können zum Beispiel
nur mit ausführlicher Zollerklärung von Ost nach West transportiert werden. Die prekäre bauliche Situation und ihre Möglichkeiten illustriert eine erste Stadtkonferenz, die wenig später auf
Initiative der Baustadträte zwei Tage lang den baulichen Zustand
Ostberlins erörtert und bei der beispielsweise die »Ablösung der
Ofenheizung« ein wichtiges Thema ist.[143] Zugleich geraten die
umfangreichen Bestände der Ostberliner Wohnungswirtschaft
ins Zielkreuz der großen Immobilienfirmen, die ganze Quartiere
übernehmen wollen und, wie geflüstert wird, die Ostberliner Verwaltungen über den Tisch ziehen.

Außerdem erzeugt das Traumland des Aufbruchs auch seine
Albträume, und auf die Veränderungswoge, die Ostberlin erfasst,
folgt die Beschwörung ihrer negativen Folgen. Kaum dass die erste
Euphorie über die Maueröffnung verflogen ist, bekommen die
strahlenden Prognosen einen dunklen Rand, wachsen Unmut und
Unbehagen, Kritik und Polemik. Die berauschende Aussicht, dass
Berlin wieder zur Metropole wird, ruft verstörende Zukunftsbilder
herauf – wachsendes Verkehrschaos, Zersiedelung des Umlandes,
steigende Wohnungsnot und die zunehmende Belastung der sozial
Schwachen. Befürchtet wird die Kolonisierung des Ostens, aber
auch die Störung des sozialen Klimas im Westen: Was wird aus
der müden Behaglichkeit der billigen Altbauwohnungen und den
aufwendig ausgebauten Plattenbauten mit ihren billigen Mieten,
in denen die Ostberliner Nischengesellschaft lebt? Wird die urbane Struktur im Westen den Aufbruch der Stadt überleben – die
Kieze mit ihren kleinen Läden und Kneipen, die selbst gestrickten
Lebensentwürfe im Schatten der Mauer und die »ÖTV-Stadt Berlin« (Klaus Hartung), die für viele einen abgesicherten Lebensrah-
men zur Verfügung stellt? Zu Tausenden drängen Arbeitspendler
täglich aus dem Umland nach Westberlin und bringen die Angst
vor Lohndumping und Mietenexplosion mit. Keine drei Monate

nach dem Mauerfall bläst Julius Posener, Uralt-Berliner, zurück-gekehrter Emigrant und städtebauliches Gewissen der Stadt, ins Alarmhorn und bekennt, dass seine Freude über die Öffnung der Mauer »mehr und mehr in Angst« umschlage. Die Entwicklung der Stadt, zumal die »Vereinnahmung der zurückgebliebenen Oststadt durch die fortgeschrittene Weststadt«, bereite ihm »Schrecken«.[144]

Überfordert die große Wende die Fantasie und Bereitschaft der Bewohner der Stadt? Das Klima trübt sich nicht zuletzt ein, weil sich auch für viele West-Berliner das Erlebnis der Maueröff-nung zu verdunkeln beginnt. Genervt vom Ansturm der Besucher, von den Ostdeutschen mit ihren allgegenwärtigen Trabis, sehen sie ihren Teil der Stadt in Richtung DDR abdriften. West-Ber-lin, so fürchten viele, werde schleichend zu einem Teil der grauen Welt des Ostens werden. Wird die Stadt, so wird ängstlich von vielen West-Berlinern gefragt, ihr altes Fluidum bewahren kön-nen, oder wird Berlin, über eine ganze Nachkriegszeit hinweg die stolze Terrasse des Westens, zum müden Vorgarten des Ostens? Selbst der alte Warnruf der Sorge um den Status der Stadt und ihre Verbindung mit der Bundesrepublik wird ausgebracht. Ende Februar äußert der Kommentator Joachim Bölke, eine politische Instanz West-Berlins, die Befürchtung, die Vereinigung Berlins könne auf Kosten ihres Westteils gehen. Es gebe in der Weststadt, so der Kommentator, »durchaus die Sorge, dass die Bindungen West-Berlins an die Bundesrepublik verloren gehen könnten«, was zu einem »Zusammenbrechen der Zukunftshoffnungen für diese Stadt führen könnte«.[145]

Anders als die deutsche Frage, über deren Lösung die Bundes-regierung Gespräche mit Moskau und den Alliierten führt, ist of-fen, wie die Berlin-Frage beantwortet wird, die es auch gibt – in Gestalt des aufklaffenden Widerspruchs zwischen der sich rasant vereinigenden Stadt und ihrem Status unter der Viermächtever-antwortung. Rechtlich entspricht ihre Lage noch immer der einer besetzten Stadt. Noch immer stehen ja ausländische Truppen in der Stadt, im Osten wie im Westen, und die Sowjetunion mit der »Westgruppe« ihrer Armee umschließt tief gestaffelt die Stadt. In dem von der Bundesregierung gebildeten Ausschuss zur Vorbereitung der deutschen Einheit fragt Außenminister Genscher: »Wer macht ganz Berlin?«[146] und bekommt nur spärliche Antworten. Tatsächlich ist unklar, wie Berlin in den Prozess der deutschen Vereinigung einbezogen werden soll. Irgendwie hat die Stadt das Gefühl, in dieser Frage allein gelassen zu werden. Jedenfalls bleiben die Bundesregierung und die Alliierten der Stadt zunächst die Initiativen schuldig, die ihre Überführung in eine gesicherte politische und rechtliche Position gewährleisten. Überhaupt hat Berlin zeitweilig den Eindruck, dass die großen Entwicklungen an der Stadt vorbeizugehen drohen – und dass Bonn wenig tut, diesen Eindruck zu zerstreuen. Im Übrigen ist es ein offenes Geheimnis, dass Bundeskanzler Helmut Kohl Walter Momper und seiner rot-grünen Koalition misstraut.

Die Windungen von Mompers stadtpolitischem Kurs haben allerdings auch damit zu tun, dass ihm sein Koalitionspartner zunehmend wie ein Stein am Bein hängt. Die AL löst sich zwar langsam von ihrer Fixierung auf die Fortdauer der Zweistaatlichkeit, aber noch immer kann sie sich nicht dazu durchringen, in der Vereinigung mehr als die von ihr abgelehnte Vereinnahmung der DDR durch die Bundesrepublik zu sehen. Wenn sie die Vereinigung schon nicht verhindern kann, dann will sie sie wenigstens, so erklärt sie, »verlangsamen und anhalten, wo immer es geht«[147]. Die Differenzen über die Vereinigung reizen andere Konfliktherde, die es in der Koalition zur Genüge gibt, und bescheren dem Senat einen Rattenschwanz von Koalitionskrisen. Der Streit um den Forschungsreaktor des Hahn-Meitner-Instituts, dessen Inbetriebnahme die drei AL-Senatorinnen im Senat nicht zustimmen, wird zur Endlosschleife. Zunehmend steht sich die Koalition selbst im Wege. Zu weit steckt sie mit der AL in der Sonder- und Subkultur West-Berlins – einem spezifischen politischen Milieu, gebildet von Frauen-, Schwulen- und anderen sozialen Bewegungen, die sich zwischen Kreuzberg und den Universitäten seit der Studentenrevolte im dichten Inselklima West-Berlins herausgebildet haben. Die allergische Reaktion auf die Einheit und den Nationalstaat ist fast nur das Nebenprodukt einer über die Jahrzehnte gewachsenen Kiez- und Klientelmentalität. Die Alternative Liste ist ihr extremer politischer Ausdruck. Aber auch Teile der West-Berliner SPD und ihr sympathisierendes Umfeld sind davon infiziert.

Dieses West-Berlin zeigt sich zum Beispiel in dem Streik der Erzieherinnen und Erzieher, den die Gewerkschaften des öffentlichen Dienstes vom Zaun brechen. Er beginnt vier Tage vor dem 9. November 1989, lässt sich von der Maueröffnung und dem beginnenden Zusammenwachsen der Stadt keineswegs beirren, dauert zehn Wochen und hat in erster Linie das eigensüchtige Ziel, die Mitspracherechte der Gewerkschaft zu vergrößern. Damit legt er seit Anfang 1990 die meisten Kindergärten in West-Berlin lahm. Zu der Affäre gehört die deprimierende Szene, dass Ostberliner, die sich auf der Ostseite versammeln, um die Öffnung eines neuen Grenzübergangs zu feiern, den Aufzug von trommelnden und rasselnden West-Berlinern auf der Westseite für den Ausdruck der Mitfreude halten. Dabei nutzen Erzieherinnen und Eltern nur den Anlass, um den Regierenden Bürgermeister mit ihren Forderungen zu bedrängen. Im Westen, so Momper bitter, »wurde nur Lärm für die eigenen Interessen gemacht«. Die Aktion habe den ganzen Senat und ihn persönlich in den entscheidenden Anfangsmonaten des Vereinigungsjahres 1990 »zeitlich und nervlich fast ebenso stark beansprucht wie die Wiedervereinigung der Stadt«.[148]

Seit dem Beginn des Jahres 1990 schiebt sich unübersehbar die Hauptstadtfrage ins Blickfeld der Öffentlichkeit. Dabei ist diese Frage in Berlin zunächst kein Thema von größerer Bedeutung. Ist die Stadt so sehr von sich und der Geltung dieser Versicherungen überzeugt – und von der Vereinigung in Atem gehalten? Oder lebt sie in dem Glauben, dass eine andere Entwicklung gar nicht denkbar ist? Das jedenfalls ist ein Irrtum. Anfang Februar eröffnet der bayerische Ministerpräsident Max Streibl die Partie, indem er sich gegen Berlin ausspricht und die Hauptstadt für München reklamiert. Für ihn kämen auch, so fügt er hinzu, »die alte Reichshauptstadt Nürnberg, aber auch die Freie Reichstadt Augsburg mit ihrer über 2000-jährigen Geschichte« infrage.[149] Später setzt er auf diese Erklärung noch eins drauf, indem er die Krawalle, für die vor allem Kreuzberg berüchtigt ist, polemisch gegen den Hauptstadtanspruch Berlins in Stellung bringt: »Eine ›Hauptstadt Kreuzberg‹ wäre sicher das Letzte, was wir uns wünschen könnten.«[150] Dagegen bezieht der innerdeutsche Ausschuss des Bundestags im Februar geschlossen Position für eine Hauptstadt Berlin.[151] Dass das Bundeskabinett Anfang März 1990 beschließt, alle begonnenen Bundesbauten in Bonn zu Ende zu führen, kann Berlin zumindest nicht ruhiger machen. Wenn eine Wiedervereinigung nicht einmal den Ausbau Bonns bremsen kann, liegt da nicht der Verdacht nahe, dass sie keineswegs zwangsläufig eine Entscheidung für Berlin als Hauptstadt im Gefolge hat?

Auch der Regierende Bürgermeister ist in dieser Frage zunächst merkwürdig unentschieden. Er macht Front gegen »Hauptstadtträume«[152], die in seinen Augen eher etwas mit Deutschtümelei zu tun haben als mit den konkreten Berliner Alltagsproblemen, er weist jeden »nationalistischen oder gar imperialen Hauptstadtanspruch«[153] zurück, malt aber die Zukunft Berlins als Metropole mit kräftigen Farben an die Wand. Meinen seine Vorbehalte nur den von vielen beschworenen Rückfall in Größenwahn und Nationalismus, dem eine Hauptstadt Berlin Tür und Tor öffnen könne? Oder steht er noch im Schatten der Auseinandersetzung um Einheit oder Zweistaatlichkeit, da die Hauptstadt Berlin und die Einheit zwei Seiten der gleichen Medaille sind? Oder lobt

Momper – wie viele in der Hauptstadtdebatte – die Zukunftsaussichten der Stadt in den höchsten Tönen, um sich in der Hauptstadtfrage nicht festlegen zu müssen? Kaum ist die Einheitsfrage entschieden, gehört Momper zu den entschlossenen Streitern in diesem Konflikt.

Sehr stark ist allerdings die Mobilisierungsbereitschaft für die Hauptstadt in Berlin anfangs nicht. Erst die lebhafte Parteinahme in Bonn für den Verbleib der Regierung, die im Februar zur Gründung einer überaus eifrigen Initiative »Ja zu Bonn« führt, löst einschlägige Aktivitäten aus. Die Bonner Initiativen sind schon in vollem Gang, als sich in Berlin eine Initiative »Berlin bleibt Hauptstadt« zu Wort meldet. Die Unterstützung der Berlin-Befürworter ist bis dahin vor allem eine Sache des Senats, der eine aufwendige Anzeigenkampagne veranlasst, die die öffentliche Stimmung für die Hauptstadt Berlin wenden soll. Mitte Mai, als sich die Zeichen mehren, die Hauptstadtentscheidung stehe auf der Kippe, wirft sich schließlich eine »Initiative Regierungssitz Berlin« kräftig in die Bresche und ruft eine Kampagne »Fragen an die deutschen Bundestagsabgeordneten« ins Leben, für die sie in kurzer Zeit zwei Millionen DM sammelt. In einer bundesweiten Anzeigenaktion treten neben einfachen Bürger Prominente wie die Dirigenten Kurt Masur und Lothar Zagrosek, Henri Nannen oder Wolfgang Stresemann, Sohn des Reichsaußenministers, oder Alexandra Gräfin Lambsdorff für die Hauptstadt Berlin ein.

Wegöffner Wahlen

In diesen ersten Monaten des Jahres 1990 gleicht die Entwicklung in der DDR und im Ostteil der Stadt einem ungeregelten Strom, der immer reißender anschwillt. Er drängt in ein neues Bett, das die Interessen und Bestrebungen der Menschen aufnimmt, und unter den Bedingungen moderner Gesellschaften kann das nur heißen: Wahlen. Bis zur Stunde weiß ja niemand, was für eine Kräftekonstellation sich in dem Umbruch der friedlichen Revolution herausgebildet hat, wie die neue Wirklichkeit aussieht, woran man sich künftig halten kann. Wie belastbar sind die gewendeten Verhältnisse? Wer ist legitimiert, die Macht aufzugreifen, die auf der Straße liegt? Doch die Bürgerrechtler? Oder die SPD, die einst die stärkste Kraft in Berlin wie im mitteldeutschen Raum war? Ist die SED am Boden zerstört oder schon wieder im Aufwind? Der hektische Januar 1990 verstärkt diese Stimmung der Unsicherheit. Die Vorverlegung der ursprünglich für den 6. Mai anberaumten Wahl einer neuen, demokratischen Volkskammer auf den 18. März, entschieden in einer turbulenten Nachtsitzung, hat in dieser Situation etwas von einem Sprung auf ein Gelände, das Sicherheit verspricht. Zugleich geht von diesem Datum eine massive Sogwirkung aus. Denn alles spricht dafür, dass es ein Datum sein wird, an dem sich entscheidet, wie es weitergeht, möglicherweise mit Prägekraft von langer Dauer.

Der Wahlabend setzt Zeichen. Ohne Zögern übernimmt der westliche Wahl- und Medienbetrieb das Kommando: Der Platz vor dem Palast der Republik steht voller Übertragungswagen mit ihren Satellitenschüsseln, und in dem DDR-Paradebau, der als Pressezentrum dient, herrscht ein gewaltiges Gedränge – 2000 Journalisten und unzählige politische Schlachtenbummler sind vor Ort, überall lauern Kameras, überall gibt es Interviews und Diskussionsrunden. Und Bilder, die in die Geschichte der Vereinigung eingehen werden: zum Beispiel den über seinen Wahlsieg tief erschrockenen Ost-CDU-Vorsitzenden Lothar de Maizière, der dem medialen Hexenkessel schließlich durch einen unterirdischen Gang entkommt. Oder den eben von den Grünen zur SPD übergetretenen Bundestagsabgeordneten Otto Schily, der das Wahlergebnis mit dem Vorzeigen einer Banane erklärt – der Wunsch nach der im Osten raren Frucht habe die Menschen zur CDU bekehrt – und mit diesem zynischen Urteil alle östlichen

Vorurteile gegen den Westen bestätigt. Oder den DDR-Schriftsteller Stefan Heym, der in einer Ecke im Palast der Republik erklärt, dass die DDR nach dieser Wahl nicht mehr sein werde »als eine Fußnote der Weltgeschichte«[154].

Die Wahl bildet eine Wasserscheide – für den deutschen Vereinigungsprozess wie für Berlin. Der überraschend hohe Sieg der CDU und ihrer Hilfstruppen – Bundeskanzler Kohl hat Ost- und West-CDU mit der DSU, einer von der CSU inspirierten Neugründung, und dem »Demokratischen Aufbruch« zu einer hastigen »Allianz für Deutschland« zusammengezwungen – schafft tatsächlich eine neue Lage, ja, er verändert die Wirklichkeit der DDR von Grund auf. Die klaren Mehrheitsverhältnisse heben den historischen Prozess in eine neue Phase, und das mit einer Rigorosität, die seine bisherigen Stationen fast schon an den Rand des Gedächtnisses rückt – nicht nur die Versuche von Krenz und Modrow, die DDR zu retten, sondern auch schon Kohls Husarenritt des Zehn-Punkte-Programms für eine deutsch-deutsche Konföderation. Mit einem Schlag sind die Auseinandersetzungen um Einheit und Zweistaatlichkeit Vergangenheit. Der Regierende Bürgermeister feiert das Ergebnis als »Initialzündung«[155] für die Einheit der Stadt, die jetzt so schnell wie möglich vorangetrieben werden müsse, eingeschlossen den Abriss der Mauer. Sogar Mompers Partei, in der viele bislang dazu neigten, die Vorgänge in Ostberlin für eine Sache zu halten, die sie nicht wirklich tangiert, befindet nun, dass die bevorstehenden Kommunalwahlen im Osten »auch unsere Wahlen«[156] seien. Alle sind jetzt ohne Wenn und Aber für die Hauptstadt Berlin. Die alten Konflikte flackern nur noch bei Nebenthemen auf. Unisono wird auf dem baldigen Mauerabriss bestanden, unterschiedlich wird nur noch die Ausgestaltung des Vereinigungsprozesses debattiert. Nur die Alternative Liste hält sich trotzig am Rande des Spielfeldes und missbilligt den heraufziehenden neuen Nationalstaat mit einer Hauptstadt Berlin.

Die Kommunalwahlen in Ostberlin sechs Wochen später, am 6. Mai 1990, machen dann endgültig den Weg frei für das ganze Berlin. Sie räumt die politischen Strukturen der Hauptstadt der DDR ab und gibt mit den neuen Kräfteverhältnissen – der Mehrheit für SPD, CDU und Bündnis 90, dem Minderheitenstatus für den SED-Nachfolger PDS – der Stadt die Freiheit, sich wieder zu vereinen. »Berlin kann jetzt wieder mit einer Stimme sprechen«, jubelt Walter Momper, die Zeiten von Berlin (West) und Berlin (Ost) seien vorbei, »Berlin ist nun wieder Berlin, die Stadt ist wieder eine Stadt«. Endlich habe die Weststadt demokratisch legitimierte Partner im Osten, mit denen sie die Vereinigung der Stadt »so schnell wie nötig, aber auch so behutsam wie nötig« betreiben könne.[157] Von den bisherigen Kontroversen bleibt nur noch die Genugtuung übrig, mit der Eberhard Diepgen dem Regierenden Bürgermeister die Irrungen und Wirrungen seines Kurses nach dem Mauerfall vorhält. Da ist die tiefe Verstimmung, die die Zeit nach der Maueröffnung in der Stadt überschattet, noch gegenwärtig: Was Momper »heute stolz Patriotismus« nenne, sei für ihn gestern »noch ›platte Deutschtümelei‹ gewesen, und »aus dem lästigen ›Wiedervereinigungsgerede‹« werde »die Wiedervereinigung Berlins als eine attraktive Zielvorstellung«. Und an der Berliner SPD, die sich nun in den Grundfragen der Zukunft der Stadt an der Seite der oppositionellen CDU befindet – und im Gegensatz zu ihrem Koalitionspartner AL –, hält er sich schadlos mit der süffisanten Anerkennung: Nun habe auch die Berliner SPD ihren »Frieden mit der Einheit unserer Stadt« gemacht.[158]

Mit den Wahlen im März und Mai vollziehen Momper und die SPD endgültig und unübersehbar die Kehre, die sie aus dem deutschlandpolitischen Abseits wieder auf die Höhe der Entwicklung bringt. Der Regierende Bürgermeister wird »vom Saulus zum Paulus«, wie Diepgen im Rückblick spitzzüngig formuliert, nicht ohne daran die Frage anzuschließen, ob diese Wandlung

»aus innerer Überzeugung oder nur aus dem Zwang der Ereignisse und mit einer Träne im Knopfloch« erfolgt sei.[159] Walter
Momper seinerseits verweigert alle Erörterungen über seine
Wendung und erklärt sie kühl mit der Veränderung der Situation:
Alles habe »seine Zeit. Was vor sechs Monaten noch der Versuch
war, nicht Politik zu machen, sondern etwas herbeizureden, das ist
heute eine sinnvolle Perspektive.«[160] Dementsprechend mühsam
verlief das Sich-Herausarbeiten aus der selbst verschuldeten par-
tiellen Blindheit für die Signatur der Stunde.

Als sich knapp drei Wochen später am 28. Mai 1990 im Roten
Rathaus die Ostberliner Stadtverordnetenversammlung konstituiert – die erste frei gewählte Vertretung im Ostteil der Stadt seit
44 Jahren –, ist Berlin schon voll auf dem schwierigen Parcours der
Normalisierung seiner Lage angekommen: Die Stadtparlamente
im Osten wie im Westen bilden Ausschüsse, die die Wiedervereinigung der Stadt vorbereiten sollen. Die Westberliner Senatsverwaltungen entsenden Helfer in die Ostberliner Behörden. Vor
Jahrzehnten zerrissene Fäden werden wieder verknüpft. Und der
Bundestag entschließt sich, ein altes, nun anachronistisch gewordenes Versatzstück der Nachkriegsjahre abzuräumen – die kollektive Ernennung der Berliner Abgeordneten für das deutsche
Parlament durch das Abgeordnetenhaus, mit der die Stadt ihrem
Viermächtestatus Tribut zollte. Jetzt rückt Berlin gleichauf mit
den anderen Bundesländern: Künftig werden auch die Berliner
ihre Abgeordneten mit direkter Wahl bestimmen.[161]

Dem Aufbruch in die Vereinigung der Stadt folgt allerdings
eine hoch brisante Wendung auf dem Fuß. Denn kaum ist die
deutsche Vereinigung am Horizont aufgetaucht, kommt in Bonn
und in den westdeutschen Ländern die Forderung auf, das bisherige System der Berlin-Förderung zu revidieren. Mit Macht
bricht die Sorge um die wirtschaftliche und finanzielle Zukunft
der Stadt in die Berliner Debatten ein. Neben der Bundeshilfe
für den Berliner Haushalt – 1990 beträgt sie runde 13 Milliarden

D-Mark, etwas mehr als die Hälfte des Etats – steht die Berlin-Förderung zur Debatte, die das Überleben der Berliner Wirtschaft sichert und zu der auch die Arbeitnehmerzulage gehört, ein achtprozentiger Zuschlag zum Gehalt. Dahinter steht die Frage, ob diese teilungsbedingte Unterstützung der Stadt denn noch berechtigt sei. Liegt es nicht in der Logik der Sache, dass die Milliarden für die bisherige Berlin-Subventionierung – wie erwogen wird – künftig in den Sonderfonds »Deutsche Einheit« fließen, der gerade in Bonn zur Finanzierung der Kosten der deutschen Vereinigung zwischen Bund und Ländern ausgehandelt wird? Andererseits hat sich die Situation der Stadt nach dem Mauerfall finanziell keineswegs verbessert. An die Stelle der Kosten der Teilung treten zunehmend die Kosten der Vereinigung – und die sind erheblich.

Je unüberhörbarer die einschlägigen Vorschläge und Debatten werden, desto bedrohlicher baut sich vor West-Berlin die Ahnung massiver Einschnitte und dramatischer Belastungen auf. Zwar hat Bundeskanzler Kohl dem Regierenden Bürgermeister versichert, niemand denke an einen Abbau der Berlin-Förderung. Doch schon nach der Märzwahl vermischt sich die Freude über das Aufstoßen der Tür zur Einheit mit dem Verdacht, Bonn arbeite an Überlegungen zuungunsten der Stadt. Das bringt das politische Berlin auf die Barrikaden. Die Kosten der Einheit, so ruft der Regierende Bürgermeister Momper beschwörend aus, »dürfen nicht zulasten Berlins gehen«.[162] Nicht zuletzt der erwogene Wegfall der Arbeitnehmerzulage erregt die Stadt. Sie ist seit Jahr und Tag fester Bestandteil aller Einkommen, weshalb die Abschaffung dieser sogenannten »Zitterprämie«, Erbe der Belagerungsjahrzehnte der Stadt, nichts Geringeres bedeutet als eine generelle Einkommenskürzung – den »Spargroschen der einfachen Menschen in dieser Stadt«[163] nennt sie mit einigem Pathos der SPD-Fraktionsvorsitzende Ditmar Staffelt. Manche Reaktionen tragen bereits Züge eines Hilferufs. Soll etwa die Revision der finanziellen Sondersituation West-Berlins den westlichen Teil der Stadt auf das Niveau von Ostberlin drücken? Sogar das Gewicht der noch gar nicht entschiedenen Hauptstadtfrage wird ins Feld geführt, um der Sorge um die Zukunft der Stadt Ausdruck zu geben: Berlin brauche die Hauptstadt, »um mit der Entwicklung in der Bundesrepublik Deutschland Schritt halten zu können«.[164]

Mitte Mai kündigt Finanzminister Theo Waigel einen Sieben-Jahres-Zeitraum für den Abbau der Berlin-Hilfe an. Die Stadt protestiert: Muss der Maßstab dafür nicht die Entwicklung der Steuerkraft und der Leistungsfähigkeit der Stadt sein? In den Kommentaren wird zumindest Klarheit über das Wann und Wie eingefordert – zumal sich die Debatte noch immer nur auf West-Berlin bezieht. Gegenüber dem Finanzminister dringt der Senat darauf, dass der Beginn des Abbaus wenigstens auf 1993 verlegt wird. Die Ankündigung des Abbaus der Finanzhilfe läuft in den Berliner Schlagzeilen sogar dem historischen Schritt den Rang ab, der am Tag darauf in Bonn stattfindet – der Unterzeichnung der Währungs- und Wirtschaftsunion, dem praktischen Beginn der deutschen Vereinigung. Um den Ernst der Lage zu verdeutlichen, appelliert der Regierende Bürgermeister an die heroischen Phasen der Stadtgeschichte: »Wir sind mitten im Zentrum des Sturms. So wie wir nach dem Bau der Mauer zusammengestanden haben, so müssen wir auch nach dem Fall der Mauer zusammenstehen.«[165]

Doch die Berliner sind noch auf andere Weise gefordert. Denn die Kommunalwahl in Ostberlin macht auch die politischen Brüche sichtbar, die das Erbe der DDR an die Stadt sind. Weil die SPD zwar stärkste Partei wird, aber mit rund 34 Prozent nur knapp vor der PDS mit fast 30 Prozent liegt und von den übrigen Parteien nur die CDU mit etwas über 17 Prozent politisch wirklich mitspielen kann – das Bündnis 90 erhält nur 9,7 Prozent, die Grünen 2,7 –, wird die Magistratsbildung zum Problem: eine Allparteien-Regierung? Große Koalition von SPD und CDU? Die

Koalition von SPD und CDU unter einem SPD-Oberbürgermeister, die schließlich zustande kommt, steht parteipolitisch quer zum Senat in West-Berlin, mit dem sie gemeinsam die Einheit der Stadt herstellen soll. Das Ergebnis trägt noch die Schleifspuren der Wende und ihrer Fronten, in denen die politischen Positionen in Gärung waren: Die Koalition von SPD und CDU ist die Folge der Weigerung von Bündnis 90 und Grünen, also der Parteien der Bürgerrechtler, mit der CDU zusammenzuarbeiten, weil diese zu DDR-Zeiten als Blockpartei das System mitgetragen habe. Allerdings haben sie nichts dagegen, dass dabei die AL ihre Finger im Spiel hat – ausgerechnet in Gestalt von Harald Wolf, einem Repräsentanten des radikalen Westberliner linken Milieus. Einen »unglaublichen Vorgang« sieht Senatskanzlei-Chef Dieter Schröder in diesem politischen Verwirrspiel: »Mit der Blockpartei CDU hatte Bündnis 90/Grüne nicht zusammenarbeiten wollen, aber von dem ließen sie sich an der Leine führen.«[166] Wolf wird ein interessantes Beispiel für Berliner Nachwendekarrieren abgeben: Bald stößt er zur PDS und wird zehn Jahre später in der rot-roten Koalition Wirtschaftssenator.

Wie dicht der Verhau der ost-westlichen und mehr noch der ost-östlichen Vorbehalte ist, wie schwer kalkulierbar mithin die politische Situation, erfährt wenig später auch der Ostberliner Bürgermeisterkandidat Tino Schwierzina. Der ruhige Pragmatiker – zu DDR-Zeiten Wirtschaftsjurist und rosenzüchtender Nischenbewohner, nun einer der neuen Köpfe, die die Herbstrevolution in die Politik katapultiert – will drei Westberliner Senatoren zu Stadträten machen, um den Magistrat personell mit dem Senat zu verklammern. Ein Sturm im Wasserglas ist die Folge: So einigungswillig sind weder die Ost-CDU noch SPD und AL im Westen. Nur ein Westberliner Politiker gelangt schließlich in den neuen Ostberliner Magistrat: Der eigenwillige und unabhängige frühere Finanzsenator Elmar Pieroth, eine verlässliche CDU-Größe und in seiner Weise dennoch ein Paradiesvogel – schon

Weizsäcker hatte 1981 den Weinunternehmer aus der Pfalz nach Berlin geholt –, wird Stadtrat für Wirtschaft. Dafür gelingt die Verklammerung auf den Ebenen darunter: Fast alle Ostberliner Stadträte bekommen Stellvertreter aus West-Berlin, über zweihundert Westbeamte sind bereit, in Ostberlin beim Aufbau der Verwaltung zu helfen, umgekehrt belegen mehrere Hundert Ostberliner Verwaltungsmitarbeiter Fortbildungskurse im Westen.

Ein Anfang aus beiden Teilen heraus

Überhaupt handeln die beiden Stadtregierungen, Senat wie Magistrat, von Anfang an in engem Schulterschluss. Gemeinsame Sitzungen geben der Zusammenarbeit den Rhythmus, angefangen mit der ersten Sitzung, die im Roten Rathaus stattfindet. Sie demonstriert die Rückkehr der Berliner Politik an ihren angestammten Schauplatz – 42 Jahre nach dem großen Bruch in der Stadtgeschichte, dem Auszug der demokratischen Stadtverordneten aus dem Stadthaus, das nach der Beschädigung des Roten Rathauses im Zweiten Weltkrieg Sitz des Magistrats geworden war, und ihrem Umzug in die Westsektoren, um eine neue, freie Stadtregierung zu bilden. Die neue Einheit entsteht als Provisorium und aus der Improvisation. Der Westberliner Senat und der Ostberliner Magistrat tagen bald gemeinsam, ein gemeinsamer Pressedienst unter dem Signet des Brandenburger Tors erscheint und Abgeordnetenhaus und Stadtverordnetenversammlung bilden einen »Ausschuss Einheit Berlins«. Das Vorgehen soll die Gefahr unterschiedlicher Beschlüsse vermeiden, aber es trägt auch dem Umstand Rechnung, dass die meisten Beschlüsse, die zu fällen sind, früher oder später den Osten wie den Westen berühren.

Nicht gering zu veranschlagen ist der politisch-emotionale Überschuss dieser Praxis. Auch der aus Magistrat und Senat zusammengesetzte Name »Magisenat«, den das Gremium bald erhält, ist nicht nur ein witziges Kürzel. Er wird zur Chiffre dafür, dass die Bereitschaft zur Zusammenarbeit zu einem politischen Ausdruck drängt, und nimmt als eine Art frei schwebende Ad-hoc-Regierung die Gesamtstadt vorweg. Denn rechtlich gesehen ist diese Art der Stadtregierung ein frei schwebendes Gebilde; einen soliden rechtlichen Status bekommt sie erst mit der Vereinigung im Oktober 1990, als ihre Zeit schon fast vorüber ist. Die Namen der beiden Bürgermeister, Walter Momper und Tino Schwierzina, werden von den Journalisten zu »Schwierzomper« zusammengegossen. Aber auch dieses Ergebnis des wohlfeilen Berliner Witzes hat seinen Vorzug: Es fügt dem Vereinigungsprozess eine Dosis Familiarität hinzu – zumal beide Männer ein Talent zur Volkstümlichkeit haben und mit populären gemeinsamen Auftritten für die Vereinigung der Stadt werben.

Tatsächlich wird der Magisenat zum Schrittmacher der Vereinigung. Zugleich bildet er die sehr gemischten politischen Verhältnisse ab, in denen die Stadt sich befindet. Denn an ihm sind West- und Ost-SPD beteiligt, dazu die Ost-CDU und die AL-West, gut paritätisch nach West- und Ostvertretern aufgeteilt, dazu als muntere Fehlfarbe der Oststadtrat Pieroth aus West-Berlin. Allerdings ist unübersehbar, dass das Übergewicht auf seiner Westberliner Seite liegt. Denn die von der DDR-Herrschaft geprägte Ostberliner Verwaltung ist nur bedingt in der Lage, ihren Teil an der Wiederherstellung der Stadt zu übernehmen. So kollegial die Übergabe der Amtsgeschäfte nach der Ostberliner Kommunalwahl auf der Ebene des Oberbürgermeisters vor sich geht, so verblüffend bis ärgerlich erweisen sich die Verhältnisse oft in der Tiefe der Verwaltungen.

Der neue Innenstadtrat, ein junger Pfarrer aus der Bürgerrechtsbewegung, findet zum Beispiel bei der Amtsübernahme in seiner Verwaltung nur leere Räume, säuberlich geräumte Aktenschränke und einige Referatsleiter vor. Viele der alten führenden Angestellten haben sich entfernt, sich abgesetzt oder sich selbst auf untergeordnete Positionen versetzt – in der Hoffnung, dort überwintern zu können. »Kein Telefon, keine Räume, keine Mitarbeiter, alte *SED*-Seilschaften«[167] – das ist der drastische Eindruck, den Walter Momper im Gedächtnis behält. Lediglich Hilfssekretärinnen hätten »einige Stapel Papier überreicht«.[168] »Eine Übersicht über die Kassenlage«, so erinnert sich der neue Oberbürgermeister Tilo Schwierzina, »erhielten wir erst volle zehn Tage nach der Wahl des neuen Magistrats.«[169] Auch deshalb wird die Senatskanzlei zur »eigentlichen Magistratskanzlei, die den Vereinigungsprozess steuert. Sie soll die »keineswegs immer voll engagierte Westberliner Verwaltung vorwärtsdrängen« und die Ostberliner Verwaltung »auf die neue Struktur ausrichten«.[170]

Auf was für einem unsicheren Terrain sich die Neuorganisation der Verwaltung bewegt, beleuchtet ein Eklat, in den der neue Magistrat hineinrutscht, kaum dass er seine Arbeit aufgenommen hat. Um die alten Kader von der neuen Verwaltung fernzuhalten, soll allen leitenden Mitarbeitern vorläufig gekündigt, sollen ihre Stellen neu ausgeschrieben werden. Als »Besenerlass« schlägt der Beschluss hohe Wellen, denn bei der zentralistischen Struktur der ostdeutschen Verwaltung erfasst er auch untere Angestellte und Beschäftigte der städtischen Theater, Museen und des Gesundheitswesens. Die Folge ist ein wild aufschäumender Protest, der rund 2000 Menschen auf die Beine bringt – Demonstration vor dem Roten Rathaus, Besetzung der Stadtverordnetenversammlung, außerordentliche Magistratssitzung, schließlich die Rücknahme des Beschlusses und seine Revision; zudem weigert sich die angeforderte Polizei, das Rathaus zu schützen. Der Zwischenfall lässt ahnen, mit welchem Ausmaß an Verunsicherung, Erregungsbereitschaft und untergründigen Ressentiments die Erneuerung der kommunalen Verwaltung im Osten zu rechnen hat.[171] Und natürlich ist das »Neue Deutschland«, das frühere SED-Zentralorgan, sogleich mit dem Vorwurf von Willkür und Rechtsbruch zur Stelle.[172]

Aber wie jeder Anfang entwickelt auch dieser einen eigenen Zauber. Das gilt für die frisch gewählten Politiker im Osten, von denen bis dahin kaum einer ahnte, dass er einmal regieren und verwalten würde, aber auch für die zu ihrer Unterstützung delegierten Westbeamten. Und nicht zuletzt für die kleine, bunte Schar von West-Berlinern, die die Erneuerung im Osten anzieht – politische Aktivisten und Amateure, angetrieben von Enthusiasmus und Neugierde, veranlasst durch die Parteien oder auch durch Zufälle. Ein Schuss Abenteuer ist dabei und gibt dem Einsatz eine Spur von heroischem Glanz. In der Erinnerung bleiben »Studenten, die ihr Studium abbrachen und zum persönlichen Referenten wurden. Die Nächte an der einzigen Telefaxleitung nach Westberlin, der Ideenreichtum, aus Not geboren, der Verzicht auf Hierarchie«[173]. Unvergesslich auch die Requisiten dieses improvisierten Betriebs, die transportablen Telefone oder – die Handy-Zeit hat noch nicht begonnen – die Gänge zum Münztelefon im Westen, weil das Telefonieren mit dem überlasteten Telefonsystem im Osten ein Geduldsspiel ist. Fraktionsmitarbeiter im Westen werden Redenschreiber im Osten, und der Pressereferent des Westberliner SPD-Landesverbands wird Sprecher des Magistrats. Und bei manchen beobachtet der »Spiegel«-Reporter Matthias Matussek ein »merkwürdig glühendes Sendungsbewusstsein«[174] – bei Vierzehn-Stunden-Tagen und Niedriggehältern.

Die meisten Westberliner, die am Aufbau der Verwaltung im Osten mitarbeiten, gestehen übrigens, dass sie ihren Einsatz spannend finden, wenn auch ziemlich hektisch. Andererseits bleibt diese Zusammenarbeit nicht frei von Spannungen. Die Beamten oder Politikprofis aus dem Westen fühlen sich inmitten der alten Verwaltungskader, aber auch neben den bürgerbewegten Politikanfängern nicht selten wie auf einer Expedition in ein fremdes Land. Oft scheitern auch die Versuche, sich unter die Ostkollegen zu mischen und ein kollegiales Verhältnis zu beginnen, an einer merkwürdigen kommunikativen Zurückhaltung. Steht dahinter ein Gefühl der Fremdheit gegenüber der Veränderung? Oder die Furcht vor der Abwicklung? Oder ein Stasi-Hintergrund, der entdeckt werden könnte? In den Kantinen bleiben Ost und West vielfach unter sich, die Westberliner fühlen sich argwöhnisch beäugt von den Eingeborenen, die überdies zu abenteuerlich frühen Zeiten die Arbeit beginnen, die Ostberliner sehen in den Westkollegen nicht selten »Besserwessis«. Immerhin: Bevor sich die Vereinigung in rechtlichen Formen vollzieht, beginnt sie schon in der Verwaltungspraxis.

Sieben Monate lebt Berlin nun als Doppelstadt: zwei Stadtregierungen in engstem Schulterschluss; zwei politische Kulturen neben- und miteinander; zwei unterschiedliche staatliche Ordnungen – die Weststadt ein Bundesland mit Regierendem Bürgermeister, Abgeordnetenhaus und Verwaltungsuntergliederungen, die Bezirke heißen, die Oststadt eine Kommune mit Oberbürgermeister, Stadtverordnetenversammlung und Stadtbezirken. Einerseits vollzieht sich die Zusammenarbeit als Parallelaktion: Die beiden Stadthälften, die freie und die eben zur Selbstbestimmung gelangte, die Politprofis und die neuen Kräfte, verabschieden gleichlautende Regelungen und Gesetze. Andererseits lässt es sich die erste demokratisch gewählte Stadtverordnetenversammlung in Ostberlin nicht nehmen, eine eigene Verfassung zu beraten und zu beschließen, die auf der gesamtberliner Verfassung von 1948 fußt – eigentlich, wie Christine Bergmann, die spätere Bürgermeisterin, einräumt, ein »Luxus«, aber »für unser Selbstverständnis war es wichtig«.[175] Die Berliner kommen in diesem knappen halben Jahr »wirklich aus beiden Teilen und sind doch eins«.[176]

So formuliert es Bundespräsident Richard von Weizsäcker, als er bei der Entgegennahme der Ehrenbürgerwürde Ende Juni 1990 die Gründe anführt, weshalb Berlin Hauptstadt werden müsse. Die Auszeichnung mit diesem Titel, die allen Bundespräsidenten zuteil wird, wird zu einer markanten Wegmarke der Vereinigung Berlins. Schon der Ort der Zeremonie deutet darauf hin: Sie findet statt auf historischem Boden, in der Nikolaikirche, dem ältesten Gotteshaus Berlins, in dem sich 1809 die erste Stadtverordnetenversammlung nach den Reformen des Freiherrn vom Stein konstituierte. Mehr noch zeigt es die Rede des Bundespräsidenten: Indem Weizsäcker sich zur Hauptstadt Berlin bekennt, verlässt das Staatsoberhaupt seine traditionelle neutrale Rolle und bezieht Partei in einer Debatte, die dabei ist, eine Wendung gegen Berlin zu nehmen – das belegt die Rede, aber auch die Heftigkeit, mit der viele auf seine Rede reagieren. Sie zeigt die Bereitschaft des Bundespräsidenten, in der Frage der Hauptstadt »vorzupreschen und bis an die Grenzen der Kompetenz meines Amtes zu gehen«.[177]

Aber die Auszeichnung spiegelt auch die Berliner Vereinigung selbst wider, das sich Überstürzende wie den Druck, der von der Situation der Stadt ausgeht: Sie ist der erste Beschluss, den der Magisenat gemeinsam fasst; er tritt an die Stelle der Ehrenbürgerschaft, die der Westberliner Senat dem Bundespräsidenten nur Wochen zuvor, im Mai 1990, verliehen hat – die Einladungen für den Festakt waren schon versandt.[178] So rasch schreitet die Entwicklung voran, so unabweisbar zieht sie die beiden Teile der Stadt in den Sog der Bewegung hinein, die auf die gemeinsame Stadt hinführt. Zum Zeichen dessen macht sie Weizsäcker zum Ehrenbürger eines Berlins, das es rechtlich so noch gar nicht wieder gibt.

Schussfahrt in die Einheit

Doch dieses Berlin ist rasant auf dem Wege. Mitte Juni 1990 beginnen Senat und Magistrat, die Verknüpfung der beiden Teile der Stadt und ihres Umlandes systematisch anzugehen. Schritt für Schritt befreit sich die Stadt aus den Fesseln ihrer Teilungsvergangenheit und lockert die Verkrampfung, die DDR-Regime und die Teilung der Stadt hinterlassen haben. Aber ein Hauch von

Entspannung, des Abrückens von der Anormalität der vergangenen Jahrzehnte geht ohnedies längst durch Berlin. Am 1. Mai, an dem der Ostteil der Stadt im Vorjahr noch im Zeichen der traditionellen Kampfdemonstration gestanden hatte, zieht bei strahlendem Wetter ein betont lockerer Zug vom Lustgarten zum Reichstag, wo ein Großangebot von Brauereien wartet, allerdings zu D-Mark-Preisen. Westberlin seinerseits kündigt das Ende der alljährlichen Alliierten-Parade auf der Straße des 17. Juni an, der traditionellen militärischen Demonstration, mit der die Schutzmächte ihre Gegenwart zeigten, und löst weitgehend die Senatsreserve auf, die eiserne Ration der Inselstadt für den Konfliktfall im Kalten Krieg. Und an einem Tag im Juni entschwebt an einem Kranhaken zu den Klängen der »Berliner Luft«, des zur inoffiziellen Berlin-Hymne gewordenen Gassenhauers, das Wachhäuschen am Checkpoint Charly, wo sich einst die Panzer von Amerikanern und Sowjets gegenüberstanden – Begleitprogramm zu den Zwei-plus-Vier-Gesprächen der Außenminister über die außenpolitische Absicherung der deutschen Vereinigung, die auf ihrem Pendelkurs durch die politischen Zentren in Ostberlin, im Schloss Niederschönhausen, dem früheren DDR-Gästehaus, Station machen.

Vieles kommt jetzt in Bewegung. Von einem »Startschuss«[179] im Roten Rathaus ist im Sportjargon die Rede, als die Wiederherstellung von 86 Straßenverbindungen angekündigt wird, zunächst provisorisch, dazu kommen vierzig Übergänge in Berlin, elf davon allerdings zunächst nur für Fußgänger und Radfahrer. Am Bahnhof Friedrichstraße, dem legendären Grenzübergang von Ost nach West, sind neue Gleise verlegt worden, die nun für den Verkehr freigegeben werden. Die stählerne Sichtschutzwand, jener konkrete eiserne Vorhang, der den Ostdeutschen Blick und Zugang zu jenem Bahnsteig verwehrte, auf dem die Züge nach dem Westen hielten, wird demontiert und der Bahnhof von den Einbauten befreit, die ihn über die Jahrzehnte zu einem abschreckenden labyrinthischen Ort der Kontrolle und Einschüchterung machten. Vom 2. Juli 1990 an verkehren nun die ersten durchgehenden S-Bahn-Züge, zunächst noch begleitet von Lotsen für den jeweils anderen Teil der Stadt, und die geschlossenen U-Bahnhöfe werden geöffnet. Der erste IC-Zug, der »Fliegende Hamburger«, trifft am Bahnhof Zoo ein – bestaunt als Bote der modernen Bahntechnik, die bislang nur in der Bundesrepublik im Einsatz war. Nach rund dreißig Jahren wächst das Nervensystem der Stadt wieder zusammen. Und an einem trüben Morgen im November 1990 startet am Bahnhof Zoo die erste Buslinie, die quer durch die Mitte den Westteil der Stadt mit dem Alexanderplatz verbindet. Zur Feier des Ereignisses erhält sie mit der Nummer 100 eine dreistellige Nummer und wird, weil sie die Sehenswürdigkeiten der Innenstadt verknüpft, zur beliebten Touristenstrecke[180].

Nun beginnt auch der endgültige Abriss der Mauer, die auf 103 ihrer 106 Kilometer Länge noch steht, obwohl sie längst zur schmuddligen, funktionslosen Kulisse einer sich rapide wandelnden Gegenwart geworden ist. Am gleichen Tag, an dem Tino Schwierzina, der neue Oberbürgermeister von Ostberlin, im Roten Rathaus seine Regierungserklärung abgibt, sitzen der Westberliner Bausenator und sein Kollege aus dem Osten auf einem Abrissbagger, um dem Fallen der ersten drei Meter hohen Betonsegmente die höheren politischen Weihen zu verleihen. Der Ort dafür ist mit Bedacht gewählt: Es ist die Bernauer Straße, die beim Mauerbau traurige Berühmtheit gewonnen hat. Denn die Bilder von Menschen, die hier aus ihren zur Grenze gewordenen Häusern über die Straße in den Westen flohen – darunter auch solche, die den DDR-Soldaten nur noch durch einen Sprung aus dem Fenster in das Sprungtuch der Westberliner Feuerwehr entkamen oder die bei der Flucht zu Tode kamen –, wurden zu Sinnbildern der Unmenschlichkeit der Grenzziehung und gingen durch die Welt.

Es ist wahrscheinlich auch kein Zufall, dass an der Bernauer

Straße die Probleme des Umgangs mit der Mauer spektakulär zutage treten. Denn nach dem Abriss der Mauer erhitzt die Frage die Gemüter, ob und wie man sie in der Erinnerung an sie erhalten könne. Ausgerechnet die beiden Kirchengemeinden, die an dieser Straße im Osten und im Westen an den Todesstreifen grenzten, führen die emotionale und erinnerungspolitische Hinterlassenschaft der Mauer in ihrer ganzen paradoxen Gestalt vor. Der Pfarrer im Westen will es als »Symbol für künftige Generationen« erhalten, sein Kollege im Osten wehrt sich mit Händen und Füßen dagegen, spricht von einem »Skandal« und hält das Ansinnen für »unzumutbar«. Habe man nicht lange genug auf die Mauer geschaut? »Das, was die Mauer für die Menschen bedeutet hat, kann man überhaupt nicht dokumentieren« ist seine feste Überzeugung, »auch nicht durch den Erhalt eines noch so authentischen Stücks des Todesstreifens«.[181] Als der Plan aufkommt, an der Bernauer Straße eine Gedenkstätte zu errichten, eskalieren die Spannungen. Die CDU im (West-)Bezirk Wedding, zu dem die Straße gehört, versucht, das Projekt mit einer Bürgerbefragung zu stoppen, ein Mauerteil, den der Ostberliner Magistrat unter Denkmalschutz stellen will, wird in der Nacht vor der Beschlussfassung plattgemacht und dem Verantwortlichen für das Projekt die Scheiben seines Wagens eingeschlagen.[182] Aber selbst der Regierende Bürgermeister stößt mit der Absicht, einen Mauerabschnitt im Original zu erhalten, in seiner Fraktion im Abgeordnetenhaus inzwischen auf Widerstand. Mit der Auseinandersetzung um das 200 Meter lange Bruchstück bohrt sich die Berliner Teilung noch tief in die Gegenwart der vereinigten Stadt. Wie gebannt durch die kläglichen Reste des Bauwerkes, das längst Teil einer unansehnlichen Innenstadtbrache geworden ist, wirken die Traumata der Mauerzeit fort. Es wird bald zwei Jahrzehnte dauern, bis an der Bernauer Straße die Gedenkstätte Berliner Mauer als zentraler und allgemein akzeptierter Erinnerungsort der Teilung entsteht.

Doch der Prozess des Umbruchs in Ostberlin wälzt sich weiter, und wie ein mächtiges Gewässer eine Fülle von Geröll mitführt, produziert er neue Erfahrungen und neue Ängste, vor allem eine dichte Schicht von Ungewissheiten, die sich über das Leben in der Oststadt legt. Die Ankunft der neuen westlichen Welt lässt förmlich den Boden unter den Füßen ihrer Bewohner erbeben. Es gibt Firmenschließungen, Verwaltungsabbau und Umstrukturierungen – mit der Folge, dass bei den Arbeitsvermittlungen, die bisher ein stilles Leben am Rand der Gesellschaft geführt hatten, Hochbetrieb herrscht. Der Wohnungsmarkt wird erschüttert von Rückgabewünschen der Alteigentümer, nicht zuletzt aus West-Berlin und der Bundesrepublik, und von den Mietsteigerungen, die die Möglichkeiten eines Wohnungsmarktes nutzen, der aus der Zwangswirtschaft entlassen wird. Der Prozess ist begleitet von Protestdemonstrationen und endlosen Diskussionen mit Experten und aufgebrachten Bewohnern. Der »wortkarge Besitzer mit dem bekannten Saniererblick« (Jutta Voigt) wird zum Schreckbild der Stunde, und daran ändert es wenig, wenn der neue Oberbürgermeister erklärt, Mieter in kommunalen Wohnungen seien sicher, »auch wenn vor dem Haus schon der Westonkel mit der Videokamera steht«.[183] Währenddessen bemächtigen sich – so wird geflüstert – Seilschaften von gestürzten Funktionären und vor allem der Stasi der begehrten Wassergrundstücke, die zu *DDR*-Zeiten Betrieben und Organisationen gehörten. Und das halbe Gelände des Fernsehturms im Ostberliner Zentrum soll, so kann man lesen, einem Westbesitzer gehören.

Und am Rande des großen Umbruchs beleuchten Beiläufigkeiten schlaglichtartig, wie die herannahende Vereinigung die Unterschiede von Ost und West aufeinanderstoßen lässt. Je näher sich beide Teile der Stadt kommen, desto mehr schieben sie sich in der Wahrnehmung sozusagen übereinander und ergeben im Alltag Zuspitzungen, die an die Grenze des Absurden gehen. Wie soll man erklären, dass der Busfahrer West dreimal so viel verdient wie sein Kollege im Osten, zumal dann, wenn sie auf der gleichen Linie fahren? Und wie die aberwitzigen Konstellationen, die sich aus den unterschiedlichen Gesetzen in West und Ost ergeben? Bei dem zwischen West und Ost heftig umstrittenen Schwangerschaftsabbruch gilt zum Beispiel in der Friedrichstraße 45, die zum Westen gehört, die Indikationslösung, in der Friedrichstraße 50, im Osten, die Fristenlösung. Auf Straßen, die den Westen und den Osten verbinden, darf man im Westen mit 0,8 Promille noch fahren, ein paar Meter weiter im Osten gilt völlige Nüchternheit – von der Mauer sei, so spottet man in Berlin, nur die »Suchtgrenze«[184] geblieben. Die Absicht, auf die Ostberliner mit ihren geringeren Einkommen Rücksicht zu nehmen, führt dazu, dass die Bäcker im Osten für ein Brötchen mit Westzutaten acht Pfennige nehmen dürfen, aber zugleich auch solche zu fünf Pfennigen anbieten müssen. Und wie soll man damit umgehen, dass Blutreserven aus dem Osten im Westen nicht benutzt werden dürfen, weil sie den westlichen Standards nicht entsprechen? Es sind die Verhältnisse selbst, die Berlin mit Macht des Faktischen auf das Ende eines Zustandes zu drängen, der einfach nicht mehr aufrechtzuerhalten ist.

Endlich D-Mark, endlich Einheit

Ein Teil der Spannungen und Verwerfungen des Berliner Vereinigungsprozesses löst sich am 1. Juli 1990 auf, an einem Sonntag, dem Stichtag der Währungsunion, an dem die ersehnte D-Mark in den Osten kommt und alle Grenzkontrollen fallen. »Raketen knallten, Sekt floss – Silvester im Sommer«[185], jubelt die Schlagzeile in der »Berliner Zeitung«. Abschied und Ankunft verdichten sich zu einer explosiven Mischung, zumal am Alexanderplatz, an dem die Deutsche Bank in der Nacht ihre erste Filiale eröffnet. Schlag o Uhr beginnt dort unter Blitzlichtgewitter der Fotografen und in den Lichtbatterien des Fernsehens die Ausgabe der ersten Geldscheine und setzt der Währungsunion einen chaotischen Höhepunkt. Bis zu hunderttausend Menschen belagern die Bank, die Schlange vor den Ausgabeschaltern ist mehrere Hundert Meter lang, es herrscht Volksfeststimmung. Es gibt verzückte Tänzer um das Goldene Kalb und Ohnmächtige, die aus der Schalterhalle getragen werden. Mit Blaulicht und Alarmsirene braust der D-Mark-Nachschub heran. Rund 750 Journalisten und bald sechzig Rundfunk- und Fernsehsender berichten aus dem Medienzentrum, in dem allerdings die geteilte Welt auf der Angebotsseite kulinarisch fortbesteht – bei den Westfirmen gibt es Catering-Häppchen, bei denen aus dem Osten Kirschen aus Werder. Und während der Jubel den Tag über anhält, schicken Walter Momper und Tino Schwierzina, die beiden Stadtoberhäupter, ausgerüstet mit Dienstmütze und Kelle, die U-Bahn vom Kottbusser Tor (West) zum Alexanderplatz (Ost): Es ist die erste Fahrt durch die Bahnhöfe, die 29 Jahre lang Geisterbahnhöfe waren.

Ist die Währungsunion der eigentliche Wendepunkt im Prozess der Vereinigung? Endlich D-Mark, Ende der Zweitklassigkeit, Anfang des neuen Lebens? Sie ist auch das Signal für eine regelrechte Schussfahrt in Richtung Wiedervereinigung. »Ein tropenschwüler Sommer lag über der Stadt, dampfig und heiß«, beschreibt der »Spiegel«-Reporter Matussek die Situation: Die Kauflust explodiert, Betriebe geraten reihenweise in Existenznot, und dem Haushalt der eben demokratisch neu konstituierten Oststadt droht der Kollaps.[186] Unübersehbar schwindet die Beharrungskraft der alten DDR, und was von ihr noch übrig ist, was bis eben noch unveränderlich schien, geht unter in der Woge von Waren und Geld und in den Revolutionen des Alltags, mit denen der Westen den Osten überschwemmt. Sieht so die »schöpferische Zerstörung« aus, mit der der Nationalökonom Joseph

Schumpeter einst die Wirkungskraft des Kapitalismus beschrieben hat? Am ersten langen Sonnabend nach der Einführung der D-Mark stürmen die Ostberliner die Billigläden im Westen der Stadt, und die Bundesrepublik gewinnt die Fußballweltmeisterschaft – gefeiert von West und Ost, am Kurfürstendamm und am Alexanderplatz, hier mehr, dort etwas reservierter.

Die Zeichen der Auflösung werden unübersehbar. Vor dem Palast der Republik, dem Sitz der Volkskammer, und auf dem Alexanderplatz demonstrieren empörte Bauern, weil sie für ihre Produkte keine Abnehmer mehr finden – am Anzug des Staatssekretärs, der zu den 60 bis 70 000 wütenden Bauern sprechen muss, um ihnen die komplizierten Folgen der Währungsunion zu erklären, kleben danach die Spuren von Eier- und Tomaten-Würfen.[187] Vor den Pkw-Zulassungsstellen warten die Menschen mit Klappstühlen und Schlafsäcken auf die Zulassung ihrer neuen Westwagen, während an den Straßenrändern die Zahl der wild entsorgten DDR-Autos wächst. Dabei knallt es in Ostberlin an jedem Tag zwanzig Mal, weil die vernachlässigten Straßen dem neuen Verkehr nicht gewachsen sind. Fast im Wettlauf mit der Selbstauflösung der DDR geht die Volkskammer in ihre letzten Tagungsrunden. Doch gerade in den Konvulsionen, in denen dieses Staatswesens untergeht, mag das bekannte Hölderlin-Wort seine Stunde haben, dass, wo Gefahr ist, auch das Rettende wächst. Tief in einer lauen Augustnacht vollzieht sich in der Mitte Berlins, in einer chaotischen Sitzung der Volkskammer, Geschichte: Das DDR-Parlament beschließt den Beitritt zur Bundesrepublik – also die deutsche Einheit. Und eine Woche später, am 31. August 1990, in der Mittagszeit, unterzeichnen im Kronprinzenpalais Unter den Linden Wolfgang Schäuble, der Innenminister der Bundesrepublik, und Günther Krause, Staatssekretär beim DDR-Ministerpräsidenten, den Einigungsvertrag, der die Einheit in geordnete Bahnen steuert und rechtlich-praktisch umsetzt.

Die Fortschritte in Richtung Vereinigung haben allerdings im

Westen der Stadt eine politische Kehrseite: Sie machen das Regierungsbündnis von SPD und AL vollends zum Wackelkontakt. An Streitpunkten besteht dank der fundamentalistischen AL und der im innerparteilichen Grabenkrieg geübten SPD kein Mangel. Doch es ist vor allem die Vereinigung selbst, die die Partner auseinandertreibt. Der Spaltpilz ist der historische Prozess, den Walter Momper und die SPD nach anfänglichem Sich-Sperren akzeptiert und schließlich zu ihrer Sache gemacht haben, während die AL sich ihm nach wie vor widersetzt. Im Rückblick räumt Momper ein, dass die Koalition »in dem Augenblick obsolet« geworden sei, »als die Mauer geöffnet wurde, oder allerspätestens, als die deutsche Einheit auf der Tagesordnung stand«.[188] Bezeichnenderweise ist der Vertrag über die Währungsunion der entscheidende Schritt zur deutschen Vereinigung, der die Sollbruchstelle offenlegt. Als der Vertrag im Abgeordnetenhaus zur Entscheidung ansteht, stimmen die Koalitionspartner SPD und AL zum ersten Male unterschiedlich ab. Unübersehbar verabschiedet sich die AL aus der Koalition.

In gewissem Sinne beschreibt das Schicksal der Koalition die Fallhöhe des Wandels, der die Stadt überrollt hat. In den wenigen Monaten, in denen die Maueröffnung in den Vereinigungsprozess übergeht, kommt die Deutschland-Politik an ihr Ende, auf die die westdeutschen Parteien in den letzten Jahren durchweg geschworen haben und in der die Aufhebung der Zweistaatlichkeit kein unmittelbares Ziel mehr war. Überdies stürzt ein ganzes Segment des alten West-Berlins als Mitakteur der Politik ab – die alternative Subkultur und die links-progressive Protestszene, wesentliche Antriebe auch der Koalition von SPD und Alternativer. Wie der geköpfte Störtebeker noch weiterstolperte, nachdem ihn das Schwert des Henkers getroffen hatte, existiert die Koalition bis in den November hinein. Dann zeigen die Auseinandersetzungen um die Räumung besetzter Häuser, dass sie keine Zukunft mehr hat. Die alte Westberliner Spezialität findet ihren Schauplatz

diesmal allerdings in Ostberlin, in der Mainzer Straße im Stadtbezirk Friedrichshain. Es sind die schwersten Straßenschlachten,
die Berlin je erlebt hat, die Besetzer attackieren die Polizei mit
Pflastersteinen, Gully-Deckeln und sogar Gehwegplatten. Doch
die Alternative Liste sieht die Schuld vor allem in der mangelnden Bereitschaft der SPD, sich auf Verhandlungen mit den Besetzern einzulassen. Der Eklat stellt in seiner Weise ein hintersin-
niges Beispiel der Berliner Vereinigung dar: Bei den Festnahmen
stellt sich heraus, dass mehr als die Hälfte der militanten Besetzer im Osten aus dem Westen stammt. Den Streit übersteht die
Koalition nicht, am Tag nach der Räumung erklärt die AL deren
Scheitern.

Die Puppe in der Puppe

Der letzte Akt der Geschichte der Wiedervereinigung Berlins
geht dann fast wie im Fluge über die Stadt hinweg. Aber dessen entscheidende Momente finden ja auch nicht in Berlin statt,
sondern in der dünnen Luft der großen Diplomatie. Es sind die
Verhandlungen und Konsultationen, in denen im Lauf des Jahres 1990 die deutsche Frage ihre Antwort findet und das Netzwerk
des Status, mit dem die Stadt die vergangenen vier Jahrzehnte
überlebt hat, aufgelöst wird. Berlins Sonderrolle wird nochmals
zum Thema, aber als Gegenstand politischer und diplomatischer
Feinarbeit, nicht mehr als Anlass der Kraftproben zwischen dem
diktatorischen Zugriff der östlichen Supermacht und der Verteidigung der Freiheit, die sie über die Nachkriegszeit hinweg gewesen war. Die Bühne für diesen Teil der Geschichte sind Be-
sprechungszimmer und Konferenzräume, sie stehen in Bonn und
Berlin, im Kanzleramt und im Ostberliner Stadthaus, in dem die
DDR-Regierung de Maizière ihren Sitz hat. Dazu kommen die
über die halbe Welt verstreuten Konferenzen und Gipfeltreffen,

auf denen Außenminister und Diplomaten die Knoten der Nachkriegswelt entwirren. Die Plattform für diese Prozedur sind der
Zwei-plus-Vier-Vertrag und der Einigungsvertrag. Sie lassen die
deutsche Einheit zur Wirklichkeit werden und vereinigen damit
auch Berlin.

Das abschließende Wort darüber wird in lapidarer Juristen-
prosa gesprochen. Zugleich mit dem Beitritt der DDR zur Bundesrepublik fügt der deutsch-deutsche Einigungsvertrag die Stadt
zusammen. Neun Worte machen aus Osten und Westen wieder
eine Stadt – Artikel 1, Absatz 2 deklariert: »Die 23 Bezirke von
Berlin bilden das Land Berlin.« –, ein weiterer Artikel 3 dehnt
das Grundgesetz auf Ostberlin aus. Auf einer Parforcesitzung des
Gemeinsamen Ausschusses von Abgeordnetenhaus und Stadtverordnetenversammlung, zehn Tage vor der Wiedervereinigung,
wird das Landesrecht angeglichen; es ist sozusagen der Berliner
Einigungsvertrag. Weit entfernt, in Moskau, wird schließlich von
den Siegermächten und den deutschen Außenministern mit der
Unterzeichnung des Zwei-plus-Vier-Vertrages der Schlussstein
des deutschen Vereinigungsprozesses gesetzt – drei Wochen vor
dem 3. Oktober 1990, seither der Tag der Deutschen Einheit.

Das Finale der Vereinigung Berlins geht auf in den Feiern der
deutschen Wiedervereinigung, die Wiederherstellung Berlins in
der Wiedervereinigung Deutschlands. Die Feier der staatlichen
Einheit stellt die Stadt für zwei historische Oktobertage unübersehbar ins Zentrum der deutschen Dinge. Ohnedies vereinigt
sich jetzt alles, was noch getrennt existierte – die Parteien, die
Verbände, die Organisationen. Die Ereignisse überschlagen sich
geradezu und werfen seltsame Schatten. Denn die DDR besteht
noch, während das neue, größere Deutschland schon Wirklichkeit annimmt, ja, sich in dieser Noch-DDR schon unübersehbar
breitmacht. Mit anekdotischem Effekt: Da West- und Ostpoli-
zei schon am 1. Oktober vereinigt und dem Westberliner Polizeipräsidenten unterstellt werden, um die Sicherheit der Feiern der

Wiedervereinigung zu gewährleisten, werden westdeutsche Ministerpräsidenten von Volkspolizisten in Wartburg-Autos vom Flughafen Tegel abgeholt und mit den im Osten gebräuchlichen Pfeifsirenen in die Stadt gebracht. Umgekehrt kann man West-berliner Polizeibeamte im Osten beim Aufstellen von Sicherheits-gittern sehen.[189] Zwischenzeit auch anderswo: Im Zeughaus Unter den Linden, zu DDR-Zeiten der Sitz des Historischem Museums der DDR, gerade erst zum Deutschen Historischen Museum ge-worden, befindet sich noch bis zum 2. Oktober die Wachstube des »Wachregiments Friedrich Engels« der Volksarmee; allwöchent-lich marschiert es vor der Neuen Wache Unter den Linden nach preußischem Vorbild mit Stechschritt auf. Als der neue westdeut-sche Direktor des Hauses sie am Abend des 2. Oktober verabschie-den will, wird ihm von den noch in DDR-Uniform gekleideten Soldaten mit den Worten »Wir haben keinen Befehl« die Tür vor der Nase zugeschlagen. Am nächsten Tag, dem ersten Tag der Ein-heit, sind die Soldaten verschwunden, als seien sie vom Erdboden verschluckt.[190] Auch die Ernennungsurkunde des neuen Haus-herrn ist übrigens ein Zeugnis des Übergangs: unterschrieben vom Wissenschaftsminister der letzten demokratischen Regierung der DDR, trägt sie noch das DDR-Wappen mit Hammer und Sichel.

Der Schauplatz, auf dem der Vollzug des historischen Er-eignisses begangen wird, ist die alte Mitte der Stadt, jene zwei Quadratkilometer im Quadrat zwischen Brandenburger Tor und Spreeinsel, in dem sich ein guter Teil der deutschen Geschichte der vergangenen zweihundert Jahre zusammendrängt. Zugleich ist es auch der Ort, auf dem fast auf den Tag genau ein Jahr zuvor die ostdeutsche Nachkriegsgeschichte mit dem Staatsjubiläum der DDR auf ihren Umbruch zusteuerte. »Vor einem Jahr wurde an dieser Stelle die Tribüne für den Fackelzug der FDJ zu Ehren des 40. Jahrestags der DDR gezimmert«, erinnert sich ein Ost-berliner Zeitungsreporter beim Ortstermin – »Die Zeit rast«.[191] Tatsächlich mischen sich in der Transformation der deutschen

Verhältnisse, die sich in der deutschen Vereinigung ereignet, die Empfindungen der Überwältigung wie der Überforderung. Etwas von dieser Bewegung ist auch spürbar, wenn sich ein Politiker wie Egon Bahr, der die Geschichte des geteilten Deutschland miterlebt und -gestaltet hat, den offiziösen Zeremonien entzieht, um »die gedämpfte Freude über diesen großen Tag in den Straßen meiner Stadt und unter ihren Menschen still zu genießen«[192]. Andere wie ein Ostberliner Kommentator vermögen sie offenbar nur mit bitterer Ironie und Galgenhumor zu ertragen: »Ein Volk wird umgeschult. Der Ostzahnarzt wird Westzahnarzt … Der Ostmensch eben Westmensch.«[193]

Die Vereinigung vollzieht sich als großes Spektakel, Staatsakt, Freudenfest und Rummel in einem. Die Kulisse des Festes ist ein Ostberlin, das noch fast das alte ist – geprägt von der sozialistisch grauen, preußischen Massigkeit seiner Repräsentationsquartiere und der dazwischen nistenden melancholischen Stille, zu der sich die entschwundene und entschwindende Geschichte verdichtet. Im Schauspielhaus am Gendarmenmarkt in Ostberlin wird am Abend die DDR verabschiedet, ein »Abschied ohne Tränen«, wie es Lothar de Maizière formuliert, aber nicht ohne gemischte Gefühle. Um Mitternacht verkündet Bundespräsident Richard von Weizsäcker dann in der kalten, mondbeglänzten Herbstnacht vor dem Reichstag den Vollzug der Wiedervereinigung. Zwei Tage dauern die Einheitsfeiern. Vom Alexanderplatz bis zum Brandenburger Tor reihen sich Bühnen und Buden aneinander, treten Ensembles und Gruppen auf, riecht es nach Bratwurst und Glühwein, bis das Fest in der Umgebung des Brandenburger Tors in ein wimmelndes Gedränge mündet. Es wird, den Straßenschlachten zum Trotz, die Autonome anzetteln, ein nachdrückliches Erlebnis. »Erst Pathos, dann Volksfest … Mit so vielen Menschen hatte wohl niemand gerechnet. Mit so viel Begeisterung schon gar nicht«[194], heißt es im Kommentar der »Berliner Zeitung«, die eher einheitsskeptisch ist.

Fast jenseits davon und doch mitten drin wird auch Berlin vereinigt. Die Folge von amtlichen Akten, Festveranstaltungen und geselligen Anlässen lässt viele wie auf Wolken gehen und beleuchtet zugleich für einen Augenblick nochmals die merkwürdige Verfasstheit der Stadt. Der Kern der Vereinigung ist ein Schreiben, das die drei westlichen Stadtkommandanten am Morgen des 2. Oktober in der Kommandantur in Dahlem unterzeichnen und dann dem Regierenden Bürgermeister überreichen. Es ist der letzte »Berlin Kommandantura Letter«, mithin ein hoheitlicher Akt – mit diesen Anordnungen hatten die Alliierten mehr als 45 Jahre lang die oberste Gewalt in Berlin ausgeübt –, und er deklariert militärisch nüchtern, dass »heute um Mitternacht … die Aufgabe der Stadtkommandanten erfüllt« sei, garniert mit anerkennenden Worten über die Willensstärke und den Humor der Berliner. Das Papier bedeutet die Suspendierung der alliierten Rechte, mit denen zugleich die Menge der Vorschriften und Vorbehalte aufgehoben wird, die sich seit den Nachkriegsjahren angesammelt hat – also nichts Geringeres als das Ende der Nachkriegszeit für Berlin. Der britische Stadtkommandant Robert Corbett, der das Dokument verliest, fasst das Ereignis denkwürdig knapp zusammen: »Die Tragödie ist vorbei. Berlin ist wieder eins. Deutschland ist wieder vereint.«[195]

Ebenfalls am Morgen treten Senat und Magistrat im Rathaus Schöneberg zusammen, um einen Appell zur Gemeinsamkeit an die Berliner zu verabschieden. Im Übrigen ist West-Berlin wieder ganz bei sich selbst, denn die Vereinigung der Stadt wird nochmals zelebriert in der gewohnten, in den Teilungsjahren gefestigten Welt der Weststadt: zwischen Schöneberger Rathaus, Philharmonie und Schloss Charlottenburg, den Stätten der Selbstdarstellung der Stadt – Feierstunde des Abgeordnetenhauses, Ordensverleihung an die Kommandanten, Mittagessen, Empfang im Foyer der Philharmonie, festliche Garderoben und Uniformen. Eine Uniform sticht heraus: die Uniform des Generalinspekteurs der Bundeswehr. Es ist die erste bundesrepublikanische Uniform, die in Berlin öffentlich getragen wird.

Aber noch am guten Ende zeigt sich, wie klippenreich der Weg aus den historischen Stunden und Tagen in die neue Wirklichkeit ist. Auch diese Vollendung der Vereinigung Berlins bleibt unvollendet. Da es in Berlin noch keine gewählte gemeinsame Regierung gibt, betraut der Magisenat, kaum dass ihn der Einigungsvertrag als Landesregierung legitimiert hat, den Westberliner Senat mit der Aufgabe, die Obliegenheiten der gesamtberliner Landesregierung – Senat und Magistrat – bis zu den ersten Wahlen und der Bildung einer Regierung wahrzunehmen. Sie sind für den Dezember angesetzt. Doch auch die gemeinsame Verfassung, mit der die Vereinigung der Stadt schließlich rechtlich vollzogen wird, ist noch nicht das letzte Wort. Sie kann erst nach den ersten gemeinsamen Wahlen bei der konstituierenden Sitzung des Abgeordnetenhauses beschlossen werden, also im Januar 1992. Überdies dringt die Ostberliner Stadtverordnetenversammlung darauf, dass dieser Akt an die Erarbeitung einer neuen Verfassung gebunden wird. Diese wird erst im Jahre 1995 fertig, sodass – kaum irgendwo wahrgenommen – der rechtliche Abschluss der Vereinigung ihrer Feier fünf Jahre hinterherhinkt. Da auch der Zwei-plus-Vier-Vertrag erst mit der Hinterlegung der letzten Ratifikationsurkunde in Kraft gesetzt wird – das geschieht im März 1990 durch die Sowjetunion –, werden die alliierten Vorbehaltsrechte zunächst nur ausgesetzt. Aber es ist der 2. Oktober 1990, an dem die Stunde der Vollendung der Einheit der Stadt schlägt. Beteiligte und Beobachter registrieren, dass dem ersehnten Moment ein Hauch Wehmut beigemischt ist.

Auch wird die Freude über die Vereinigung der Stadt massiv begrenzt von dem Bewusstsein, wie viel noch zu tun ist. Kaum eine Würdigung des Ereignisses kommt ohne die Zeigefinger-Erinnerung daran aus, wie weit die innere Einheit der Stadt noch entfernt sei. Die Genugtuung darüber, dass Berlin nicht mehr nach vollmundigen Attributen suchen muss, um seine Existenz zu rechtfertigen – der Katalog reichte vom heroischen »Vorposten der Freiheit« bis zur entspannungsfrommen »Ost-West-Drehscheibe« –, verbindet sich mit dem Aufblättern der Forderungskataloge, die sich aus den Nöten und Schwächen der Stadt ergeben. Insofern fällt die Eröffnungsbilanz des wiedervereinigten Berlin gedämpft aus. Zudem liegt der Schatten der Hauptstadtdebatte, die nun voll entbrennt, über der Stadt und hält ihr vor Augen, wie ungesichert ihr Status im kollektiven Bewusstsein der Deutschen ist. Überdies bedeutet die Wiedervereinigung eine Herausforderung für den Orts- und Orientierungssinn zumal Westberlins, dem politischen, gesellschaftlichen und wirtschaftlichen Rückgrat auch der vereinten Stadt. Nachdem sich für ein rundes Jahr die Ereignisse gejagt und Berlin das Gefühl vermittelt haben, wieder eine politische Rolle zu spielen, wird spürbar, wie die Normalisierung der Situation die Stadt auf sich selbst zurückwirft. Aus dem bedroht-stolzen Vorposten des Westens, als den sich West-Berlin verstehen konnte, ist ein kleiner Stadtstaat geworden, und der frühere Turnierplatz der Weltpolitik sucht einen leidlich aussichtsreichen Platz in der Konkurrenz der Bundesländer, an der er bislang nur aus der Distanz teilgenommen hatte.

KAPITEL III

Wenn zusammenlebt, was noch nicht zusammengehört Oder: Berlin im Strudel von Aufbruch und Umbruch

> Ich lebe auf der unruhigen und nicht wirklich
> festzulegenden Nahtstelle zwischen Ost und West wie
> auf zwei sich gegeneinander verschiebenden Platten.
>
> ERICH THIES[196]

Eine Stadt zwischen den Zeiten

Im Frühjahr 1991 kommt der niederländische Schriftsteller Cees Nooteboom nach Berlin. Der passionierte Berlin-Beobachter war 1989 in den Tagen des Mauerfalls in der Stadt und hat inzwischen seine »Berliner Notizen« veröffentlicht, die einen packenden Eindruck von diesem Ereignis geben. Nun, eineinhalb Jahre später, stößt er auf eine Stadt im Zwiespalt. Auf dem verschneiten Grenzstreifen findet er die Spuren eines schon halb versunkenen Gestern – »ein übrig gebliebenes Stück Mauer«, aus dem »Stangen« ragen wie »drohende, schwarze Tentakel«, leere Kontrollhäuschen, und in der einstigen Wechselstube am Übergang Invalidenstraße, der einer der Hauptschauplätze der Maueröffnung war, hat sich ein Beate-Uhse-Sexshop niedergelassen. Nooteboom registriert den Druck der Veränderung – steigende Immobilienpreise, die wachsende Angst vor Kriminalität. Zugleich erscheint ihm die

Stadt, paradoxerweise, als »die ruhigste Metropole, die ich kenne«. Alles warte auf Dinge, die kommen sollen, »auf bessere Straßen und auf die Entscheidung, ob Berlin Regierungssitz wird, auf eine Erhöhung des Etats, auf die neue Bebauung des Potsdamer Platzes, auf Mielkes Prozess und auf neue Immigranten, auf Arbeit und auf Enthüllungen, Investitionen und Konkurse«. Die ganze Stadt, diese »große steinerne Erinnerung«, sitze »im Wartezimmer der Geschichte«, und »während alles, was geschieht, sehr wirklich ist, liegt gleichzeitig ein Gefühl der Unwirklichkeit über den Straßen und Plätzen, als wäre alles nicht echt, als könne etwas ganz anderes geschehen«. Vor allem aber drängt sich Nooteboom der gravierende Wechsel der Stimmung auf. An die Stelle der Euphorie seien Klagen getreten: im Osten darüber, dass die im Westen »arrogant« sind und den Osten »kolonisieren« wollen, im Westen über die »Unteroffiziersmentalität« im Osten. Und bestürzt notiert er bei alten Freunden und Bekannten eine Neigung, wieder unter sich bleiben zu wollen. Fast kommt es ihm vor, »als sei in der Stadt die Mauer wieder da«.[197]

Der Blick des Autors trügt nicht: Berlin ist in diesem zweiten Jahr nach dem Ende der Teilung eine Stadt zwischen den Zeiten. Die Vergangenheit ist noch nicht Geschichte geworden, die Zukunft noch auf dem Wege. Und die Mauer ist wirklich wieder da, wenn auch nur »in den Köpfen«, wie die Formel heißt, ohne die keine Äußerung über den Zustand auskommt, in dem die Stadt sich befindet. Zwar haben eben erst, an einem kalten Januartag, die am 2. Dezember 1990 gewählten Abgeordneten des ersten gemeinsamen Parlaments in der Nikolaikirche, der ältesten Kirche der Stadt, die Wiedervereinigung Berlins besiegelt. In der erst 1987 zur 750-Jahr-Feier der Stadt von der DDR wiederhergestellten Kirche haben sie sich feierlich erhoben und die Verfassung von 1948 in Kraft gesetzt, die wegen der Spaltung der Stadt nur im Westteil Gültigkeit erlangt hatte. Ergänzt um Artikel zum Daten- und Umweltschutz, ist diese Verfassung noch ein Ergeb-

nis des spontanen Politikmachens in der Zeit des Magisenats –
drei Mitglieder des Abgeordnetenhauses haben sie erarbeitet,
sozusagen in fliegender Abstimmung mit der Stadtverordnetenversammlung in Ostberlin, denn es gab nur wenige Telefone und
Fernschreiblinien.[198] Sie tritt an die Stelle der Verfassung, die sich
Ostberlin im Juli gegeben hat und die damit eigentlich noch in
die kurze Geschichte der friedlichen Revolution gehört. Strittig
hingegen ist bereits, was der Anfang bedeutet: Steht das erste
Parlament des wiedervereinten Berlin für einen Neuanfang? Oder
stellt es sich in die Kontinuität des Berlins vor der Teilung? CDU
und FDP schwören auf Letzteres – und so wird die Sitzungsperio-
de nicht zur ersten seit dem Mauerfall, sondern zur zwölften seit
1950.[199] Ältere Stadtgeschichte gegen die neueste: ein Beispiel
von Geschichtspolitik, das das neue, vereinte Berlin an das alte
anbindet.

Andererseits drängen sich jetzt die Unterschiede hervor. »Was
war das für 'ne Einigkeit, als wir getrennt noch waren«[200], juxt die
»Distel«, das in der DDR berühmte Ostberliner Kabarett am Bahnhof Friedrichstraße, schon 1990 über die ost-westlichen Querelen.
Die Differenzen wachsen aus der Praxis des Zusammenlebens
selbst, die ein ums andere Mal an den Tag bringt, wie tief die gegenläufigen Entwicklungen die Stadt geprägt haben. Die Spuren
davon reichen tief hinein in das Alltagsverhalten. Man habe im
Regelfall sehen und hören können, wer aus dem Osten oder Westen kam, erinnert sich Eberhard Diepgen, der nach der Wahl vom
2. Dezember 1990 wieder Regierender Bürgermeister geworden ist,
diesmal mit einer großen Koalition von CDU und SPD. Die einen entschieden »im Kollektiv«, die anderen in »Teamarbeit«, was
im Osten Fahrerlaubnis war, heißt im Westen Führerschein und
den »richtigen Berliner Dialekt« höre man – so Diepgen, selbst
ein Urberliner – »unverfälscht nur noch in Ostberlin«. Insgesamt,
so muss er einräumen, habe er die »emotionalen und politischen
Spannungen innerhalb der Stadt unterschätzt«[201]. Im Prozess der

Vereinigung wächst das Bewusstsein, ein anderes Schicksal gehabt zu haben, zu einer politischen Größe heran.

Es ist die Nähe, in der jetzt Westen und Osten neben- und miteinander leben, die die Bruchlinien spürbar macht, die sich durch die Stadt ziehen. Als der neue Senat im Frühsommer zum ersten Mal versucht, mit einer Umfrage in ganz Berlin zu sondieren, wie sich die wiedervereinte Stadt in den Augen ihrer Bewohner ausnimmt, stößt er auf die Existenz einer massiven Scheidelinie. Sie verläuft mitten durch die Bevölkerung, im Osten wie im Westen: Jeweils 40 Prozent glauben, dass es zwischen Westen und Osten mehr Trennendes als Gemeinsames gibt. Dass das Gemeinsame in der wiedervereinigten Stadt überwiege, findet zwar gleichwohl eine Mehrheit, aber groß ist sie nicht – 57 Prozent im Osten, 59 Prozent im Westen. Andere Verwerfungen kommen hinzu, parteipolitische und generationsspezifische – jüngere Westberliner sind skeptischer gegenüber der Gemeinsamkeit als gleichaltrige Ostberliner, die CDU-Anhänger glauben mehr an sie als SPD-Sympathisanten, und für PDS- und AL-Parteigänger hat sie nur noch zu einem Drittel Relevanz. Dabei sind West- und Ostberliner ansonsten offenbar vom gleichen Schlag: Sie schwören – gemäß der banalen Skala, nach der sie befragt wurden – auf die gleichen Werte, von Frieden bis Umwelt, geben Westberlin einträchtig den Vorzug vor Ostberlin, und nur Arbeit und Familienleben werden im Osten höher bewertet als im Westen.[202]

Aber ist etwas anderes zu erwarten? Die gesamte deutsch-deutsche Vereinigung gerät ja Anfang 1991 unübersehbar in eine Krise. Ihre praktischen Konsequenzen haben die Menschen in den neuen Ländern tiefer in Existenzsorgen und Unsicherheit hineingerissen, als sich das irgendeiner gedacht hätte. Das lässt die Deutschen im Osten wie im Westen Halt finden an den alten Stereotypen. Eine Verschiebung des großen Vorgangs ins Graue, Mutlose, Resignative tritt zutage, ein Gefühl des »So-haben-wir-uns-das-nicht-gedacht« in den öffentlichen Auseinandersetzungen wie in den privaten Bekenntnissen. Nur dass die Probleme der Vereinigung in der Stadt, in der die Teilung und ihre Durchbrechung wie nirgendwo sonst zum Ereignis geworden, »die Distanz einer Straßenbreite«[203] haben. Das ist die Formel, auf die der Regierende Bürgermeister Eberhard Diepgen die besondere Situation der Stadt Anfang Februar 1991 in seiner Regierungserklärung bringt. Sie wird bald zum geflügelten Begriff und übersetzt das Pathoswort von der »Werkstatt der Einheit«, mit dem Diepgen unermüdlich Berlins Anspruch kennzeichnet, in die Prosa eines mühsamen Alltags.

Diese erste Regierungserklärung im wiedervereinten Berlin, eine eineinhalbstündige Rede – Beobachter registrieren die Anspannung, mit der das neu-alte Stadtoberhaupt sie vorträgt –, versucht, Westen und Osten gerecht zu werden, indem sie der Politik die Aufgabe stellt, in »möglichst kurzer Zeit gleiche Lebensverhältnisse für alle Menschen in Berlin zu schaffen«. Alles andere, so hat Diepgen das gewagte Ziel im Rückblick gerechtfertigt, »musste die Stadt zu einem Pulverfass machen«.[204] Er lässt auch keinen Zweifel daran, dass die Hauptanstrengungen dem Osten gelten müssen, Aufbau Ost vor Ausbau West, heißt der Leitgedanke dieser Politik – in seiner ersten Sitzung hat der Senat auch schon die Regelsätze der Sozialhilfe im Osten angeglichen. Aber Diepgen versichert auch, dass die Vereinigung nicht zur Senkung der Standards im Westen führen werde. Das ist ein Tribut an die Wähler im Westen, die die CDU praktisch mit absoluter Mehrheit gewählt haben – im Durchschnitt der Stadt hat sie 40 Prozent erhalten –, aber auch an die unbestreitbare Tatsache, dass Westberlin das Rückgrat der Leistungsfähigkeit der Stadt ist.

Diepgen greift das Wort des letzten DDR-Ministerpräsidenten Lothar de Maizière auf, dass die Teilung nur durch Teilen überwunden werden könne, doch er macht es für die Westberliner tragbar: Sie sollen sich darauf einstellen können, dass »etwa eine Straßenerneuerung zwei Jahre später durchgeführt, dass eine geplante

Krankenhausrenovierung verschoben oder dass eine Wohnumfeldverbesserung erst in drei statt in zwei Jahren realisiert« werde. Dass er die Aufgabe der Wiederherstellung der Stadt als »Unternehmen Berlin« deklariert, soll ihr strategisches Denken, wirtschaftlichen Elan und einen großen, weltweit orientierten Atem einblasen.²⁰⁵ Allerdings sind die Erwartungen bereits gedämpft. Lange Koalitionsverhandlungen – viel personal- und parteipolitisches Auf-der-Stelle-Treten mit dem Streit um Tempolimit von 100 km/h auf der Avus als Dollpunkt – haben gezeigt, dass die Muster des alten Westberliner Politikbetriebs die neue Situation beherrschen. Auch die Zusammensetzung des neuen Senats verrät es: Nur drei der sechzehn Senatoren stammen aus dem Osten. Die neue Situation biegt ein in die alte Routine.

Doch kaum ist Berlin in den Hafen der Einheit eingelaufen, wird die Stadt eingeholt und bedrängt von der großen Politik. Die Zeitungsberichte über den Festakt zur Vereinigung in der Nikolaikirche konkurrieren schon mit den Schlagzeilen über das diplomatische Ringen mit dem Irak. Fünf Tage darauf bricht der Golfkrieg aus, und noch in der Nacht zeigt sich die Heftigkeit, mit der sich in Berlin die öffentliche Agenda dreht – Demonstrationen auf dem Kurfürstendamm, 45 000 Kinder, die dem Unterricht fernbleiben, von der Schulverwaltung gequält hingenommen, dazu eine wild aufschäumende Debatte über Sinn und Unsinn dieses Krieges und des Krieges überhaupt. Der Zustand der Beendigung der großen Weltkonflikte, die das Wendejahr 1989 zu bringen schien, wird konterkariert von den neuen politischen Turbulenzen. Mit der Schlagwortlosung »Kein Blut für Öl« und weißen Laken an den Fenstern wirkt der Protest wie eine politisch-szenische Wiedergängerei der Friedensbewegung, die doch angesichts der europäischen Neuordnung an ihr Ende gekommen schien. Nun beherrschen die Nachrichten aus der Golfregion die Öffentlichkeit, und die schaurig-flackernden Fernsehbilder, mit denen der Krieg in die Wohnzimmer drängt, geben der Betroffenheit eine bisher nicht gekannte Wirkung. Im Westen der Bundesrepublik werden Karnevalsveranstaltungen abgesagt, und in Berlin steht nicht die Wiedervereinigung der Stadt, ihr neuer Gründungsakt, am Anfang der Regierungserklärung, sondern der Golfkrieg.

Bemerkenswert bleibt, dass das andere weltpolitische Wetterleuchten in diesen Tagen, das gewaltsame Vorgehen der Sowjetunion gegen die Unabhängigkeitsbestrebungen in Litauen und Lettland, die Stadt viel weniger beschäftigt. Nimmt man in Berlin nicht wahr, dass es sich um den Anfang des Zerfalls der östlichen Supermacht, also um ein welthistorisches Ereignis handelt? Sind die Berliner Bezüge noch immer in den alten Kategorien gepolt? Wenigstens in Bezug auf ihren westlichen Teil wendet die Stadt dem Osten den Rücken zu. Dabei ist überall nach dem Mauerfall erklärt worden, dass Berlin künftig gerade für Mittel- und Osteuropa eine wichtige Rolle spielen werde. Für einen Moment scheint Westberlin in seine Siebziger- und Achtzigerjahre zurückzufallen, in denen die USA die Rolle des Beelzebubs spielten und Osteuropa eine ferne, fremde Welt war. Allerdings gibt es Demonstrationen jetzt auch im Ostteil der Stadt. Aber sie entsprechen dem vertrauten amerikakritischen Muster: Sie finden vor der ehemaligen amerikanischen Botschaft in der DDR statt, die jetzt zur Berliner Außenstelle der USA-Botschaft in Bonn geworden ist.

Dafür wirft die Regierungsbildung, die nach der Bundestagswahl 1990 fast zeitgleich in Bonn über die Bühne geht, einen tiefen Schatten über den neuen Anfang Berlins. Denn die neue Regierung nimmt die Stadt finanzpolitisch hart an die Kandare. Ohne zu zögern – und ohne die Stadt anzuhören –, beginnt Finanzminister Theo Waigel mit dem Abbau der Wirtschaftsförderung. Bis 1994 soll sie endgültig wegfallen, beschließt die Bonner Koalition und legt sich überdies darauf fest, den Abbau bereits im eben angebrochenen Jahr zu beginnen. In Berlin wirken die Bonner Beschlüsse wie ein Donnerschlag. Sie werden als eine Art

Angriff auf die labile Verfassung der Stadt empfunden, die zwischen Krise und einem bislang bestenfalls erhofften Aufschwung pendelt. Sie setzen nicht nur Berlins Entwicklung unter Bedingungen, deren Konsequenzen noch unabsehbar sind. Sie treffen auch das kollektive Bewusstsein der Stadt. Denn sie rütteln an den Besitzständen, mit denen die Weststadt existiert hat, seitdem sie in den Fünfzigerjahren ihren Kampf ums Überleben begonnen und erfolgreich bestanden hat. Die Berliner Politik schießt Sperrfeuer aus allen Rohren, nennt den Abbau »unverantwortlich« und »sozial unvertretbar«, kündigt »entschiedenen Widerstand« an und will die Kürzungen »nicht tatenlos hinnehmen«.[206] Erreichen kann sie nur minimale zeitliche Streckungen. Höhnisch hält die Opposition der Regierung vor, Bonn habe Berlin »längst fallengelassen«; statt zu der überall beschworenen Weltstadt werde die Stadt zur »Armutsmetropole«.[207] Und eine gequälte Westberliner Politikerseele – sie gehört dem CDU-Fraktionsvorsitzenden – mobilisiert das ultimative, berlinisch-populäre Argument, den Überlebensmythos der Stadt, um mit ihm die Bonner Politik zu treffen: »Was die Kommunisten in vierzig Jahren nicht geschafft haben, das versuchen die Finanzstrategen aller Parteien in Bonn in wenigen Jahren zu erreichen.«[208] Der regierende Bürgermeister Diepgen droht damit, das ganze Paket abzulehnen.

Eine Operation am offenen Herzen

Aber nach dem stürmischen Jahr der Vereinigung ist Berlin ohnedies auf dem Boden der Tatsachen angekommen – und der ist voller Widerstände, Verwerfungen, neuer Erfahrungen. Denn das Wort von der »Mauer in den Köpfen« ist in Berlin mehr als eine händeringende Phrase. Es ist die Kennzeichnung einer unvergleichlichen Situation. Die Vereinigung hat die Unterschiedlichkeit von Westen und Osten, bislang ein resignativ hingenommenes Anhängsel der Teilung, zum beherrschenden Thema des Alltags gemacht. Sie konfrontiert die Stadt permanent mit den Distanzen zwischen dem aufgerissenen Ostberlin und der bürgerlichen Selbstgewissheit Westberlins. Sie wird zum Stachel in einem unübersichtlichen Alltag voller Stöße und Spannungen. Täglicher Stau am Potsdamer Platz, ein zäher Stop-and-go-Verkehr so gut wie überall in der Stadtmitte, denn die Hauptverkehrslinien verlaufen weiterhin nord-südwärts, an der Mauer entlang, in den Bahnen des in der Teilungszeit gewachsenen Straßensystems. Bis zur Mitte des Jahres 1991 bleiben Telefongespräche zwischen Westen und Osten regelmäßig nach den ersten Ziffern am Besetztzeichen hängen. Im Osten bricht mehrmals täglich das Chaos aus. Aber auch im Westen wächst die Gereiztheit – Zehntausende von Pendlern strömen täglich vom Osten und aus dem Umland in den Westen. Dazu kommt als Quelle fortwährenden Ärgers die unterschiedliche Bezahlung von Ost- und Westberlinern, die als hoch kompliziertes System der Ungleichheit das Zusammenwachsen konterkariert – zumal dann, wenn beide gemeinsam an einem Schreibtisch sitzen. Dabei lebt das alte Westberlin in einer Unbeirrbarkeit fort, die fast etwas Provozierendes hat – mit seinen Scharmützeln um Busspuren und die Fahrt durch das Brandenburger Tor, das mal für den Verkehr geöffnet, mal wieder geschlossen wird, und mit den bemoosten politischen Fronten, die in den Disputen der lokalen Kampfhähne zutage treten. Die Gleichzeitigkeit des Ungleichzeitigen ist die strapaziöse Signatur der Stunde.

Aber ist die Stadt nicht zugleich voller Wunder? Kann man nicht immer noch darüber staunen – und man staunt, wenngleich etwas leiser als noch vor einem Jahr –, dass die S-Bahn wieder ohne Halt zwischen Osten und Westen verkehrt und der Reichstag, der jahrzehntelang ein einsamer Erinnerungsposten am westlichen Ende der Stadt war, nun plötzlich fußläufig nahe an den Boulevard Unter den Linden im Osten herangerückt ist?

Überhaupt verändert sich das Raumgefüge der geteilten Stadt und erlebt eine wundersame Wiederherstellung. »Alles ist wieder aufeinander bezogen: das System der Plätze, die Straßen, die Ufer, die Diagramme des Verkehrs.«[209] Und noch immer stellt sich der »leise Stich eines Glücksgefühls«[210] ein beim Überqueren der alten Grenzübergänge oder bei der Wahrnehmung, dass die Mitte der Stadt nicht mehr von Mauer und Todesstreifen zerschnitten wird. Und ist es nicht eine tägliche Versicherung, dass Berlin wieder Berlin wird, wenn der Blick an den alten innerstädtischen Grenzzonen vom Osten frei herüber in den Westen geht und umgekehrt, ungehindert durch Sichtblenden und wüste Zonen? Auch wenn die Prognosen über das Zusammenwachsen noch immer mit Generationen rechnen – die harten Unterschiede beginnen abzuschmelzen. »Allmählich kommen die Prozesse der Annäherung, Durchmischung und Urbanisierung in Gang«[211], beobachtet Joachim Nawrocki, der langjährige Berlin-Korrespondent der »ZEIT« am Ende des Jahres 1991.

Auch absolvieren Politiker, Planer und Journalisten in Reden und Artikeln weiter ihre zukunftsgewissen Klimmzüge an dieser brüchigen Wirklichkeit und betätigen sich als unverdrossene Transporteure ermutigender Botschaften: Berlin werde das Scharnier der deutschen Einigung sein, eine Drehscheibe zwischen Ost und West, der Ort des Griffs ins Morgen und Übermorgen, »allein in der Größe des Ballungszentrums« liege »ein enormes Wachstumspotenzial«, versichert der Vorstandsvorsitzende des großen Berliner Pharmakonzerns.[212] Und sind solche Perspektiven denn aus der Luft gegriffen? In der Berliner Mitte gibt es kaum noch eine attraktive Parzelle, auf die Investoren nicht ihre Hand gelegt haben, und die Aufnahme des Intercity-Verkehrs schließt den alten Bahnknotenpunkt Berlin, der vier Jahrzehnte lang vom europäischen Verkehrsnetz abgehängt war, wieder an seine Lebensadern an – endlich wird absehbar, dass Zugfahrten zwischen Berlin und der alten Bundesrepublik den Expeditionscharakter verlieren, den sie jahrzehntelang hatten. Mit Plänen für einen Großflughafen und dem Beschluss, dass Berlin sich für die Olympischen Spiele 2000 bewerben werde, greift die Stadt nach der Jahrtausendwende. Noch immer erscheint alles möglich, und die Gegenwart der Stadt hängt hin- und hergerissen zwischen Zukunft und Vergangenheit.

Umso deutlicher stellt sich heraus, dass der Ostteil der Stadt zur großen Problemzone der Vereinigung wird. Aus dem Aufbruch ist ein radikaler Umbruch geworden, der tief in alle Lebensverhältnisse eingreift. Dass die Wiedervereinigung den ehemaligen DDR-Bürgern nicht nur Lebenschancen eröffnet, von denen sie kaum noch zu träumen wagten, sondern ihnen auch eine an die Wurzeln gehende Umstellung aufzwingt, wird in Berlin, im Mit- und Nebeneinander von Ost- und Westleben, stärker spürbar als anderswo. »Die Einigung geht allen durch Mark und Bein«[213], bekennt die »Neue Zeit«, das frühere Zentralorgan der Ost-*CDU*. Als der alt-neue Regierende Bürgermeister Eberhard Diepgen eine Woche nach seiner Regierungserklärung in einer Ambulanz im Osten seine erste Bürgersprechstunde abhält, reagiert er betroffen. Eine lange Reihe von Ostberlinern – Wartenummern müssen ausgegeben werden – kippt ihm sozusagen den Problemschutt der Einheit vor die Tür: Arbeitslosigkeit, Fragen der Abwicklung, Gefühle der Ungerechtigkeit, Klagen über die Seilschaften der alten Kader. Viele Ratsuchende sind psychisch ziemlich am Ende.[214] Die Plagen der Einheit reiten durch die Stadt wie die apokalyptischen Reiter auf der Dürer-Grafik. Angesichts dieser Lage nimmt sich das Ziel gleichartiger Lebensverhältnissen aus wie ein Irrlicht.

Die gemeinsame Freude, die Ost- und Westberliner beim Mauerfall vereinte, wird immer massiver konterkariert von den Erfahrungen der Ostberliner mit ihrer Gegenwart – und diese Erfahrungen trennen. Die Euphorie des Anfangs kommt bei vielen – je länger, desto mehr – als Schock an. Drastisch abzulesen ist das am Einbrechen der Zahl der Geburten – im Februar 1991 werden in Ostberlin nur noch 8712 Kinder geboren, 6734 weniger als im Vorjahr, als die Geburtenrate bei 15 446 lag.[215] Aber auch im Besuch von Theatern, Kinos und Restaurants schlägt es sich nieder: Zeitweise scheint es, als stellten die Westberliner die Mehrheit in den Theatern im Osten der Stadt, und die Gaststätten klagen über Umsatzeinbußen von bis zu 40, 50 Prozent – die Ostberliner haben andere Sorgen. Es gibt wieder Schlangen, nur stehen sie nicht mehr vor Gemüsegeschäften, sondern vor den Arbeitsämtern. Das ersehnte Neue ist unterwegs, indes wächst es nicht allmählich, sondern ist plötzlich besitzergreifend da. Zum Beispiel in der sich über Nacht vollziehenden Verwandlung des Centrum-Kaufhauses am Alexanderplatz, des Flaggschiffs der DDR-Kaufhäuser, in eine Kaufhof-Filiale; selbst die meisten Angestellten erfahren es erst aus den Morgennachrichten. Und in den grauen Altbauquartieren im Prenzlauer Berg oder in Friedrichshain beginnen die Menschen nicht mehr – wie bisher –, vor allem den Verfall ihrer Häuser zu fürchten, sondern auch deren Erneuerung, weil sie höhere Mieten nach sich zieht.

Beide Seiten halten noch immer Distanz, wobei die Ostberliner häufiger in den Westen kommen als die Westberliner in den Osten. Umso massiver gestaltet sich das Fernduell der Vorbehalte und Vorurteile, mit denen sich beide Seiten belegen und befehden. Das »Ossi«-»Wessi«-Syndrom hält es in heftiger Bewegung: Die einen zerreißen sich den Mund über die »Jammerossis«, die anderen über die »Besserwessis«. Wird nicht überall im Westen über die arbeitslosen Arbeiter aus dem Osten lamentiert, die nicht bereit sind, um 6 Uhr morgens bei der Westfirma vor dem Werkstor zu stehen? Und, umgekehrt, im Osten über die Skandalberichte von skrupellosen Versicherungsvertretern und neunmalklugen Consulting-Desperados? Die Geschichten, auch die hanebüchenen, sind oft auch nicht erfunden. Der Dauerbrenner explodiert eines Tages grotesk in der Schlagzeile eines Boulevardblattes:

»Angeber-Wessi mit Bierflasche erschlagen. Ganz Bernau ist glücklich, dass er tot ist.«[216] Später stellt sich übrigens heraus, dass es sich bei dem Vorfall im Berliner Umland um einen gewöhnlichen Kriminalfall handelt, der mit dem Ost-West-Verhältnis nichts zu tun hat.[217]

Ohnedies wächst im Osten die Bereitschaft, sich für die Überlegenheit und nicht zuletzt für das Auftreten des Westens durch Vorwürfe und Klagen schadlos zu halten. Immer wieder entzündet sich der Vereinigungsprozess auch an ost-westlichen Streitigkeiten und Unverständnissen, die dann in die lokalen Schlagzeilen drängen. Mal sehen sich die Apotheken im Osten bedroht, weil die westlichen Pharmafirmen sie nicht mehr beliefern wollen, solange die Preise im Osten geringer sind als im Westen. Ein andermal protestieren Ostberliner dagegen, dass die Spätverkaufsstellen, eine geschätzte Einrichtung in der DDR, auf dem Altar der Ladenschlusszeiten des Westens geopfert werden sollen, die nun für die ganze Stadt gelten. Und als der beliebte Direktor des Tierparks in Ostberlin stirbt, kommt sogleich der Argwohn auf, der kühle Bescheid, mit dem der Achtzigjährige gerade erst in den Ruhestand versetzt worden ist – eingeschlossen die Kündigung seiner Dienstwohnung –, habe seinen Tod verschuldet.

Das alles vollzieht sich vor einem fast schlagartig verdunkelten Hintergrund. Immer dramatischer werden die Hiobsbotschaften, die aus dem Osten Berlins kommen. Mit Firmenkrisen und Massenentlassungen treffen die wirtschaftlichen Umwälzungen in der Stadt ein, die die deutsch-deutsche Wirtschafts- und Währungsunion in Gang gesetzt hat, um der deutschen Vereinigung ein Fundament zu geben. Bereits zu Beginn des Jahres 1991 hat die Arbeitssenatorin Christine Bergmann erklärt, dass sich die Beschäftigungslage »dramatisch zugespitzt« habe. Sie kommt aus dem Osten, und sie fügt ihrer Botschaft flankierend das bewegende Bekenntnis hinzu, den »Traum niemals vergessen« zu wollen, »den ich hatte, als die Mauer aufging«.[218] Doch die Zahlen sind niederschmetternd: 72 000 Arbeitslose im Osten, dazu 82 000 Kurzarbeiter, aber da ist die Arbeitslosigkeit schon vorprogrammiert, im Westen sind es 92 000, Tendenz steigend. Der Zuwachs von 50 000 Arbeitsplätzen, den die Statistik in den ersten Monaten des Jahres 1991 in der Weststadt ausweist, ist eine Scheinblüte, die in den Wechselbädern, die die Stadt erlebt, fast schon untergegangen ist, bevor sie überhaupt richtig wahrgenommen wird. Und allen ist klar, dass die Talsohle noch nicht erreicht ist. Zehntausende befinden sich in sogenannten »Warteschleifen«, doch täuscht der harmlose Ausdruck – der Terminus stammt aus dem Luftverkehr, wo er das Warten auf eine Landeerlaubnis beschreibt – darüber hinweg, dass er in den meisten Fällen nur die Aufschiebung der Arbeitslosigkeit bedeutet. Die Zahl derer, die auf diese oder jene Weise hineingezogen werden in die Zentrifuge von bürokratischen Regelungen und Entscheidungen, reicht in die Hunderttausend. »Abwicklung« und »Überleitung«, »Arbeitsbeschaffungsmaßnahmen« und »Strukturanpassungen« heißen die Begriffe, die den Versuch chiffrieren, den Umbau von Wirtschaft und Gesellschaft im Osten in den Griff zu bekommen – administrative Formeln, die einen bösen Klang von Schicksalhaftigkeit bekommen.

Für den Industriestandort Ostberlin kommt diese Entwicklung einem Zusammenbruch gleich. Mitte des Jahres 1991 sind von 200 000 Stellen in Ostberlin noch 50 000 übrig, Wirtschaftsforscher halten davon gerade 20 000 für wettbewerbsfähig. Das Desaster hat historisches Format. Denn es stößt auch und gerade die einstigen DDR-Paradebetriebe in einen Teufelskreis von Produktionseinbrüchen, Kurzarbeit und hektischer Suche nach Investoren. Verzweifelt versuchen Geschäftsführungen und Betriebsräte, zu retten, was nicht zu retten ist. Über Wochen und Monate dauern die Überlebenskämpfe, Massenentlassungen werden angekündigt, zurückgestellt und dann doch vollzogen, Abteilungen geschlossen, Sanierungskonzepte entworfen und Qualifizierungsgesellschaften ins Leben gerufen, aber die Aussichten für ein Überleben werden von Woche zu Woche geringer. Auch die Wirtschaft in Westberlin, die seit Langem weitgehend zur Werkbank der Bundesrepublik geworden ist, gerät in den Abstiegsstrudel. Im September 1991 meldet der Osten 13 Prozent Arbeitslose, der Westen 11,3 Prozent.

Allerdings wird der Niedergang der Ostberliner Industrie in Westberlin erst langsam als ein Ereignis begriffen, das nicht auf einem anderen Stern stattfindet, sondern ein Menetekel darstellt, das die ganze Stadt betrifft. Denn er ist die sichtbare Manifestation des rapiden Schwunds der industriellen Produktivität der einst größten Industriemetropole Europas – er wird sich in den folgenden Jahren als eines der schwerwiegendsten Probleme Berlins erweisen. Auch verändert der Abbau nicht nur die Oststadt, sondern das ganze Berlin. Diese Betriebe, die unter dem Druck von Kosten und Konkurrenz wanken, sind ja – trotz des maroden Zustandes, in dem sie sich nach vierzig Jahren DDR befinden – Zeugen des Berlins der Gründerzeit, in der die Stadt ihren wirtschaftlichen und industriellen Rang gewann. Die Werke in dem besonders hart betroffenen Stadtteil Oberschöneweide zum Beispiel, diese Kabelwerke Oberspree, Werk für Fernseh elektronik, Transformatoren- und Schaltgerätegesellschaft und wie sie alle heißen, stehen in der Tradition großer Unternehmen der deutschen Wirtschaftsgeschichte, vor allem der AEG, die hier einen bedeutenden Standort hatte. Nun drohen in den historischen Klinkerbauten an der Spree, einst Ikonen einer der herausragenden Industrielandschaften Deutschlands, die Lichter auszugehen. Und im Schatten des über den Hallen und Verwaltungsgebäuden emporragendem Turms von Peter Behrens, dem Pionier der Industrie-Architektur am Jahrhundertbeginn, breitet sich Tristesse aus: geschlossene Geschäfte, trübe Scheiben, mit Pappen verklebte Fensterfronten, Häuserzeilen mit bröckelndem Putz.[219]

Andere alarmierende Signale kommen vom Wohnungsmarkt.

Er gerät in hektische Bewegung – Folge von Plan- und Misswirtschaft, aber auch schon der Öffnung der Stadt. Ein Problem war die Wohnungsfrage in Ostberlin schon immer, doch nun kommt alles zusammen: vor allem der Verfall, der nach Renovierung schreit, dazu Alteigentümer, die nach der Aufhebung der Zwangsverwaltung ihre Wohnungen wirtschaftlich nutzen wollen, nicht zuletzt die Bewohner, die endlich von der Ofenheizung und der Toilette auf der Treppe wegkommen wollen. Erwartungen und Befürchtungen schaukeln sich gegenseitig hoch. Die in Umlauf gebrachten Größen für fehlende und sanierungsbedürftige Wohnungen, die geschätzten Kosten und die Fristen für Renovierungen sind horrend und taugen vor allem dazu, das gigantische Ausmaß des Problems zu verdeutlichen. Bei einem Bestand von 1,1 Millionen liegt die Zahl der fehlenden Wohnungen, so wird Ende 1991 geschätzt, zwischen 90 000 und 150 000 – die eine Zahl nennt der Bausenator, die andere der Mieterverein –, »rund 300 000 Wohnungssuchende sind registriert«.[220] Der Prenzlauer Berg, zu DDR-Zeiten ein Inbegriff Altberliner Altbauwohnens – eingeschlossen eine lebhafte kulturelle Szene –, bekommt den Titel »größtes Sanierungsgebiet Europas«[221] ab, von mindestens 40 000 renovierungsbedürftigen Wohnungen in diesem Gründerzeitviertel ist die Rede. Die Stadt entwickele sich zum Eldorado für Miethaie, es gehe zu »wie im Wilden Westen«[222], erklärt die Berliner Mietergemeinschaft, illegale Weiter- und Untervermietungen sind eingerissen, und der Mieterverein kündigt an, er werde dem Regierenden Bürgermeister 50 000 Protestschreiben übergeben.

Nicht weniger dramatisch ist die Lage bei den Gewerbemieten und Immobilienpreisen. Die gewaltigen Erwartungen an die künftigen Entwicklungen lassen die Preise nach oben schießen, nicht nur in Ostberlin, sondern vor allem auch im Westteil der Stadt, der noch lange die Basis und der Aktionsraum für die Transformation der Stadt ist. Im ersten Halbjahr 1991 werden für Lagen in der City West Quadratmeterpreise zwischen 8000 und 16 000 D-Mark ermittelt, bei besonderen Objekten kann der Preis bis zu 20 000 D-Mark erreichen, im Osten werden zentrale Lagen zwischen Brandenburger Tor und Alexanderplatz zwischen 5000 und 16 000 D-Mark gehandelt.[223] Obwohl die Preise damit immer noch unter oder bestenfalls auf der Höhe der westdeutschen Ballungsgebiete liegen, erschüttern sie die Stadt, sie fühlt sich regelrecht überrannt und zu einem Revier »psychotisch-spekulativer Gewinnerwartungen«[224] gemacht. Bestürzt und ratlos greift sie nach der Notbremse, aber die Absicht, über den Bundesrat eine gesetzliche Begrenzung zu erreichen, versickert im politischen Alltag.

Das alles ereignet sich sozusagen auf wankendem Boden, denn die Eigentumsverhältnisse sind vielfach unklar, oft genug befinden sie sich in chaotischem Zustand. Ihre Neuordnung, Grundlage für den Wiederaufbau der Stadt, hat gerade erst begonnen, und Berlin ist ein Beispiel dafür, dass sich die Besitzverhältnisse an Grund und Boden zur brisanten, folgenreichen Streit- und Unruhezone der deutschen Vereinigung entwickeln. Angefacht von steigenden Immobilienpreisen, sorgt sie für heftige Auseinandersetzungen. Rund hunderttausend Anträge auf Rückgabe enteigneter Grundstücke liegen in Berlin vor, teilt das völlig überlastete Landesausgleichsamt im März 1991 mit, gerade vierhundert sind bisher entschieden, nicht einer hat – wie erhofft – von vornherein auf Rückgabe verzichtet. Dagegen sind drei von vieren, wie es heißt, »streitbefangen«[225]; bis in das Jahr 2000 werde es nach einschlägigen Schätzungen dauern, bis alle Ansprüche entschieden seien. »Rückgabe vor Entschädigung« lautet die Formel, an der sich die Politik zunehmend reibt, weil sie sich als Investitionsbremse erweist. Denn Aufträge werden deshalb eher im Westen als im Osten erteilt.[226]

Zu einem Kulminationspunkt der Konflikte, die die Eigentumsfrage auslöst, wird zum Beispiel der zwischen Berlin und

Potsdam gelegene Villenvorort Kleinmachnow, eine grüne Ortschaft am Rande der Stadt mit rund elftausend Einwohnern. Für 80 Prozent der Grundstücke sind in dieser Gemeinde Rückgabeanträge gestellt worden. In diesem Beispielfall des landschaftsnahen Siedlungsbaus aus der ersten Hälfte des vergangenen Jahrhunderts, bewohnt von Mittelstandsbürgern, kleinen Leuten, aber auch Prominenten, schlägt sich geradewegs idealtypisch ein Stück jüngerer Geschichte nieder: In den Zwanziger- und Dreißigerjahren waren viele Menschen mit kleinem und mittlerem Einkommen auf der Suche nach einem Haus im Grünen hierher an den ruhigen Rand der Reichshauptstadt gezogen; nach der kommunistischen Machtübernahme flohen viele von hier aus ins nahe Westberlin, während neue Bewohner in den gesuchten Wohnort zogen. Diese gegeneinander verschobenen Geschichtsebenen bilden nach dem Mauerfall eine heillose Bruchlandschaft: Alteigentümer oder ihre Erben wollen ihre Häuser zurück, die jetzigen Bewohner verteidigen sich mit dem Verweis auf Gewohnheit oder Dauer. Alte Rechte stehen gegen Ansprüche, die sich aus dem Gefühl herleiten, im Recht zu sein: ein Boden, auf dem bittere Konflikte, Vertreibungsängste und Alltagstragödien üppig sprießen. Der besondere Kündigungsschutz für ostdeutsche Mieter, der bis Ende 1995 gelten wird, entspannt die Situation nur wenig.

Je länger, desto deutlicher zeigt sich, dass der Prozess der deutschen Vereinigung nicht nur eine so grandiose wie gewagte Operation am offenen Herzen von Politik, Ökonomie und Gesellschaft ist, sondern Züge eines Seelendramas trägt. Jetzt, »neunzehn Monate sind seit der Maueröffnung vergangen«, so schreibt der Reporter Lothar Heinke im Juni 1991, finde »die eigentliche Revolution im Osten« statt, die der Lebensumstände und der Biografien. Entwicklungen und Veränderungen, die im Normalfall Jahre und Jahrzehnte brauchten, überwältigten die Menschen in atemberaubend kurzer Zeit. Wohl niemand trauere der DDR nach, und dennoch sei »bei vielen das Ich ins Wanken geraten. Der großen politischen Wende folgt millionenfach die Wende im Kleinen«[227]. Der Reporter, selbst Ostberliner, sammelt bei seinen Streifzügen die Beispiele: die entlassene Diplomökonomin, die mit ihrem Mann eine Currywurst-Bude betreibt; die Illustratorin, die sich wegen steigender Miete von ihrem Atelier trennt, um wenigstens die Wohnung halten zu können; die einstige Atelierleiterin eines Dekorationsbetriebes, die einen Weinladen aufgemacht hat. Doch er findet auch den Ingenieur, der es mit 57 Jahren wagt, als Baustadtrat eine politische Laufbahn zu beginnen, und die Brüder, die sich durchringen, die elterliche Firma wieder zu betreiben: Auf den Tag achtzehn Jahre nach der Enteignung durch die DDR nageln sie das alte Firmenschild wieder an den Eingang ihres Betriebes.

In den Familiengesprächen vermischen sich die Berichte über die Anschaffungen und die Reisen in die so lange unzugänglichen Regionen Europas mit bitteren Klagen über die kleinen Dramen des persönlichen und beruflichen Lebens. Sie handeln von dem Dozenten-Schwager, der bei der Abwicklung der Ingenieurschule seine Stelle verloren hat, von dem nicht anerkannten Hochschulabschluss der Jungakademikerin, die eben noch stolz auf ihr Examen war, von dem Chefarzt-Onkel, der per Rundschreiben seiner leitenden Funktion enthoben wurde, aber als eigener Stellvertreter weiter arbeiten darf. Das alles betrifft keineswegs alte SED-Kader, sondern normale Bürger, die dem Honecker-Staat eher distanziert gegenüberstanden.[228] Und selbst dort, wo der Übergang in die neue Lebensform ohne größere Probleme vor sich geht oder das Gefühl vorherrscht, das Leben finde endlich den lange ersehnten eigenen Rhythmus, beschwert ein Alltag, der im Ringen mit den neuen Existenzbedingungen, mit Lohnsteuerkarte, Versicherung und dem Mietrecht, aus den Fugen gegangen ist. Ganz zu schweigen davon, dass viele den Westen, den man im Osten doch für ein effektives System hielt, als »bürokratische Riesenkrake«[229] erleben, der mit seinen Anträgen und Formularen die DDR weit hinter sich lässt.

Summiert sich das alles zum Bild eines »Temperatursprungs«[230], mit dem der Essayist Friedrich Dieckmann die Veränderung seit der Vereinigung beschreibt und der vielleicht doch besser als Temperatursturz zu bezeichnen wäre? Tatsächlich ist das Ausmaß des Wandels in der Gemütslage der Oststadt gar nicht zu überschätzen. Nur wenige Wochen nach der staatlichen Vereinigung, so erinnert sich der Journalist Robert Ide, »kippte die Stimmung im Osten derart, als sei das ganze Land dem Untergang geweiht«. Aus seiner Perspektive – es ist die eines siebzehnjährigen Ostberliners – schlägt die Vereinigung um von der Euphorie zur Ernüchterung: »Das Alte ließ sich nicht mehr zwanglos mit dem Neuen vermengen wie noch vor der Währungsunion, als quietschende Einkaufswagen mit kaputten Rädern und neue Südfrüchte, deren Namen man auswendig lernte, noch ein verqueres, funktionierendes Ganzes ergaben. Nun versank das Ganze in einem kleinteiligen Wirrwarr. Die Brötchen der neuen, gelb leuchtenden Bäckerfilialen schmeckten fahl und wie mit Luft aufgepumpt. Die Makkaroni schienen zu dick, die Spaghetti zu dünn zu sein. Das ist sicher nur Gewöhnungssache, redete ich mir ein. Doch wie sollte man sich an alles gleichzeitig gewöhnen?«[231]

Von nun an gehören zum Bild des sich vereinigenden Berlins die neuen, gemischten Stimmungen im Osten – eine wachsende Normalisierung, die untergründig angefochten ist von Verletztheit, vom Gefühl der Zweitrangigkeit und der Furcht, nicht mithalten zu können. Zu den realen Unterschieden zwischen Osten und Westen kommt ihre emotionale Unterfütterung, die rational schwer, ja eigentlich gar nicht auflösbar ist. Sie ist der Abdruck einer Erfahrung, die die Veränderungsspringflut der Wiedervereinigung überall in den neuen Ländern hinterlassen hat: dass sie die Menschen im eigenen Land, in der eigenen Stadt ein Stück weit zu Fremden macht und sie ein Leben als Überforderung empfinden lässt, das sie doch gewünscht haben. Daraus entsteht so etwas wie das Bewußtsein einer eigenen Identität, zumindest der Zugehörigkeit zu einer Schicksalsgemeinschaft.

Zweifel an der Einheit

Die Ernüchterung, ja, Enttäuschung wirft ihren Schatten auch auf die Wahrnehmung der Entwicklung der Stadt. Kann sich Berlin überhaupt noch darauf verlassen, dass die Zeit für sie arbeitet? Dass sich aus ihrer singulären politisch-geografischen Situation und ihrer Symbolkraft die strahlende Zukunft ergibt, die ihr nach dem Mauerfall vorausgesagt wurde? Selbst um die Hauptstadt, von der Berlin immer angenommen hat, dass sie der Stadt zu-stehe, muss sie ja kämpfen. Es führt auch kein Weg mehr an dem Befund vorbei, dass es im staatlich vereinten Berlin – wie der Re-gierende Bürgermeister Eberhard Diepgen einräumt – »politisch, sozial, wirtschaftlich ... noch zwei voneinander getrennte Städte« gibt, während die anfänglichen Hoffnungen »heute weitgehend verschwunden« sind und selbst die Gefahr eines innerstädtischen »Gegeneinanders« nicht ausgeschlossen ist.[232] Was nichts anderes bedeutet, als dass die Stadt inzwischen mit dem Rücken zur Wand steht und sich in den Strudeln, in die die deutsche Vereinigung ge-raten ist, weitgehend aus eigener Kraft behaupten muss.

Doch ist Berlin denn überhaupt in der Verfassung dazu? Kein geringerer als Edzard Reuter, der Sohn des legendären Nach-kriegsbürgermeisters, der als Daimler-Benz-Chef am Potsdamer Platz die größte Baustelle der Stadt vorantreibt, wirft Anfang April die Frage auf. In einer Rede, die den Berlinern in den Oh-ren klingt, hält er ihnen vor, allzu viele reagierten auf die neue Lage mit »Trotz und Larmoyanz«, anstatt sich »auf die eigenen Stärken und ihre Wurzeln zu besinnen«. Reuter bemängelt die ausufernden Diskussionen und sieht die Stadt in der Gefahr, zur

Krisenregion zu werden.[233] Alarmiert reagiert das Abgeordnetenhaus mit einer Debatte unter dem verschreckten Titel: »Ver-
schläft Berlin die Zukunft?«[234] Sie ergibt ein gewaltiges Prob-
lemgebirge, in dem die Berliner Politiker ratlos und beunruhigt
herumsteigen – der Überfülle von Einzelfragen, in die sich die
Abgeordneten verbeißen, entspricht keine Vorstellung, die eine
überzeugende Perspektive böte. Aufgaben und Lösungskraft klaf-
fen auseinander.

Unmut und Gereiztheit schießen nicht zuletzt deshalb ins
Kraut, weil vom großen Aufbruch bislang so gut wie nichts zu
sehen ist. Noch sind Baustellen in Berlin eine Seltenheit, auch
und gerade im Osten. Dort sieht die Stadt noch immer so aus,
wie die DDR sie hinterlassen hat: unaufgeräumt und vernachlässigt, die Straßen reparaturbedürftig, das Stadtbild durchsetzt
von Leerflächen und Hinterhöfen, in denen irgendwelches Ma-
terial vor sich hin altert, mit Häuserfronten von der bekannten
bröckelnden Trostlosigkeit und der grauen Öde der Plattenbauten, und die größte Baustelle, die Friedrichstraße, »macht eher
den Eindruck einer verlassenen Bauruine«[235]. Die neue Zeit zeigt
sich bislang vor allem in den vielen Reklametafeln, die für West-
waren werben und den Eindruck einer bedrückenden, lustlos auf
den Aufschwung wartenden Stagnation nur noch steigern. Noch
immer ist das Gefühl nicht geschwunden, dass die Zeit stehen geblieben sei, irgendwo in den Sechziger-, ja, den Fünfzigerjahren.
Noch immer gehört der Braunkohlengeruch des Winters dazu.
Selbst in der Mitte der Stadt, am Gendarmenmarkt und Unter
den Linden, wo sich tagsüber inzwischen die Geschäftemacher
und die Touristen tummeln, kehrt am Abend wieder die er-
schöpfte Ruhe der verschiedenen DDR ein. Angesichts der massiven Gegenwart der Zeugnisse des alten Berlins überfällt Besucher
der konsternierte Eindruck, als klaffe ein »Loch in der Mitte«[236]:
Ist das die Vereinigung? Fängt so ein Anfang an?

Umso erstaunlicher mutet an, dass dieses Ostberlin nachts

Schauplatz eines heftigen Szenelebens ist. Es stellt eine pittoreske Nachgeburt des Mauerfalls dar, eine verblüffende Begleitung der Mühen des Anfangs. Übrigens hat dieser Underground, ein extensives Tanzfieber zu dröhnender Technomusik, seine Wurzeln schon in der Zeit vor dem Mauerfall, und zwar im Westen wie im Osten, wo noch der FDJ-Zentralrat mit einschlägigen Wünschen bedrängt wurde. Doch das Verschwinden der Grenzen lässt die Szene stichflammenhaft aufschießen. Sie bevölkert Keller und Hinterhöfe, besonders in den Wüsteneien, die die Grenzzone hinterlassen hat. Kaum einen Steinwurf entfernt von der Ödnis des Potsdamer Platzes entsteht in der Stahlkammer des einstigen Wertheim-Kaufhauses an der Leipziger Straße der »Tresor«; er gewinnt als »Extasekäfig« (Bodo Mrozek) einen legendären Ruf. Kaum weniger berühmt wird das »WMF« zwei Ecken weiter im Keller des ehemaligen Hauses der Württembergischen Metallwarenfabrik. Die Plätze wechseln, mal da, mal dort bilden sich mitten in der Nacht Warteschlangen von jungen Leuten zwischen abgewrackten Häusern, geht es über Holzbretter und Ziegelsteine in irgendein kahles, vom Gewühle der Tanzenden und den Kunststoffnebeln erfülltes Kellergewölbe. »Das schrille Leben in den Ruinen«, so finden Beobachter, »trifft den Pulsschlag der sich rasant verändernden Hauptstadt.«[237] Und es zieht zunehmend auch Ausländer an, aus England oder USA, und macht Berlin zur angesagtesten Klubszene Europas.

Mehr als zwei Jahrzehnte später gräbt der Autor Ulrich Gutmair in einem Buch diese Szene gleichsam aus. Der Archäologe der frühen Nachwendejahre beschreibt eine kurzlebige, heftig bewegte Subkultur von Hausbesitzern, Klubbetreibern und Bohemiens, ein Eldorado für abenteuerlustige Studenten, schräge Typen und gescheiterte Existenzen, West und Ost bunt gemischt. Jenseits der offiziellen Stadt zwischen grauen Fassaden und heruntergekommenen Straßenzügen macht eine Fülle von Klubs und Kunsträumen mit zumeist kurzen Halbwertszeiten die Berliner Mitte zu einem großen Abenteuerspielplatz. Seine Bewohner profitieren von billigen Mietverträgen, oft noch aus DDR-Zeiten, und von dem Gefühl, zwischen den Zeiten zu leben. Kreative, junge Leute und Lebenskünstler machen aus der abgewrackten Mitte für ein paar Jahre einen Ort pittoresken Lebens und nicht zuletzt einer exzessiven Feierkultur. Für ihn und seine Generation – so der Autor – hat das alles den Rang der »ersten Tage von Berlin«, und ihre Musik, Beat, House und Techno, bildet zusammen mit den Presslufthämmern und den Geräuschen der Schuttrutschen, die sich in die verfallende Stadt hineinarbeiten, den »Sound der Wende«.[238]

Die Szenekultur siedelt sozusagen in den Ecken und Nischen des beginnenden Umbaus der Stadt. Denn spätestens seit dem Inkrafttreten des im Einigungsvertrag beschlossenen Prinzips »Rückgabe vor Entschädigung« ist Berlin zur Kampfzone der Baulöwen, Investoren und Spekulanten geworden. Zwar sind viele schon seit dem Mauerfall auf der Pirsch, und die Baufirma Klingbeil rühmt sich, bereits am Tag danach eine erste Transaktion getätigt zu haben.[239] Doch Ende 1990, dem Zeitpunkt, an dem der Einigungsvertrag rechtswirksam wird, explodiert die Baubranche förmlich, lässt den Osten erbeben und sorgt im Westen für hektische Geschäftigkeit. Dabei spielt sich der Bauboom vorerst im halb Verborgenen der Behörden, der Anwaltskanzleien und Architekturbüros ab. Dort wird gekauft, gefeilscht und geplant, genehmigt oder abgelehnt, werden Verträge geschlossen und in hektischer Geschwindigkeit die Weichen für die Entwicklung der Stadt gestellt. Dort vollzieht sich ein Umbau, der ein Umbruch ist – ein »aberwitziges Monopoly um Häuser und Grundstücke, kaum nachvollziehbare Glaubenskriege um Verkehrslenkungen, Traufhöhen, Mischnutzungen, historische Grundrisse, Block- und Parzellenbebauung, Abrisspläne, Denkmalschutz, Rekonstruktionen und vor allem Neubauten«.[240]

Es ist – so die resümierende Bewertung wenige Jahre später –

die »Zeit des Dschungels«, in der sich die Frage stellt, »wem die Stadt im Osten gehören soll«.[241] Es wird mit großen Summen und harten Bandagen gekämpft, Projekte werden hochgejubelt und wieder gekippt. Es gibt ein Gesetz, das erlassen wird, um die Konflikte zwischen Alteigentümern und Investoren auszuräumen und die Bautätigkeit an den Klippen der Besitzverhältnisse vorbeizusteuern – es wird »Lex Knauthe« genannt, nach dem Rechtsanwalt, der die entscheidenden Passagen formuliert und, wie es heißt, dem Regierenden Bürgermeister geradezu in die Feder diktiert hat.[242] Investoren aus aller Herren Länder, Mitarbeiter der zuständigen Senatsverwaltungen und der städtischen Wohnungswirtschaft, dazu die Seilschaften einstiger DDR-Funktionäre, die ihren Teil vom Kuchen abbekommen wollen, vereinen und verstricken sich in einem harten Interesse-gegen-Interesse-Ringen, in einem Knäuel von Ansprüchen, Strategien und Intrigen. Es gibt sogar einen Toten, den ehrgeizigen Hanno Klein, Investorenbetreuer in der Bauverwaltung, der von einer neuen Gründerzeit mit »Markanz und Brutalität« schwärmt. Für die wichtige Zeitspanne der Weichenstellung ist er eine lenkende, stimulierende und selektierende Instanz des Baugeschehens. An einem Juniabend zerreißt ihn eine Briefbombe in seiner Wilmersdorfer Wohnung – der Absender, Baulöwe oder Ideologe, ist bis heute nicht gefunden.

Ein neuer Blick auf Berlin

Alles das treibt die Stadt voran und strapaziert sie zugleich bis zur Erschöpfung. Nirgendwo ist da ein Ruhepunkt, dafür wuchern und wabern die Herausforderungen, Widersprüche und Zielkonflikte. Kann es da verwundern, dass ihren Bewohnern die Empfindung verloren geht, auf der Höhe der Entwicklung zu sein? Dass sie sich von dem erwünschten Wandel überfordert fühlen? Andererseits wächst, sozusagen im Rücken des Umbruchs, ein neues Empfinden für die Stadt. Gewiss, von der Geschichte, die geschieht, werden vor allem die aufgebrochenen Straßen wahrgenommen, dazu als Begleiterscheinung die Woge der Touristen, die das Wunderding besichtigen und befühlen wollen. Doch zugleich beginnt ein Prozess, in dem die Stadt ein neues Verhältnis zu sich selbst findet. Es meldet sich eine neue Leichtigkeit des Berliner-Seins. Die Stadt beginnt, mit ihren gebrochenen Flügeln zu schlagen. Das Neue, das atemlos in die Stadt drängt, nimmt ihr etwas von der Last des Alten. In allen Turbulenzen ist doch so etwas wie ein vorfrühlingshafter Vorgeschmack von Zukunft zu spüren. Berlin trägt nicht mehr nur jene Melancholie, die jahrzehntelang über der Stadt gelegen hat, sondern eine neue, aufregende Offenheit.

Die Berliner machen die »Erfahrung der Aneignung«[243]. Den Stippvisiten in den Tagen und Wochen nach dem Mauerfall folgt die Erschließung des jeweils anderen Teils. Für die Ostberliner füllt sich mit Anschauung, was zur Nichtexistenz verdammt sein sollte, weshalb es – wie der Ostberliner Feuilletonist Heinz Knobloch spottete – auf den Ostberliner Stadtplänen »wie Nordgrönland eingezeichnet war: alles in Weiß (eigentlich Nichtweiß), dazu ein paar blaue Wasserläufe«[244]. Dabei war der Westteil der Stadt im Bewusstsein der Ostberliner als Ahnung und Wunschbild immer gegenwärtig. Es war eine Stadt, die aus »Radiotönen und Fernsehbildern, Gerüchten und Gerüchen« bestand und jeden Abend als Lichtschimmer am Horizont aufzog, eine »verbotene Stadt, mit der man in symbiotischer Verbindung lebte und die in unmittelbarer Nachbarschaft, in unerreichbarer Ferne lag … Zum Greifen nahe, ziemlich unbegreiflich«[245]. Die neue Bekanntschaft mit Berlin ist die Aufhebung einer exzeptionellen Situation: »Sich in seiner Heimatstadt nicht auszukennen als einer, der so um die vierzig war, das gab es nur in Berlin.«[246] Der Westteil der Stadt wird für die jüngeren Ostberliner überhaupt erst als konkreter Stadtraum entdeckt und erlebt.

Doch in Wahrheit vollzieht sich die Erforschung und Inbe-
sitznahme eines virtuellen und historischen Besitzes. Die Berliner aus dem Osten stoßen auf Plätze und Einrichtungen, die sie
dem Namen nach kennen, die für sie nur nicht erreichbar gewesen waren, aber gleichwohl auch für sie – wie der Bürgerrechtler
Wolfgang Templin schreibt – »immer zur Geschichte dieser ver-
rückten und faszinierenden Stadt« gehört hatten, »Bahnhof Zoo
und der Kurfürstendamm, der Funkturm und das Funkhaus an
der Masurenallee, der Grunewald und die behäbigen Viertel im
tiefen Westen der Stadt«. Endlich bekomme er »eine wirkliche
Vorstellung von dem, was Berlin einmal gewesen sein musste, was
es neu und wieder werden konnte«.[247] Das Westberlin der nicht
gesehenen Sehenswürdigkeiten nimmt Realität an, aber auch und
vielleicht noch mehr das der alltäglichen Attraktionen – das KDW
oder der berühmte sonnabendliche Wochenmarkt am Winter-
feldplatz, von dem man immer gehört, den man aber nie zu Gesicht bekommen hatte.

Aber auch für die Westberliner beginnt eine Phase der Entdeckungen in der sich vereinenden Stadt. Es ist die Zeit der Spaziergänge, die eigentlich viel mehr als das sind, nämlich »Lerngänge,
Touren durch die Emotionen, zu denen sich Gegenwart und Geschichte verbinden; Gedanken und Gefühle, Kopf und Herz in
heftigem Dialog«[248]. Dieses Pflaster- und Asphalttreten mit dem
Stadtplan in der Hand ist eine Übung in politischer Archäologie,
es legt ebenso alte Berliner Zusammengehörigkeiten frei, wie es
Trennungserinnerungen verarbeitet, es macht mit der Zeit immer
unglaubwürdiger, dass diese Straßen und Plätze einmal Westen
und Osten gewesen sein sollen. Solche Spaziergänge verstehen
sich für den Bewohner der West-Stadt, aber auch für den im Osten, der zum Zeitgenossen einer gewaltigen Transformation wird,
als Übergänge: Sie führen den Leser zu Orten und Gebäuden, zur
Erinnerung an Personen und Ereignisse, während in dem Wort
zugleich noch der bürokratische Terminus aus DDR-Zeiten nach-

hallt, in der er sich mit Kontrollprozeduren und Zwangsumtausch verband. Nun bezeichnet er das Gegenteil: Öffnung, Mobilität, den Schritt ins Freie.[249] Überhaupt bekommen Stadtwanderungen und Ausflugsempfehlungen Konjunktur, nicht nur für die Stadt, sondern auch für das Umland. Eine erste Schwalbe dieser Bereitschaft zur Wiederentdeckung steigt früh auf, sie bereitet vor auf DDR-Stolperpflaster und Fassadengrau – es ist im Januar 1990, gerade zwei Monate nach der Maueröffnung –, weshalb auch festes Schuhwerk und ein paar Butterbrote empfohlen werden, denn die Gastronomie steckt noch tief in der DDR-eigenen Misere.[250] Eine solche Exkursion, unternommen von einer Handvoll von Musikinteressenten, noch ganz im Schatten des Mauerfalls, hat 1991 die Begründung von »Brandenburgischen Sommerkonzerten« zur Folge; sie sollen Berlin mit seinem Umland verbinden und werden zu einem jährlichen Musikfestival mit klassischem Programm.

Indem auf dem Weg solcher Spurensuche die historischen Prägungen der Stadt wieder hervortreten – da mit den Häusern von Dichtern und Theaterleuten, die Berlin einst zur Kulturmetropole machten, dort mit märkischen Herrenhäusern und Ackerbürgerstädtchen –, beginnt die Stadt, sich selbst neu zu definieren und zu finden. Ein Bedürfnis nach Wiederherstellung meldet sich, nach dem Heraufholen von Vergessenem, nach dem Sichern einer noch ganz unsicheren Wirklichkeit und dem Zusammenfügen des lange Getrennten. Darin steckt viel Selbstvergewisserung, aber auch schon eine Ahnung von einer neuen Rolle, die Berlin einnehmen könnte. »Die westdeutschen Städte sind ausdefiniert«, so der Publizist Günther Rühle, Berliner auf Zeit aus Frankfurt am Main, Berlin dagegen lebe in einer neuen, offenen Existenz. »Sie meint nichts anderes als die Überwindung der deutschen Enge ... Mit Berlin will Deutschland anderswohin als mit Bonn.«[251]

Vereinigung durch Verwaltung

Zugleich ist in Berlin ein anderer Prozess der Umwälzung im Gange, der tief in die Fundamente der Stadt hineinreicht – die Zusammenführung der Verwaltung. Mit ihm wächst die Einheit heraus aus den Büros und Dienststellen, aus den Polizeiposten und Schulen, aus den Strukturen und Einrichtungen, die ihr Funktionieren gewährleisten. Einerseits gibt es im vereinten Berlin alles doppelt – zwei Verwaltungen, zwei Justizsysteme, zwei Polizeiorganisationen, zwei Schulsysteme, dazu eine Vielzahl öffentlicher Einrichtungen, Theater, Hochschulen, Akademien, unter denen sich nicht wenige befinden, die ein Tribut an die Zeit der Teilung der Stadt sind, im Osten wie im Westen. Andererseits findet sich im Osten manches gar nicht, was unabdingbar für die demokratische und rechtsstaatliche Verwaltung ist – Richter und Staatsanwälte zum Beispiel, die über Erfahrungen mit einer freiheitlichen Justiz verfügen und die Bedeutung unabhängiger Amtsführung kennen. Wie es überhaupt an Strukturen fehlt, die eine effektive rechtsstaatliche und demokratische Verwaltungstätigkeit gewährleisten können. Was heißt: Der Aus-zwei-mach-eins-Prozess, vor dem Berlin steht, bedeutet in vielen Bereichen faktisch einen Neubau der Verwaltung im Osten. Berlin ist auch in diesem Fall der Dollpunkt des Prozesses der deutsch-deutschen Vereinigung. Sarkastisch beschreibt der Chef der Senatskanzlei die Lage: »Die alten Länder haben ihre alten Probleme, eine voll funktionierende Verwaltung und eine gute bis mäßige Finanzausstattung. Die neuen Länder verwalten den Mangel mit mangelhafter Verwaltung. In Berlin aber prallt alles aufeinander.«[252]

Gibt es eine andere Operation, die so sehr die innere Verfassung der Stadt bestimmen wird? Auf die das viel zitierte Brecht-Wort mehr zutrifft, dass nach den Mühen der Gebirge die Mühen der Ebene kommen? Der Zusammenschluss ist eine verwickelte, vielschichtige Prozedur, die die ganze Berliner Verwaltung in Atem hält. Die Ostberliner Verwaltung, die nicht mehr funktioniert, muss in einen intakten Verwaltungskörper eingefügt und angepasst werden, dessen Strukturen und Funktionen durch die Behörden in Westberlin bestimmt sind. Über 73 000 Mitarbeiter sind davon betroffen – in der Magistratsverwaltung, in den Stadtbezirken, in Tierpark und Patentamt und Theatern, dazu 35 000 Menschen, die im Gesundheitswesen arbeiten. »Übernahme« und »Abwicklung« werden zu den Reizworten der Stunde: Möglichst viele Mitarbeiter sollen weiterbeschäftigt, andere müssen abgebaut werden, weil die Einrichtungen schließen, in denen sie beschäftigt waren, oder weil sie politisch belastet sind, viele landen in Warteschleifen.[253] Es ist ein Unternehmen, das eine unabdingbar neue Wirklichkeit schafft, Chancen eröffnet, aber auch Wunden reißt.

Es ist gespickt mit neuen Herausforderungen: Verwaltungslaien, frühere Oppositionelle und politisch Unbelastete müssen mit einem Mal Ämter leiten, Westbeamte werden Aufbauhelfer in Ostverwaltungen, während bis zur Kommunalwahl im Mai 1992 in den Ostbezirken noch die DDR-Amtsträger amtieren – alles in allem eine Herkulesaufgabe. Sie entspricht dem klassischen Fall, zu dem die Reinigung des Augiasstalles gehört, als sie einhergeht mit der Entlassung von SED-Kadern und Stasi-Mitarbeitern. Auf der einen Seite erregt die Frage nach Schuld und Mitläufertum die Öffentlichkeit, auf der anderen die Furcht, dem Bürger könne im vereinten Berlin zum Beispiel ein Bescheid von einem Mitarbeiter erteilt werden, der ihn zu DDR-Zeiten als Staatsfunktionär reglementiert hat. Abgewickelte Ostmitarbeiter laufen Protest und reichen zu Tausenden Klage ein. Zeitweise droht der Kollaps der östlichen Verwaltung, und der zuständige Innensenator, ein Rechtsprofessor, spricht kaustisch von »geordnetem Chaos«, für dessen Bewältigung es »italienischer Heiterkeit« bedürfe.[254]

Die Öffentlichkeit erreicht der Prozess der Neuordnung

der Verwaltung vor allem in Gestalt des Umzugs der Spitze der Stadt vom Westen in den Osten. Das entscheidende Zeichen setzt Eberhard Diepgen, als er Oktober 1991 vom Schöneberger Rathaus ins Rote Rathaus wechselt, in dem seit 1952 der Ostberliner Magistrat Hausherr war. Der Einzug in den alten Sitz der Stadtregierung soll sichtbar machen, dass die politische Spitze der Stadt wieder an den alten Platz zurückkehrt, von dem sie 1948 vertrieben wurde, und so wird er auch inszeniert: mit einer letzten Senatssitzung im Rathaus Schöneberg, für mehr als vierzig Jahre der politische Mittelpunkt der Weststadt, festliche Übergabe eines Riesenschlüssels zum Tor des mächtigen Neo-Renaissance-Gebäudes, Senatssitzung und Verleihung des zur 750-Jahr-Feier gestifteten Berlin-Ordens, nun an Bürger aus allen Teilen der Stadt. Und auch vom Datum soll ein Bedeutungsschub ausgehen: Gewählt wird der 1. Oktober, an dem 1950 in Westberlin die Berliner Verfassung in Kraft trat. Stolz erklärt Diepgen: Jetzt werde Berlin wieder von der Mitte aus regiert.

Der Umzug stößt nicht nur auf freudige Zustimmung. Für die »Berliner Zeitung«, die sich als Stimme des Ostens versteht, rufe Diepgens Anwesenheit in Mitte »zwiespältige Gefühle« hervor, und nicht ohne Häme konstatiert sie, dass der Regierende Bürgermeister nun auf Plattenbauten sieht, mit denen der sozialistische Städtebau den riesigen zentralen Platz in der Mitte der Stadt vollgestellt hat. Auch rügt sie die Entfernung von Glasfenstern, in denen ein Soldat der DDR-Volksarmee abgebildet war, und sieht darin ein Beispiel dafür, dass Geschichte eliminiert werde, »wie alles in der Stadt, was der Mahnung und Erinnerung dienen könnte«[255]. Das Rote Rathaus ist im Übrigen zum guten Teil noch eine Baustelle; das wird für mehrere Jahre so bleiben, denn vor allem in technischer Hinsicht gibt es massiven Nachholbedarf. Außer der Senatskanzlei ziehen vier von elf Senatoren und ihre Verwaltungen in den Osten, wobei – wie der Innenstaatssekretär anmerkt – »nicht nur Freude festzustellen«[256] ist. Am Ende werden nur drei und ein halbes Ressort im Westteil der Stadt verbleiben. Was die Verwaltung der Stadt angeht, so wird – nimmt man den Umzug des Abgeordnetenhauses hinzu – Westberlin zur Episode.

Der Rest, der die Hauptsache ist, ereignet sich jenseits der allgemeinen Aufmerksamkeit, und nur gelegentlich dringen aus der Tiefe der Ämter und Dienststellen kurze Vollzugsnachrichten nach draußen. Die erste Beamtenernennung in Ostberlin etwa sind knappe Zeitungsmeldungen wert, gemeinsame Streifengänge von West- und Ostpolizisten geben Stoff für Reportagen, Westrichter im Ruhestand werden zur Unterstützung des Aufbaus der Justiz im Osten aktiviert. Nicht alles gelingt, die unterschiedliche Bezahlung im Westen und im Osten bleibt ein Streitpunkt, und auch die Besetzung von Positionen im Osten durch Westbeamte geht nicht ohne Spannungen ab, zumal sie weitgehend Leitungspositionen betreffen und oft mit Beförderungen einhergehen. Tatsächlich werden fast alle Mitarbeiter übernommen. Um Arbeitsplätze zu sichern, werden auch überbesetzte Bereiche in Kauf genommen, um im Osten politischen Druck abzufangen. Aber am Ende erweist sich der Aufbau der gemeinsamen Verwaltung als Aktivposten der Vereinigung. Das Ganze kann als Lehrstück gelten. Die Wiedervereinigung der Stadt, so resümiert der Publizist Klaus Hartung, entspringe »nicht Visionen, sondern der Tüchtigkeit der Verwaltung«[257].

Mühen der Veränderung

Zur Geschichte der Wiederentstehung einer gemeinsamen öffentlichen Sphäre im vereinigten Berlin gehören auch wahre Paradigmen der Vermengung von Beharrungswillen und Erneuerungsabsichten, von Kontinuitäten und Brüchen. Sie illustrieren und modellieren in ihrer Weise, in Umbau und Umbruch, die Entstehung des ganzen Berlin. Nicht zuletzt verdeutlichen sie, wie weit entfernt Ost- und Westteil der Stadt sind und wie schwer die gegenseitige Wiederannäherung wiegt. Das mächtige Gebäude Unter den Linden zum Beispiel, als Friedrich-Wilhelms-Universität der wissenschaftliche Stolz Berlins, als Humboldt-Universität die Renommee-Institution der DDR, wird für gut drei Jahre zum Schauplatz eines vor sich hinstolpernden und erst nach langem Ringen erfolgreichen Wandlungs- und Erneuerungsprozesses. Dabei gelingt die äußere Normalisierung rascher als die innere. Bald verschwunden ist zum Beispiel das gläserne Kontrollhäuschen hinter der Pforte, Denkmal des sozialistischen Kontrollwahns – an ihm musste sich zu DDR-Zeiten jeder ausweisen, der in die Hochschule wollte –, ebenso das starre Reglement des Studienbetriebs. Doch die Selbsterneuerung, die die Hochschule unter den Augen der Öffentlichkeit in Angriff nimmt, demonstriert vor allem ihre Unfähigkeit dazu.

Beides ist verkörpert in der Gestalt des im April 1990 gewählten Rektors Heinrich Fink, einem für religiös-sozialistische Sirenengesänge anfälligen Theologen; seine schlanke Gestalt mit dem Vogelprofil taucht später im Bundestag wieder auf – als PDS-Abgeordneter. Die Unfähigkeit zur Reform zeigt sich jedoch auch an einer Studentenschaft, die bei der friedlichen Revolution mehr oder minder durch Abwesenheit geglänzt hat, sich aber nun, in der neuen Freiheit, mit Vollversammlungen und Demonstrationen ausgerechnet an den umstrittenen Rektor klammert. Das Unverständnis, zumal in der westdeutschen Öffentlichkeit, ist beträchtlich. Für einen Augenblick wird der Hochschule sogar die Möglichkeit ihres Endes vor Augen gehalten: Mit dem Fanfarenruf »Warum ich an die Humboldt-Universität will« fordert ein renommierter FU-Zeithistoriker ihre Übernahme durch die Freie Universität. Die Attacke zielt darauf, die Entwicklung zu korrigieren, die 1948 mit der Gleichschaltung der alten Berliner Universität begonnen und schließlich zur Gründung der Freien Universität geführt hat. Der hochsymbolische Gedanke läuft gegen die Wand der Überzeugung von Hochschule und Senatsverwaltung, dass die Humboldt-Universität als Institution bewahrenswert sei und dass bei allem notwendigen Umbau der Lehrbetrieb gesichert werden müsse.

Im Konflikt des Anspruchs auf selbstbestimmte Erneuerung und der Überzeugung von Senat und Abgeordnetenhaus, dass die Reform nicht ohne externe Regulierung gelingen werde, wird die Humboldt-Universität zum Turnierplatz von hochpolitischen Querelen und universitätsinternen Rivalitäten. In der Mühle der Abwicklungen und – zum Teil erfolgreichen – Gegenklagen, von Erneuerungsverrenkungen und Senatsdruck entsteht ein »besonderes Humboldt-Aroma von Aufbruchstimmung und Beharrungswillen«[258]. Es rückt die Universität in ein Zwielicht, das nur sporadisch aufgehellt wird von den Glanzlichtern zweier Immatrikulationsfeiern. Veranstaltet noch in den Irrungen und Wirrungen der ersten Nachwendejahre, signalisieren sie, welche Erwartungen in den neuen Anfang an dieser traditionsreichen Stätte gesetzt werden. Die erste Immatrikulationsfeier, kurz nach der Wiedervereinigung, sonnt sich im Glanz der Staatsoper und der Anwesenheit des Bundespräsidenten, die zweite, in der Komischen Oper, im November 1991, wird durch die Festrede von Nobelpreisträger Elie Wiesel ausgezeichnet. Beide Festivitäten hinterlassen keine Spuren, weder in der Universität noch in der Stadt. Die zweite Feier bekommt im Nachhinein schon eine High-Noon-Anmutung, denn am nächsten Tag spricht die Personalkommission dem Rektor wegen Stasi-Verdachts die fristlose Kündigung aus. Bald fünfzehn Jahre später zeigt der Fund eines dicken Aktenkonvoluts, dass Fink tatsächlich, seinem hartnäckigen Leugnen zum Trotz, mehr als zwanzig Jahre unter dem Decknamen »Heiner« mit der Staatssicherheit zusammengearbeitet hat.[259]

Schließlich sind es die westberlinisch geprägte Wissenschaftsverwaltung und die Professoren aus den alten Bundesländern, die das neue Profil der Universität formen. Der neue Wissenschaftssenator, ein hochschulpolitisch gehärteter Schwabe, lässt sich weder von Protesten in der Universität noch von Demonstrationen irritieren; fachbezogene Struktur- und Berufungskommissionen unter Leitung renommierter Professoren aus der alten Bundesrepublik setzen eine Ausschreibungswelle in Gang; die Senatsverwaltung erteilt Berufungen in großer Zahl und kürzester Zeit, obwohl man dort – wie der zuständige Senatsrat bekennt – »mehr von Stanford als von der Humboldt-Universität«[260] weiß. Die Wiederherstellung der Universität vollzieht sich nicht als Gründung einer Eliteanstalt – wie von manchen erträumt –, aber in einem Elitenaustausch: Zwei Drittel aller Professorenstellen werden neu besetzt, weitgehend mit Hochschullehrern aus den alten Bundesländern, darunter einige mit bedeutenden Namen, die komfortable Positionen an ihren Hochschulen verlassen. Ihre Überzeugung, an einem Anfang mitzuwirken, bringt dann doch noch einen Zug von Aufbruch in die von den Nachwendedebatten geschüttelte Universität.

Andere Berliner Institutionen bilden die Schwierigkeiten der Vereinigung in einem Zickzackkurs ab. Bald drei Jahre strapazieren die West- und Ostberliner Akademien der Künste die Öffentlichkeit mit einem Schaukampf über die Frage ihrer Vereinigung. Beide lehnen sie zunächst vehement ab und halten die Existenz zweier Akademien mit unterschiedlichen Profilen in einer Stadt für eine originelle Idee, bis die Große Koalition nach der Vereinigung der Stadt dieser aufwendigen und kostspieligen Fortführung der Teilung ein Ende macht. Die dann präferierte Zusammenfügung beider Akademien stößt sich an dem Problem, dass es in den Reihen der Ostakademie eine große Zahl von Mitgliedern gibt, die treue Parteigänger von SED und DDR waren. Überhaupt haben sich in ihr Kunst und SED-Botmäßigkeit in schwer entwirrbarer Weise gemischt – was selbst der Präsident der Westakademie, der Rhetorikprofessor und Publizist Walter Jens, ein entschiedener Fürsprecher einer Vereinigung, sehr diskret den »Aspekt der Qualität« der Ostakademie nennt. Auch der Versuch einer Selbstreinigung, die per Wahl die Spreu vom Weizen trennen soll, räumt bei den Kritikern keineswegs alle Vorbehalte gegen die Ostakademie aus. Und danach findet sich in ihren Reihen beispielsweise noch immer der frühere Vorsitzende des DDR-Schriftstellerverbandes, Hermann Kant, der für die Öffentlichkeit längst zum roten Tuch geworden ist. Es dauert seine Zeit, bis er von sich aus seine Mitgliedschaft zurückgibt.

Die Vereinigung kostet schließlich den Preis eines heftigen, an eine Selbstzerfleischung gemahnenden Streits, vor allem in und um die Westakademie. Er offenbart freiwillig-unfreiwillig das Dilemma, in das die Wiedervereinigung jene Intellektuellen und Künstlern, gestoßen hat, die vor dem Zusammenbruch die Zusammenarbeit mit den DDR-Kollegen suchten und dabei deren sozialistische Bekenntnisse entweder nicht zum Nennwert nahmen oder sie billigten, sei es im Namen der gemeinsamen deutschen Kultur oder aus mehr oder minder verdrückten ideologischen Sympathien. Dem entspricht der Gedanke, die Ostmitglieder mit einer »En-bloc-Übernahme« aufzunehmen, um ihnen – wie Walter Jens formuliert, der ihn ins Gespräch gebracht hat – eine »demütigende Personaldebatte« zu ersparen.[261] Dahinter steht die panische Furcht unter westdeutschen Intellektuellen, gegenüber dem Osten in eine westliche »Siegermentalität« zu verfallen. Die Mischung aus dem Wunsch, den DDR-Mitgliedern ihre Sozialismus-Sympathien nicht nachzutragen, und der Gebotenheit des Festhaltens am freiheitlichen Charakter der Westakademie, macht die Vereinigung der Akademien zu einem Eiertanz. Die Entscheidung der Westakademie für eine Vereinigung, nach heftiger Debatte mit einer Zweidrittelmehrheit beschlossen, endet geradewegs in einem binnendeutschen Kulturkampf, der heftig in den westdeutschen Feuilletons widerhallt. Er ist eine Lektion über das Erbe an Verwerfungen und Verspannungen, welche die deutsche Teilung dem vereinten Deutschland hinterlassen hat.

Es hagelt Austritte aus der Westakademie, auch von prominenten Mitgliedern, die es als Zumutung empfinden, mit den Ostmitgliedern in einen Topf geworfen zu werden, sie reichen von dem Komponisten György Ligeti bis zu dem Lyriker Rainer Kunze; oft haben sie bittere Erfahrungen mit dem Sozialismus hinter sich. Fast alle bildenden Künstler verlassen die Akademie; den meisten von ihnen passt die ganze, eher realistische Richtung der DDR-Kunst ohnedies nicht. Der Staatsvertrag, den Berlin und Brandenburg über die Gründung einer Akademie aushandeln – er soll, nicht zuletzt, die Archivbestände der Ostakademie sichern –, wird aus der CDU heraus, die ihn ursprünglich mitgetragen hat, attackiert. Sogar Bundeskanzler Helmut Kohl meldet sich zu Wort, um vor »erheblichem Schaden für die geistig-kulturelle Ausstrahlung der deutschen Hauptstadt«[262] zu warnen, wenn die Ostmitglieder en bloc übernommen würden. Sozusagen flankierend zu diesem Streit gibt es die Forderung nach Überprüfungen durch die Gauck-Behörde und parlamentarische Anhörungen. Der formulierungskräftige Walter Jens wählt Begriffe wie »Spruchkammermentalität« und »Persilscheine«, um die Gegner der Fusion zu treffen. Die Lyrikerin Sarah Kirsch, eine in den Westen gewechselte DDR-Autorin, prophezeit dagegen drastisch, die Akademie werde »eine Schlupfbude für ehemalige Staatsdichter und Zuträger der Staatssicherheit sein«[263]. Es dauert bis zum Oktober 1993, bis die Akademie endlich, leicht erschöpft, ihre erste Sitzung abhalten kann.

Ein anderes und ähnliches Beispiel für die Anstrengungen des Einigungsprozesses bildet die Akademie der Wissenschaften der DDR. Zwar ist an dem gewaltigen zentralistischen Wissenschaftskombinat, das seinen Sitz – und die meisten Einrichtungen – in Berlin hat, im strengen Sinne nichts zu vereinen: Als Institution ist sie bereits im Einigungsvertrag von Bundesrepublik und DDR aufgelöst worden. Aber die Frage, was aus den zu ihr gehörenden zahllosen Instituten mit ihren 22 000 Mitarbeitern werden soll und wie sie mit der Wissenschaftslandschaft der Bundesrepublik verbunden werden sollen, löst vergleichbare Debatten aus. Auch sie zeigen die erdbebenhafte Erschütterung an, mit der die deutsche Vereinigung in alle Lebensbereiche eingreift. Auch hier bleiben die Versuche der Selbstreform in den Frühjahrsmonaten 1990 – runder Tisch, Rückzug des Führungspersonals der Vorwende-Ära, Wahl eines neuen Vorsitzenden – in Ansätzen stecken. Es macht die Neuformierung nicht leichter, dass Hans F. Zacher, der Präsident der Max-Planck-Gesellschaft, das Verdikt in den Osten hinüberschickt, die DDR-Wissenschaft sei eine »Wüste«. Das bezieht er, ein Münchener Juraprofessor, auf die Geistes- und Sozialwissenschaften, doch in der Umbruch- und Unsicherheitsphase, in der sich der Osten befindet, bleibt mehr als ein Hauch davon als Unwert-Urteil an der ganzen DDR-Wissenschaft hängen.[264]

In Berlin kann man im Sommer 1991 ein pointiertes, tableauhaftes Abbild des Verhältnisses von DDR-Wissenschaft und bundesrepublikanischer Wissenschaft in den Zeiten der Wende besichtigen. Erst hält die Max-Planck-Gesellschaft Anfang Juni 1991 in Schinkels Schauspielhaus am Gendarmenmarkt ihre Hauptversammlung ab – Demonstration ihres Selbstbewusstseins als Instanz der deutschen Forschung, untermischt mit deutlichen Bekundungen der Vorbehalte gegenüber dem DDR-Wissenschaftsbetrieb.[265] Einen knappen Monat später tritt die ostdeutsche Akademie auf der anderen Seite des Platzes zusammen, in dem klassizistischen Palais, in dem sie seit vier Jahrzehnten ihren Sitz hat. Im Schatten des Umbruchs begeht sie mit einem Festakt die 291. Wiederkehr der Gründung der Königlich-Preußischen Akademie der Wissenschaften, deren Nachfolge sie immer beansprucht hat, aller sozialistischer Ausrichtung zum Trotz. Dem bundesrepublikanischen Eröffnungszug in der Auseinandersetzung um die künftige gesamtdeutsche Wissenschaftslandschaft steht eine Abschiedsvorstellung in betont traditionalistischem Gewand gegenüber. Statt Feierstimmung herrscht bei der ostdeutschen Akademie Zerknirschung, der Präsident wirft die Frage auf, ob der Tag überhaupt begangen werden soll, und spricht mit Bezug auf die Debatte über die DDR-Forschung ironisch von »Wüstentheoretikern« und »Oasensuchern«.[266]

Doch inzwischen reisen schon die Expertengruppen des bundesrepublikanischen Wissenschaftsrates von Institut zu Institut, begutachten und empfehlen, geben da Sicherheit für die Fortführung eines Instituts, brechen dort den Stab über ein anderes. Trifft die ironische Notiz der Beobachterin einer solchen Begutachtung zu, dass sie sich ausnimmt wie »ein Zusammenstoß von Artgenossen, die auf freier Wildbahn aufgewachsen sind, mit solchen, die aus dem Gehege kommen«[267]? Am Ende steht ein kompliziertes Programm, mit dem die Akademie zerlegt und ihr Potenzial auf die Wissenschaftsorganisationen der alten Bundesrepublik sowie die Länder verteilt werden soll. Ein kleinerer Teil soll an den Universitäten untergebracht werden, wo sie allerdings vielfach nicht erwünscht sind, wieder andere in geisteswissenschaftlichen Zentren. Insgesamt sollen rund 11 000 Wissenschaftler weiterarbeiten können. Sehr befriedigend ist offenbar weder das Ergebnis noch die Reaktion der Behörden, die diese Empfehlungen umsetzen sollen. Der Vorsitzende des Wissenschaftsrates macht sein Unbehagen an der Entscheidung öffentlich, indem er das Votum seiner Kommission in einer eigenen Pressekonferenz vorstellt.

Es ist offenkundig, dass die Abwicklung der Akademie der Wissenschaften Wunden und offene Fragen hinterlässt, nicht zuletzt aufgeworfen durch die Brüche, die sie in der Biografie einzelner Forscher hinterlässt. Sie lassen sich ablesen am Schicksal ihres Präsidenten Horst Klinkmann: Der international renommierte Nierenspezialist und klassische Fall eines DDR-Aufsteigers aus kleinen Verhältnissen wird von seiner Hochschule, der Universität Rostock, entlassen, weil er eine wichtige Rolle in der SED gespielt hat; später arbeitet er, hoch angesehen, in Bologna und Nanking. Und wäre das Verhalten der Max-Planck-Gesellschaft in diesem Zeitraum nicht auch eine Art symbolischer Bruch, gemessen jedenfalls an den Möglichkeiten, die sich ihr im Zusammenhang mit der Wiedervereinigung eröffnen? Auf ihrer Berliner Sitzung hat sie auch die Frage aufgeworfen, ob sie die historischen Veränderungen zum Anlass nehmen solle, von München nach Berlin zurückzukehren, wo ihre Vorgängerinstitution, die Kaiser-Wilhelm-Gesellschaft, vor 80 Jahren gegründet wurde, zumal sich dort noch immer ihr juristischer Sitz befindet. Zunächst urteilt ihr Präsident, dafür sei die Hauptstadtfrage »eine so zentrale Prämisse«, dass sie nicht vor deren Entscheidung erörtert werden könne. Als die Berlin-Entscheidung wenige Wochen später fällt, hat die größte Wissenschaftsorganisation der Bundesrepublik zwar eine Verlegung debattiert, Alternativen erwogen, ist allerdings dann darauf gestoßen, dass eine Verlegung nach Berlin große Schwierigkeiten bereiten werde, und hat sich auch dem Nachdenken darüber hingegeben, ob das im Sinne des Föderalismus sei. Vor allem aber hat sie zeitgleich ein Angebot Bayerns erhalten, auf einem renommierten Münchner Areal, dem Marstallplatz, einen Verwaltungsbau errichten zu können. Es ist ein prägnanter Kommentar zum Vereinigungsprozess, dass die Gesellschaft Bayern den Zuschlag gibt – 1999, akkurat in dem Jahr, in dem die deutsche Neuformierung durch den Regierungsumzug zu Ende geht, wird der Bau fertiggestellt.

Eine Stadt kommt zu sich selbst

Am Ende des Jahres 1991 hat Berlin das erste Jahr hinter sich gebracht, in dem es wiedervereinigt ist. Aber wie weit ist es wirklich schon eine Stadt? Zum zweiten Jahrestag des Mauerfalls übt sich der Regierende Bürgermeister in vorsichtiger Zurückhaltung: »Die entscheidende Phase des Umbruchs und des Aufbruchs steht noch bevor. Wir sind erst am Anfang.«[268] Tatsächlich ist die Stimmung trotz aller Fortschritte gedämpft. Die nach wie vor gravierende Unterschiedlichkeit der Lebensverhältnisse zwischen Westen und Osten drückt auf das städtische Selbstverständnis, das Übermaß der Aufgaben produziert einen permanenten Zustand der Überforderung, und die Visionen, die den Weg aus diesem Dilemma weisen könnten, gehen in einem strapaziösen Alltag unter. Zeitweilig kann der Eindruck entstehen – so wird gespottet –, Berlin sorge sich überwiegend um kommunale Nebensächlichkeiten wie »die Zukunft des Lenin-Denkmals, die Höchstgeschwindigkeit in Wohngebieten und um die Erlaubnis, das Brandenburger Tor im Doppeldecker durchfahren zu dürfen«[269].

Versuche, die Situation der Stadt zu beschreiben, kommen über die Beschreibung von Ambivalenzen und Widersprüchen, Fragen und Unsicherheiten kaum hinaus. Frontstadt ist Berlin nicht mehr, aber ist es schon Hauptstadt? Befindet sich die Stadt auf dem großen Sprung in die Zukunft, oder »verostet« sie? Die angstbesetzte Formel nistet in vielen Hinterköpfen. Überhaupt: Wie soll die Stadt die Entwicklungen nachholen, für die andere Städte Jahrzehnte zur Verfügung hatten? Was wird geschehen, wenn die Baustellen für die Regierung aufmarschieren und die Innenstadt weiter belasten? Mit welchen Fristen muss man rechnen, bis wieder Normalität eintritt – mit Jahrzehnten, mit Generationen? Schon breitet sich ein Hauch Nostalgie über die geteilte Vergangenheit, wahrgenommen als Erinnerung an die »Nestwärme der anheimelnden Biotope im beiderseitigen Schatten der Mauer«[270], die verflogen ist: Unterm Strich ist die Stadt rauer und ungemütlicher geworden.

Selbst der Aufbau der gemeinsamen Verwaltung, fraglos eine Erfolgsgeschichte, hat ja seine Kehrseiten. Schießt die energische Angleichung der Strukturen nicht über das Ziel hinaus? Muss wirklich alles nach dem westlichen Modell geregelt werden? In den Schulkollegien im Osten wird ein Brief von Theodor Storm aus dem Jahr 1867 herumgereicht, es ist das Jahr, in dem

Schleswig-Holstein an Preußen fiel. Er hält dem Vereinigungsprozess einen bitteren historischen Spiegel vor. Denn der Jurist und Dichter klagt darüber, dass die Preußen die Schleswig-Holsteiner, nachdem sie sie vom dänischen Druck befreit hatten, »wie einen besiegten Stamm« behandelten, »indem sie die wichtigsten Einrichtungen, ohne uns zu fragen, über den Haufen« warfen und »jeder Kerl« glaubte, er »müsse uns erst die höhere Weisheit bringen«.[271] Eberhard Diepgen, der von diesem Brief in seinen Erinnerungen berichtet, hält vergleichbare Eindrücke für nicht unbegründet. Er räumt ein, dass es die Tendenz gebe, »alle Einrichtungen der DDR, für die es im Westen kein Pendant gab, sofort und ohne sorgfältig Prüfung zu demontieren«, und sucht in Berlin gegenzusteuern – mit der Errichtung von Gesundheitlich-Sozialen Zentren, in denen der Gedanke der Polikliniken fortdauert, oder der Bildung von Sportgymnasien, die eine gewisse Entsprechung der Sportförderung in den Kinder- und Jugendsportschulen darstellen.[272] Dabei kann kein Zweifel daran bestehen, dass die Einheit der Stadt ohne die Durchmischung der Verwaltung im Osten der Stadt mit westdeutschen Aufbauhelfern nicht möglich gewesen wäre. Aber sind es immer die richtigen Helfer gewesen? Ein Berliner Beamter, der nach Brandenburg entsandt wurde, versieht den Export von westlichen Fachleuten nach dem Osten und ihre Absicht, die ostdeutsche Verwaltung nach ihrem Modell aufzubauen, mit dem ebenso hintersinnigen wie provokativen Kommentar, dies sei »das größte Karriereförderungs- und Bereicherungsprogramm der deutschen Verwaltungsgeschichte«[273] gewesen. Aber wäre es wirklich anders gegangen?

Alle Zweifel ändern nichts an der Bilanz der praktischen Veränderungen, die der Aufbau der Verwaltung für das Zusammenwachsen der Stadt erbracht hat. Die Ostberliner Bezirke sind administrativ runderneuert und die Stadt in ihrem kommunalen Funktionieren vereinheitlicht. In ihren Gerichten ist der SED-Geist durch den der Rechtsstaatlichkeit verdrängt, neue

Finanzämter sind entstanden, und Wohngeldstellen haben Hundertausende von Anträgen bearbeitet – in einer Stadt von der Größe Berlins ein Mammutunternehmen, das nur mit der D-Mark-Währungsumstellung 1990 vergleichbar ist. Das Fundament gemeinschaftlichen Existierens, die Infrastruktur der Behörden und öffentlichen Einrichtungen, dehnt sich wieder über die ganze Stadt aus. Denn auch die städtischen Betriebe sind fusioniert – Verkehr, Stadtreinigung, Wasserwirtschaft –, und eine neue Landesbank ist auf den Weg gebracht. In der kommunalen Ebene, in Infrastruktur und öffentlichen Institutionen, ist die Stadt wieder zusammengefügt. Die normalen Prozeduren des öffentlichen Lebens sind gesamtstädtisch wieder funktionsfähig. Oder wie es der Regierende Bürgermeister im Januar 1992, ein Jahr nach dem Antritt der ersten Gesamtberliner Regierung, ausdrückt: »Der Rohbau für das neue Berlin steht.«[274]

KAPITEL IV

Berlin und Bonn im Hauptstadt-Crashkurs Oder: Ein Umzug wird zum Politikum

> Die Bundesregierung im Biwak, das Parlament
> im Plattenbau und Bonner Beamte im Berliner Kiez.
> Das würde dem müden Staatsschiff die Segel blähen.
> Aber so mutig sind wir wohl alle miteinander nicht.
>
> KONRAD WEISS[275]

Ein Beschluss wird bearbeitet

Mehrere Stunden dauert der Spaziergang, den der Bundeskanzler im Januar 1992 in der Berliner Mitte unternimmt. Es ist ein typischer Berliner Winter, nass, die Temperatur ein paar Grad über null, und die Stadt ist grau und leer – einsam der Reichstag, kahl die alte Prachtstraße Unter den Linden, abweisend Lustgarten und Schlossplatz, die beiden großen Plätze im Zentrum. Begleitet von wenigen Berliner Politikern, an ihrer Spitze der Regierende Bürgermeister Eberhard Diepgen und Stadtentwicklungssenator Volker Hassemer, stapft Helmut Kohl durch die historischen Zonen der Stadt und bestimmt – in »spätroyalistischer Manier«[276], wie der Zeithistoriker Arnulf Baring spottet – die Standorte der künftigen Regierung: Der Schwerpunkt mit Reichstag und dem Kanzleramt soll am Spreebogen liegen, ein zweites Zentrum mit

wichtigen Ministerien auf der Spreeinsel, wo sich mit Staatsratsgebäude, Außenministerium und Palast der Republik der Mittelpunkt der DDR-Staatlichkeit befand. Soll man das Unternehmen
historisch nennen? Oder ist es nur eine Station in einem verschlungenen Entscheidungsprozess? Mit der kleinen gouverne-
mentalen Berlin-Exkursion setzt jedenfalls der Vereinigungsprozess seinen Fuß in die Mitte der Stadt. Die Entscheidung, der der
Bundestag ein halbes Jahr zuvor mit dem Hauptstadtbeschluss
den entscheidenden Schub gegeben hat, greift unmittelbar in ihre
Geschichte ein. Es beginnt das vielleicht wichtigste Kapitel der
Wiederherstellung Berlins.

Bis dahin befinden sich die Planungen für die Hauptstadt
bestenfalls im Status nascendi. »Es steht so gut wie nichts fest«,
wird Michele Schreyer, die Senatorin für Stadtentwicklung im
rot-grünen Senat, zitiert, als sie im Juni 1990 die erste Stadtkonferenz zum Thema »Planen, Bauen, Wohnen« eröffnet. Erste tastende Überlegungen stehen noch ganz unter dem Eindruck des
Mauerfalls, stochern im Nebel einer unabsehbaren Zukunft herum, gestikulieren mit Thesen, Forderungen und Projekten. Im
Westteil der Stadt sind Senat und Administration überdies eifrig
dabei, den »Abschied von der Inselstadt« zu vollziehen, der auch
der Abschied von der rot-grünen Absicht ist, Westberlin mit
Straßenrückbau und ausgiebigen Grünzügen zur ökologischen
Musterstadt auszubauen. Es dauert seine Zeit, bis die Koalition
zurückgerudert ist und neue Prioritäten setzt.[277] Noch vor den
ersten gesamtdeutschen Wahlen im Dezember 1990 legt ein Arbeitsstab »Hauptstadtplanung Berlin« ein räumliches Konzept
vor. Aber bald geraten alle Überlegungen in den Sog der Hauptstadtentscheidung, wo dann zum Beispiel auch eine Reliefkarte
und ein Satz Fotos aus dem Berlin der Zwanzigerjahre eine
Rolle spielen, die Bundessenator Radunski dem Bundeskanzler
überreicht. Denn vor allem das Bild, das die damalige Reichsre-
gierung bei einer Kabinettssitzung unter einem Baum im Gar-

ten der Reichskanzlei zeigt, beeindruckt den Kanzler.[278] Doch ist der Hauptstadtbeschluss noch der, den das Parlament in der denkwürdigen Sitzung im Juli 1991 gefasst hat? Kaum hat die Debatte um seine Umsetzung begonnen, verwandelt sie sich in einen Kampf um die Hauptstadt mit anderen Mitteln. Aber ist das angesichts des knappen Ausgangs und seines Zufallscharakters verwunderlich? Beides suggeriert den Bonn-Befürwortern, die Entscheidung sei vielleicht doch noch umzukehren, und bei den Berlinern schürt sie die Zweifel an der Ernsthaftigkeit des Umzugsvorhabens. Denn der Beschluss lässt viele Fragen offen: Ist die Bundesrepublik wirklich bereit, eine Hauptstadt Berlin zu akzeptieren? Stehen die politisch stärkeren Bataillone nicht vielleicht doch auf der Gegenseite, also in Bonn? Ohnehin befindet sich Berlin gegenüber der selbstbewussten alten Bundesrepublik in keiner starken Stellung. Die Hauptstadtdebatte hat noch gar nicht recht begonnen, da verzichtet Walter Momper schon freiwillig auf den Umzug der Bundesbank von Frankfurt nach Berlin – der im Bundesbankgesetz für den Fall stand, dass Berlin wieder Hauptstadt würde –, weil er den zu erwartenden Widerstand im westdeutschen Establishment fürchtete. Auch Eberhard Diepgen wahrt in Konfliktfällen lieber Zurückhaltung. Tatsächlich ist noch längst nicht ausgemacht, ob Berlin mit der Hauptstadtentscheidung den Wind der Geschichte im Rücken hat oder nur – mühsam – gegen ihn ankreuzt.

Schon das Echo auf den Beschluss lässt das erkennen. Eine »wundervolle Katastrophe«[279] betitelt der »Spiegel« seinen Bericht über die Hauptstadtentscheidung, subtil andeutend, dass viele sich von ihrem Ausgang vor den Kopf gestoßen fühlen. Dass »Berlin zwar eine Mehrheit hat, aber noch nicht viele Freunde«[280], findet die Hamburger »ZEIT« und attackiert die Stadt mit der kritisch-skeptischen Erörterung ihrer Fähigkeit, die Bundesrepublik zu repräsentieren. Es wird drei Jahre dauern, bis auf der ersten Seite des Hamburger Blattes, des Flaggschiffs des deutschen

Journalismus, als Schlagzeile die Aufforderung »Auf nach Berlin« erscheint. Jetzt, noch im Pulverdampf der Redeschlacht, fällt das Urteil reserviert aus. Es ist ein Amalgam aus dem Argwohn, die Entscheidung für Berlin markiere einen konservativ-nationalen Rückfall, und dem Überlegenheitsgefühl gegenüber der Berliner Politik, dieser »Diepgen-Momper-Mischung«, die in der alten Bundesrepublik notorisch im Ruf von Mittelmäßigkeit und Provinzialität steht.

Und wer sucht, der findet in diesem Sommer der Verblüffung und des Räsonierens auch Anlässe, um Berlin für vergleichbare Vorbehalte und Zweifel in Haftung zu nehmen. Auch im zweiten Jahr nach der deutschen Vereinigung ist sie in den Augen vieler Beobachter – zumal unter den Intellektuellen und Linken – von der Befürchtung überschattet, sie könne die Bundesrepublik von ihrem europäisch-liberalen Wege abbringen. Da genügt eine historische Petitesse wie die Wiederanbringung der Symbole Kreuz und Adler an der Quadriga, der Figurengruppe auf dem Brandenburger Tor, um Proteste zu entfachen. Die DDR hatte die Symbole entfernt, nun sollen die von dem preußischen Baumeister Karl Friedrich Schinkel nach den Befreiungskriegen geschaffenen Zeichen im Zuge der Reparatur der ihr beim Silvesterfest der Einheit 1989 hinzugefügten Schäden wieder an ihren alten Ort zurückkehren, und Kritiker fürchten, damit könne nationalistischen Tendenzen Vorschub geleistet werden.[281] Erst recht gibt die Überführung Friedrichs II. vom Hohenzollern-Schloss bei Sigmaringen nach Sanssouci Anlass für den Verdacht eines wieder erstehenden Nationalismus. Bis hin zu der bizarren Frage, aufgeworfen von dem argwöhnischen Sebastian Haffner, ob denn der Augusttag, an dem die Überführung des Preußenkönigs mit einer mitternächtlichen Zeremonie in Anwesenheit des Bundeskanzlers zelebriert wird, etwa ein zweiter »Tag von Potsdam« sei[282] – jener infamen Zeremonie, mit der die Nationalsozialisten im März 1933 ihre Machtübernahme preußisch-nationalistisch glorifizierten. Die deutsche Verkrampfung in Sachen Vergangenheitsaufarbeitung dauert an.

Zum Hauptproblem des Umzugs aber werden die Widerstände gegen die Umsetzung des Berlin-Beschlusses. Das große, in seiner Weise einzigartige Unternehmen des Umzugs einer Regierung in eine neu zu begründende Hauptstadt, das man sich als Suche einer ganzen Nation nach einem neuen, von ihrer Wiedervereinigung inspirierten Selbstverständnis hätte denken können – oder zumindest als Chance, die Struktur der Regierungsarbeit gründlich zu erneuern –, gerät zur »Zitterpartie«[283] (Dietmar Kansy), halb Fuß-an-Fuß-Gerangel, halb Nervenkrieg – und endet oft in kleinlichem Gezänk. Der Beschluss wird, wie Eberhard Diepgen im Rückblick mit Ingrimm feststellt, »bearbeitet«[284]: durch Verzögerung relativiert, mit Interpretation umgedeutet, von endlosen Debatten um sein Profil gebracht. Oder soll man angesichts des Gegeneinanders der Interessen und Urteile in der Hauptstadtfrage sagen: Der Beschluss wird passend gemacht für eine Republik, deren kollektives Bewusstsein noch keineswegs so weit ist, Berlin wieder als deutsche Hauptstadt anzunehmen?

Allerdings ist die Hauptstadtentscheidung für Bonn auch mehr als ein Schock. Es ist der Super-GAU, der größte anzunehmende Unfall für die Stadt, die für eine lange Nachkriegsgeschichte das Zentrum der deutschen Politik gewesen ist. Siegesgewiss, wie sie sich gefühlt hatte, reagiert die kleine Stadt am Rhein hoch emotional, und mit der ganzen Verletztheit eines knapp geschlagenen Verlierers fühlt sie sich verraten und verkauft und um ihre Verdienste gebracht. In den Augen vieler Mitarbeiter von Bundestag und Bundesregierung sieht man Tränen. Und kann die heftige Reaktion überraschen? Die Stadt Bonn, über Jahrzehnte das Synonym für Politik in der Bundesrepublik, sieht ihre Zukunft infrage gestellt. Von rund hunderttausend Betroffenen in der Region ist die Rede. Das ist, natürlich, eine gegriffene Zahl, aber dass die Wirkungen tief in das Leben der Stadt eingreifen werden, liegt auf der Hand – dass ihre Lage sich keineswegs verschlechtern würde, ist zu diesem Zeitpunkt nicht vorauszusehen. Die wöchentlichen Donnerstagsdemonstrationen, mit denen der Bürger Bund Bonn auf dem Marktplatz gegen die Folgen des Beschlusses mobil macht, können sich zunächst durchaus als Speerspitze einer breiten Stimmung fühlen. Sie werden allerdings mit ihrer sturen Pro-Bonn-Widersetzlichkeit bald peinlich.

Die Fallhöhe der Hauptstadtentscheidung findet ihren Ausdruck nicht zuletzt in dem Tempo, mit dem in Bonn ihre Umsetzung in Angriff genommen wird. Schlag auf Schlag entstehen die Gremien, die den Umzug steuern sollen: Sechs Tage nach der Entscheidung wird ein Arbeitsstab der Bundesregierung gebildet – er wird als Kroppenstedt-Kommission, benannt nach ihrem Vorsitzenden, dem Staatssekretär im Innenministerium, bald eine fixe, auch umstrittene Größe im Prozess der Umsetzung des Hauptstadtbeschlusses. Anfang September, unmittelbar nach der Sommerpause, folgen gleich drei Kommissionen des Bundestags für Baumaßnahmen, für soziale Folgen, für Konzepte. Vor allem Rita Süssmuth, die in der Abstimmung zu den Berlin-Gegnern gehörte, reißt das Heft des Handelns förmlich an sich und setzt sich als Herrin des (Umzugs-)Verfahrens des Bundestages an die Spitze der Entwicklung. Angesichts der Turbulenz der Debatte nimmt sich dieser Wechsel der Agenda fast auf der Stelle, ohne Zögern und Wundenlecken, aus wie eine Flucht nach vorn, und in gewissem Sinne ist er das auch: Die politische Klasse in Bonn schüttelt das Fast-Desaster der Zerreißprobe ab, zu der die Abstimmung für sie geworden ist, indem sie sich entschlossen der Auseinandersetzung darüber zuwendet, wer die Deutungsmacht über den Beschluss gewinnt.

Kaum ist der Umzug auf die Schiene gesetzt, beginnen auch schon die Versuche, ihn zu auszubremsen. Noch ist nicht einmal in Umrissen absehbar, wie er realisiert werden kann, da kommen in Bonn fallwindartig Diskussionen über drohende Steuererhöhungen auf. Natürlich ist die Frage nach den Kosten des Umzugs legitim, aber kann sie in diesem Stadium etwas anderes bedeuten als die Absicht, sie gegen den Hauptstadtbeschluss in Stellung zu bringen? Überhaupt fällt auf, wie rasch das Umzugsthema überlagert wird von der Diskussion über seine Bedingungen. Anstelle von Vorschlägen, wie denn Bundestag und Bundesregierung möglichst bald ihren Sitz in Berlin einnehmen können, drängen sich Bedenken vor: unter welchen Umständen der Umzug keineswegs stattfinden dürfe, welche Bedingungen erfüllt sein müssten, damit er überhaupt in Gang kommen kann, und wann der richtige Zeitpunkt für ihn sei. Die Abwehrfront der Bonn-Befürworter aus Politikern und Beamten praktiziert – wie Dietmar Kansy, der Vorsitzende der Baukommission, sich erinnert – eine »subtile, nur mit großem Zeitaufwand erkennbare und bekämpfbare Strategie der kleinen und größeren Verzögerungen in Politik und Verwaltung«.[285] Selbst die Barackenenge der frühen Bonner Provisoriumsjahre wird zum Argument gegen einen raschen Umzug, sie dürfe sich – wie unisono beschworen wird – nicht wiederholen. Das alles findet sein Mantra in den Formeln von der »Arbeitsfähigkeit« und der »vollen Funktionsfähigkeit« des Bundestages, an deren Herstellung der Umzug geknüpft werden soll. Und rüttelt an der Vierjahresfrist, die der Hauptstadtbeschluss dafür in Aussicht genommen hat. Als Rita Süssmuth einen knappen Monat nach der Hauptstadtentscheidung nach Berlin kommt, um den Umzugsbeschluss zu bekräftigen, macht er schon einen reichlich gezausten Eindruck.

Tatsächlich bietet der Umzugsbeschluss so viele offene Flanken, dass seine Umsetzung fast zwangsläufig zu einem Kampfplatz wird, auf dem das Ringen um Berlin nochmals voll entbrennt. Wie bei der legendären Schlacht zwischen Römern und Hunnen auf den Katalaunischen Feldern (451 n. Chr.), bei denen – der Sage nach – die gefallenen Krieger in den Lüften mitkämpften, sind alle die Vorbehalte und Angriffe mit im Gefecht, die im Hauptstadtstreit eineinhalb Jahre lang die Bundesrepublik bewegt haben. Nur findet der Kampf diesmal vorwiegend im Halbdunkel der Kommissionen und Gremien statt, und seine Waffen sind Berichte und Gutachten, seine Schlachtfelder Zeitpläne, Kosten und Konzepte, um die erbittert gerungen wird. Nur über den Sitz des Parlaments besteht rasch Übereinstimmung. Schon Ende Oktober einigen sich die Fraktionen darauf, den Reichstag für die Plenarsitzungen des Bundestags zu nutzen. Der Gedanke an einen Neubau, verfochten vor allem von dem Bundestagsabgeordneten und Architekten Peter Conradi – er hat den Platz des einstigen Stadtschlosses im Auge, gegenwärtig besetzt vom Palast der Republik –, hat dagegen nur eine kurze Halbwertzeit. Umso mehr wird die künftige Organisation der Regierung zum Ursprung einer endlosen Auseinandersetzung.

Eine Regierung wird aufgeteilt

Das halbe Jahr, das der Hauptstadtabstimmung folgt, bietet ein eindrucksvolles Beispiel dafür, wie ein Beschluss von historischem Rang in die Praxis umgesetzt wird – und dabei eine Wirklichkeit gewinnt, die sich vorher keiner so ausgedacht hätte. In kürzester Zeit wird das politische Feld abgesteckt, und niemand anders als Bundeskanzler Kohl stellt die Weichen. Noch vor der parlamentarischen Sommerpause hat er vor der CDU/CSU-Fraktion erklärt, jetzt sei ein »vernünftiger Zeitplan« erforderlich. Er veranschlagt dafür einen Zeitraum von mindestens zehn Jahren. Berlin müsse ein »großer Wurf« werden, das Kanzleramt nahe an den Bundestag rücken, der derart ein Parlament der kurzen Wege werden solle, und Bonn dürfe nicht vernachlässigt werden. Bereits im September gibt der Kanzler der Debatte eine weitere Drehung, indem er die Anmerkung fallen lässt, dass ja auch einige Ministerien vollständig in Bonn bleiben könnten. Das sind vorläufige Markierungen, doch sie verschieben die Gewichte des Unternehmens Hauptstadt. Die Formel von der »fairen Arbeitsteilung« zwischen Berlin und Bonn im Beschluss des Bundestages verdichtet sich unter dem Druck des knappen Ergebnisses der Parlamentsschlacht vom 20. Juli 1991 und der Forderungen, die auf allen Seiten erhoben werden. In knapp drei Monaten wird aus dem Wunsch, die Ansprüche von Berlin und Bonn auszubalancieren, das Konzept einer Aufteilung der Regierung zwischen Berlin und Bonn. Nicht zu unterschätzen ist dabei Kohls Sorge um die CDU-Kreisverbände in Bonn und Umgebung, die politische Heimat vieler Bundesbeamter – allein in Bonn und im umgebenden Rhein-Sieg-Kreis haben nach dem Hauptstadtbeschluss über tausend CDU-Mitglieder ihren Austritt erklärt. [286]

Vergeblich versucht Berlin, die Entwicklung aufzuhalten, pocht auf den Bundestagsbeschluss, der der Stadt den Parlaments- und Regierungssitz doch zugesprochen hat, und wedelt mit eigenen Planungen und Vorschlägen – ohne in Bonn viel Eindruck zu machen. Bevor das Jahr 1991 zu Ende geht – Berlin hat gerade mit seinem ersten gesamtstädtischen Haushalt wieder ein kleines Stück tragfähigen Bodens erreicht –, hat in Bonn der Gedanke der Aufteilung der Regierung als sogenanntes Kombinationsmodell einen festen Aggregatzustand gewonnen. Und als Weihnachten in Sicht kommt, ist es soweit beschlossene Sache, dass das Kabinett sie absegnen kann: elf Ministerien in Berlin, acht in Bonn.

Ist damit der Hauptstadtbeschluss verwirklicht oder gebrochen? Die Reaktionen werden mit zusammengebissenen Lippen gesprochen: Von »einem wichtigen Schritt in die richtige Richtung«, der aber noch »Konkretisierung« brauche, spricht der Berliner Regierende Bürgermeister Diepgen, ein »positives Signal, aber kein Grund zum Jubel!«[287], findet der Bonner Oberbürgermeister Hans Daniels. Tatsächlich erweist sich das Konzept nicht nur als Weichenstellung, sondern vor allem auch als fruchtbarer Boden für Konflikte und den Austausch von Gereiztheiten. In

Berlin verstärkt es die permanente Sorge, der Hauptstadtbeschluss könne weiter ausgehöhlt werden. Dagegen wächst in Bonn die Furcht vor einem »Rutschbahneffekt«: Das Wort beschwört die Anziehungskraft, die Berlin gegenüber Bonn entwickeln könnte, wenn es erst die neue Hauptstadt ist.

Aber ist der Grund dafür nicht auch der Beschluss selbst? Lässt er nicht zu vieles offen und bildet deshalb das Einfallstor für die widerstreitenden Interessen von Bonn- und Berlin-Befürwortern? Was sind denn die »Kernbereiche« der Regierungsfunktionen, die in Berlin angesiedelt werden sollen, was wäre die »faire Arbeitsteilung«, zu der er die Regierung verpflichtet? Und wie soll die Verteilung der politischen Arbeit zwischen Berlin und Bonn sich praktisch vollziehen? Horizontal, also quer durch die Regierungsapparate hindurch, sodass die Leitungsebenen aller Ministerien nach Berlin wechseln, während die Verwaltung in Bonn bleibt, das ja »Verwaltungszentrum« sein soll? Das hieße, dass alle politische Kompetenz nach Berlin wanderte, die Verwaltungen in Bonn aber schalten und walten könnten, wie es ihnen beliebt. Oder sollen, vertikal, einige Ministerien ganz nach Berlin ziehen, andere ganz in Bonn bleiben? Dann bestände die Gefahr einer Art Nebenregierung in Bonn. Und so weiter mit den Details, in denen, wie bekannt, der Teufel steckt: Wo soll bei der horizontalen Lösung der Schnitt angesetzt werden? Und welche Ministerien, wie viele Mitarbeiter sollen, weil den »Kernbereich« der Regierung verkörpernd, nach Berlin? Flugs rechnen die Personalräte, die eiserne Brigade des Widerstandes, den Anteil derer, die umziehen müssten, auf gerade mal 10 bis 20 Prozent herunter. Doch gliche dann die Regierung in ihrer Hauptstadt Berlin nicht der sprichwörtlichen Dame ohne Unterleib?

Mit der Aufteilung der Regierung, haarscharf an ihrer Halbierung vorbei, geht das Konzept an die Substanz des Hauptstadtbeschlusses. Den Berlin-Befürwortern gelingt es zwar, zu verhindern, dass im Kabinettsbeschluss von »zwei politischen Zentren«[288] die

Rede ist – wie die Bonn-Befürworter wollten –, die Formel wäre, so befürchten sie, ein trojanisches Pferd, in dem die berlin-kritischen Akteure darauf warten, die Entscheidung für die Verlegung des Parlaments- und Regierungssitzes auszuhebeln. Dafür bringen die Bonn-Befürworter den Begriff »Bundesstadt« für die künftige Rolle ihrer Stadt ins Spiel. Zwar weiß niemand so richtig, was der Titel konkret bedeuten soll. Ist er bloß ein Ehrentitel? Oder der camouflierte Anspruch auf Mitregierung? Mit Argwohn sieht man in Berlin den Eifer, mit dem die Verhandlungskommissionen sich den Strukturhilfen widmet, die Bonn zum Ausgleich für die Berlin-Entscheidung zugesagt wurden. Erst recht misstrauen sie der Absicht, die verbleibenden Ministerien durch »Politikbereiche« zu befestigen, die Bonn ein »eigenes Profil« geben sollen. Dass für diese Schwerpunkte an Bildung, Wissenschaft und Kultur, Umwelt, Gesundheit und Verteidigung gedacht wird, also an zentrale Arbeitsfelder jeder Regierung, nährt den Verdacht, der alte Regierungssitz solle doch zu einem – fast – gleichgewichtigen Pendant Berlins werden.

Eine Debatte über Berlin – in Bonn

Diese erste Form, die der Hauptstadtbeschluss gewinnt, ist, keine Frage, eine erste Verformung seiner Absichten. Sie ist, gewiss doch, das Werk einer mit Haken und Ösen arbeitenden Bonn-Lobby. Aber sie ist auch eine Konsequenz des Schauplatzes, auf dem Berlin-Befürworter und -Gegner miteinander ringen. Nicht nur liegt die Organisationshoheit bei Bundesregierung und Bundestag. Die Hauptstadtdebatte ist auch eine Bonner Debatte, weil sie in Bonn stattfindet – fest eingebunden in die Welt zwischen Langem Eugen und Kanzleramt, geführt im Bonner Beamtenapparat mit seinen gewachsenen Strukturen und durchwirkt von den Gewohnheiten eines eingefahrenen politischen Betriebs. Bei zahllosen

Besprechungen prangt auf den Kaffeekannen der Pro-Bonn-Aufkleber der gleichnamigen Bürgerinitiative und zeigt allen Teilnehmern, wie viele von den Beamten, Sekretärinnen und Mitarbeiterinnen zu den Gegnern des Umzugs zählen.[289] Auch der Beschluss von Parlament und Regierung, die angefangenen Bauarbeiten am neuen Plenarsaal und an einem neuen Abgeordnetenhaus, dem sogenannten Schürmann-Bau, weiterzuführen, ist nicht geeignet, dem Umzug Rückenwind zu verleihen. Es gibt gute Gründe dafür – in Bonn sollen »keine Ruinen« zurückbleiben, wiederholt Bundestagspräsidentin Rita Süssmuth immer wieder. Doch die Baustellen im Regierungsviertel wirken wie eine Glas und Beton gewordene Versicherung, dass Bonn und die Bonn-Lobby nicht aufgegeben haben.

Dagegen fühlt sich Berlin bei der ganzen Prozedur an den Katzentisch versetzt. Der Senat ist zwar betroffen, aber nicht Verhandlungspartner und anfänglich auch nicht in dem Arbeitsstab vertreten, in dem die Entscheidungen heranwachsen. Volker Kähne, der Chef der Berliner Senatskanzlei, muss – da mahlen die Mühlen in Bonn schon kräftig – die Teilnahme der designierten Hauptstadt ausdrücklich einfordern.[290] An den Verhandlungstischen bleibt das Übergewicht der Bonner erdrückend, an Zahl und auch an Kompetenz. Der Berliner Hauptstadtreferent Engelbert Lütge-Daldrup erinnert sich an »riesige Abstimmungsrunden, wo halbe Hundertschaften von Bonner Beamten am Tisch saßen, die sich untereinander die Bälle zuschoben und vor allem darauf bedacht waren, ihre Besitzstände zu wahren«.[291] Wolfgang Branoner, der Berliner Staatssekretär für Stadtentwicklung, klagt, er könne für die Hauptstadtplanung gerade mal zwei Leute aufbringen, »Bonn erscheint mit siebzehn«.[292] Im Übrigen finden die Berliner das Auftreten der Bonner oft erdrückend selbstbewusst, ja, anmaßend, und fühlen sich in die Defensive gedrängt. Die Bonner haben dagegen den Eindruck, die Berliner seien larmoyant und zugleich forsch und jedenfalls penetrant in ihrem Drängen.

Auch neigen viele dazu, die designierten Hauptstädter fühlen zu lassen, dass die Stadt in den letzten Jahrzehnten zu einer Randgröße der deutschen Politik geworden ist, die sich nach verbreitetem Urteil vor allem als Subventionsempfänger hervortut.

Ein Beispiel für das komplizierte Verhältnis von Berlin und Bonn ist ausgerechnet Helmut Kohl. Der »Kanzler der Einheit« tritt mit Nachdruck für den Umzug ein. Ihn verbindet ein durchaus sentimentales Verhältnis mit der Stadt, die er – wie gern erzählt – 1947 als Halbwüchsiger zum ersten Mal besucht hat. Direkt oder indirekt dreht er mit an den Entscheidungen des Hauptstadtprojekts. Zugleich reibt sich Kohl gerne am Senat, vorzugsweise mit mokanten Nickligkeiten wie der vorwurfsvollen Feststellung, dass er in Berlin noch immer durch eine Otto-Grotewohl-Straße fahren müsse, weil die Stadt es nicht fertigbringe, die Benennung der alten Wilhelmstraße nach dem ersten DDR-Ministerpräsidenten zu ändern. Was zutrifft: Drei Jahre braucht Berlin, um der Straße wieder ihren alten Namen zu geben, eingeschlossen das Zwischenspiel einer »Toleranzstraße«, das der störrische Bezirk Mitte der Stadt aufdrängt, ohne sich um die Lächerlichkeit zu scheren, mit der diese Operation überall bedacht wird – im Französischen, so lernt man bei dieser Gelegenheit, werde so die Straße der Prostituierten genannt. Es kommt hinzu, dass zwischen Helmut Kohl und Eberhard Diepgen ganz einfach »die Chemie nicht stimmt«. Ganz abgesehen davon, dass der Kanzler, eine Größe im Nachtragen, Diepgen die Szenen vor dem Schöneberger Rathaus am 10. November 1989 nicht vergisst.

So wuchern Unmut und Verstimmungen. Der Kanzler höhnt über Diepgen, er selbst, Kohl, habe es ja nur zum Bundeskanzler, nicht zum Regierenden Bürgermeister gebracht, und erklärt – so laut, dass es jeder hört und wohl auch hören soll –, er verstehe die Hauptstadtplanungen der Berliner Politik nicht.[293] In Berlin dagegen glaubt man, eine zunehmende Distanz Bonns gegenüber Berlin zu spüren. Ratlos, überempfindlich und nicht ganz ohne Wehleidigkeit verweist man auf die angespannte Situation der Stadt. Es werde nicht anerkannt – so klagt Diepgen –, dass »die Ballung der Probleme aus Ost und West, das Zusammenstoßen der ehemals unterschiedlichen Systeme, der Umstand, dass es auf der einen Straßenseite höhere, auf der anderen niedrigere Löhne gibt, besondere Anstrengungen notwendig mache«[294]. Mit dem Blick auf den Abbau der finanziellen Leistungen des Bundes für Berlin mutmaßt er, die Stadt habe »in Bonn fast keine Lobby mehr«[295]. Allerdings kann der Regierende Bürgermeister auch nur schwer seinen Argwohn bändigen, die Debatte ziele am Ende doch darauf, das – wie er gerne sagt, alle Aversionen bündelnd – »Rheinland« zufriedenzustellen. Wer hört da nicht die Assoziation zum Rheinbund heraus, dem von Napoleon dominierten Bündnis der westdeutschen Fürsten? Wie die hauptstadtentwöhnte Bundesrepublik ihre Schwierigkeiten mit Berlin hat, so die Inselstadt Berlin mit dem westdeutschen Nachkriegsföderalismus.

Neue Herausforderungen, alte Gewohnheiten

Aber die Lage der Stadt ist ja auch schwierig. Ist Berlin überhaupt imstande, den Herausforderungen von Hauptstadtwerdung und Stadterneuerung gerecht zu werden? Gleichsam aus dem Himmel der historischen Stunden gefallen und unsanft auf dem Boden der aktuellen Tatsachen gelandet, tastet sich die Stadt gerade erst mühsam an die Einsicht heran, dass sie nicht mehr der moralisch prämierte Vorposten der Freiheit ist wie in den Zeiten der Ost-West-Konfrontation, sondern ein kleines Bundesland, das in der Konkurrenz mit den anderen Ländern steht – und dieser »Wettbewerbsföderalismus« hat seit der Wiedervereinigung an Schärfe zugenommen. Konfrontiert mit zahllosen Ungewissheiten ihrer Lage sucht die Stadt mit Planungen, Prognosen und auch Pathos nach ihren künftigen Möglichkeiten, belastet von ihrer eigenen zerrissenen Wirklichkeit – einem Osten, über den die Einheit wie ein Orkan hinweggezogen ist, während sie den Westen vielfach noch gar nicht erreicht hat. Halb bereits schon neues Bundesland, halb noch beherrscht von dem alten Westberlin-Gefühl, Insel weitab vom Festland zu sein, wird die Stadt zu einem herausgehobenen Schauplatz der neuen deutsch-deutschen Unsicherheiten und Irritationen, in die der Vereinigungsprozess die Deutschen stürzt.

Noch längst ist auch für die Misere des Ostteils keine wirksame Abhilfe abzusehen, im Gegenteil. Als das Abgeordnetenhaus zum Beispiel Anfang 1992 seinen Ostkollegen einmal die parlamentarische Bühne überlässt, damit ihre Sicht der Lage zur Sprache kommt, wird das Parlament zur Klagemauer: sprunghaft steigende Arbeitslosigkeit, schlecht besetzte Bauämter, auf null abgesunkener Wohnungsbau, dafür, wie eine Abgeordnete stöhnt, »an jeder Ecke Dönerbuden, Gebrauchtwarenhändler, Spielhallen, Videotheken, Sex-Shops«[296]. Das eben zu Ende gegangene Jahr 1991 erscheint noch als ein Jahr des Aufbruchs, während das neue, eben begonnene lediglich eine Zunahme der Probleme verspricht. Als Gegenschnitt gehören dazu die Zehntausende, die kurz zuvor an einem trüben Januartag zu den Gräbern von Karl Liebknecht und Rosa Luxemburg in Friedrichshain pilgern und das DDR-Ritual der Kranzniederlegung zu Ehren der 1919 ermordeten Kommunistenführer fortsetzen. Es ist eine Demonstration ganz im Stil des eben erst untergegangenen SED-Staates und zeigt die Stärke seiner Hinterlassenschaft. Zwei Monate zuvor, bei einer Erinnerungsveranstaltung für den 4. November 1989, dem Höhepunkt des Aufbegehrens gegen die SED-Herrschaft, hatte sich dagegen nur noch ein Häuflein von 350 Menschen eingefunden – 1990 waren es noch 8000 gewesen. Die eben erst vollzogene Erneuerung gerät unter den Druck der Alltagsprobleme, und beklemmend meldet sich der wiedererwachte rückwärtsgewandte Trotz der Verlierer des historischen Wandels.

Aber auch im Westen der Stadt wächst das Unbehagen. Deutlich zeigt sich die Strukturschwäche Berlins, verstärkt durch seine finanzielle Lage. Denn der Abbau der Bundeszuweisungen bedroht das Berliner (Landes-)Staatsschiff wie ein fortwährend weiter aufreißendes Leck. In den Jahren vor dem Mauerfall kam jede zweite D-Mark in Westberlin aus Bonn, jetzt, wo die Stadt um ein Drittel größer geworden ist, ist es nur noch jede dritte. Die Zahlen der ersten Finanzplanung für das ganze Berlin, die der Finanzsenator Anfang 1992 vorlegt, sind schockierend – schrumpfende Einnahmen, steigende Ausgaben und die Perspektive, dass die Deckung des Etats aus eigenen Mitteln mit 39 Prozent kaum halb so hoch ist wie die von Hamburg.[297] Dabei hat die Einsicht in ihre tatsächliche Lage die Stadt noch gar nicht erreicht. Noch wiegt man sich in dem Glauben, dass eine steigende Verschuldung hinnehmbar sei, weil man doch bald – man denkt ans Ende der laufenden Legislaturperiode, also an 1995 – finanziell wieder auf eigenen Beinen stehen werde[298]; das wird sich später als fatale Illusion herausstellen. Doch selbst kritische Beobachter reagieren auf die Sparanstrengungen des Senats – der Zuwachs des Haushaltes liegt für 1993 niedriger als in den Etats des Bundes und aller anderen Länder – mit der Warnung vor dem Totsparen.[299]

Vor allem muss der Senat seinen Kurs gegen eine starke, die Politik ermüdende Unterströmung des Unbehagens durchsetzen, die aus den Tiefen und Untiefen des Vereinigungsprozesses selbst aufsteigt. Nun spitzen sich die Unsicherheiten und Enttäuschungen zu, die mit dem Zusammenwachsen verbunden sind. Der Wind der öffentlichen Stimmungen weht der Stadt ins Gesicht, kritisierend, klagend, manchmal aggressiv, oft nur mäkelnd. Im Osten grassiert ein Gefühl der Zweitklassigkeit und zeigt die anhaltende Verletztheit an, mit der viele ehemalige DDR-Bürger auf die Vereinigung reagieren, im Westen geht das Reizwort von

einer drohenden »Verostung« um – Signal einer wachsenden Verunsicherung und der abwehrenden Häme, die westlich der alten
Grenzen wächst.

Und muss man sich nicht zu der Einsicht bequemen, dass die
Vereinigung der Stadt auch an politische Grenzen stößt? Bislang
hatte man geglaubt, die PDS, die aus dem Zusammenbruch der
SED hervorgegangene Nachfolgepartei, werde früher oder später
von selbst verschwinden. Doch die erste Gesamtberliner Kommunalwahl im Mai 1992 wird zur Stunde der Wahrheit: Die PDS
kommt zwar in der Gesamtstadt auf nur 11,3 Prozent der Stimmen, bleibt also eine Größe ohne entscheidenden Einfluss, ganz
zu schweigen von den Westbezirken, in denen sie mit 0,9 Prozent
nicht einmal den Charakter einer Splitterpartei hat. Doch im
Ostteil der Stadt erhält die SED-Nachfolgepartei fast 30 Prozent
der Stimmen, und in sechs Bezirken ist sie Mehrheitspartei, hat
mithin nach der Berliner Kommunalverfassung Anspruch auf
Stadtratsposten und Bürgermeisterstellvertreter. Noch schließen
alle Parteien Absprachen oder gar Koalitionen mit der PDS aus
und versuchen, sie mit verwickelten Koalitionen von den wichtigen Positionen fernzuhalten. Mit zwiespältigen Folgen: Mehrere
Bezirksämter sind bis in den Herbst hinein nicht arbeitsfähig –
und es macht die Situation nicht besser, dass daran auch das Taktieren der übrigen Parteien seinen Anteil hat.

Die neuen Herausforderungen machen allerdings auch drastisch den Grad der Selbstbezogenheit sichtbar, in der sich die
Weststadt in den Jahrzehnten ihrer Isolation eingerichtet hat. Da
die politische Klasse noch immer die Westberlins ist, bestimmt sie
weitgehend den Stil der politischen Auseinandersetzung. Während in Bonn erbittert um das Jahrhundertunternehmen des Umzugs gefeilscht wird, streitet sich Berlin zum Beispiel wochenlang
um die Übernahme eines PDS-Mitglieds ins Richteramt – CDU
dagegen, SPD dafür. Überhaupt wird die Auseinandersetzung der
Stadt mit den Aufgaben und Problemen, vor die sie das Haupt-

stadtwerden stellt, nachhaltig überlagert von Streitigkeiten nach Berliner Hausmacherart. Allen Parteien fällt es schwer, die Höhe der aktuellen Herausforderungen zu halten und sich nicht zu verzetteln. Gelegentlich, in hellen Momenten und aufgescheucht durch die Kritik an dem Bild, das die Politik in Berlin bietet, befällt diese selbst die jähe Einsicht, dass sie der Stadt »in einer Zeit großer Chancen und (berechtigter) Ängste vor Gigantomanie, Bauboom, Verkehrschaos und Mietenexplosion«[300] das Leitbild schuldig bleibt. Und sie sieht sich in der Öffentlichkeit der Frage ausgesetzt, was aus der trotzig-stolzen Berliner Maxime »Uns kann keiner« geworden ist. Das »klang einst tapfer, später egozentrisch, heute klingt es arrogant. Die untergehakte Berliner Politik ... lebte und lebt von der Vorstellung, die Stadt gehöre ihr ... So verwaltet man vor sich hin, hält die Hand in Bonn auf und erhebt lautes Wehgeschrei, wenn Waigel knausert«[301].

Aber sind es nicht auch das Leben der großen Stadt selbst, sein Eigengewicht und seine Beharrungskraft, die Berlin auf dem Boden seiner lokalen Ereignisse und Konflikte festhalten? Eine Dreieinhalb-Millionen-Stadt wie Berlin hat ein Eigenleben, das sie mit tausend Ansprüchen und Aufregungen an ihre Gegenwart, ihre aktuellen Probleme und ihre Vergangenheit bindet. Trotz Vereinigung und Hauptstadtwerdung geht das städtische Leben weiter seine eigenen Wege, im Westen wie im Osten, in den Bezirken – die der Einwohnerzahl nach Großstädte sind – und den »Kiezen«, den gewachsenen Nachbarschaften. Zumal die Intensität, mit der sich die belagerte Weststadt über die Jahrzehnte hinweg in den Boden ihrer Sonderexistenz gestemmt hat, um den weltpolitischen Stürmen zu widerstehen, wirkt als Überzeugung von der eigenen Wichtigkeit und mit beträchtlichem Eigensinn weiter. Die Hauptstadtentscheidung hat die Stadt zwar in ihrem Selbstgefühl bestätigt, aber die in der vorausgegangenen Debatte offenbar gewordene Distanz zwischen Berlin und der Republik – vor allem ihrem westlichen Teil – hat sie nicht aufgehoben.

Viele Berliner wollen nicht wahrhaben, dass die Hauptstadt keine Bringschuld ist, die Deutschland der Stadt schuldet. Andererseits wiegen die Folgen der Nachkriegsentwicklung schwer: dass die Bundesrepublik sich immer mehr selbst genug wurde, während sich Berlin in ihren Augen zunehmend zu einem Außenposten im grauen Umfeld der DDR entwickelte.

Berlin kehrt zurück

Dabei ist offenbar, dass die Welt Berlins Stück für Stück wieder in Ordnung kommt. Im Juni 1992, zweieinhalb Jahre nach dem Mauerfall, feiert die Stadt zum Beispiel die Wiederherstellung eines gemeinsamen Telefonnetzes nach vierzig Jahren Unterbrechung – 1952 hatte die DDR die Leitungen getrennt. Auf plausible Weise bildet das aus diesem Anlass erscheinende erste Gesamtberliner Telefonbuch die Wiedervereinigung der Stadt ab: Nun steht wieder Herr Lehmann aus dem Ostberliner Oberschöneweide zwischen Frau Lehmann aus Steglitz und der Firma Lehmann aus Schöneberg im Westen der Stadt. Die Wiederherstellung des S-Bahn-Netzes schreitet fort – die Linie von Berlin nach Potsdam ist wieder befahrbar, nach einer Unterbrechung von 31 Jahren. Und ist der Entschluss, die Gehälter im öffentlichen Dienst in Ostberlin ansatzweise – von 60 auf 80 Prozent – an das westliche Niveau anzugleichen, nicht auch ein Tribut an die Gemeinsamkeit der Stadt, in der solche Unterschiede zunehmend zum Problem werden? Große Anerkennung gewinnt die Stadt dafür allerdings nicht. Prompt ahndet die Tarifgemeinschaft das Ausbrechen aus der Tariffront mit dem Ausschluss Berlins. Aber auch in Ostberlin gehen die BVG-Mitarbeiter gegen den Senat auf die Straße, weil die Erhöhung erst nach einem halben Jahr gezahlt wird.

Gleichwohl häufen sich Ereignisse, in denen Berlins künftige Rolle Gestalt anzunehmen beginnt. Wird die Stadt wieder, was sie einst war – eine Bühne für das, was alle Deutschen bewegt? An einem strahlend hellen Oktobertag rückt der Tod Willy Brandts Berlin in den Gesichtskreis der Republik. In seinem Alterswohnsitz in der Nähe von Bonn ist er gestorben, aber in Berlin, im Reichstag, wo der Staatsakt für ihn stattfindet, versammeln sich die Größen von Politik und Gesellschaft, schlägt für ein paar Stunden das Herz der Republik. Zehntausende defilieren an seinem Sarg im Rathaus Schöneberg vorbei, dem Ort, an dem er als Regierender Bürgermeister amtierte – Zeugnis der mit ihm verbundenen Berliner Nachkriegsgeschichte, ohne die es die Rückgewinnung der Hauptstadt nicht gegeben hätte. Vier Wochen darauf, an einem kühlen Novembersonntag 1992, ziehen 350 000 Demonstranten durch die Mitte der Stadt, Bundespräsident Richard von Weizsäcker an der Spitze: ein Protest gegen die um sich greifenden Manifestationen von Ausländerfeindlichkeit und Auftakt einer Woge von Demonstrationen, die sich in den nächsten Monaten über das ganze Land ausbreitet. Am Tag darauf, dem Jahrestag der Maueröffnung, glänzt Berlin mit der Verleihung der Berliner Ehrenbürgerwürde an den sowjetischen Parteichef Michail Gorbatschow, den amerikanischen Präsidenten Ronald Reagan und Bundeskanzler Helmut Kohl. Das ruft die große Wende von 1989/90 in Erinnerung, die entscheidende Weichenstellung für das Jetzt – auch wenn das angestrebte historische Tableau unvollständig bleibt, weil nur Gorbatschow und Kohl an der Ehrung im Reichstag teilnehmen.

Aber Berlin wird auch zum Hauptschauplatz der Absicht der Bundesrepublik, die Zeit der Teilung und das Erbe der DDR juristisch aufzuarbeiten. Vor das Ringen um den Umzug in Bonn und Berlin schieben sich die Gerichtsszenen im dunkel getäfelten Schwurgerichtssaal des alten Kriminalgerichts Moabit. Wie gespenstische Schattenfiguren erscheinen die Protagonisten des untergegangenen SED-Regimes noch einmal am Rand der neuen

Gegenwart – Zeugen eines düsteren Kapitels deutscher Zeitgeschichte, Begleitgeräusche des Landes, das sich zusammenfranst:
Stasi-Chef Erich Mielke verfolgt mit reptilienhafter Unbeweglichkeit das Verfahren, Staats- und Parteichef Erich Honecker
wird nach seiner Rückkehr aus seiner Moskauer Fluchtburg mit
Blaulicht und Sirene quer durch Berlin ins Gefängnis transportiert und reckt die Faust zum Kommunistengruß – das Zitat aus
den Zwanzigerjahren, als der Kommunismus noch im Vormarsch
war, macht das militante Zeichen zum Denkmal des Untergangs
einer ganzen Bewegung. Die Prozesse werden überwiegend kritisch kommentiert, erst recht, nachdem das Honecker-Verfahren
wegen der fortschreitenden Krankheit des Angeklagten eingestellt
wird und der einstige DDR-Chef nach Chile entschwindet. Nicht
zuletzt auch wegen des Beiwerks von peinlichen, weil von Eitel-
keiten geprägten Manövern, die Richter und Anwälte in diesem
Jahrhundertprozess zeitweilig aufführen.[302]

Zugleich greift Berlin nach einer nationalen Rolle: Es versucht,
die Olympischen Spiele der Jahrtausendwende nach Deutschland
zu holen. Der Gedanke stammt von dem amerikanischen Präsidenten Ronald Reagan, der ihn noch vor der Maueröffnung in die
Welt gesetzt hat, um ein Verständigungs- und Versöhnungszeichen für die geteilte Stadt zu statuieren – in der gleichen Rede
vor dem Brandenburger Tor, in der er 1987 zur allgemeinen Verblüffung die Öffnung der Mauer forderte. Doch von Anfang an
kreuzte Berlin mit seiner Bewerbung im Gegenwind – ohne überzeugende Anteilnahme der Berliner selbst, dafür attackiert von
alternativen Gruppierungen, die in der Olympiade ein Objekt für
ihre Aggressivität gefunden haben, vor allem aber belastet durch
das fast völlige Desinteresse im Rest der Republik. Immer wieder
verheddert sich Berlin außerdem in seinen eigenen Aspirationen
und Ansprüchen, in fragwürdigen Personalentscheidungen und
anfechtbaren Aktionen. Ist die Stadt noch nicht so weit in der Republik angekommen, dass ihr die große Aufgabe zugetraut wird?

Hält sich die Protestszene schadlos dafür, dass sie bei Wiedervereinigung und Hauptstadtdebatte im Abseits stand?

Allerdings erschließt sich der Grund für die Ausdauer, mit der der Senat die Bewerbung verfolgt, der Öffentlichkeit insgesamt bestenfalls teilweise. Sieht er in der Olympiade vor allem die Möglichkeit weltweiter Stadtwerbung? Oder steht dahinter die nüchterne Kalkulation, dass ein solches Ereignis nach allen Erfahrungen die öffentliche Hand dazu bringt, die großen gesamtstaatlichen Investitionen für die städtische Infrastruktur, für Verkehrseinrichtungen und öffentliche Einrichtungen zu finanzieren, die Berlin dringend braucht? Vieles spricht dafür, dass der Senat die Olympia-Bewerbung nicht zuletzt betreibt, damit das Unterfangen der Wiederherstellung der Stadt neben der Hauptstadtentscheidung einen »zweiten Motor« (Bernd Matthies) bekommt, der es voranbringt. Und bietet sich der Stadt mit der Bewerbung nicht auch eine einmalige Chance? Macht die Symbolik von Mauerfall und Vereinigung Berlin in der Konkurrenz um die Olympia-Ausrichtung nicht unschlagbar? Und für den Fall, dass sich der Umzug endlos verzögern oder gar hintertrieben würde – eine Furcht, die den Senat nie ganz verlässt –, würde das sportliche Großereignis mit allen seinen Folgen Berlin jedenfalls emotional stützen.

Doch die Stadt, die sich ihrer Normalisierung entgegenarbeitet, steht noch immer im Bann ihrer Vergangenheit – zumal in ihrer Mitte, in der sich wie ein hartnäckiger Widerpart der Vereinigung das Niemandsland hält, das die Mauer hinterlassen hat. In dem langen, heißen Sommer 1992, der ein Gefühl schöner Abwesenheit über Berlin ausbreitet – und in dem die Bezirke die Bürger schließlich auffordern, die Straßenbäume zu gießen –, wirkt dieser Ort wie ein Sinnbild der stillgestellten Zeit. Sie hat die Stadt für Jahrzehnte fixiert und dauert in ihrem Untergrund noch immer fort: ein Gestern, dass die Gegenwart nicht freigeben will, eine Tiefenströmung leiser Beklommenheit, die auch noch die Anfänge der neuen Stadt umspült. Zwar beginnen im Herbst endlich Straßenarbeiten, die die Verbindungen zwischen dem Brandenburger Tor und dem Potsdamer Platz, zwischen Osten und Westen wiederherstellen, um der Stadt ihr altes Zentrum zurückzugeben. Doch zwischen wucherndem Spitzwegerich, Kamille und diversem Unkraut ist noch immer der schmale Betonweg der DDR-Grenzwächter zu erkennen, die DDR-Wohnblöcke markieren die Stadtkante der einstigen DDR-Hauptstadt, und über den verrotteten, zugeschütteten Bunkern der Reichskanzlei spielen Kinder neben parkenden Autos.[303] Nicht anders ergeht es dem Pariser Platz daneben, ein Herzstück der Berliner Mitte. Er liegt noch so da, wie ihn die DDR hinterlassen hat – eine kahle Fläche, abgeräumt, mit unübersehbaren Spuren von Vernachlässigung und Verwahrlosung, ein »Schmuddelort, über dem – ist ihm der Wind nicht gewogen – der penetrante, fettlastige Geruch billiger Imbissangebote liegt und wo geschäftige Devotionalienhändler die kümmerlichen Reste der NVA und Roten Armee verhökern«[304]. Triste Szenen des Ausverkaufs der Insignien einstiger Macht, obwohl die Sowjetarmee noch im Lande steht.

Aber für Berlins zerrüttete Stadtlandschaft ist dieser Ort auch eine einzigartige Parabel seines Nachkriegsschicksals. Eine »grandiose Fermate« in der Entwicklung der Stadt, zwischen dem Gestern und dem Morgen, zwischen dem welthistorischen Schadensfall und der Wiederkehr der Hauptstadt, erkennt der Publizist Dieter Hildebrandt als Signatur des Moments, als Botschaft dieser Stelle. Hier, wo sich einst die Ministergärten der Reichshauptstadt befanden, dann die Mauer, und wo sich demnächst die Landesvertretungen der Bundesrepublik erheben werden, drängen sich die Dimensionen der Stadt auf, die ihre Physiognomie geprägt haben: die Schicksalsspuren von Geschichte und Topografie, »unser leeres Berlin, unsere wunderbare Stadtsteppe, unsere unwiederbringliche Geschichtsprärie, unser Urstromtal aus Katastrophen«. Hildebrandts Nachruf zu Lebzeiten auf das Nachkriegs- und

Nachwende-Berlin, auf die »geliebte Leere«, versteht sich als Akt der seelischen Inventur in der »brach- und flachgelegten Stadt, in ihrer versunkenen Mitte, in unser alle Niemandsland« Denn hier, so der enthusiastisch assoziierende Publizist, sind sie nochmals zu besichtigen, die »Schauplätze der Hybris, die Trampelpfade der Ideologien, die in den Bunker abgetauchte Wilhelmstraße, diese Schneise in der Großstadt, diesen Centralpark der diversen Größenwahne«. Es ist eine unvergleichliche »Terra cognita«, ein Ort, wo die Stadt erkennbar wird: »Die Schocks, die Fragen, die Vorsätze, die vielen Warums.« Und da die Erinnerung an Krieg und Ruinen noch in der Luft liegt, zitiert Hildebrandt Brechts Spruch von Karthago, das drei Kriege führte, noch mächtig war nach dem ersten, noch bewohnbar nach dem zweiten. Der dritte Krieg, nach dem es nicht mehr auffindbar war, so Hildebrandts ironischer Schluss, werde in Karthago-Berlin »als Bauvorhaben geführt«.[305] Es beginnt der Abschied von einer ganzen Epoche der Stadt.

Ziehen, Zögern und Zerren

Immerhin ist Berlin 1992 nicht mehr nur die designierte Hauptstadt, sondern zunehmend auch der Schauplatz der Umsetzung dieses Vorhabens. Auch wenn die Hauptstadt noch lange eine virtuelle Größe bleibt, die aus wild durch die Welt schwirrenden Planungen, Raumanforderungen und Kostenschätzungen besteht, dazu aus gereizten Debatten über Nutzungsflächen und Bebauungspläne, Standorte und Termine. Doch aus Bonn und Berlin ist nun eine Art Simultanbühne geworden. In der Regierungsstadt am Rhein treiben Kommissionen und Verwaltungen den Prozess voran, vielfach in dem mühsamen Modus der Echternacher Springprozession – zwei vor, eins zurück –, aber der Berg kreißt, auch wenn es noch ein Papierberg ist. Berlin seinerseits produziert Konzepte und Planungen, die die Stadt und vor allem den sogenannten Zentralen Bereich, das Gelände zwischen Reichstag und Martin-Gropius-Bau, für die großen Dinge präparieren, die da kommen sollen. Es wird abgestimmt und abgegrenzt, gefordert und zurückgewiesen, bürokratisch und architektonisch und politisch. Berlin stöhnt über Bonn, Bonn über Berlin. Doch im Herbst 1992 schließlich liegen für den größten Teil des künftigen Parlaments- und Regierungsgebietes Beschlüsse vor, es gibt ein Verkehrskonzept und ein städtebauliches Leitbild für die Berliner Mitte, das festlegt, wo die Regierungsgebäude stehen sollen, und die ersten Verfahren zur Bebauung werden eingeleitet.

Sprunghaft wächst nun auch die Zahl der Debatten über die Hauptstadtentwicklung. Architekten, Stadtplaner, interessierte Politiker und Intellektuelle kreuzen auf den verschiedensten Podien die rhetorischen Säbel, denn noch ist die neue Hauptstadt formbar, sind die Standorte für die Regierungsgebäude nicht endgültig fixiert, ist offen, wie das künftige Gesicht der Stadt aussehen wird. Drei Tage lang prallen im Februar 1991 zum Beispiel im Reichstag die unterschiedlichen Ansichten über die Zukunft des Parlamentsgebäudes aufeinander. In dem lichten Plenarsaal, der dem monumentalen Gebäude beim letzten Umbau in den Sechzigerjahren eingesetzt wurde, stehen sich der Wunsch nach seiner Wiederherstellung und seine fast wütende Ablehnung gegenüber. Kein Geringerer als Günter Behnisch, der Star- und Staatsarchitekt der alten Bundesrepublik, der seit Jahren in Bonn das neue Plenargebäude des Bundestags baut, wirft den Befürwortern der Nutzung des ehrwürdigen Wallot-Baus den Fehdehandschuh hin: Er nennt ihn eine »Fossilie«, »unangenehm, unerfreulich, anmaßend, überheblich«[306]. Am gleichen Ort erörtern »Berliner Architekturgespräche« die Grundsätze der künftigen Hauptstadtstruktur: Zentralisierung oder Dezentralisierung? Anschluss an die vorhandene Stadt oder Neukonzept? Regierungsghetto oder Öffnung gegenüber den Bürgern? Alle sind übrigens sehr für Offenheit und die Integration der Regierung in die Stadt. Bereits seit

Mai 1991 tagt ein »Stadtforum«, das Stadtentwicklungssenator Volker Hassemer ins Leben gerufen hat, und diskutiert Schritt für Schritt, streng systematisch die Themen des Stadtumbaus. Und schon im Juni präsentiert der Senator die Ausschreibung für den Wettbewerb zum Regierungsviertel im Spreebogen. Stolz nennt Hassemer das Papierkonvolut mit seinen fast zweihundert Seiten den »mit Abstand wichtigsten Schritt«[307] seit dem Hauptstadtbeschluss.

Aber auch der Bonner Regierungsbetrieb greift schon nach der Stadt. Tag für Tag transportiert der sogenannte Beamtenshuttle zwischen zwei- und dreihundert Beamte von Bonn nach Berlin – Start am Flughafen Köln-Wahn zwischen Dämmerung und Morgenröte, lange Schlangen beim Rückflug am Abend in Tegel, dem Berliner Flughafen. Zumeist von den alten DDR-Ministerien aus bereiten die Beamten den Boden vor für die künftige Regierung oder sind in Sachen Wiedervereinigung in den neuen Ländern unterwegs – nicht ohne dramatische Berichte über schäbiges Mobiliar, altmodische Kopierer und spartanische Übernachtungen in DDR-Wohnheimen mitzubringen. Bald wird die Schar der Helfer unübersehbar. Als Sendboten der Westwelt, als Pfadfinder der künftigen Bundesrepublik im Osten werden sie zu einem wichtigen Ferment des Zusammenwachsens. Die Zeit ist wild, man lebt und arbeitet, ob nun beim Behördenaufbau oder bei der Treuhandanstalt tätig, unter Ausnahmebedingungen, zwischen Ost- und Westwelt, was oft zwischen Baum und Borke bedeutet, aber auch praktische Arbeit an der Vereinigung.

Ist also der Hauptstadtumzug auf sicherem Weg? Keine Rede davon: Der Berlin-Beschluss ist gerade neun Monate alt, da wird zum ersten Mal heftig an ihm gerüttelt. Aufgeschreckt durch die bei einer Klausurtagung des Finanzausschusses ermittelten Löcher im Bundesetat bringt dessen Vorsitzender die Verschiebung des Umzugs ins nächste Jahrhundert ins Gespräch.[308] Sogleich wittern die Umzugsgegner Morgenluft, an der Spitze der Bonner

Oberbürgermeister Hans Daniels, der den Umzugstermin von der Möglichkeit des Staates abhängig machen will, sich solchen »Luxus«[309] leisten zu können. Die Versicherung von Bundesregierung und Bundestagspräsidentin Rita Süssmuth, dass am bisherigen Zeitplan festgehalten werde, schafft nur kurzfristig Ruhe. Das kurze Geplänkel etabliert den Mechanismus, finanzielle Probleme gegen den Umzugsprozess aufzurechnen; er wird das Vorhaben bis zuletzt begleiten, denn an Finanzkrisen ist in diesen Vereinigungsjahren kein Mangel. Noch lange werden Berlin-Befürworter und Bonn-Lobby an dem Beschluss zerren wie die beiden Mütter in Brechts »Kaukasischem Kreidekreis« an dem Kind, das sie beide für sich beanspruchen: Berlin voller Argwohn, dass sich die Bonn-Lobby mit dem Umzugsbeschluss in Wahrheit noch nicht abgefunden hat, Bonn in der Hoffnung, die Entscheidung noch weiter zugunsten der alten Regierungsstadt aufweichen zu können.

Dagegen untermauert der Hauptstadtvertrag, zu dessen Unterzeichnung der Bundeskanzler Ende August 1992 nach Berlin kommt, den Umzugsprozess immerhin mit einem verlässlichen Fundament. Der Vertrag regelt in breitem Rahmen die Zusammenarbeit des Bundes mit Berlin zum Zwecke des Ausbaus der Hauptstadt. Er verspricht Unterstützung für die städtebaulichen Vorhaben sowie die Entwicklung der Verkehrsstruktur und enthält überhaupt Zusicherungen in Fülle – zur Unterbringung der Verfassungsorgane und anderer Behörden, für den Wohnungsbau, für Botschaften und Landesvertretungen. Kohl absolviert die Prozedur im Roten Rathaus in jovial-blendender Laune und bläst in der Sache kräftig ins Horn: Nun sollen »zügig« die Voraussetzungen dafür geschaffen werden, dass Berlin seine Rolle »als Regierungs- und Parlamentssitz nach innen und nach außen wahrnehmen kann«.[310] Allerdings weiß man nicht, wie sehr man noch auf ihn bauen kann, denn Helmut Kohl befindet sich selbst in schwerem Wasser. Nach Stimmeneinbußen bei Landtagswahlen in Schleswig-Holstein und Baden-Württemberg wird in Bonn heftig über das Ende der Koalition spekuliert. Der Kanzler sei, so die Bonner Auguren, mit seinem Latein am Ende.

Die frohe Botschaft findet in Berlin übrigens nur ein gemischtes Echo. Der Senatssprecher rühmt den Vertrag als »Dokument des guten Willens und der großen Kooperationsgemeinschaft«[311], doch die Zahl der Schaulustigen, die die Zeremonie vor dem Rathaus begleiten, ist überschaubar, es gibt »Lügner, Lügner«-Rufe, und die Öffentlichkeit reagiert keineswegs überschwänglich. Das liegt in der Linie der etwas mäkeligen Zurückhaltung, zu der sich Berlin verpflichtet fühlt – die Freude darüber, wieder Hauptstadt zu werden, entspricht von Anfang an nicht annähernd der Zerknirschung, die man in Bonn über den Verlust der Regierung empfindet, auch und nicht zuletzt im Westteil der Stadt. Doch inzwischen ist die Genugtuung über die Wende des Stadtschicksals von den Belastungen der Vereinigung eingeholt und überholt worden, vor allem im Osten. Überdies schränkt der Hauptstadtvertrag die Kompetenzen der Bezirke beträchtlich ein – Bonn will in Berlin nur mit einer Instanz zu tun haben, nicht mit 23 Bezirken, und auch der Senat braucht mehr Handlungsfreiheit, um den Erfordernissen von Hauptstadtwerdung und Vereinigung gerecht werden zu können. Grund genug für den Bezirkspatriotismus, den Vertrag mit Skepsis zu sehen und ihn zu verbellen. Ist er nicht ein Instrument ihrer Entmachtung?

Man muss solche Reaktionen nicht zum Nennwert nehmen. Aber es bleibt ein Symptom für den Bewusstseinsstand der Stadt, insbesondere der Weststadt, dass das Näherrücken des Umzugs die Abwehrreflexe an der »Basis« aktiviert. Ziemlich unisono machen die Bezirke Front »gegen Bonner Willkür«[312]. Ein Westberliner Bürgerforum macht die »Angst der Bürger vor dem Regierungsviertel« ausdrücklich zum Thema. Dabei ist noch nachvollziehbar, dass heftig nach der »Sozialverträglichkeit« der Hauptstadtplanung gerufen und »Milieuschutz« eingefordert wird. Aber die kommunale Empfindlichkeit schlägt sich auch in der Befürchtung nieder, wegen der erforderlichen Sicherheitsmaßnahmen könnte die Errichtung von Regierungsgebäuden die Kieze, die Lieblingskinder Berliner Bodenständigkeit, in »Hochsicherheitstrakte« verwandeln.[313] Und es gibt auch den Bürgermeister, dem sich der Seufzer entringt, die Bürger seines Bezirks – der vier Jahrzehnte an der Mauer lag – müssten erkennen, dass wir »unsere heile Welt verloren haben«.[314] Liegt der Mauerfall schon so lange zurück, dass seine Folgen gefühlhaft sozusagen schon verkonsumiert sind? Oder lebt sich da nur die notorische Berliner Neigung zum Meckern aus? Was das angeht, so haben sich die neuen Verwaltungen im Osten denen im Westen rasch angepasst – oder auch bewiesen, dass der nörgelnde Berliner Lokalgeist sich hüben wie drüben bewahrt hat. Allerdings mit unterschiedlichen Akzenten: Im Westen wird über die gesunkene Lebensqualität geklagt, im Osten über die Verdrängung der Bewohner durch Investoren, von denen es andererseits nicht genug geben kann. Bonn leistet der wabernden Hysterie durchaus Begleitschutz: Zeitweise wird die Sperrung des Spreewegs vorgesehen, der am Schloss Bellevue, dem Sitz des Bundespräsidenten, entlangführt – aus Sicherheitsgründen.

Die Bundesrepublik greift nach ihrer Hauptstadt

Das Murren über den Hauptstadtvertrag übersieht, dass er tatsächlich eine neue Stufe des Umzugsprozesses bedeutet: Die Bundesrepublik setzt sich zunehmend in Berlin fest. Stück für Stück greift sie ein in das öffentliche Leben der Stadt und drängt ihr die Erfahrung auf, dass sie nicht mehr nur sich selbst gehört. Besonders schwer zu schlucken sind dabei die Empfehlungen der Föderalismuskommission, mit denen der Bundesstaat Bundesrepublik in die Umsetzung des Berlin-Beschlusses eingreift. Sie sind ein Teil des Hauptstadtbeschlusses und sollen Umzug und Einheit mit der Verlagerung von Berliner Bundesbehörden in die Länder gleichsam föderal abstützen. Allerdings beeindruckt das Ergebnis der Beratungen der Kommission vor allem durch die Unverblümtheit, mit der sie dieses Ziel zu einer Unterstützungsaktion für Bonn verbiegt. Das Behördenkarussell, das die Empfehlungen in Gang setzen, verschiebt nicht weniger als zwei Dutzend Berliner Bundesbehörden nach Bonn. Die fünf neuen Länder werden mit einem knappen Dutzend Amtsumzügen deutlich schlechter bedacht.

Das Spektrum dieses Umzugszirkus ist breit, das Bundeskartellamt, das Bundesinstitut für Berufsbildung und der Deutsche Entwicklungsdienst gehören dazu, außerdem Berliner Außenstellen von Bundesbehörden wie die für Landeskunde und Raumordnung oder für Strahlenschutz. Auch wenn der Grund für die Ansiedelung vieler Bundesbehörden in Berlin – die Sicherung des Überlebens der Stadt in ihrer Insellage – nun wegfällt, bleibt der Eindruck eines Verteilungskampfes, der vor allem das Ziel hat, Bonn ruhigzustellen. Bevor der Umzug nach Berlin überhaupt terminiert ist, wird der Stadt der Preis dafür abverlangt – eine »weitere Kröte«[315], die Berlin, so der Regierende Bürgermeister bissig, für die Hauptstadt zu schlucken habe. Die Pointe liefert die Schlussabstimmung über die Vorschläge, bei der die Vertreter Berlins von den fünfzehn anderen Ländern – unter Führung des »Old-boys-network« der alten Bundesländer – vor vollendete Tatsachen gestellt werden. Entgegen der üblichen Praxis bitten die vor den Kopf gestoßenen Berliner Unterhändler den Regierenden Bürgermeister per Telefon um Weisung. Der stimmt zu, »schweren Herzens«, wie er später bekennen wird, überzeugt davon, dass »jeder Widerstand gegen einen Umzug aus Berlin … in Bonn als willkommenes Argument gegen jeden Umzug aus Bonn gewertet werden« würde.[316]

Der administrativen Landnahme fehlt indessen – wie sich immer deutlicher zeigt – die politische. Die Bundesregierung berät, plant und rechnet, zögert jedoch, Berlin politisch in Gebrauch zu nehmen. Jetzt rächt sich, dass die Hauptstadtentscheidung von vielen – und nicht nur von der Bonn-Lobby – als ein Kraftakt begriffen wurde, der politisch fürs Nächste und Übernächste folgenlos bleiben kann und sich in der Tätigkeit von Stadtplanern, Immobilienhändlern und Architekten erfüllt. Statt das Interesse des Bundes an der künftigen Hauptstadt durch Auftritte und Sitzungen zu manifestieren, gerät Berlin in eine Warteschleife. Nachdem die Vereinigung in ihren Grundzügen vollzogen ist, kehrt das politische Leben nach Bonn zurück, um sich dort fortzusetzen, als ob nichts gewesen wäre. Berlin hingegen sinkt politisch zurück in einen Zwischenzustand – halb Etappe, halb Bereitstellungsplatz.

Die Dependancen der Ministerien, die nach der Wende errichtet wurden, werden schmal gehalten, wo nicht zurückgefahren. Gerade dreimal gibt der Bundestag nach der Berlin-Entscheidung bis zum Beginn der Umbauarbeiten mit Plenarsitzungen Gastspiele in Berlin. Verwiesen wird dabei auf die Kosten – für eine Sitzungswoche belaufen sie sich auf zusätzliche 700 000 D-Mark[317] –, dazu auf die Umständlichkeit solcher Riesenexpeditionen. Doch diese Begründung macht die Rechnung ohne die Schwächung, die die öffentliche Überzeugungskraft des Hauptstadtprojekts dadurch erfährt, in Berlin und in der Republik. Berliner Wünsche, der Bund möge den politischen Willen zur Hauptstadt Berlin sichtbar machen, stoßen in Bonn auf Abwehr – »Drängeln hilft niemandem, am wenigsten Berlin«[318], heißt es dann. Das Angebot der Präsidentin des Berliner Abgeordnetenhauses, Hanna-Renate Laurien, dem Bundestag den Preußischen Landtag, seinen künftigen Sitz – er wird Anfang 1993 fertiggestellt – als Interimsdomizil zur Verfügung zu stellen, wird abgelehnt. Sogar durch einen Umzugsbefürworter wie den SPD-Bundestagsabgeordneten Peter Conradi: Das sei ein »undurchdachter, populistischer und unseriöser Schnellschuss der Berliner«[319], der nur den Gegnern des Unternehmens in die Hände spiele.

Am meisten leidet das Umzugsvorhaben unter dem Ziehen und Zerren um Kosten und Zeitpunkt, die es begleiten. Vor allem am Anfang wird gewaltig – und absichtsvoll – mit den Umzugskosten spekuliert, ganz nach dem in Bonn ausgegebenen Motto: Umzug ist Unfug. Größenordnungen von 100 000 und 200 000 Milliarden D-Mark werden in die Welt gesetzt, am Ende werden es 20 Milliarden sein, aber bis fast zum Ende spielen überzogene Schätzungen in der Auseinandersetzung ihre verunsichernde Rolle. Auch das Umzugsdatum wandert – von 1995, dem im Berlin-Beschluss genannten Jahr, auf 1998, dann auf 2000, es werde »in die Länge gezogen wie ein Kaugummi«[320], entrüstet man sich in Berlin. Zur Begründung werden Experten und Expertisen ins Feld geführt, auch Hinweise auf schreiende Notlagen in der Republik, seien es die Arbeitslosenzahlen im Osten, sei es der Mangel an Kindergartenplätzen im Westen. Ebenso entzweien sich Berlin und Bonn immer wieder an der Frage, wie viel Raum der Bundestag brauche, wie viel das Regierungsviertel insgesamt. Mal wird der Bedarf des Bundestags auf 200 000 Quadratmeter geschätzt, mal auf 125 000. Berlin weist 600 Quadratmeter Fläche als brauchbar aus, bei einem Bedarf von 350 000 Quadratmetern. Bonn besteht auf 614 000 Quadratmetern. Ein chronischer Streitpunkt bleibt die Größe der Abgeordnetenbüros: 36 Quadratmeter für zwei Büroräume wie in Bonn? Oder mehr, wenn sich denn das Parlament gänzlich neu einrichtet? Oder weniger, der Kosten wegen? Gegriffene Zahlen reichen von 20 bis 70 Quadratmeter.

Muss da die Einweihung des neuen Plenarsaals in Bonn im Oktober 1992 nicht wie ein schrilles Signal vom anderen Ufer wirken? Steht es wirklich so quer zum Gang der Dinge, wie es scheint? Das Kunstwerk aus Glas und Stahl des berühmten Architekten Günter Behnisch ist ein spätes Resultat der seit den Sechzigerjahren herangereiften Entschlossenheit der Bundesrepublik, ihren Provisoriumscharakter abzuwerfen und Bonn zur richtigen

1   10. November 1989: Auf der Mauerkrone am Brandenburger Tor
    feiern Menschen begeistert die Grenzöffnung.

2   Am Potsdamer Platz in der Mitte der Stadt: Ost- und West-Berliner
    ergießen sich über die geöffnete Grenze.

3 Anfang 1990: Spaziergänger im ehemaligen Niemandsland
   zwischen Ost und West am Reichstag.

4 Feier der deutschen Wiedervereinigung in der Nacht vom 2. zum
   3. Oktober 1990: Politiker grüßen von der Ehrentribüne am Reichstag.

5   Hauptstadtentscheidung am 20. Juni 1992: Bundeskanzler Helmut Kohl
gratuliert Berlins Regierendem Bürgermeister Eberhard Diepgen.

6   Proteste nach dem Bundestagsbeschluss: Jeden Donnerstag demonstrieren
Bonner auf dem Marktplatz gegen den Umzug der Hauptstadt.

7   Knapp zwei Jahre nach dem Mauerfall: Eine große Brachfläche erstreckt
     sich nach dem Abbruch der Grenzanlagen mitten in der Stadt.

8   Eine Landschaft von Kränen, Gerüsten und Baustellen:
     der Potsdamer Platz im Juli 1997, ein Jahr vor der Fertigstellung.

9   Jubel bei der Eröffnung des umgebauten Reichstags 1999: Bundestagspräsident Wolfgang Thierse inmitten von politischer Prominenz und Bauleuten.

10   Mit dem neuen Kanzleramt stößt die Hauptstadt in die Gefilde der architektonischen Moderne: Bundeskanzler Schröder beim Richtfest 1999.

11 Die erleuchtete Kuppel des Reichstags: Publikumsmagnet und Wahrzeichen des neuen Berlins.

12 Die Parlamentsgebäude am Reichstag: Sie bilden das »Band des Bundes« ab, die tragende Idee des Regierungsviertels.

13 Regieren im Spreebogen: Das Kanzleramt dicht am Fluss gibt der neuen Hauptstadt eine interessante Kulisse.

14 Eine Stadt in der Stadt an einem historischen Ort: Der Potsdamer Platz ist zum Symbol des neuen Berlins geworden.

15 Die Museumsinsel inmitten der Spree: Der sorgsam restaurierte Komplex ist die Herzkammer der Stadt Berlin.

Hauptstadt eines normalen Staates zu machen. Nun ist es ein Ereignis, das zeigt, wie die Republik zwischen die Zeiten geraten ist. Der neue Plenarsaal, der diese Entwicklung Bonns politisch-parlamentarisch versinnbildlichen soll, wird von Mauerfall, Wiedervereinigung und Berlin-Beschluss selbst zu einem Provisorium degradiert, das Gebäude zum Ort eines Übergangs – nach nur sechs Jahren wird das Parlament das Haus wieder verlassen. Doch Bonn feiert den Plenarsaal zwei Tage lang, unberührt von den Umzugsdebatten – und wie das Gebäude am Rheinufer steht, selbstbewusst und selbstverliebt, ein Fest der modernen Architektur, ist es kaum anders zu verstehen denn als Signal dafür, dass Bonn seine Ambitionen auf eine politische Rolle noch längst nicht aufgegeben hat. Und kann man sich denn in Berlin zu diesem Zeitpunkt einen hauptstädtischen Betrieb überhaupt vorstellen? Konsterniert sieht man dort, dass in Bonn die Baukräne in den Himmel ragen, während es in Berlin nur zu Wettbewerbsausschreibungen reicht, denen der Regierende Bürgermeister das Etikett »intellektuelle Spatenstiche« aufklebt – »Bonn, die Stadt der Kräne, Berlin die Stadt der Pläne« lautet der einschlägige Spott. Die Ausdauer, mit der die Berlin-Befürworter allen Zweiflern immer wieder ihren Schlachtruf »Der Umzug ist unumkehrbar« entgegenhalten, hat etwas vom Pfeifen im Walde.

Zwei Hauptstädte am gesamtdeutschen Himmel

Dabei ist Berlin inzwischen auf dem besten Weg, sich in eine Großbaustelle zu verwandeln, die bald in Europa, ja weltweit – sieht man von Schanghai ab – ohne Vergleiche ist. Der Anfang allerdings ist bescheiden – es ist die Grundsteinlegung für einen schmalen Eckbau im September 1992, in der noch DDR-grauen Prachtstraße Unter den Linden, schräg gegenüber der russischen Botschaft, die zu diesem Zeitpunkt noch die sowjetische ist. Es ist der erste Neubau, der nach der Wende im Ostteil der Stadt in Angriff genommen wird – später wird hier das »Café Einstein« einziehen, das nach dem Umzug zum prominenten Treff der Politiker werden wird. Doch als ob Ostberlin einen langen Schlaf abschütteln wollte, schießen in diesem Herbst überall Baustellen aus dem Boden. Zur gleichen Zeit wird das erste Vorhaben des sozialen Wohnungsbaus in Ostberlin in Angriff genommen. Bald klagt der Bausenator Wolfgang Nagel, dass er nicht über genügend Personal für die Bearbeitung der Projekte verfüge. Es gibt erste »Berliner Baustellentage«, bei denen sieben große Projekte besichtigt werden können, die sich über den ganzen Ostteil erstrecken, und kurz vor Jahresende wird ein regelrechter Planungsboom registriert: Allein in Berlin Mitte sind vierzig Projekte mit einem Volumen von sieben Milliarden D-Mark in Arbeit.

Doch zugleich verändert sich in der Bundesrepublik die Stimmung in Sachen Umzug. Der Beschluss, den der Bundestag im Juni 1991 getroffen hat, verliert an Überzeugungskraft. Berliner, die in die alte Bundesrepublik reisen, bringen besorgte Fragen zurück: Übernehmt ihr euch nicht? Muss der Umzug denn wirklich sein? Immer öfter kommen aus dem Gewoge der Ansichten und Meinungen zum Umzug deutliche Zeichen des Unwillens: Was wollen die Berliner eigentlich? Sie haben doch die Hauptstadt! Weshalb nerven sie die Bonner Politiker, die doch dabei sind, auf ihre Weise die Dinge voranzubringen? Als sich im Juni 1992 der Berlin-Beschluss zum ersten Male jährt, fallen die Bilanzen ernüchternd aus. In seiner ersten Plenardebatte zum Umzug stellt sich der Bundestag zwar mit großer Mehrheit hinter die getroffenen Entscheidungen. Doch andere Themen des deutschen Vereinigungsprozesses haben dem Hauptstadtprojekt den Rang abgelaufen. Nicht der Umzug ist Gegenstand heftiger Anteilnahme der Parlamentarier, sondern die Vereinheitlichung des im Westen und Osten unterschiedlich geregelten Paragrafen 218; sie treibt den Bundestag zu einer seiner seltenen Nachtsitzungen.

Und die Machenschaften des DDR-Finanzjongleurs Alexander Schalck-Golodkowski beschäftigen über Wochen und Monate einen Untersuchungsausschuss.

In Berlin festigt sich dagegen der Verdacht, aus den in Bonn verbleibenden acht Ministerien könnte am Ende doch der Grundstock einer zweiten Regierungszentrale werden. »Zwei Hauptstädte wetterleuchten am gesamtdeutschen Himmel« ist die Bilanz überschrieben, mit der der »Tagesspiegel« die Entwicklungen der letzten Monate bewertet. Dabei wird den Kommissionen keineswegs Vorsatz unterstellt. Der Befund zieht nur das Resümee aus den Kraftproben und Winkelzügen an den Verhandlungstischen. Sie ergeben ein resignatives Bild: Die Spitzenbeamten, die für den Senat dort am Tisch sitzen, »fühlten sich über denselben gezogen. Sie trafen auf fertige Bonner Abreden und damit auf eine Wand ... Bundesregierung und Bonn-Lobby haben nach der Devise gehandelt: Ruhe ist die erste Bürgerpflicht. Den Berlinern wurde gesagt: Ihr kriegt ja eure Hauptstadt, den großen Schreiern im Raum Bonn, also Nordrhein-Westfalen und Rheinland-Pfalz, wurde der Mund gestopft. So aber ist das Hauptstadtkonzept zur Arbeitsteilung abgedriftet, und niemand fragt wirklich nach der Funktionsfähigkeit von Parlament und Regierung, die am Ende durch einen teuren Wanderzirkus behindert werden.«[321]

Richtet sich das Planen in Bonn und Berlin denn überhaupt auf das gleiche Ziel? Meinen beide Verhandlungspartner nicht Unterschiedliches, wenn sie von der Hauptstadt sprechen? Die Bonner – so hat man den Eindruck – stellen sich eine Regierung vor, die als fertig entworfenes Ensemble sozusagen in die Stadt hineingepflanzt wird, eine »Puppenstubenstadt«, wie die Berliner lästern, die ihrerseits die Hauptstadt in die existierende Stadt hinein- beziehungsweise aus ihr herauswachsen sehen. Nur keine Provisorien, lautet die Devise in der alten und unverdrossen weiter arbeitenden Regierungszentrale, weshalb sich die Überlegungen mit Vorliebe auf Neubauten und ein Regierungsviertel richten, das Bonn entspricht, nur – versteht sich – größer, komfortabler und repräsentativer.

In Berlin findet man, dass die Regierung vorwiegend vorhandene Bauten beziehen soll, auch solche, in denen früher die DDR-Regierung amtierte. Im Übrigen werfen die Bonner den Berlinern gern Gigantismus vor – dem gängigen Ruf der Stadt entsprechend –, während der Berliner Wolfgang Thierse den Vorwurf umkehrt: Der angebliche Gigantismus sei bislang meist von den Bonnern ausgegangen, die in den Ministerien am Rhein widerwillig die Pläne für den Umzug ausarbeiten müssten.[322] Und so weiter in der Reihe der sich ergebenden oder gewollten Kontroversen: Bonn drängt darauf, dass der Umzug stattfinden solle, wenn die Hauptstadt funktionsfähig sei, was suggeriert, sie solle sozusagen schlüsselfertig übergeben werden – »Stichtagsumzug« heißt der Terminus –, Berlin möchte bald etwas Hauptstädtisches sehen und ist deshalb für einen schnelleren Umzug, der sich in Etappen vollzieht. Garniert ist der Disput mit west-östlichen Nadelstichen. An den rheinischen Kaminen werden die marode Bausubstanz und die archaischen Telefonverbindungen zu dem Eindruck hochgerechnet, Ostberlin befinde sich irgendwo am Rand der Zivilisation. Dagegen lädt man dort Spott und Hohn ab über die Bonner, die wohl glauben, es sei ihnen nicht zuzumuten, in DDR-Gebäuden zu arbeiten: 43 Ministerien habe die DDR in ihren Blütezeiten gehabt, und die – so spottet Bürgermeister Schwierzina gern – »haben nachweislich nicht in Beduinenzelten gehaust«[323].

Wie tief das gegenseitige Misstrauen und Missverstehen geworden ist, wird am Ende des Jahres 1992 spektakulär offenbar. Da werden über Nacht Bonner Pläne publik, dass die großen Komplexe in der Berliner Mitte, in denen die DDR-Regierung und die SED residierten – das Staatsratsgebäude, das SED-Zentralkomitee in der ehemaligen Reichsbank und das Haus der Ministerien an der Leipziger Straße, das frühere Luftwaffenministerium –, ab-

Berlin – Wiedergeburt einer Stadt

gerissen werden sollen, um Platz für die Neubauten von Innenministerium und Auswärtigem Amt zu schaffen. Die Absicht – sie läuft unter dem gut bürokratischen Titel »Freimachungskonzept für die Bundesbauten« – erzeugt in Berlin einen Aufschrei. Einen »skandalösen und unglaublichen Vorgang« nennt sie der Bausenator – er hat die Kabinettsvorlage vorzeitig an die Öffentlichkeit gebracht –, aus dem Haus des Bundessenators schallt es: »Gedankenlosigkeit«, »Prestigedenken« mancher Ministerien, die »übliche Bonner Hinterfotzigkeit«.[324] Und zeigt der Vorgang nicht überdeutlich, dass der Bund kein Verhältnis zu seiner neuen Hauptstadt hat? Dass er sich in Berlin verhält wie ein »Fremdkörper«?[325]

Gewiss, Bonn, verblüfft über die heftige Reaktion, rudert zurück. Doch der »Spiegel« hat bereits das Sprengsatz-Wort »Hauptstadtlüge«[326] in die Debatte katapultiert. Alle, soll das heißen, spielen bei diesem Jahrhundertunternehmen falsch: die Berlin-Befürworter mit der Vorbereitung einer Hauptstadt, die es so nie geben wird, die Bonn-Lobby mit der Strategie, an Bonn unverdrossen weiterzubauen und darauf zu warten, dass sich das Regierungsmodell mit seiner komplizierten Aufteilung von Ministerien und Ämtern als unrealisierbar herausstellt. Man »muss nur durch das Parlamentsviertel am Rhein und durch die Steppe rund um den Berliner Reichstag laufen«, so beschreibt das Magazin die Situation, »um zu begreifen, dass der Umzug Science-Fiction ist. Er findet nur noch auf dem Papier und in Reden, in Gremien und Kommissionen statt.«[327] Die Folgen der bisherigen Umzugsdebatte werden ein paar Wochen später offenbar: Laut einer Umfrage der ARD ist die Mehrheit der Deutschen, 83 Prozent, zu Beginn des Jahres 1993, eineinhalb Jahre nach dem Hauptstadtbeschluss, gegen den Umzug, nach Emnid sind 72 Prozent zumindest für eine Verschiebung des Termins.[328]

Alles zusammen macht deutlich: Die Umzugsdebatte hat einen Tiefpunkt erreicht. Leslie Colitt, ein amerikanischer Korrespondent, seit vielen Jahren in Berlin, formuliert am Ende dieses ereignisreichen Jahres 1992 ein bitteres Resümee: Könnte es sein, dass die Stadt zwar das Gefecht um die Berlin-Entscheidung gewonnen, aber die »eigentliche Schlacht darum, in absehbarer Zeit die wahre Hauptstadt Deutschlands zu sein, verloren haben könnte«? Denn wenn die Dinge weiter so schleppend verliefen wie bisher, bestehe die Gefahr, dass die Stadt »für Jahrzehnte das wirtschaftliche und politische Hinterzimmer Deutschlands« bleibe.[329] Aber die deutsche Umzugsdebatte ist für Ausländer ohnehin schwer zu begreifen. »If the Capital Is Going to Berlin, How Come Nobody Is Packing«[330] – »Wenn die Hauptstadt nach Berlin gehen will, weshalb packt dann niemand?«, hat die »Herald Tribune« eben erst verwundert einen Artikel überschrieben.

Ein Jahr der Entscheidung

Doch an einem trüben Tag im Januar 1993, eineinhalb Jahre nach dem Hauptstadtbeschluss, stehen der Regierende Bürgermeister, die Bundestagspräsidentin und die Bauministerin stolz vor einer Tafel mitten in Berlin. Sie kündigt das erste Bauvorhaben des Bundes in der Hauptstadt an. Allerdings steht das kleine Empfangskomitee für den praktischen Anfang der Umsetzung des Umzugs – Eberhard Diepgen, Rita Süssmuth und Irmgard Schwaetzer – buchstäblich im Niemandsland. Nichts ist davon zu spüren, dass es sich an einer der vornehmsten Stellen des alten Berlin befindet – an der Ecke der alten Prachtstraße Unter den Linden und der Wilhelmstraße, am Eingang zum Pariser Platz. Die Vergangenheit des letzten Halbjahrhunderts hat den Ort noch fest im Griff: Das Brandenburger Tor ein einsamer Solitär, der Pariser Platz eine leblose, planierte Fläche, und noch hindert nichts den Blick, frei auf das graue Massiv des Reichstags zu schweifen. Der kleine Auflauf gilt übrigens keineswegs einem Neubau, sondern dem Umbau

eines Verwaltungsgebäudes. Es hat die übliche deutsch-ostber-
linische Biografie: ursprünglich preußisches Kulturministerium,
dann DDR-Ministerium für Volksbildung und Außenhandel. Nun
soll es ein Bürohaus für Abgeordnete des Deutschen Bundestages
werden.

Das wirklich Neue bereitet sich ein paar Kilometer entfernt
vor. Im Staatsratsgebäude, in dem vor drei Jahren noch Erich
Honecker residierte, warten, vor allen Blicken geschützt, 821 Entwürfe für die Bebauung des Spreebogens auf die Entscheidung. In
einem Acht-Tage-Marathon und strenger Klausur arbeitet sich
die Jury durch Pläne und Modelle. Am 18. Februar 1993, kurz vor
Mitternacht ist es so weit: Der Entwurf mit der Kennzahl 200 918
wird zum Sieger erklärt: Zwei Berliner Architekten, Axel Schultes und seine Partnerin Charlotte Frank, haben den Wettbewerb
für sich entschieden. Der Entwurf wird sogleich als großer Wurf
bewertet, seine Präsentation im Reichstag, verfolgt von mehr als
achthundert Journalisten, ist ein mediales Ereignis. Und tatsächlich setzt er ein markantes Zeichen: Er gibt der Stadt an jener
Stelle, an der die Spree mäandernd die Grenze zwischen Westen und Osten bildete, eine neue, verbindende Grundfigur. Eine
große »Spange« – so bezeichnet sie Schultes – soll Bundestag und
Kanzleramt verbinden und damit Westen und Osten zusammenfügen; bald bekommt diese Spange den Namen »Band des Bundes«. Von Westen und Osten aus modelliert der Gedanke den
Kern des künftigen Regierungsviertels, damit auch des neuen
Berlin. Vom Westen her ist es der Raum um den Reichstag, über
drei, vier Jahrzehnte hinweg ein *land's end* von dramatischer Aus-
gesetztheit, ein äußerster Ausläufer ins Öde, Entlegene, Vermau-
erte, vom Osten her die Zone an der Stadtkante Ostberlins, die in
dreißig Mauerjahren zur abweisenden, dunklen Häuserfront und
zur Grenzzone geworden ist.

Durchschlägt der kühne Gedanke den Knoten der Debatte
über den Umzug? Erreicht das Unternehmen endlich – wie der

Berliner Bundessenator Peter Radunski frohlockt – die »Reali-
sierungphase«? Bald wird klar, dass dieses Jahr 1993 ein Entschei-
dungsjahr für Berlin werden wird. Während hunderttausend
Besucher im Staatsratsgebäude die Modelle des Wettbewerbs
besichtigen, machen die Umzugsskeptiker im Bundestag mobil:
Mehr als achtzig CDU/CSU-Abgeordnete kündigen einen Antrag an, den Umzug für »zunächst« fünf Jahre auszusetzen, damit er dann in einem »finanzpolitisch verantwortbaren und von
der Bevölkerung mitgetragenen Zeitraum« verwirklicht werden
kann; eine Gruppe um den jungen baden-württembergischen
SPD-Abgeordneten Hans Martin Bury will ihn auf das Jahr 2010
verschieben. Auch die Nullrunde für Beamte und Angestellte, mit
der Bundesfinanzminister Theo Waigel auf die finanzielle Lage
reagiert, kommt nicht ohne den Vorschlag aus, den Umzug ins
nächste Jahrtausend zu verschieben. Das ist, so sieht es Dietmar
Kansy, als Vorsitzender der Baukommission einer der Motoren
des Umzugs, »kein Rückzugsgefecht der Berlin-Gegner mehr,
sondern eine Gegenoffensive«[331].

Gefährdet ist der Umzug allerdings nicht nur durch die Steine,
die ihm von den Umzugsskeptikern in den Weg gerollt werden.
An ihm nagt auch die Krise, in die der deutsche Einheitsprozess
selbst gerät. Es gehörte ja zur Logik der Bundestagsentschei-
dung, dass die Hauptstadt Berlin eine Art Brückenkopf in dem
politisch-mentalen Neuland sein sollte, das Mauerfall und Vereinigung den Deutschen eröffnen. Mit Bedacht hatten die Berlin-Befürworter ihren Antrag unter das anspruchsvolle Leitwort
»Vollendung der Einheit« gestellt, nicht etwa das wilhelminische
»Wir wollen unsere alte Hauptstadt wieder haben«. Doch inzwischen ist die Einheit selbst in die Defensive geraten. Der Aufbau
Ost wird nicht – wie es die immer wieder beschworene Formel
will – »selbsttragend«. Stattdessen greift die De-Industrialisierung
um sich und schürt die Gefahr, die neuen Länder könnten – ein
anderes alarmierendes Wort der Stunde – zu einem »deutschen

Mezzogiorno« werden. Die Wiedervereinigung wird zunehmend zu einer Hilfsaktion für den Osten, während die neuen Länder fast nur noch als eine prekäre Zone wahrgenommen werden, mit der die Bundesrepublik notgedrungen fertig werden muss. Und die Elisabeth Noelle-Neumann, die notorische Beobachterin des Seelenzustandes der Deutschen, zieht aus ihren Umfragen die Frage: »Wird sich jetzt fremd, was zusammengehört?«[332] Die Losung, »Es gibt Nötigeres als eine Hauptstadt«, braucht da gar nicht erst absichtsvoll unter die Leute gebracht zu werden.

Funktioniert also die Kalkulation mancher Umzugsgegner: Kommt Zeit, kommt Umdenken, kommen Wahlen, nach denen – wie es heißt – die »Karten neu gemischt« werden, »alles wieder auf den Prüfstand« muss und neue Mehrheiten den Beschluss von 1991 zur Disposition stellen könnten? Der Umzug werde ein »herausragendes Wahlkampfthema«[333] abgeben, ätzt der Berlin-Gegner Horst Ehmke. Tatsächlich ist die Bundesrepublik des Jahres 1993 nicht mehr die von 1991. An die Stelle des Anfangs, den die Berlin-Entscheidung zu setzen schien, sind Rudel von Problemen getreten, die die Politik von allen Seiten bedrängen. Das ermüdende Dauerpalaver zwischen Ost und West drückt auf das öffentliche Bewusstsein. Seit Monaten liegt die Bundesrepublik im Streit über einen milliardenschweren Solidarpakt, der verhindern soll, dass die neuen Länder Fässer ohne Boden bleiben. Anfang März beginnen in Leipzig neue Montagsdemonstrationen, diesmal gegen die Politik der Bundesregierung, die für die schwierige wirtschaftliche Lage im Osten verantwortlich gemacht wird. Ein Streik der Kali-Bergleute im thüringischen Bischofferode zieht sich wie ein nicht zu löschender Schwelbrand über Monate hin, begleitet von heftigen Protesten gegen die Folgen der deutschen Vereinigung.

Auch der weltpolitische Horizont trübt sich ein. Der lange Machtkampf in Moskau wird erst im Herbst 1991 mit Gewalt beendet – mit angehaltenem Atem sieht die Weltöffentlichkeit die

Rauchwolken, die aus dem weißen Haus des Parlaments dringen, nachdem ein gegen den Präsidenten Boris Jelzin gerichteter Putschversuch niedergeschlagen worden ist. Auf dem Balkan entzündet sich ein Krieg, der scharf und blutig in die Wirklichkeit des neu vereinten Europa einbricht. Mit Zehntausenden von bosnischen Flüchtlingen erreicht er auch Berlin – um die Jahreswende 1992/93 zählt man bereits 40 000. Die Abstimmungssituation im Juni 1991 erscheint aus Berliner Perspektive jedenfalls wie ein Märchen aus uralten Zeiten, und angstvoll werden die Debatten über den Umzugstermin abgeklopft, ob sie nicht den Hebel für eine Grundsatzrevision abgeben könnten.

Auf der Suche nach einer Mitte

Und Berlin, der Schauplatz einer »unausweichlich realen Wiedervereinigung« (Günter Matthes)? In diesem Jahr 1993, in dem das ganze Bedingungsgefüge für das Hauptstadtwerden sich ändert, erreicht das Zusammenwachsen Berlins die alte Mitte der Stadt. Mit dem Einzug des Abgeordnetenhauses in den ehemaligen Preußischen Landtag im Februar ergreift das politische Leben Besitz von einem Ort, an dem, haarscharf am Rande des Ostteils der Stadt gelegen, maßgebende Linien des Stadtschicksals zusammenlaufen. Im Rücken des neuen Parlamentssitzes liegt das ehemalige preußische Herrenhaus, der mächtige Bürokoloss daneben war erst Hermann Görings Luftfahrtministerium, dann in frühen DDR-Zeiten das Haus der Ministerien, in dem auch die DDR gegründet wurde und vor dem eine der wichtigsten Manifestationen des 17. Juni 1952 stattfand. Unmittelbar gegenüber befindet sich mit dem Martin-Gropius-Bau ein Ort Westberliner kultureller Selbstbehauptung, so dicht an der Mauer gelegen, dass er nicht mehr durch das Hauptportal, sondern nur über einen Seiteneingang zu betreten war. Hier fand 1981 die Preußenausstellung statt, ein Markstein der historischen Selbstbesinnung der Stadt, danach herausfordernde Ausstellungen, mit denen West-Berlin seinen Anspruch als Kunstmetropole demonstrierte. Auch anderswo gerät die Mitte der Stadt in Bewegung: Im Juni 1993 wird mit der Einweihung des restaurierten Doms ein »erster Schritt« zur »Neuordnung und Neugestaltung« der zentralen Zone der Stadt vollzogen.[334] Im November wird die umgebaute Schinkelsche Neue Wache Unter den Linden eröffnet.

Aber vermag man sich angesichts solcher Ereignisse überhaupt noch Rechenschaft darüber zu geben, was da geschieht? Dass es zum Beispiel wirklich erst drei Jahre zurückliegt, dass die Stasi von diesem Preußischen Landtag, ihrem konspirativen Objekt »Spree« im Dach des Gebäudes, aus den Funkverkehr West-Berlins abhörte? Nun geht der Blick aus dem neuen Parlament auf die einstige Mauerzone, die noch immer eine Wüstenei darstellt, aber im Innern strahlt das Haus, glänzend restauriert, in alter Pracht. Und angesichts des Aufmarschs von Politik und Prominenz bei der Wiedereröffnung des Doms – viel Bonn dabei, der Bundeskanzler an der Spitze – macht es schon Mühe, sich noch dessen jüngere Geschichte vorzustellen. Seit Kriegsende eine Ruine, beginnt in den Siebzigerjahren die Restaurierung dieses »trojanischen Pferdes in der ideologischen Wagenburg der DDR«, finanziert vor allem durch die westdeutschen Kirchen. Allerdings ist es eine Wiederauferstehung mit Widerhaken. Der imperialen Domarchitektur gilt der Spott vieler kritischer Gemüter, zumal in der intellektuellen Szene; sie lenken den Blick auf den Kontrast, der zwischen einer Restaurierung, die bis in die letzten prächtigen Details geht, und der aktuellen Situation von Stadt und Land aufklafft – »Palazzo Prozzo II«[335], giftet der Essayist Dieter Hildebrandt in Anlehnung an den alten DDR-Hohn über den gegenüberliegenden Palast der Republik. Doch nach den ersten, überraschend stark besuchten Weihnachtsgottesdiensten im Dom steht außer Zweifel: Die Berliner nehmen ihn an.

Erst recht tritt die Einweihung der Schinkelschen Wache eine ganze Ladung gemischter Gefühle los. Sie hat ihren neuen Auftritt als »Zentrale Gedenkstätte der Bundesrepublik Deutschland für die Opfer von Krieg und Gewaltherrschaft«. Zu dieser Umwidmung gehört ein monatelanger Streit – eine Bundestagsdebatte, eine heftige Demarche der Akademie der Künste und eine Lawine interpretierender und polemisierender Stellungnahmen. Im Mittelpunkt steht die Kritik an der vierfach vergrößerten Plastik von Käthe Kollwitz, einer Art Pietà, die der Bundeskanzler der Wache par ordre du mufti zugedacht hat, dazu die pauschale Inschrift: »Den Opfern von Krieg und Gewaltherrschaft«. Der lange Text, der schließlich an der Wache angebracht wird, nennt unterschiedliche Opfergruppen. Aber in Wahrheit wird Berlin eingeholt von den polarisierenden Auseinandersetzungen zwischen den Parteien, die bereits in Bonn über das Projekt geführt wurden und in denen es unterging. Sie findet statt in der alten Gefechtsordnung: hier die Feuilletons, dort die Politik, hier zweifelnde, hoch intellektuelle Reflexion, dort pragmatische Vernunft. Thema: die Fähigkeit der Deutschen zum Trauern. Sehr groß scheint sie nicht zu sein: Die Einweihung wird zum Spektakel – der Platz ist weitläufig zum Schutz vor Protesten abgesperrt, die kurze Zeremonie im Schneeregen wird von Sprechchören begleitet, die Kohl und die Denkmalsidee aggressiv schmähen, und es wird offenkundig, dass die Deutschen noch weit davon entfernt sind, ihren Frieden mit sich selbst zu machen. Kaum ist der erste Schnee durch das offene Dach des Gebäudes auf die Skulptur gefallen, kräht kein Hahn mehr danach.

Doch den Höhepunkt des Jahres bildet die Schlossattrappe des Hamburger Kaufmanns Wilhelm von Boddien. Mit flatternden Stoffbahnen, getragen von einem hoch aufragenden Gestänge und bemalt mit den Fenstern, Simsen und Erkern des mächtigen Schlüter-Baus bildet sie das vor einem halben Jahrhundert untergegangene Schloss nach. Den herausfordernden Gedanken, das vom SED-Regime gesprengte Bauwerk wieder zu errichten, hat der Publizist Joachim Fest 1990 in die Debatte geworfen.[336] Die Schlossimitation stellt ihn mitten hinein in die Leere der Berliner Mitte, die die DDR mit ihren Repräsentationsbauten, mit dem »Palast der Republik«, dem Staatsratsgebäude und dem Außenministerium, als neues Herrschaftszentrum inszenieren wollte – und gibt damit einer der heikelsten Auseinandersetzungen der Nachwendegeschichte Berlins den entscheidenden Schub. Denn seitdem der Schlossgedanke in der Welt ist, jagen sich auf dem von der DDR nach Marx und Engels genannten Platz, der nach der Schließung des Palastes wegen Asbestbelastung zum Park- und Rummelplatz geworden ist, die widerstreitenden Überzeugungen und Empfindungen.[337] In der Absicht, das Schloss zu rekonstruieren, und dem Wunsch, den Palast zu bewahren, der als eine Art Volkshaus seine Sympathisanten hat, verdichten sich die Sentiments und Ressentiments von Ost und West so konfliktträchtig und unaufhebbar wie nirgendwo sonst. Das gibt dem Streit um Schloss und Palast einen »Schlüsselcharakter«[338]: Im Westen sehen viele in der Wiederherstellung des Schlosses eine Art Heilung für das Stadtbild wie für die Geschichte, im Osten rührt der Abriss des Palastes an die Verlustempfindlichkeit, die mit der Vereinigung einhergeht – viele verbinden mit ihm angenehme private Erinnerungen. Eine Senatsumfrage dokumentiert, wie sich die beiden Stadthälften an diesem Punkt bis zur Entscheidungsunfähigkeit blockieren: Westberlin ist mit 43 Prozent für das Schloss, das ganze Berlin mit knapper Mehrheit dagegen, Ostberlin sehr für den Palast, das ganze Berlin dagegen.

In der Politik, bei den intellektuellen Stimmführern und in den Medien sind die Meinungen bis dahin durchaus geteilt; eher überwiegt die Skepsis. Boddiens Attrappe wird zum Augenöffner. Sie lässt eine Ahnung des Stadtraums aufkommen, den es hier einmal gab, und schafft zugleich ein Bewusstsein für die Bedeutung, die das Schloss für Berlin hatte. Als die Attrappe im

Herbst 1994 nach fast fünfzehn Monaten abgebaut wird, hat sich der Blick der Stadt auf sich selbst verändert. »Die sinnliche Anschauung dieser real existierenden Fata Morgana«, beobachtet Lothar Heinke, bewirkte bei vielen »eine Wende um manchmal 180 Grad«.[339] Die Mitte ist gleichsam in die Stadt zurückgekehrt – jedenfalls als Gegenstand der Debatte, als Herausforderung ihrer Wiedergewinnung, als neuer Blick auf den Berliner Kernbereich, das mitgenommene Geviert zwischen Brandenburger Tor und Schlossinsel, Gendarmenmarkt und Linden-Boulevard. Kein Geringerer als Bundespräsident Richard von Weizsäcker bekennt seine Bewegung über den Wandel: Nun sei wieder zu sehen, »dass es wirklich eine Berliner Mitte« gebe. Sie mache das Herz dieser Stadt aus und habe den starken Charakter einer Hauptstadt erhalten, »allen Zerstörungen und aller Teilungslast zum Trotz«.[340]

Und ist Berlin in diesem Jahr 1993 nicht auch sonst dabei, wieder auf die Füße zu kommen? Das Jahr ist erst ein paar Wochen alt, da erklärt Bausenator Wolfgang Nagel, der Verfall der Bausubstanz sei gestoppt, und als es in die Schlussrunde geht, verkehrt die U-Bahn wieder zwischen dem Westteil der Stadt und Pankow. Sie schließt damit nach 32 Jahren wieder das U-Bahn-Netz – als »zweite Wiedervereinigung« der Stadt wird es gefeiert.[341] Doch in Wahrheit ist die Stimmung in Berlin nahe daran, umzuschlagen. Der Wirtschaft ist der kurze Schwung abhandengekommen, den die Vereinigung ausgelöst hatte. Im März 1993 erreicht die Arbeitslosigkeit einen neuen Höchststand, im Herbst brechen die Büromieten ein. Überall schlagen die Fehleinschätzungen und Überforderungen des Vereinigungsprozesses um in Enttäuschungen. Die Nerven haben sich an den endlosen Querelen um den Umzug blank gescheuert. Vielen erscheint er nur noch als ein frustrierendes Katz-und-Maus-Spiel unter Politikern und Beamten. Und in Ostberlin kann man hören: Sollen die Bonner doch bleiben, wo sie sind, wenn sie sich mit dem Umzug so anstellen. Als die quälenden Etatberatungen in einer Juninacht mit dem Beschluss enden, das Schiller-Theater, das Staatstheater des Westens, Ort einer bedeutenden Theaterüberlieferung, zu schließen, wirkt das auf die Westberliner wie ein Schlag in die Magengrube. »Der Mordfall« überschreibt der Theaterkritiker Günter Rühle seinen Leitartikel im »Tagesspiegel«.[342]

Mithin kann im Jahr 1993 keine Rede davon sein, dass das Umzugsprojekt auf der sicheren Seite sei. Vielmehr spitzt sich die Situation unübersehbar zu. Forderungen nach einem Umzug schon 1996, notfalls ohne Umbau des Reichstags, stehen neben 1998 als dem Termin, an dem nicht gerüttelt werden dürfe, und dem Drängen nach einer Verschiebung, für die bis zu zehn Jahre ins Gespräch gebracht werden.[343] Im Gewoge der Meinungen formieren sich im Bundestag die Parteigänger einer Aussetzung des Umzugs, einschlägige Anträge und Unterschriftenlisten kursieren und eine Massenpetition »Umzug nach Berlin – aussetzen« plädiert dafür, erst dann über den Zeitpunkt des Umzugs zu entscheiden, wenn die Finanzsituation von Bund, Ländern und Gemeinden dies erlaubt und die Gesamtkosten feststehen.[344] In Berlin festigt sich der Eindruck, mit dem Hauptstadtprojekt in einem Stau zu stecken, der sich nicht auflösen will – trotz aller Planungen und Prognosen, ja, trotz der Dynamik, die die Stadt entwickelt. Dabei wächst der Druck auf Bundesregierung und Bundestag, denn in der Stadt reihen sich die Wettbewerbe aneinander, die ausgeschriebenen und die bereits entschiedenen, die Überlegungen über die Unterbringung der Ministerien und die Erneuerung des Verkehrsnetzes. Im September 1993 treten vierzig große Unternehmen, die Crème de la Crème der in Berlin engagierten Investoren, mit einem Appell an die Öffentlichkeit und beschwören einen »politischen Vertrauensbruch«[345], falls der Umzugsbeschluss nicht zügig umgesetzt würde.

Aber da hat der CDU/CSU-Fraktionsvorsitzende Wolfgang Schäuble schon, verärgert über die Penetranz, mit der in Bonn die Vorbehalte gegen den vom Bundestag beschlossenen Umzugstermin repetiert werden – das Wort vom »Putsch der Bürokraten gegen das Parlament« geht um –, in seiner Fraktion einen neuen Anlauf genommen: Bis zum Herbst sollen die Grundlagen für den Umzug bis Ende 1998 festliegen. Der Zeitpunkt fällt zusammen mit der Entscheidung, ob Berlin Olympia-Stadt wird. Kommt es also in Bonn zu einem Durchbruch in der Frage des Umzugs, der die Gefahr beendet, dass das Hauptstadtprojekt im politischen Alltag zerrieben wird? Und bekommt Berlin außerdem mit der Olympiade die Chance für einen neuen Auftrieb, der die Stadt aus ihren Problemknäueln von finanzieller Misere, wirtschaftlicher Stagnation und lokalen Verkrampfungen löst? Klaus Landowsky, der CDU-Fraktionsvorsitzende im Abgeordnetenhaus, erspürt das Spitz-auf-Knopf-Gefühl, das über der Stadt liegt, und erklärt den Monat September zum »Schicksalsmonat für Berlin«[346].

Doch die Olympia-Bewerbung geht verloren, deprimierend deutlich. Mit 9 von 89 Stimmen landet Berlin abgeschlagen, sozusagen unter ferner liefen, zwischen Mitbewerbern wie Manchester und Istanbul. Auf dem Pariser Platz, der für die Siegesfeier vorbereitet worden ist, reagiert die Menge auf das Ergebnis mit betroffenem Schweigen. Es ist nicht nur das Scheitern der Bewerbung, das die Stadt trifft. Es geht tiefer: Die Niederlage legt ihr die schmerzliche Erkenntnis nahe, dass der Berlin-Mythos nicht mehr wirkt. Die große Erzählung, die Berlins Nachwende-Existenz überstrahlt hat und von der die Stadt angenommen hat, dass sie die ganze Welt fasziniert, Spaltung und Wiedervereinigung, vier Jahrzehnte neuralgischer Nerv der Weltgeschichte und dann der Mauerfall als archimedischer Punkt, von dem aus der säkulare Konflikt sich löste – sie ist Vergangenheit geworden.

Dagegen geht die endlose Auseinandersetzung um den Umzug in die Schlussrunde. Ist es die von Schäuble und den ihm verbundenen Berlin-Befürwortern praktizierte Mischung von Zurücknahme und Zähigkeit, die dazu führt, dass die Bonn-Lobby in die Defensive gerät? Oder dass die Bundesregierung dem Drängen der Bonner nach finanziellen Ausgleichszahlungen für den Umzug so weit nachgibt, dass Bonn am Ende doch zu den großen Gewinnern zählt?[347] Oder ist es das Wahljahr 1994, das mit seinen neunzehn Wahlgängen drohend über der Bonner Politik hängt und die Umzugsdebatten fraglos arg in Mitleidenschaft gezogen hätte? Das »Schäuble-Lamers-Papier«, das der CDU-Fraktionsvorsitzende Wolfgang Schäuble und der außenpolitische Sprecher der Fraktion Karl Lamers vorlegen, richtet die Planungen energisch auf die finanziellen und zeitlichen Möglichkeiten aus: Vorhandene Gebäude sollen weitgehend genutzt, die Gesamtkosten auf einem Niveau weit unter den bisherigen Größenordnungen gedrückt werden, und selbst eine Verkleinerung des Bundestages bis auf fünfhundert Abgeordnete wird vorgeschlagen. Am Ende bekommt Bonn auch eine perfektionierte Aufteilung der Regierung zugestanden: Alle Ministerien mit Dienstsitz in Berlin müssen auch einen Dienstsitz in Bonn haben und umgekehrt die Bonner Häuser Dienstsitze in Berlin. Und vermutlich befördert es den Schlussakt der Operation, dass er sich »sozusagen im Auge eines politischen Orkans«[348] vollzieht: Bei den Bürgerschaftswahlen in Hamburg im September brechen CDU und SPD ein, die Kandidatur des ostdeutschen CDU-Politikers Steffen Heitmann für die Bundespräsidentenwahl im nächsten Jahr spaltet die westdeutsche Öffentlichkeit, Debatten über die Pflegeversicherung, die Entschädigung für Enteignungen in der DDR und andere sperrige Themen strapazieren die Koalition. So bringt der Beschluss der Bundesregierung vom 12. Oktober 1993, bis zum Jahr 2000 umzuziehen, den Gegenstand eines langen Streits vor der Gefahr in Sicherheit, im Gewühl aktueller Auseinandersetzungen auf einen neuen Sankt-Nimmerleins-Tag verschoben oder gar doch noch zur Disposition gestellt zu werden.

Gleichwohl gehen die Wogen weiter hoch. Nochmals werden die Kontroversen und Themen durch die Arena gezogen: Neubauten oder Provisorien für die Ministerien? Gibt es ausreichend und bezahlbaren Wohnraum für die Bonner Beamten? Zumal in Berlin traut man dem Frieden nicht und reagiert so kleinmütig, dass der Berlin-Freund Schäuble sich veranlasst sieht, der Stadt ins Gewissen zu reden: sie müsse eine Führungsrolle im Einigungsprozess übernehmen und dürfe nicht so »kleinkrämerisch sein, wie es die Gegner Berlins in der Hauptstadtdebatte gewesen«[349] sind. Schließlich nimmt der Bundeskanzler die Sache in die Hand. In einem Spitzengespräch im Januar 1994, einer »Elefantenrunde« – anwesend sind die Vorsitzenden der Parteien und Fraktionen, die Bundestagspräsidentin sowie die Vertreter Bonns, Nordrhein-Westfalens und Berlins –, zwingt er die Kontrahenten zu einem gemeinsamen Beschluss: Umzug 1998, spätestens 2000, Kostenobergrenze 20 Milliarden D-Mark, davon Ausgleich für Bonn 2,8 Milliarden.

Die Sitzung hat Züge eines politischen Intrigenstücks. Der nordrhein-westfälische Ministerpräsident Wolfgang Clement, immer dabei, wenn es darum geht, den Umzug zu bremsen, soll – so hört es die »Frankfurter Allgemeine Zeitung« – mit dem Platzen des Gesprächs gedroht haben. »Es wird als eine Nacht der Telefonate und stillen Besprechungen beschrieben, was von Donnerstag auf Freitag geschah, und auch am Freitagmorgen, vor der um 8 Uhr im Kanzleramt beginnenden Runde der Partei- und Fraktionsvorsitzenden, habe es noch Kontakte zwischen allen Beteiligten gegeben.«[350] Noch in der Sitzung ist der Betrag für Bonn erhöht worden; als die Bürgermeisterin Bärbel Dieckmann die Gelegenheit nutzen will, um noch mehr durchzusetzen, bekommt Helmut Kohl – so wird kolportiert – »einen Wutausbruch«[351]. Die Berliner reisen übrigens – wie Eberhard Diepgen später bekennt – in so gedrückter Stimmung an, als ginge es »um Sieg oder Niederlage«.[352] »Es ist erreicht« ist der Kommentar von Rudolf Augstein im »Spiegel« überschrieben.[353] »Es waren verlorene Jahre«, urteilt Eckhard Fuhr in der »Frankfurter Allgemeinen Zeitung«.[354] Große Erleichterung kommt jedenfalls nicht auf – zu sehr haf-

tet dem Ausgang das Erlkönig-Gefühl an, den Hof nur mit Müh'
und Not erreicht zu haben. Von den Erwartungen, die anfangs die
Errichtung der neuen Hauptstadt begleitet haben, ist so wenig
übrig geblieben wie von den Hochgefühlen, mit denen die Deutschen in die neue Phase ihrer Geschichte gestartet sind.

Es ist wieder der Bundespräsident, der die Zeichen der Stunde
setzt. Schon im Sommer erklärt Richard von Weizsäcker, dass er
im kommenden Jahr den Schwerpunkt seiner Amtsführung nach
Berlin verlagern wird – das erste Verfassungsorgan, das von Berlin aus wirken will. Bereits die Neujahrsempfänge des Staatsober-
haupts, mit denen traditionellerweise das politische Jahr in Bonn
beginnt, finden 1994 in Berlin statt. Zum ersten Mal seit der Feier
der Wiedervereinigung wird in der alt-neuen Hauptstadt Staat
auf höchster Ebene zelebriert. Zuerst schütteln die Politiker dem
Staatsoberhaupt im Schloss Bellevue die Hand, dann, am Tag
darauf, das gesammelte, mit einem Luftwaffen-Airbus eingeflo-
gene Diplomatische Korps. Gewiss bezieht sich die Zäsur, die
Weizsäcker bei seiner Ansprachen beschwört, vor allem auf das
Wahljahr, in dem der Präsident und der Bundestag neu bestimmt
werden und über dem auch noch die Ahnung eines Endes der Regierung Kohl schwebt – insofern bleibt die Politik sich und ihren
Usancen treu. Aber Weizsäckers Suggestion einer Situation »zwischen Abschied und Anfang« trifft auch den Umzug. Allemal, was
die Person des Bundespräsidenten angeht: Ende Januar verlässt er
die Villa Hammerschmidt und zieht in eine ruhige Nebenstraße
im Berliner Stadtteil Dahlem. Die Stadt, die ihr Glück offenbar
immer noch nicht glaubt, begleitet den Präsidentenumzug mit
einem mächtigen Medienspektakel, um ihn zu einem Signal für
den großen Umzug hochzujubeln.

Das Ende einer Leidensgeschichte

Mehr als dreißig Monate nach dem historischen Bundestagsbeschluss vom 20. Juni 1991 erreicht die Debatte über den Hauptstadtbeschluss wieder die Bühne des Parlaments. Nun aber endgültig: Die erste Lesung des Berlin-Bonn-Gesetzes am 20. Januar 1994 und seine Verabschiedung drei Monate später, am 8. März 1994, setzen in der Geschichte der Umsetzung des Umzugsbeschlusses den legislativen Schlussstein. Sie finden übrigens nicht mehr im alten Wasserwerk statt, in dem das Parlament seinerzeit nach verbreitetem Urteil eine Sternstunde erlebte – der Bundestag hat es im September verlassen –, sondern im neuen Plenarsaal, dem Bonner Gegenbild zum Berliner Reichstag. Und eine Sternstunde sind die Debatten auch nicht, sondern deren müdes, zwischen Erleichterung und Trotz schwankendes Echo. Das Gesetz schreibt die Umzugspositionen fest und ist – wie der stets an vorderster Front kämpfende Dietmar Kansy urteilt – »zwar befriedend, aber nicht befriedigend«[355]. Dabei haben Parlament und Regierung doch eine politische Operation hinter sich gebracht, die ohne Beispiel ist: Sie haben die Grundlagen für die Verlegung eines Regierungssitzes geschaffen und das Fundament der neualten deutschen Hauptstadt gelegt. Oder gilt: Operation gelungen, Patient tot? Tatsächlich ist die Vier-Jahres-Frist, die der Bundestag dem Umzug gesetzt hatte, auf der Strecke geblieben, und der Parlaments- und Regierungssitz Berlin muss seine Rolle mit einer Bundesstadt Bonn teilen, von der zwar noch immer keiner weiß, was sie ausmacht, die aber als Wundertüte ausgestaltet ist: Sie enthält beträchtliche Zusagen und Zuweisungen, unter anderem für eine Fachhochschule, den Anschluss des Flughafens Köln-Bonn ans ICE-Netz und ein Center für Advanced European Studies and Research.

Es bleibt das ärgerliche Schauspiel, das die politische Klasse mit der Umzugsdebatte vorgeführt hat. Es sei »wirklich schlimm, was in diesem Land mit einem Beschluss des Bundestags passiert«[356] sei, ruft der Abgeordnete Wolfgang Ullmann aus, ein prinzipienfester Theologe aus der DDR-Bürgerbewegung, und Peter Conradi, der zu den Architekten des Beschlusses gehört, beklagt das »unwürdige Gezänk«[357], das die Absichten der Debatte zeitweise zu verschütten drohte. Das Gesetz wird mit großer Mehrheit beschlossen, aber die Debatte lässt spüren, dass der Schlussstein der Auseinandersetzung keineswegs fest sitzt, sondern bedenklich wackelt. Die lange Diskussion hat die Gegensätze kaum abgearbeitet. Die Berlin-Befürworter sind nach wie vor der Meinung, dass die Aufteilung der Regierungsfunktionen zwischen Berlin und Bonn »unvernünftig und teuer«[358] sei. Die Bonn-Sympathisanten halten daran fest, dass Deutschland künftig »richtigerweise und vernünftigerweise über zwei Brennpunkte – Berlin und Bonn«[359] – regiert werden solle. Auch das gewohnte Vorrechnen von Kostenschätzungen, Flächen und Leistungen zur sozialen Absicherung des Umzugs hält an, eingeschlossen den gereizten Unterton, mit dem es absolviert wird.

Auch die rhetorische Instrumentierung hält sich weitgehend in den ausgetretenen Bahnen. Noch immer wird die Verschiebung des Umzugs gefordert, weil Deutschland »andere Sorgen« habe »als einen Umzug«[360], oder mit Vorwürfen auf dem Niveau der Frage bedacht, ob Neubauten wichtiger seien »als Plätze für Kinder in ganz Deutschland«[361]. Noch als das Gesetz im März im Bundesrat den letzten Segen bekommt, liest es die nordrhein-westfälische Bundesratsministerin Angelica Schwall-Düren ganz im Sinne der Bonner Sicht als Entscheidung für zwei politische Zentren in Berlin und Bonn, und auch die fünf Politikbereiche, die dem Mitregieren in der alten Regierungszentrale ihre Struktur geben sollen, hat sie noch auf dem Plan. Auch soll der Umzugstermin von der Finanzlage abhängen, also irgendwie immer noch offen sein und jedenfalls nicht vor dem Jahr 2000 liegen.³⁶² Angesichts dieses Festhaltens an den alten Positionen spricht manches für die Annahme, dass es die öffentliche Wirkung unvorhergesehener Ereignisse war, die dem Umzug den letzten, entscheidenden Schub gegeben hat. Dass ihn also weniger Debatten und Einsichten voranbrachten als vielmehr der Hohn, den das Versagen der hypermodernen Mikrofonanlage im neuen Plenarsaal erntete – sie zwang den Bundestag, wieder ins Provisorium des Wasserwerks zurückzukehren –, und der K.o.-Schlag, den das Hochwasser kurz vor Weihnachten 1993 dem Neubau des Abgeordnetenhauses in Bonn versetzte. Berlins Regierender Bürgermeister, Skeptiker in Sachen Umzug, unkt jedenfalls, erst das habe ihn wirklich unumkehrbar werden lassen.³⁶³

In diesem ruhmlosen Abschluss spiegelt sich die ganze Leidensgeschichte der Umzugsdebatte – ein, wie die »Frankfurter Allgemeine Zeitung« zornig feststellt, »Lehrstück zu dem Thema Politikverdrossenheit«. »Was seit dem 20. Juni 1991 in Bonn geschehen ist«, schreibt der Bonner Korrespondent Karl Feldmeyer, »verdient genauer(e) Beachtung. Erstens, weil es unter der ständig wiederholten Versicherung, man tue alles, um den Beschluss des Bundestags umzusetzen, auf seine Vereitelung zielte – und auch erreichte; zweitens, weil es ein Paradebeispiel für jenes Verfahren ist, mit dem Parlamentarier und Beamte durch Taktieren und Zeitgewinn das öffentliche Interesse zuerst erlahmen lassen und schließlich in Ablehnung umzuwandeln vermögen.«³⁶⁴ Es ist der Fall einer Konsenssuche, die vom Festhalten an den Gegensätzen unterlaufen wird. Die widerstrebende Unlust, mit der sich viele Bonner dem Beschluss beugen, den sie für ein Fehlurteil halten, wie der Argwohn der Berliner, sie sollten um den Ertrag des Hauptstadtbeschlusses gebracht werden, erzeugen eine schleichende Vergiftung der Debatte. Wer den Schaden hat, braucht sich um den Spott nicht zu sorgen: Amerikaner hätten den Umzug, so der amerikanische Botschafter John Kornblum, notfalls mit Containern für die Abgeordneten und Beamten und Feldtelefonen für die Kommunikation durchgezogen. Von einer »Auf nach Berlin«-Stimmung gibt es jedenfalls keine Spur.

So hängt etwas Unbefriedigendes über dem Schicksal, das die Berlin-Bonn-Debatte dem Hauptstadtbeschluss bereitet hat. Dazu trägt auch bei, dass das Kombinationsmodell – wie sich herausstellen wird – nicht hält, was man sich von ihm erwartet hat. Doch war man wirklich der Überzeugung – wie man gerne glauben möchte, weil es damals viele glaubten –, es sei möglich, mit gutem Willen und viel Elektronik sowie schnellen Verkehrsverbindungen die Republik von zwei Zentren aus zu lenken? Oder waren es vor allem Hintergedanken, die Regie führten? Also die Spekulation, dass der Aufteilungsgedanke – einschließlich Verzögerungs- und Aushöhlungspraxis – dem Hauptstadtbeschluss den Zahn eines wirklichen Umzugs ziehen würde, damit am Ende Bonn Bonn bleiben könne, Berlin zur Titularhauptstadt würde und die bundesdeutschen Veränderungen der Nachwendezeit sich in Grenzen hielten? Oder rechnete man umgekehrt darauf, dass die bislang nirgendwo erprobte Regierungspraxis vom Rutschbahneffekt ad absurdum geführt würde, der auf Dauer das eintreten ließ, was im Moment nicht durchsetzbar war? Dann stellt sich die Frage, ob die »Hauptstadtlüge«, von der der »Spiegel« Anfang 1993 gesprochen hatte, nicht eigentlich in einer gewaltigen Selbsttäuschung von Berlin-Befürwortern und Bonn-Verteidigern bestand.

Doch vielleicht hat diese »Hauptstadtlüge« ihren Grund auch in den Unwägbarkeiten des Jahrhundertprojektes selbst. Denn das bleibt die Verlagerung einer funktionierenden Regierungsstadt und die Wiederbegründung einer Hauptstadt, erst recht, wenn sie – wie im deutschen Fall – auf den seelischen und faktischen Ruinen der Vergangenheit erfolgt, während die Nachkriegsgeschichte längst auf andere Ziele ausgerichtet ist. Insofern sind die Debatten um den Umzug mit ihren Schärfen und Unterstellungen ein Spiegel des Zustandes des Landes nach der großen

Wende. Auch in der Abneigung gegen den Hauptstadtbeschluss steckte unübersehbar ein tiefes Sträuben dagegen, den Status quo aufzugeben, den Ertrag von drei, vier Jahrzehnten altbundesrepublikanischer und also Bonner Geschichte. Ein vergleichbarer Trotz bestimmte allerdings die feste Überzeugung vieler Berliner, die Hauptstadt stehe Berlin einfach zu – Konsequenz seiner Vergangenheit als Reichshauptstadt und der Versprechungen, die die Bundesrepublik der Stadt in der Nachkriegszeit gemacht hatte. Überhaupt ist die Umzugsdebatte nicht erklärbar ohne den Überhang ihrer Vorgeschichte. Zumal hinter dem Gedanken der Aufteilung der Regierung die zur Lebensform gewordene Teilung steht: Das aberwitzige Modell führt gleichsam die Teilung in der neuen Einheit fort. Deutschland flüchtet sich in diese Konstruktion, weil es der neuen Lage, der unverhofften Einheit, nicht vertraut und den Sprung des vollständigen Umzugs scheut. Dass die Aufteilung der Regierung ein – teurer – Flop wird, hängt sicher damit zusammen, dass sie sich in der Praxis nicht bewährt hat. Aber es zeigt auch, dass sich inzwischen das praktische und emotionale Koordinatennetz der Bundesrepublik verschoben hat: Ein Jahrzehnt nach der Maueröffnung braucht sie die Abstützung in der Bonn-Berlin-Aufteilung nicht mehr, die der Berlin-Beschluss versucht hatte.

Den Schaden der Debatte aber hat Berlin, hat die Hauptstadt. Die knapp zweieinhalb Jahre, in denen die Auseinandersetzungen um den Umzug zur endlosen Geschichte zu werden drohten, haben diesem Beschluss viel von seiner Substanz genommen. Ohnedies konnte man sich bei manchen Kehren des Prozesses fragen, ob die Republik diesen Beschluss nicht doch im Überschwang der Einheit – oder unter dem Druck der Versprechungen der Nachkriegsjahrzehnte – gefasst hatte, ohne ihn ernsthaft zu wollen. Denn gerade die Botschaft des Umzugsbeschlusses verblasste in diesem Streit. Stattdessen wird das Thema okkupiert von einem hartnäckigen Verteilungskampf, ausgetragen im Ringen um die

Zahl der Ministerien und ihre Platzierung, um Kosten und Besitzstände und, nicht zuletzt, um die Gefühle, die sich mit Berlin und Bonn verbanden.

Das alles hat dem historischen Profil des Beschlusses viel von seinem Glanz genommen. Der Umzug nach Berlin wird zu einem Verwaltungsakt – boshafte Stimmen sprechen von einer Art neuem Notopfer Berlin –, der beschlossene Ausgleich für Bonn wird zum Schachern darüber, was die Stadt für den Umzug bekommen müsse. Mit Genugtuung wird resümiert, am Ende hätten die Umzugsgegner doch »mehr für Bonn herausgeschlagen, als sie am Anfang selbst gehofft hatten«,[365] während die »Frankfurter Allgemeine Zeitung« spottet, das Berlin-Bonn-Gesetz sei »ein Gesetz eigentlich für Bonn«.[366] Der Preis dafür war hoch, für Berlin wie für das Hauptstadtprojekt insgesamt. Es besteht nicht so sehr in dem sonderbaren Begriff »Bundesstadt«, der Bonn den Platz neben der »Bundeshauptstadt« Berlin sichern sollte. Auch nicht in den Milliarden, die nach Bonn geschaufelt wurden, um die Stadt für den Verlust des Regierungssitzes zu entschädigen, und die anderswo – wie die erfolgreiche Entwicklung Bonns zeigt – vielleicht besser hätten eingesetzt werden können. Die Umzugsdebatte hat dem Werden und Wachsen Berlin zur Hauptstadt den Schwung genommen, und zwar gerade in den Jahren, in denen er besonders notwendig gewesen wäre. Es ist müßig, darüber zu spekulieren, wie viele Millionen an Investitionen der Stadt dadurch entgangen sind. Denn nicht weniger zählt der Verlust an Motivation und positiver Einstellung, weil nicht nur – wie es bei Fritz Reuter heißt – die Armut von der *pauvreté* kommt, sondern auch der Erfolg vom Erlebnis des *succès*.

KAPITEL V

Eine Stadt im Übergang
Oder: Berlin gewinnt
sein neues Gesicht

> In Wahrheit handelt es sich um die reichlich gewaltsame
> Wiederbelebung von Urbanität, Lebendigkeit und
> städtischer Vielfalt, von der sich sagen lässt: Von hier und
> heute geht eine neue Epoche der Stadtgeschichte aus.
>
> MICHAEL MÖNNINGER[367]

Ein Abschied, doppelsichtig

Fünf Jahre nach dem Mauerfall ist Berlin eine Stadt mitten in der Furt. Vom alten Ufer hat es abgelegt. Kaum sind seine Konturen noch auszumachen – die geteilte Stadt, aber auch schon die von Euphorie und Ernüchterung geschüttelte Metropole der Nachwendezeit. Vom Neuen sind bestenfalls die Umrisse zu erkennen. Doch mit dieser Etappe tritt die Stadt heraus aus dem Bann ihres Gestern und Vorgestern. Unaufhaltsam drängen die Debatten und Auseinandersetzungen, die Planungen und Konzepte, die die Stadt in den vergangenen Jahren umgetrieben und in Atem gehalten haben, in die Realität. Innerhalb weniger Monate beginnt das Bild der Stadt, sich von Grund auf zu verändern, wird Berlin zur Stadt der Bagger und Kräne, hinter denen bereits ein neues Berlin auftaucht. Die Stadt erlebe eine »Transformationsperiode«, konstatiert der Historiker und Publizist Karl Schlögel: »Die großen Baustellen sind die Wirbel, in denen das Berlin, das wir kennen, verschwindet, und die neuen Fassaden, die den Blick begrenzen, bilden den Horizont, in dem wir von nun an in der Zeit ›danach‹ leben. Berlin ist deutsche Übergangsgesellschaft *en miniature*, und die Stadt ist der Raum, in dem das geschieht.«[368]

Man kann auch sagen: Berlin wächst endgültig heraus aus dem Überlebensraum, in dem es über bald ein halbes Jahrhundert existiert hat, und stellt sich auf eigene Füße. Oder wird es gestellt, ja, unsanft geschubst? Zum Beispiel fragen sich die Stadt und ihre Bewohner: Gibt es ein Leben nach dem Wegfall der Berlin-Zulage? Denn mit dem Jahr 1994 endet auch das alte finanzielle Stützgewebe der Zuschüsse und Steuerbegünstigungen, das Berlin über die Nachkriegsjahre gebracht hat. Auch fällt in Berlin auf, dass die Regierungserklärung, die Helmut Kohl nach seinem knappen Sieg bei den Bundestagswahlen im September 1994 abgibt, für die Hauptstadt und den Umzug nur ganze zwölf Zeilen übrig hat. Der Stadt wird eine »besondere Rolle« für die kulturelle Ausstrahlung Deutschlands in Aussicht gestellt, doch zugleich wird sie am Portepee gefasst: Sie müsse »auch selbst den Erwartungen gerecht werden, die an sie gerichtet sind«.[369] Ist Berlin dabei, zu einem Normalfall im aktuellen sozialen und gesellschaftspolitischen Problemhorizont der Republik zu werden?

Am deutlichsten offenbart sich die Veränderung der Stadt in der Geschichtsstunde, zu der der Abzug der früheren Besatzungsmächte wird. Die Zeit, in der sie die oberste Gewalt in Berlin hatten, ist zwar schon mit der Wiedervereinigung zu Ende gegangen, und der Abzug ist nur noch Abwicklung – ein Wort, das allen in Berlin in den Ohren klingt. Aber vor allem in West-Berlin wird daraus ein emotionales Ereignis. Vom Frühjahr bis zum Herbst reihen sich Verabschiedungszeremonien, Paraden und Volksfeste aneinander. Hat die Stadt nichts Wichtigeres zu tun? Aber erst jetzt geht für das Gefühl der Berliner die Nachkriegszeit zu Ende – jene mehr als vier Jahrzehnte, in denen die Siegermächte eines längst Geschichte gewordenen Weltkriegs noch immer über die Stadt herrschten und ihr Westteil »ein drittes Deutschland«[370] bildete – West-Berlin, ein merkwürdiges Biotop zwischen Abgeschlossenheit nach außen und Offenheit nach innen, in dem die alliierten Staatsfeiertage wie eigene begangen wurden und ein britischer Stadtkommandant im Philharmonischen Chor sang. Selten werde »ein Zivilist so viele Paraden abgenommen haben« wie er in diesem Jahr, erinnert sich der Regierende Bürgermeister, nicht als Gast, sondern als Mitspieler dieser Abschiedsvorstellung, in einer Reihe »mit den Truppenkommandeuren, den angereisten Oberkommandierenden der jeweiligen nationalen Streitkräfte oder Mitgliedern des britischen Königshauses«.[371]

Irgendwie ist das Ganze für die Halbstadt ein großes »Event«, und die Berliner sind voll dabei. Hunderttausend Zuschauer drängen sich beim Abschied der Franzosen in Tegel, die Briten bringen es auf nicht weniger als vierzehn Paraden, und Präsident Bill Clinton erklärt umjubelt vor dem Brandenburger Tor mit allem ihm zur Verfügung stehendem Pathos: »Berlin ist frei.« Der Höhepunkt der Abschiedsfeiern fällt auf Anfang September: Festakte zuhauf, Berlin feiert im Abgeordnetenhaus, die Bundesrepublik im Schauspielhaus am Gendarmenmarkt, alles sehr feierlich, alles sehr hoch angeordnet. Helmut Kohl, der schon von der tödlichen Krankheit gezeichnete französische Präsident François Mitterrand, der britische Premierminister John Major und der amerikanische Außenminister Warren Christopher präsentieren nochmals die Einheit der Westalliierten. Westberlin, die Viermächtestadt, ist noch ganz bei sich selbst – und gehört sich zugleich nicht mehr ganz. Verblüfft registriert die Stadt, dass das Bonner Protokoll das Regiment über die Veranstaltung übernommen hat. Aber als ein Mädchenchor zum Abschluss die »Berliner Luft« singt, einen als Stadthymne geltenden Gassenhauer, klatscht das Publikum – wie die Deutsch-Amerikanerin Irene Dische amüsiert bemerkt – mit.[372] Den Schlusspunkt setzt der Große Zapfenstreich am Brandenburger Tor.

Wie sehr diese Prozedur an tiefere Schichten rührt, zeigen die Erinnerungen, die sie emporspült. Immer wieder wird das Berlin-Schicksal der Nachkriegszeit beschworen, von der Luftbrücke bis zur Gegenwart. Ungezählt die Erinnerungen von Zeitzeugen, die bekenntnishaft ausgesprochen werden wollen. »Dieses halbe Jahr-hundert mit Schatten und Licht / in Feindschaft geboren, verges-sen wir nicht«[373], heißt es in der Zeitungsanzeige, die eine Groß-handelsfirma spürbar bewegt aufgibt. Und tatsächlich ist dieser Abzug das Ende einer vermutlich weltgeschichtlich einzigartigen Affäre, die eine Stadt jemals mit ihren Besetzern unterhalten hat. In den Worten des früheren Regierenden Bürgermeisters Klaus Schütz, zehn Jahre lang der Berliner Partner dieser seltsamen Konstellation: »West-Berlin war einer der wenigen Punkte in der Welt, wo die Betroffenen selbst froh und dankbar waren, von fremden Menschen besetzt zu sein.«[374] Im Laufe ihrer Verwand-lung von Besatzungsmächten zu Schutzmächten sind die Alli-ierten zu einem Teil Berlins geworden. Und deshalb verfolgt der Westteil der Stadt den Abzug auch nicht mit Erleichterung oder zumindest mit Genugtuung, sondern mit heftigem Bedauern, ja, mit Wehmut, »als wär's ein Stück von ihm«. Damit verabschiedet sich Berlin auch von der Stadt, die es war. Und weil es so schön war, so schön geworden ist, soll es fortwirken. Der amerikanische Botschafter Richard Holbrooke und der Regierende Bürgermeis-ter Eberhard Diepgen kreieren den paradoxen Begriff der *new traditions*. Dafür stehen die Gründungen des Alliierten Museums, der American Academy am Wannsee, von Universitätsinstituten und Stiftungen.

Zu dieser Geschichtsstunde gehört allerdings auch ein Di-lemma, mit dem die jüngere Vergangenheit der Stadt nochmals in die Gegenwart hineinragt: Wie soll man es mit der vierten Be-satzungsmacht, den Russen, halten? Wen verabschiedet man da: die Befreier vom Nationalsozialismus – oder die Garanten des Systems, das die Deutschen im Osten in Unfreiheit hielt? Die

Gegner im Kalten Krieg, deren Hand vier Jahrzehnte schwer auf der Hälfte der Stadt lag, oder die Macht, die bei der friedlichen Revolution die Panzer in den Kasernen ließ und damit die Wiedervereinigung möglich machte? Können Westalliierte und Russen gemeinsam verabschiedet werden? Ist es nicht sogar eine moralische Verpflichtung – angesichts der Opfer, die die Rote Armee nicht zuletzt in der Schlacht von Berlin für die Niederschlagung des Hitler-Regimes gebracht hat? Doch auch das Verhältnis der Ostberliner zu ihnen ist, vorsichtig gesagt, zwiespältig – von Freundschaft konnte nie die Rede sein, obwohl oder weil sie immer vollmundig beschworen wurde. Inzwischen wird die Distanz durch das Mitgefühl für die Soldaten gemildert, auf die im eigenen Land eine ungewisse Zukunft wartet.

Monatelang liegen Politik und Öffentlichkeit im Diskussionsclinch darüber, wie eine Differenzierung aussehen kann, die nicht als Diskriminierung empfunden wird. Zumal die Russen seit dem Ende des Kalten Krieges und der Wiedervereinigung versuchen, sich aus der selbst gewählten Isolierung ihres Lebens in Deutschland zu lösen, um zu dem Verhältnis von Berlinern und Westalliierten aufzuschließen. Mit einem Mal tauchen russische Offiziere bei öffentlichen Veranstaltungen auf, die Big Band der sowjetischen Streitkräfte schmettert zur Eröffnung des Sechs-Tage-Rennens Glenn-Miller-Melodien, und beim Ball der Wirtschaft der Berliner Kaufleute bewegt sich der massige Oberbefehlshaber der Westgruppe der russischen Streitkräfte eifrig auf dem Tanzparkett. Zu spät? Zu einer gemeinsamen Verabschiedung kann sich die Stadt nicht durchringen. Hanna-Renate Laurien, die Parlamentspräsidentin, findet schließlich die salomonische Formel: An alle vier Siegermächte gehe der Dank für das Ende der Hitler-Herrschaft, an die drei Westalliierten gesondert dafür, dass sie »aus Siegermächten zu Schutzmächten unserer Freiheit wurden«[375]. Doch die Hypothek der Vergangenheit bestimmt noch den Abschied von ihr.

Ein Hauptkapitel der Nachkriegsgeschichte, eingeschlossen die gewaltige logistische Leistung, die der Abzug einer ganzen Armee, der Westgruppe der russischen Streitkräfte, darstellt – 338 800 Soldaten müssen zurückgeführt werden, dazu Kriegsgerät und persönliche Habe –, endet in einem eher angestrengten Finale. Das können Festakt, Empfänge und das martialische Zeremoniell nicht verdecken: hackenschlagende Abzugsmeldung auf dem Gendarmenmarkt, Kranzniederlegung mit Trommelwirbel und Stechschritt vor der Kulisse des sowjetischen Ehrenmals in Treptow, Abschiedsparade nicht im Zentrum, sondern tief in Ostberlin. Auch das eigens für den Anlass gedichtete Lied mit dem Kehrreim »Deutschland, wir reichen dir die Hand« vermag die Situation nicht zu entspannen. Das gelingt allenfalls dem russischen Staatschef Boris Jelzin, der dem Festakt mit seinem spontanen Temperament, seinem bärbeißig-aufgeräumten Auftreten und seiner Wodkaneigung den Stempel aufdrückt – gerade kann man ihn noch davon abhalten, vor dem Rathaus »Kalinka«, den volkstümlichen russischen Ohrwurm, anzustimmen.

Dieser Abzug wird sozusagen entwertet zu einem Heimspiel der Russen in dem Teil der Stadt, dessen heimliche und oft auch unheimliche Herren sie fast ein halbes Jahrhundert lang waren. Das andere, deprimierende Gesicht des Abzugs zeigen die Häuser, in denen sie wohnten: leer geräumt bis auf die Mindestausstattung, dringend sanierungsbedürftig. Die deutschen Behörden verändern die deutsche Restitutionsformel: statt Rückgabe vor Entschädigung gelte »Rückgabe vor Verfall«.[376] Aber das Problem besteht ja auch darin, dass es die Sowjetunion nicht mehr gibt. Ein Jahr später, beim Empfang zum Jahrestag des Kriegsendes in der imperialen Botschaft Unter den Linden, wird ihr Untergang zum Tableau: Auf der großen Treppe unter dem Glasbild des Spasski-Turmes des Kremls, Symbol russisch-sowjetischer Macht, steht auf jeder Stufe ein anderer Botschafter, elf an der Zahl, von Hüssein-aga Ssadigow aus Aserbaidschan über Saguinbek Tursunow aus Kasachstan und Jurij Kostenkow aus der Ukraine bis zu Sadyk Safajew aus Usbekistan. Jeder begrüßt die Gäste im Namen eines Nachfolgestaates der verblichenen Großmacht.[377]

Die Normalität hält Einzug

Den Abschied von der Vergangenheit begleitet Berlin mit demonstrativen Schritten in die Zukunft. Die Gründung der Bankgesellschaft Berlin Anfang 1994 ist so gemeint und wird so verstanden. Drei lokale Banken vereinigen sich – und ist es kein Zeichen der Hoffnung, dass sie damit sogleich den Sprung unter die zehn größten deutschen Banken schaffen? Kann Berlin jetzt nicht endlich im Konzert der Großen mitspielen? Die Festrede von Daimler-Vorstandschef Edzard Reuter ist ganz auf Optimismus gestimmt. Berlin, so erklärt er, komme in der aktuellen, von Nüchternheit und Ernüchterung geprägten Phase der deutschen Vereinigung eine »Pionierrolle« zu. Hier sei »der Schnittpunkt der Identitätslinien und die natürliche Mitte des vereinigten Deutschlands«. Von dieser ehrgeizigen Ortsbestimmung aus macht Reuter in der Stadt auch schon den Wegbereiter des politischen Begriffs aus, der wenige Jahre später als Leitgestirn über der öffentlichen Debatte aufsteigen wird: Deutschlands »dritte Republik«, die »Berliner Republik«.[378] Dass die Bankgesellschaft der Stadt einmal ein Desaster bescheren und einen Skandal hervorrufen würde, der die politische Landschaft der Stadt umstürzend verändern würde, ahnt in diesem Augenblick niemand. Nur drei Wochen später entsteht sozusagen auf den Trümmern der Olympia-Bewerbung eine Initiative zur mentalen Aufrüstung der Stadt: die Gesellschaft »Partner für Berlin«, ins Leben gerufen von der Phalanx jener deutschen Unternehmen, die sich für Olympia stark gemacht hatten. Die Firmen, zum guten Teil aus der alten Bundesrepublik, wollen dazu beitragen, dass das Bild

Berlins nach außen aufpoliert wird. Aber vor allem sollen sie auch die inneren Kräfte der Stadt in Form bringen.

Eine bedeutende Station bei dieser Absicht, sich selbst aufzubauen, ist die Bundespräsidentenwahl, die Pfingsten 1994 ansteht. Sie steckt voller Ausrufezeichen: die erste Präsidentenwahl in Berlin seit 25 Jahren! Die erste im wiedervereinten Deutschland! Auch eine der spannendsten Wahlen – eine Weichenstellung in einem Superwahljahr mit achtzehn Wahlgängen und obendrein ein dramatisches Schauspiel, bei dem vier Kandidaten im Spiel und drei Wahlgänge nötig sind, um den neuen Bundespräsidenten, Roman Herzog, zu küren. Dazu kommt in Berlin die Erinnerung an die Wahl von Gustav Heinemann 1969, der letzten Bundespräsidentenwahl in der Stadt. Damals drehte die DDR ihre Drohpropaganda voll auf, zeigte sozusagen die Instrumente vor, mit denen sie West-Berlin unter Druck setzen konnte, und sperrte schließlich für Stunden die Transitwege. Vor diesem Hintergrund ist das Neue an dem neuen Status der Stadt geradewegs mit Händen zu greifen. Zusammen mit der Zäsur des Abzugs demonstriere die Wahl – so erklärt der Regierende Bürgermeister – »die viele Jahrzehnte angestrebte und jetzt eingezogene Normalität des geeinten Deutschlands«.[379]

Und kann man daran zweifeln? Wer die Zeichen dafür sehen will, kommt auf seine Kosten. Die Hauptstadt fest im Blick, kurven Lobbyisten und westdeutsche Verbandsgeschäftsführer auf der Suche nach künftigen Standorten durch die Stadt – möglichst in der Nähe des künftigen Regierungsviertels sollen sie sich befinden, denn man möchte zu Fuß kurz einmal ins Ministerium, das ist man von Bonn so gewöhnt. Die Sanierung der Stadtbahn wird in Angriff genommen – seit dem Beginn der Dreißigerjahre hat das alte stählerne Rückgrat des innerstädtischen Verkehrs, das mit seinen Viadukten und Brücken die Stadt ost-westlich durchquert, ohne Grundreparatur die Stürme der Zeit überstanden. In den östlichen Bezirken kommt in breitem Maßstab die

Modernisierung der Plattenbauten in Gang – ein Unternehmen mit einem Volumen von 280 000 Wohnungen, der Größenordnung mittlerer Großstädte wie Hannover oder Düsseldorf. Und passt nicht dazu, dass die Mauer so sehr aus dem Stadtbild verschwunden ist, dass das obligate Gedenken an ihre Errichtung vor allem mit der Erörterung begangen wird, wie ihr Verlauf markiert werden kann? Nur noch 2000 von ihren 43 000 Metern gibt es, sie stehen unter Denkmalschutz, und immer mehr Leute wissen nicht mehr, wo sie sich befand. Ein Jahr später erscheint der erste Stadtplan, der damit für sich wirbt, dass auf ihm der Mauerverlauf eingezeichnet ist – Fußnote zu einer verblassenden Geschichte.[380]

Nur dass der Boden dieser Normalisierung keineswegs sicher ist. Das Jahr 1994 beginnt mit einem Negativrekord der Arbeitslosigkeit, er betrifft das ganze Deutschland, aber in Berlin wiegt er besonders schwer – die Stadt erlebt die höchste Erwerbslosenquote seit dem Mauerbau 1961. Der Vollzug des Abbaus der Bonner Berlin-Zulagen folgt auf dem Fuß, begleitet von heftigen Protesten des Senats und empfindlichen Kürzungen im Haushalt. Die Verschuldung der Stadt steigt besorgniserregend. Wieder macht das Wort von der »Armutsmetropole Berlin« die Runde. Aber jetzt überholt bei der Arbeitslosigkeit der Westen zum ersten Male den Osten. Ist der Grund dafür wirklich die Entlassung der Zivilkräfte der Alliierten, wie im Westteil der Stadt behauptet wird?[381] Jedenfalls ist es ein Alarmzeichen, nicht zuletzt für das ohnedies angespannte Verhältnis zwischen den beiden Teilen der Stadt. Und auch das klingt vor allem den Westberliner Bezirken in den Ohren: In dem langen, heißen Sommer, der über der Stadt liegt, drehen sie ihren Springbrunnen das Wasser ab. »Wie auch sonst in Deutschland«, so resümiert der Journalist Klaus Hartung, »wandert die Larmoyanz von Ost nach West.«[382]

Überhaupt liegen über dem Weg zum neuen Ufer weiterhin die Schatten der Vergangenheit. Im Osten dauert das Problem der enteigneten Grundstücke an – Rückgabe oder Entschädigung –, im Januar 1994 ist erst ein Drittel der Anträge bearbeitet. Der Versuch der Wiedergutmachung ist ein zäher, langwieriger Kampf mit den Verwerfungen der Geschichte – 93 frühere Besitzer, davon vierzig aus jüdischem Vermögen, erheben Ansprüche auf den Platz in der Stadtmitte, auf dem demnächst das Außen- und das Innenministerium entstehen sollen, 4000 Erben sind es beim Alexanderplatz, für dessen Neuaufbau gerade der Wettbewerb entschieden wird.[383] Die Absicht, Straßen umzubenennen, die die DDR mit Namen von kommunistischen Größen versehen hat, wirbelt den Unmut in Ostberlin weiter auf: Weshalb »nur bei uns«, nicht auch im Westteil, wo es doch zum Beispiel noch Straßen mit Namen aus dem Kaiserreich oder dem Dritten Reich gibt? Weshalb sind es nur Namen aus dem linken Spektrum, die aus dem Verkehr gezogen werden sollen? Und weshalb überhaupt? Oft sind es weniger ideologische als praktische Gründe, die den Volkszorn wecken – neue Stempel, Türschilder, Briefbögen kosten Geld. Ostberlinischer Mittelstandskommentar zur Umbenennung der nach dem DDR-Präsidenten benannten Wilhelm-Pieck-Straße, die nach 43 Jahren wieder Torstraße heißen soll: »Wenn dem Kohl der Name nicht gefällt, ist das seine Sache. Mir ist er wurscht.«[384]

Doch auch im Westen wabert Gereiztheit, in der sich die Verspannungen zeigen, die das Zusammenwachsen freilegt, gelegentlich bis an die Grenze des Absurden. Die Wiedereröffnung der seit drei Jahrzehnten gesperrten Oberbaumbrücke über die Spree zum Beispiel, Verbindung zwischen Ost und West, Friedrichshain und Kreuzberg, mittlerweile gerne als Symbol der Teilung Berlins und ihrer Überwindung tituliert, endet mit Krawall und massivem Polizeieinsatz. Die Farbbeutel und Eier, die hier ausgerechnet am fünften Jahrestag der Maueröffnung fliegen, richten sich dagegen, dass die Brücke auch von Autos genutzt wird. Die von den Protestierern erhobene Forderung, die Brücke solle zum

Symbol für eine neue, autofreie Verkehrspolitik werden, verdeckt kaum den eigensüchtigen Wunsch nach der Erhaltung der Ruhe, an die sich die Kreuzberger hinter der Mauer gewöhnt haben; den Rest besorgt eine Dosis Berliner Eskapismus, der die feierliche Eröffnung mit seinen Störungen und seiner Rechthaberei zum Eklat macht[385]. Wie überhaupt die verschwundene Mauer weiter wirkt – als Schwelle im Lebensfluss der Stadt, als ihr Negativabdruck, in Gestalt von Lücken und Leerflächen in der Stadtlandschaft. In lapidarer berlinischer Verkürzung: »Wo nüscht steht, sehnse, det da mal wat war.«[386]

Ein Ereignis der Architekturgeschichte

Aber längst steht das Geschehen in Berlin unter einem anderen Zeichen. Das ist es, was das Stadtleben zu bestimmen beginnt: Eine bis dahin virtuelle Stadt, eine »Stadt im Kopf«[387], existent vor allem in Gestalt von Senatsbeschlüssen und Wettbewerben, von Bebauungsplänen und Rechtsverordnungen, erreicht den Boden des realen Berlins. Nun vermelden die Tagesnachrichten die Freimachung von Baugelände, Spatenstiche und den Beginn der Erdarbeiten – es beginnt der Um- und Aufbau einer halben Innenstadt. Nur zehn Prozent der Gesamtstadt sind unmittelbar davon betroffen, aber der Veränderungsschub berührt wie ein Beben, das aus der dramatischen Tiefe ihres Geschicks kommt, die ganze Stadt. Zugleich zeichnet sich für ihre Mitte, ziemlich genau entlang der ehemaligen Grenzzone, eine breite Umbruchzone ab: Es ist der künftige Ort von Reichstag, Regierungsviertel und Zentralbahnhof, darunter die tiefe Furche einer Tunnelanlage. Mit dem Konzept kündige sich, so erklärt Senatsbaudirektor Hans Stimmann nicht ohne Pathos, »das unwiderrufliche Ende einer fast 50-jährigen Zwangspause innerstädtischer Stadtentwicklungen an«[388]. Der folgende Umbau der Stadt, ein Vorgang, der alle bisherigen Begriffe und Vorstellungen übersteigt, kann als ein einzigartiges »Ereignis der Architekturgeschichte in der zweiten Hälfte des zwanzigstens Jahrhunderts«[389] gelten. An seinem Ende wird eine von Grund auf erneuerte Stadt stehen, und es bezeichnet den Rang des Geschehens, dass diese neue Gestalt Berlins zum Siegel seiner Wiedergeburt werden wird.

Der Moment ist so einschneidend, dass er fast den gewaltigen Prozess der Veränderungen ausblendet, der ihn herbeigeführt hat. Nur drei Jahre liegt es zurück, dass der Publizist Joachim Fest über die Stadt, die seine Heimatstadt ist, das harte Urteil fällte: »Als Stadt besteht Berlin nicht mehr.« Das Diktum zielte weniger auf den empirischen Befund als auf die Größe der Aufgabe und auf den Umstand, dass keine europäische Metropole »je mit einer so plötzlichen Aufbausituation konfrontiert worden« ist. Fest beeindruckt die einzigartige Chance, die sich in Berlin biete, aber nicht zuletzt auch das magische Gefühl, nochmals neu anfangen zu können – »und alles noch einmal, sicherlich zum letzten Mal, offen«.[390] Es gehört dazu, dass bei der Erörterung der Situation der Stadt immer wieder ihre Zerstörung am Ende des Zweiten Weltkriegs, also der Tiefpunkt ihres Stadtschicksals, ins Blickfeld gerät. Tatsächlich haben sich in keiner anderen Stadt die Spuren von Krieg- und Nachkriegszeit so lange erhalten wie in Berlin. Das macht es zu einer Stadt, die fortwährend auf der Suche ist – nach der »verlorenen Stadt« (Gerwin Zohlen), nach der Stadt überhaupt (Rainer Haubrich), nach ihrer künftigen Gestalt, nach ihrer Mitte, nach ihrer Identität.

Die Versuche, die Dimensionen des Umbaus, der nun beginnt, mit Vergleichen zu verdeutlichen, wirken fast ein wenig hilflos. Entspricht er dem kompletten Neubau einer westdeutschen Großstadt in wenigen Jahren, Münchens etwa, zwischen Sendlinger Tor und Feldherrnhalle?[391] Oder müsste man sogar zurückgreifen bis zur Paris-Erneuerung des Barons Haussmann im 19. Jahrhundert, dem größten Stadtumbau der Neuzeit?[392] Die Berichterstattung im »Spiegel«, der die Entwicklung mit spürbarer Faszination verfolgt, demonstriert die Ambivalenz in der Beurteilung der Situation. Anfang 1994 bläst das Magazin ins Alarmhorn: »Berlin spielt Babylon« lautet die Überschrift der Geschichte, die den »Planerwahn« der »Weltstadtfantasten von Rhein und Spree« aufspießt. Die Stadt übernehme sich und werde mit ihrem Größenwahn »jede vernünftige Stadtentwicklung blockieren, den Regierungsumzug und mit ihm die wirtschaftliche Gesundung Berlins um Jahre verzögern«.[393] Ein gutes halbes Jahr später kann sich das Blatt gar nicht mehr einkriegen vor Begeisterung. Das aufgerissene, chaotische Berlin bekommt das Etikett »einzigartiges Experiment« aufgeklebt. Die Stadt könne – Titelzeile: »Von New York lernen« – zur »Superstadt« und zur »Europa-Metropole« werden, ein »einzigartiges Laboratorium für *die* europäische Großstadt des 21. Jahrhunderts«.[394]

Faszination erregt bei den Beobachtern vor allem die Ballung der Baustellen in der früheren Grenzzone, sozusagen zwischen den Städten. »Aus dem Boden gestampft werden dort Regierungsviertel, Botschaftszentrum und eine Büro- und Geschäftsburg am Potsdamer Platz. In den Boden gestampft werden drei kilometerlange Tunnelprojekte und ein Eisenbahnknotenpunkt«, beschreibt der »Spiegel« wortspielerisch das Vorhaben.[395] Auf einem Areal von einem Dutzend Fußballfeldern, leer geräumt von der Geschichte, wird die Stadt mit einer Kette von neuen Gebäuden zusammengeklammert und zugleich auf den Unterbau einer neuen Infrastruktur gestellt. Im Mittelpunkt aufgeregter Debatten steht der Tunnelkomplex, der den Schlussstein der Umstrukturierung des künftigen Berliner Verkehrssystems bilden soll. Es biegt das gewachsene System vieler Kopfbahnhöfe um in ein »Pilzkonzept« – genannt nach dem Bild, das der Verlauf der Bahntrassen nachzeichnet –, das den Schienenverkehr zum ersten Mal in der Geschichte Berlins in einem Zentralbahnhof bündelt. Diese Verkehrsführung verschafft Berlin, das immer nur in west-östlicher Richtung durchquert wurde, die seit bald hundert Jahren diskutierte Nord-Süd-Verbindung. Die Erneuerung der Stadt bekommt einen zyklopenhaften Zug: Vier Röhren von 3,8 Kilometern Länge bilden den Tunnelkomplex, der den Tiergarten – den zentralen Stadtpark – unterquert. Straßentunnel, Bahntunnel, S-Bahn-Tunnel: Die Kosten sind auf fünf Milliarden D-Mark veranschlagt, 2500 Bäume müssen gefällt werden, das Baufeld daneben um den Potsdamer Platz ist so groß und aufgewühlt wie ein Braunkohlen-Tagebau.

Vor allem an diesem Vorhaben scheiden sich die Geister. Die Absicht, den Individualverkehr aus der Innenstadt herauszuhalten – der Senat hat sich auf ein Verhältnis von 80 zu 20 Prozent zwischen Personennahverkehr und Individualverkehr festgelegt –, macht das Tunnelprojekt zum Turnierplatz hartnäckiger Fehden über unterschiedliche Verkehrsdoktrinen und -prognosen. Wird der Tunnel die Innenstadt vom Durchgangsverkehr entlasten oder neue Blechlawinen produzieren? Wird das gewaltige Bauvorhaben – wie ein Protestbündnis namens Anti-Tunnel GmbH prophezeit – den Tiergarten austrocknen und in eine saharaähnliche Wüstenei verwandeln? Oder eröffnet er die Chance, dass der in der Folge der Teilung von Straßen zerschnittene Park wieder zu einer geschlossenen Anlage wird? Die Auseinandersetzung um den Tunnel wird zum fortwährend flackernden Dauerbrenner der Berliner Umzugsdebatte, denn an seiner Fertigstellung hängen so gut wie alle anderen Baumaßnahmen im Parlamentsviertel. Noch als Taucher im Frühjahr 1994 in die Tiefe steigen, um die Überreste der Welthauptstadt Germania zu erforschen, deren Anfänge Hitlers Baumeister Albert Speer akkurat hier gelegt hatte, stehen sich die Kontrahenten des Streits unversöhnt gegenüber: Ist der Tunnel der entscheidende Schritt für das Herzstück eines modernen, stadtverträglichen Verkehrssystems? Oder ist er ein »Wahnsinnsprojekt« und »Berlins größte Fehlplanung«?[396] Und den ersten Spatenstich im Oktober 1995, den niemand Geringeres als der

Bundeskanzler vornimmt, feiern die Kritiker auf ihre Weise: Sie lassen einen Ballon mit der Aufschrift »Tunnel: Baumtod, Stau und Schulden« aufsteigen.

Kampfzone Potsdamer Platz

Es gibt auch einen Urknall am Anfang dieses Prozesses der städtebaulichen Wiederherstellung. Er ereignet sich am Potsdamer Platz. Denn nirgendwo wird dieses Jahrhundertunternehmen der Wiedergeburt der Stadt so zum Ereignis wie hier. Nirgendwo sonst drängt sich das Wort aus der Schöpfungsgeschichte so auf, dass die Erde »wüst und leer« war. Nirgendwo arbeiten sich die Beobachter so hartnäckig ab an dem Eindruck, den die Stadt bietet, ratlos-fassungslos in Metaphern flüchtend – »Stadtwüste«, »größtes Vakuum der Stadt«, »Walachei mit Reichstagsblick«. Doch an keiner anderen Stelle entfalten sich auch die Anstrengungen zum Wiederaufbau der Stadt so explosiv, so atemberaubend und so kontrovers wie hier. An diesem Platz, der eigentlich nur eine große Verkehrskreuzung am Rande der alten Mitte der Stadt war, verdichtet sich exemplarisch das große Schauspiel von Ende und Anfang, von Neugeburt und Rückwendung, das die Baugeschichte Berlins nach der Wende darstellt. In der präzeptoralen Formulierung des Architekturtheoretikers Vittorio Magnago Lampugnani: Was hier unternommen wird, sei »nicht weniger als der Versuch, das zerstörte Herz einer Stadt des 19. Jahrhunderts durch eines aus dem 20. Jahrhundert zu ersetzen … Ein vollständiges Stück Stadt, das unter normalen Bedingungen in Jahrhunderten wächst, soll hier gleichsam aus der Retorte erzeugt werden.«[397] Innerhalb eines knappen Jahrzehnts entsteht hier jenes mächtige Gebäudegebirge, das zu einem neuen Wahrzeichen der Stadt werden wird.

Keine andere Baustelle in der Stadt hat aber auch einen vergleichbaren mythisch-historischen Resonanzboden wie diese

»Leere voller Gespenster« (Renzo Piano). Kein Blick richtet sich auf das wüste Terrain, ohne dass ein anderer auf seine Geschichte fiele. Steht das nur ein paar Steinwürfe entfernte Brandenburger Tor als historisches Symbol der Stadt für Glanz und Verhängnis, Teilung und Wiedervereinigung, so ruft der Potsdamer Platz die Erinnerung an die urbane Modernität herauf, die einmal den Ruf Berlins in die Welt trug. Für die Jahrhundertwende und die Zwanzigerjahre präsentiert der Name ein imaginäres Museum – Autos und Straßenbahnen in sagenhaftem Gewühl, Cafés und Vergnügungspaläste von legendärem Ruf, der Massenbetrieb der Großstadt und die erste Verkehrsampel. In den aufgeschossenen, fragilen Gestalten, mit denen Ernst Ludwig Kirchner den Platz bevölkert, überlebt der mondäne Zug einer Epoche – die Ausstellung, die ihm ein Jahrzehnt später in der nahe gelegenen Nationalgalerie gewidmet wird, gerät zu einer Ikonisierung des Platzes. Der zugleich ein Exempel für die Liquidierung eines ganzen Kapitels der Stadtgeschichte ist: Denn als sich die Mauer öffnet, erinnern an ihn nur noch Gehwegkanten und ein Schienenstück der Straßenbahn, dazu zwei einsame Gebäude, das »Weinhaus Huth« und das moribunde »Hotel Esplanade«.

Denn auch die Teilungsgeschichte Berlins hat an diesem Platz Maß genommen. Seit Kriegsende führt die Sektorengrenze mitten über den Platz, der Mauerbau am 13. August 1961 entlädt sich hier mit lautstarken Protesten und Lautsprecherduellen. Dann herrscht für bald drei Jahrzehnte angespannte Stille – im Westen kann man von einem Podest in den leeren Osten blicken, im Osten wird der Westen aus dem Blick der Ostberliner ausgeblendet, wird die Leipziger Straße eine »tote Ader im Herzen der Stadt« (Lothar Heinke). Als der Potsdamer Platz 1989/90 wieder aus dem Niemandsland auftaucht, hüpfen deshalb in hundertundeinem Zeitungsartikel die »weltstädtischen Kaninchen« eines Gedichtes der Lyrikerin Sarah Kirsch über die trockene Grasnarbe, unablässig die Frage aufwerfend: »Wie soll ich angesichts dieser

Wiesen/ Glauben, was mir mein Großvater sagte / Hier war der Nabel der Welt/ Als er in jungen Jahren mit seinem Adler/ Ein schönes Mädchen chauffierte.«[398] Und die Feuilletons beschwören die rührende Gestalt des alten Curt Bois, Theatergröße noch aus dem Vorkriegsberlin, der in einer Szene von Wim Wenders 1987 gedrehten Kultfilm »Der Himmel über Berlin« nach dem Platz sucht: »Ich kann den Potsdamer Platz nicht finden ... Hier? Das kann er doch nicht sein ...« Hatte Erich Kästner nicht in einem Gedicht die Großstadtfurcht der Provinzler an der Angst festgemacht, hier überfahren zu werden?[399] Nun stellt der Journalist Alexander Osang trocken fest: Heute sei es so gut wie unmöglich, hier überfahren zu werden.

Es gehört zur neueren Geschichte des Potsdamer Platzes, dass sie schon im Gange ist, als die Mauer fällt. Vermutlich kann man den Beginn der Geschichte auf einen Sommertag des Jahres 1989 datieren, an dem der Regierende Bürgermeister Walter Momper und Daimler-Chef Edzard Reuter die Brachfläche an der Mauer besichtigten. Der Sohn des legendären Bürgermeisters in den frühen Nachkriegsjahren hat seit Langem die Absicht, in Berlin Flagge zu zeigen, um Zuversicht in die wirtschaftliche und politische Zukunft der Stadt zu demonstrieren. Die Bewegung, die Gorbatschows Perestroika-Politik in Osteuropa auslöst, stützt diesen Gedanken, auch die Auflockerungen, die sich selbst im deutsch-deutschen Verhältnis abzeichnen, und natürlich die Subventionen, mit denen der Senat nach Investoren fischt. Gedacht ist zunächst an ein Verwaltungsgebäude für die neue Dienstleistungssparte des Konzerns, etwa nach dem Beispiel des Verlagshauses, das Axel Springer vor einem Vierteljahrhundert an der Mauer errichtet hatte. Am Ende entschließt man sich, eine Immobilienoperation im Umfang von gut 60 000 Quadratmetern in Angriff zu nehmen – dank Mauer zu einem extrem günstigen Preis. Erst als der 9. November über Nacht den Platz aus seiner Randlage in die Mitte der Stadt wuchtet, wird aus dem Westberliner Ansiedlungsprojekt ein Ernstfall für Städtebau und innerstädtische Diskussion.

Allerdings liegt der Potsdamer Platz noch immer im Tiefschlaf, als der Daimler-Vorstand im Februar 1990 die Entscheidung fällt, das Grundstück zu kaufen. Nur eine Magnetbahn, ein Geschenk zur 750-Jahr-Feier Berlins im Jahr 1987, zieht auf hohen Stelzen ihren absurden Bogen über den kahlen Platz, während auf der östlichen Seite das DDR-Grenzkommando Mitte eine Grenze bewacht, die zwar überflüssig geworden, aber noch nicht abgeschafft ist. Kaum hat sich die Nachricht aus Stuttgart nach Berlin durchgefressen, bricht ein wahres Debattenunwetter los. Die »taz« befürchtet die »Opferung« des Platzes und gleich noch den »Ausverkauf der Mitte«[400], in der CDU sieht man »Chicagoer Verhältnisse« auf Berlin zukommen,[401] und der Artikel von Manfred Sack, dem Doyen der deutschen Architekturkritik, trifft mit seinem ersten Satz ins Schwarze einer Katastrophenstimmung: »Alles in Berlin sah so hoffnungsvoll aus, alles droht fürchterlich zu werden.«[402] An die Wand gemalt wird ein »Bürokoloss von abenteuerlichen Dimensionen«, und der Zeitplan für den Wettbewerb, mit dem der Senat das Vorhaben in geordnete Bahnen lenken will, ist für die Kritiker nur ein »roter Teppich, auf dem der Rüstungselefant in die Zukunft der Metropole vorantrampeln kann«.[403] Was dem Regierenden Bürgermeister eine »Jahrhundertentscheidung« ist, gilt der »ZEIT« als »Jahrhundertfehler«, der in ein »Jahrhundertfiasko« münden könne.[404] Der Kampf um den Potsdamer Platz beginnt.

Er ist zugleich ein Kampf um die städtebauliche Zukunft Berlins. Denn noch ist der Himmel über Berlin voller unrealisierter Möglichkeiten. Und im Raum der 50 Hektar Fläche stoßen die architektonisch-städtebaulichen Überzeugungen wahrhaftig hart aufeinander. Angefangen mit der Zukunft des Platzes: Liegt sie in einer Mischung aus Dienstleistung, Handeln und Wohnen, mit Leben rund um die Uhr? Oder in einer Bürostadt mit der Perspektive eines Klein-Manhattans? Soll er wieder das pulsierende Zentrum der Stadt werden oder eine große Parkanlage? Durch die Debatten geistert ausdauernd auch der Gedanke einer grünen Mitte in der Mauerzone, zumindest – eine Forderung vor allem der Alternativen Liste – einer »Grüntangente«, und der Allgemeine Deutsche Fahrradclub will die asphaltierten Kontrollwege der Grenzpolizisten als Fahrradwege erhalten. Die Mutation der Grenze »vom Schreckensort zum Super-Ökotop«[405] scheint kaum aufzuhalten. Aber auch eine sechsspurige Straße, ein großer nord-südlicher Boulevard durch den Tiergarten wird ins Gespräch gebracht, um die neue Mitte der Stadt vor dem Verkehr zu schützen.[406] Streitgespräche, Zeitungsartikel und Stellungnahmen aller Couleur ergießen sich über die Berliner, und die Erkenntnis, dass auch für Westberlin der »Umbau eines Stadtgefühls«[407] ansteht, zeigt an, dass die Unruhe auch den Westteil der Stadt erreicht hat.

Währenddessen ändert sich die Wahrnehmung des Potsdamer Platzes und seines Umfelds. Die Mauerzone wird wieder in die Stadt eingemeindet – ein gutes halbes Jahr nach der Maueröffnung bringt ein Konzert mit Gustav Mahlers »Auferstehungssymphonie« 8000 Menschen auf den Grenzstreifen. Zwei Wochen später bejubeln dort, wo drei Jahrzehnte lang die Grenzpolizei patrouillierte, 250 000 Besucher dicht gedrängt die Rockoper »The Wall«, bei der am Ende eine gewaltige Styropormauer hoch symbolisch umfällt. Parallel dazu wächst der Unmut über den Verkauf des Geländes an einen Großinvestor, ohne Alternativen zu erwägen. Auch die Eideshelfer des Berlin-Bewusstseins schlagen in diese Kerbe: Der Essayist Wolf Jobst Siedler spricht von der »Abdankung der Stadt vor den Investoren«[408], der Architekturhistoriker Julius Posener von »einer unverschämten Veranstaltung zweier Großunternehmen«[409], von denen sich die öffentliche Hand erpressen lasse. Der Senat versucht, die Wogen zu glätten und gleichzeitig den dicken Fisch an der Angel zu halten. Die Diskussion, so hält der Regierende Bürgermeister den Kritikern entgegen, werde »manchmal sehr abgehoben und elitär« geführt, die erhofften Tausende von Arbeitsplätzen seien »kein Fliegendreck«.[410] Nicht zuletzt Edzard Reuter reagiert verärgert. Überzeugt davon, dass die Stadt dem Unternehmen Dank für seinen Wagemut schuldet, nennt er das Verhalten der Politik kleinlich und krämerhaft. Als der Senat – zusammen mit dem Magistrat – im Juli 1990 den Verkauf des Grundstücks absegnet, erhebt sich neuer Protest: Mit den erzielten 9 287 355 D-Mark, was pro Quadratmeter 1505 D-Mark ausmacht, habe die Stadt das Grundstück so gut wie verschenkt. Der Streit um den Preis wird sich jahrelang fortsetzen, eingeschlossen eine saftige Nachzahlung, die die EU-Kommission dem Daimler-Konzern auferlegt.

Erst recht entzündet sich das Konfliktpotenzial des Potsdamer Platzes an dem Ideenwettbewerb, den der Senat im Mai 1991 ausschreibt – es ist der erste nach der Wende, ein »Schlüsselwettbewerb«, wie ihn Stadtentwicklungssenator Volker Hassemer stolz nennt. Denn der Siegerentwurf der Münchner Architekten Hilmer und Sattler stößt auf die entschlossene Ablehnung der Investoren und gibt dem Daimler-Sprecher Gelegenheit, das Reizwort »Posemuckel« in die Berlin-Debatten einzuführen – der Name des hinterpommerschen Nestes taucht seither regelmäßig auf, wenn der Stadt Provinzialität vorgehalten werden soll. Die Auseinandersetzung erreicht Skandalniveau durch einen Gegenentwurf des britischen Architekten Richard Rogers, den die Investoren, Daimler-Benz und Sony, in Auftrag gegeben haben. Das ungewöhnliche Vorgehen bringt die Berliner Architektenschaft auf die Barrikaden; sogar das Wort »Stadtverbot«[411] für den berühmten britischen Kollegen soll einem ihrer renommierten Vertreter entfahren sein. Noch die Vorstellung der Entwürfe demonstriert die Konfrontation. Denn beide werden im Kaisersaal des »Hotels Esplanade« mitten auf dem leeren Potsdamer Platz ausgestellt. In der verblassten Pracht des Grandhotels findet gleichsam ein Duell der Entwürfe statt, sozusagen am Ort der Tat, der eine pittoreske Szenerie abgibt: »Innen funkelten« – so der Rückblick des Architekturkritikers Gerwin Zohlen – »die Erinnerungen erster Klasse von der patinierten Stuckatur und den dunkelgoldenen Ornamenten des Saals«, draußen »herrschte sandige Wüstenei mit Pfützen und Hundekot«.[412]

Die Sprengkraft des Konflikts ist gewaltig, denn er wirft grundsätzliche Fragen des Städtebaus auf; sie werden die Debatte über das Bild Berlins mehr als ein Jahrzehnt lang beherrschen. Der Entwurf des Büros Hilmer und Sattler ist ein ruhiges Gefüge von regelmäßigen Blöcken mit Straßen und Plätzen. Er soll den neuen Potsdamer Platz in die Stadt einfügen, indem er das Muster der alten Stadtanlage aufnimmt. Rogers schlägt dagegen ein Rondell von Segmenten vor, die wie Tortenstücke auf einer Glaspyramide angeordnet und durch Shopping-Malls verbunden sind. Dem Wunsch der Investoren entsprechend, zeigt dieser Entwurf den Willen zur großen, zeitgemäß-internationalen Architektur, zum »Grand Design im Städtebau« – so formuliert es der Sony-Bevollmächtigte –, wofür der Starruhm des britischen Architekten einsteht, nicht zuletzt auch das ihm zur Verfügung stehende Budget in Höhe von 1,8 Millionen D-Mark. Daran gemessen wirkt der Siegerentwurf blass und konventionell. Er bringe den Potsdamer Platz auf das »Niveau der Müllerstraße«, höhnen die Rogers-Parteigänger – eine reizlose Straße im Stadtteil Moabit –, und stelle »eine Flucht ins vorige Jahrhundert« dar.[413] Das Urteil ist auch ein Echo der Jurysitzung, bei der die Fetzen fliegen. Der holländische Avantgardist Rem Koolhaas verlässt sie unter Protest, nicht ohne den Verfechtern des siegreichen Entwurfs per Leserbrief zu bescheinigen, sie steuerten auf ein »kleinbürgerliches, altmodisches, reaktionäres, unrealistisches, banales, provinzielles und vor allem dilettantisches Bild der Stadt« zu.[414] Der Senatsbaudirektor kontert: Der umtriebige Kollege Koolhaas habe nur sein Flugzeug erreichen wollen.

Die Pointe des Siegerentwurfs besteht in seinem Leitbild: »Nicht das weltweit verwendete amerikanische Stadtmodell der Hochhausagglomeration« liege ihm zugrunde, sondern »die Vorstellung von der kompakten, räumlich komplexen europäischen Stadt ... Städtisches Leben soll sich nicht im Innern groß strukturierter Gebäudekomplexe entfalten, sondern auf Straßen und Plätzen.«[415] Es gehört zu den entscheidenden Zügen dieses Kampfes um den Potsdamer Platz – der Streit wird in den Schlagzeilen nicht zu Unrecht auf den Nenner von »Jagdszenen«[416] gebracht –, dass Bausenator Wolfgang Nagel und seine Senatskollegen an dem Entwurf festhalten, obwohl der Gegenwind in den Parteien und der Öffentlichkeit stärker wird. Der Entwurf entspräche – wie der Bausenator argumentiert – dem Berliner Stadtcharakter. Oder kommt darin auch der Trotz gegenüber den Investoren zum Ausdruck, die so massiv versuchen, das Wettbewerbsergebnis zu Fall zu bringen? An »die Kämpfe in mittelalterlichen Städten, wo einzelne mächtige Geschlechter die von ihnen besetzten Areale durch Befestigungen auszugrenzen versuchten«, fühlt sich einer der Preisträger erinnert.[417] Es braucht einen Kraftakt, um den Konflikt beizulegen. Auf einer heimlich anberaumten Sitzung im Senatsgästehaus wird unter der Regie des Regierenden Bürgermeisters der Knoten des Streits zerschlagen. Der Entwurf von Hilmer und Sattler bleibt Grundlage der Planungen, auch wenn er bearbeitet und verändert wird und schließlich auch um Hochhäuser nicht herumkommt.

Die Kontroverse um den Potsdamer Platz gewinnt erst eine ruhigere Gangart, als im September 1992 der Wettbewerb über die Gestaltung des Platzes entschieden wird. Denn der Gewinner, der italienische Stararchitekt Renzo Piano, modelliert aus dem Blockgefüge des Entwurfs von Hilger und Sattler ein Stadtquartier. Er löst die strenge Struktur auf mit Straßen und Plätzen, angeordnet um ein erhaltenes Stück der alten Potsdamer Straße, das noch von den 54 alten Linden gesäumt wird, die Krieg und

Nachkriegszeit überstanden haben; er erfindet eine Piazza und ein Musicaltheater und verbindet das ganze Häusergebirge mit dem Kulturforum, dem kahlen Erbe der Westberliner Nachkriegsmoderne, Standort von Philharmonie und Staatsbibliothek. Nun sind die Kritiker aus dem Häuschen: Pianos Entwurf sei »das Nonplusultra städtebaulicher Harmonie«[418], und in der »Frankfurter Allgemeinen Zeitung« kann man lesen, er leite »die Wiederkehr des Städtebaus«[419] ein. Eine Garde international renommierter Architekten von dem Japaner Arata Isozakis bis zu dem Spanier José Rafael Moneo – auch Konkurrent Richard Rogers ist dabei – realisieren dieses Muster mit ihren Bauten. Und auf der anderen Seite der Potsdamer Straße entsteht auch noch das Gegenstück dazu. Den Wettbewerb um das Sony Center gewinnt der Deutsch-Amerikaner Helmut Jahn mit einer riesigen, in Büromassen abgestützten Glaskuppel. Sie bietet nach dem Urteil der Kritiker ein Beispiel jener »Kommerzarchitektur«, die den Architektenkrieg um den Potsdamer Platz in hellem Licht erscheinen lässt.

Als der Stuttgarter Autokonzern am 22. Dezember 1993 mit 23 Umzugskartons, die 130 Ordner mit Bauanträgen enthalten, im Bezirksamt Tiergarten anrückt, liegt der Potsdamer Platz noch in winterlicher Ruhe. Gleichwohl ist es ein strategischer Augenblick. Denn das Ringen um den Platz bildet das Epiphänomen der Bauanstrengungen, die allmählich die ganze Innenstadt erfassen. Die Entscheidung bedeutet deshalb, wie Stadtentwicklungssenator Hassemer voller Genugtuung feststellt, den »Durchbruch«[420] in den Planungen für den Wiederaufbau der Stadt. Allerdings ist er das Ergebnis des Zusammenwirkens unkalkulierbarer Umstände und überraschend wandernder Meinungsfronten. Was hätte sich am Potsdamer Platz getan ohne die Mischung von wirtschaftlichem Geltungsbedürfnis und Berlin-Patriotismus, die Edzard Reuter verkörpert? Ohne die verblüffende Wiederauferstehung des Gedankens der »Europäischen Stadt«, ausgerechnet auf einer

Kahlfläche mitten in Berlin? Und, schließlich, ohne die Turbulenzen der ersten Jahre nach dem Mauerfall, in denen nichts fest-
stand und also vieles möglich war? Zum ersten Spatenstich am
Potsdamer Platz im Oktober 1993 passt deshalb die Vermutung,
der Baubeginn verdanke sich weniger einem konsequenten Entscheidungsprozess als vielmehr dem Eigensinn der historischen
Entwicklung. Ohne diese, so spottet Bernd Matthies im »Tagesspiegel«, müsste Berlin jetzt womöglich »über eine ausgedehnte
Grünanlage zwischen Staatsbibliothek und Preußischem Landtag
nachdenken«.[421]

Eine Stadt wird auf den Kopf gestellt

Ein paar Hundert Meter weiter ist Berlin zu diesem Zeitpunkt
schon in heftiger Bewegung. Aufgebrochene Straßen, dazu das
Lagerleben von Maschinen und Baugeräten, umgeben von Bretter-
verschalungen und Absperrgittern, und zuunterst blickt man in
den Baugruben auf das Gedärme und Geschlinge der Leitungen.
Aber drängt das historische Zentrum der Stadt nicht nach Erneuerung? Ihre neue Lage lässt die Spuren städtebaulicher Vernachlässigung und Erschöpfung unübersehbar hervortreten. Zwar
hat die DDR das Ensemble von Universität, Oper und Zeughaus
wiederhergestellt, ebenso ein Kleinod wie den Gendarmenmarkt
– noch unter dem Namen Platz der Akademie –, aber irgendwie
wirken die renovierten Repräsentationsbauten inselhaft, weil ihrem Umfeld die Urbanität weitgehend abgeht. Die Oststadt ist
ein Patchwork aus verblichenen Altbauten, einer Handvoll Pres-
tigeobjekten im Stil der nachgeholten Moderne und von sich unübersehbar aufdrängenden Lücken. Darüber liegen spürbar die
Erfahrungen einer schwierigen Nachkriegszeit und des mit dem
Städtischen fremdelnden Realsozialismus. In der bürokratisch
kühlen Planersprache des Senatsbaudirektors nimmt sich der

Istzustand der Berliner Mitte so aus: »Große Teile des bis zum Ende des Zweiten Weltkriegs dicht bebauten und hochkomplexen Zentrums befanden sich aufgrund der politischen Teilung, des Mauerbaus und der darauffolgenden Abrisse der unmittelbaren Nachkriegsjahrzehnte zum Zeitpunkt der Wiedervereinigung im Zustand einer inneren Peripherie.« Mehrere »Hundert Hektar Brachfläche in zentralster Lage« und »die nach dem Ende der DDR leer stehenden Regierungsgebäude« ergeben das Bild eines »von breiten Straßen durchfurchten Stadtfragmentes«.[422]

Und dieses gebrochene Stadtrevier soll das eigentliche Zentrum der Stadt sein, einst, seit 1871, sogar der Reichshauptstadt? Gewiss, dies war Hauptstadt, die »Hauptstadt der DDR«, wie es in der offiziösen Terminologie hieß. Hier befinden sich die bekanntesten Sehenswürdigkeiten, die das Bild Berlins prägen. Es war und ist der Ort, an dem sich Kultur, Wissenschaft und Verwaltung konzentrieren. Aber ist es noch die Mitte der Stadt? Für den Ostberliner ist es, keine Frage, »das Zentrum seines Stadtempfindens«[423], aber schon für den Westberliner ist dieser Teil der Stadt ziemlich weit weg. Auch wenn er, vielleicht, weiß, dass dies die alte Mitte der Stadt ist: Es ist eine Mitte vom Hörensagen und vom Kurzbesuch her, bestenfalls der Erinnerung an eine längst vergangene Geschichte. Denn die vier Jahrzehnte der Teilung haben die Koordinaten der Stadt massiv verschoben. Nicht nur aus Sicht des Westens, sondern auch aus der des Ostens: Die Teilung hat ja auch für ihn die Mitte der Stadt an den Rand gerückt, nahe heran an die Mauer, wo sie halb eingeschlossen war von der abgeschotteten Weststadt. Die DDR hat zu dieser Verschiebung beigetragen mit der Errichtung ihres neuen Herrschaftszentrums ein paar Hundert Meter ostwärts – mit Staatsratsgebäude, Palast der Republik, Durchgangsstraßen und Plätzen für die Mobilisierung der Massen. Nach der Wiedervereinigung der Stadt und ihrer Einsetzung in die alte Hauptstadtrolle muss das Zentrum der Stadt also erst wiedergewonnen werden. Es ist vielleicht die größte Aufgabe, die die Vereinigung der Stadt stellt.

Kurz: Die Stadt wird auf den Kopf gestellt, damit sie wieder auf die Füße kommt. Oder wie der sprachmächtige Stadtentwicklungssenator Volker Hassemer formuliert: Es komme darauf an, »den Tiger zu reiten, statt ihn zu zähmen«, sofern es nicht darum gehe, »das Pferd im gestreckten Galopp zu beschlagen, während wir noch die Eisen biegen«.[424] Aber mit welcher Zielrichtung? Die Spannweite der unterschiedlichen Möglichkeiten springt auf, sobald die Euphorie des Mauerfalls den Herausforderungen der Praxis Platz macht. Noch im Schlagschatten der Maueröffnung erhebt eine Gruppe »9. Dezember« mit einer »Charta für die Mitte Berlins« die Bewahrung der historischen Strukturen der Stadt zum Programm. Anfang 1991 hissen die »FAZ« und das Deutsche Architekturmuseum in Frankfurt am Main mit einer Ausstellung unter dem Titel »Berlin morgen« die Flagge des internationalen Modernismus. Sie lassen siebzehn Stars der Architektenszene aufmarschieren, die die Stadt mit ihren Visionen konfrontieren. Vor allem das Bild mit gleich zwei Hochhauskronen, am Potsdamer Platz und am Alexanderplatz, schlägt in dem bisher hochhauslosen Berlin ein.

Als die Ausstellung in Berlin eröffnet wird, jubelt der Baumanager Hanno Klein: »Eine neue Gründerzeit also!« Der umtriebige Referatsleiter in der Bauverwaltung, der wenig später Opfer eines Anschlags wird, will sie allerdings »sozialer, ökologischer, intelligenter« als die historische Gründerzeit.[425] Doch mit dem Ansturm der Investoren und Großprojekt-Betreiber wachsen auch die Befürchtungen vor dem Elan und der Skrupellosigkeit der internationalen Unternehmen, die mit gewaltigen Vorhaben in die Stadt drängen. Die meisten Projekte sind – so urteilt die »Bauwelt« – »erbärmlich oder größenwahnsinnig, oft beides zugleich … die Stadt droht zur Beute weltweit agierender Investorengruppen zu werden, denen es gleichgültig ist, an welchem Ort und mit wel-

chem Produkt Rendite erwirtschaftet wird«.[426] »Besuchen Sie
Berlin, solange es noch steht«, kalauert ein Journalist nach einer
Besichtigungstour durch die Stadt, die vor ihrer großen Metamorphose steht. Der renommierte Architekturkritiker Dieter
Hoffmann-Axthelm betitelt eine Serie »Die vierte Zerstörung der
Stadt«[427]: Seine Skepsis gegenüber den aktuellen Plänen und Projekten ist so groß, dass er den Neuaufbau der Stadt in eine Reihe
rückt mit den Zäsuren der Stadtbaugeschichte – dem Abriss des
alten Berlins zugunsten der Kaiserstadt im 19. Jahrhundert, den
Speer'schen Plänen für Germania und den Kriegszerstörungen sowie dem Aufbau der Stadt in der Nachkriegszeit.[428]

Es ist diese Situation, in der der Senatsbaudirektor Hans Stimmann Figur gewinnt. Der Mann mit dem buschigen Schnauzbart,
der im Mai 1991 sozusagen in die Stadt stürmt, wird zum Fels in
der Brandung der Investitionswoge, die über Berlin hereinbricht,
aber auch zu der Eiche, an der sich alle reiben. Mit seinem Ge-
staltungswillen und seinem ruppigen Temperament drückt Stimmann dem Prozess der Wiederherstellung der Stadt seinen Stempel auf. Er wird zur Leitfigur für die entschlossene Wendung zur
Rekonstruktion der Stadtstruktur, die das Gesicht des künftigen
Berlins bestimmen wird. Der »vermantschte 68er« – wie er sich
selbst tituliert – bringt die Erfahrungen der intellektuellen Wege
und Umwege seiner Generation in die Planungs- und Realisie-
rungsdebatte ein. Seine Leitvorstellungen verkörpern die Überwindung des architektonischen Zeitgeistes der Sechziger- und
Siebzigerjahre, der betonstolzen Großprojekte und Kahlschlagsa-
nierungen, mit dem er und seine Mitstreiter groß geworden sind.
Nun arbeiten sie sich am Gedanken einer Stadtgestaltung ab, die
sich an alten Grundrissen und Stadträumen orientiert. Tatsächlich geht in die Planungen für die Berliner Innenstadt so etwas
wie eine kopernikanische Wende des Denkens über den Städtebau ein – und die dazugehörenden Konversionen von Architekten,
Städtebauern und Philosophen des Bauens. Das flößt der Wieder-

herstellung Berlins einen reformatorischen Zug ein, eingeschlossen eine gehörige Portion Missions- und Sendungsbewusstsein.

Gebetsmühlenhaft wiederholt Stimmann sein Credo: Berlin muss »nicht erst erfunden werden«, Kategorien wie der historische Stadtgrundriss, »Traufhöhe« und »Blockrandschließung« erlangen Kultstatus, während »offene Stadtkonzepte« und gar die »Fantasie internationaler Architektenstars« Hohn und Ablehnung erfahren. Eine Handvoll renommierter Berliner Architekten prägt diese Haltung mit – in erster Linie Josef Paul Kleihues, in den Achtzigerjahren Direktor der IBA, der Internationalen Bauausstellung in Berlin, inzwischen Reformator und Papst in einem, außerdem Hans Kolhoff und Jürgen Sawade. Als »Architektenkartell« apostrophiert, bilden sie eine berühmt-berüchtigte Gruppierung bei Wettbewerben und der Vergabe von Aufträgen. Ihre Streitbarkeit erklärt sich als Reaktion auf die Architektursünden des Jahrhunderts, die in Berlin in West und Ost vor aller Augen liegen. Die »gemordete Stadt« lautet die berühmt gewordene Chiffre für die Zerstörung der gewachsenen Stadt durch die Beton- und Glas-Moderne der Sechziger- und Siebzigerjahre – der Begriff ist der Titel einer 1964 erschienenen Streitschrift von Wolf Jobst Siedler. Natürlich wenden sie sich auch gegen die Plattenbau- und Magistralenöde der DDR, und ganz in der Ferne spukt als Horrorvorstellung auch noch der Gigantismus der Planungen von Albert Speer. Nun macht die Aufgabe der Neubebauung Berlins die Architekten zu Parteigängern eines Umdenkens: Sie fordern Skepsis gegenüber architektonischen Moden, den Dialog mit der Geschichte, die Besinnung auf die Elemente der Stadt – Haus, Block, Straße, Platz –, mit Vorliebe garniert mit Zitaten von Karl Friedrich Schinkel, dem Großmeister des Berliner Bauens im 19. Jahrhundert.

Gehärtet wird diese Wendung im Bewusstsein der Architekten in der Auseinandersetzung mit den Investoren. Die Wiederherstellung des Berliner Zentrums ist für viele Architekten auch deshalb eine neue Erfahrung, ja, ein Abenteuer, weil sie große Projekte bislang vorwiegend mit öffentlichen Auftraggebern realisiert haben; auch die IBA, an der sie ihre Überzeugungen gebildet haben, war durchweg ein Vorhaben der öffentlichen Hand. Nun sind sie konfrontiert mit »einer bis in alle Poren verstaatlichten Millionenstadt«, in der sich eine »Revolution rückwärts«[429] in Richtung auf die Privatisierung von Grund und Boden vollzieht, und sehen sozusagen das Weiße im Auge der Investoren, die mit harten Bandagen um Aufträge, Bauvolumen und renditeträchtige Konditionen kämpfen und in erster Linie ihre Gewinne im Blick haben. In diesen Auseinandersetzungen wächst Hans Stimmanns Ruf als »Stadtcholeriker« (Mönninger) wie als harter Verhandler. Er stilisiert sich selbst als »mächtigen Mann« und betrachtet es als seine Aufgabe, die großen Bauträger daran zu hindern, dass sie in die Stadt – O-Ton Stimmann – irgendwelche »Dinger reindonnern«. Und wer zum Beispiel Hochhäuser in der Friedrichstadt bauen wolle, der brauche – so verkündet er forsch – mit ihm »darüber erst gar nicht zu reden«.[430]

Eine Straße macht Stadtbaugeschichte

Zum Praxistest für die Erneuerung der Stadt wird die Friedrichstraße. Die 3300 Meter lange, die Stadt durchziehende Schlagader des Ostberliner Zentrums war vor allem in den Zwanzigerjahren Tummelplatz von Amüsement und Großstadt-Boheme. Für das Berlin der DDR stellte sie eine »Achse Zentralberliner kulturellen Lebens«[431] dar. Nun wird sie zum zweiten großen Schauplatz der Veränderung Berlins – genaugenommen ist sie der erste. Noch bevor am Potsdamer Platz der Grundstein gelegt wird, beginnt hier die Geburt des neuen Berlins. Sie setzt übrigens, symbolischerweise, dort an, wo die DDR verzweifelt versucht hat, Anschluss an die moderne Großstadtentwicklung zu finden – Erich Honecker höchstselbst, SED-Generalsekretär und Staatsratsvorsitzender, wollte die Straße in der Spätphase der DDR zur »attraktiven Geschäftsstraße unserer Hauptstadt« machen. Das Paradeobjekt dieses Wunsches sollten die Friedrichstadt-Passagen werden, ein gewaltiger Gebäuderiegel, dessen wilde Ornamente den Wortwitz der Ostberliner herausforderten: Mal wurde er als »usbekischer Bahnhof« verspottet, mal als »Tuntenbrosche«. Das Unternehmen geht in den Umbrüchen der Wende unter. Der fast fertige Rohbau wird abgerissen, drei Investoren liefern sich eine nervenaufreibende Konkurrenz, bis im Oktober 1992 ein Bauvorhaben an den Start geht, das alle bisherigen Vorstellungen sprengt: 18 446 Quadratmeter Fläche, 15 000 bis 18 000 D-Mark pro Quadratmeter, neun Stockwerke über der Erde, fünf darunter.

Aber da ist die Straße schon zum Brennpunkt des Baugeschehens geworden. Alles kommt hier zusammen, was dem Um- und Neubau der Stadt seinen explosiven Charakter verleiht – die zentrale Lage, der modernisierungsbedürftige Zustand, nicht zuletzt der rechtliche Freiraum, den der Zusammenbruch der DDR hinterlassen hat und der es erlaubt, gleichsam freihändig zu planen und zu bauen. Die Investoren suchen das große Geschäft, die Stadt die Chance für einen neuen Anfang, die Verwaltung einen Weg, um die überhitzte Konkurrenz in erträgliche Bahnen zu steuern. Vor allem auf dem Kilometer zwischen Leipziger Straße und Unter den Linden kommt ein atemberaubender Prozess in Gang. Die Global Player auf dem Immobilien- und Baumarkt – alle internationalen Größen sind mit von der Partie – platzieren ihre Vorhaben im Stadtgefüge wie die Figuren auf dem Schachbrett. Es ist ein Milliardenspiel, bei dem die Friedrichstraße Planquadrat für Planquadrat mit massigen, kompakten Baukörpern besetzt wird; ihre Namen – Hofgarten, Galeries Lafayette, Kontorhaus Mitte, Atrium Friedrichstraße, American Business Center – werden zu Signalen von Aufbruch und Umbruch. Bald stehen auf den Baustellen zwischen Sandhaufen und Mischmaschinen die Schautafeln, die für die Zukunft »Großstadtflair« und einen »Weltstadtboulevard« versprechen.

Zur Kampfzone wird die Straße auch in architektonischer Hinsicht. Das Schlüsselwort heißt »kritische Rekonstruktion«, der Begriff illuminiert hundertundeine Debatte, ist Leitbild und Reizformel zugleich, und vor allem Senatsbaudirektor Stimmann, der selten eine Kontroverse auslässt, ficht mit ihm wie mit einem Zweihänder gegen seine Gegner. Dabei geht es nicht um eine Wiederherstellung historischer Strukturen, sondern um ihre neue Interpretation. Dem Bauen im Berliner Zentrum soll ein Regelwerk vorgegeben werden, das das Neue in die Stadt einfügt, und die Friedrichstraße ist der Ort, an dem diese Methode praktisch erprobt wird. Sie ist ein Erbstück der IBA, der Internationalen Bau-Ausstellung, wo sie in den Achtzigerjahren entwickelt wurde – übrigens ganz in der Nähe an dem südlichen, jenseits der Mauer liegenden Teil der Friedrichstraße. In der Praxis bedeutet die Entscheidung für die »kritische Rekonstruktion«, dass – so die Formulierung des Bauhistorikers Fritz Neumeyer – »die strukturelle Logik des Berliner Baublocks und seine auf 22 Meter festgelegt Traufhöhe nebst Straßenwand mit Lochfassade für das neue Bauen im alten Zentrum von Berlin für verbindlich« erklärt wird. »Nicht die offene Bebauung im modernen Zeilenbau, sondern der geschlossene städtische Block in den Dimensionen des 19. Jahrhunderts wurde für die über weite Bereiche zerstörte Innenstadt zum bindenden Maßstab.«⁴³² Die Baustadträtin von Mitte, Dorothee Dubrau, eine Ostberliner Architektin, drängt darauf, dass ein Wohnungsanteil zur Bedingung gemacht wird. Schließlich werden 20 Prozent zur allgemein akzeptierten Marge.

In der Friedrichstraße entstehen nun die Bauten, die den Grundton für die Erneuerung Berlins angeben – sozusagen den Kammerton für die Einstimmung auf den Auftritt der neuen Stadt. Blank polierte Steinfassaden, akkurat an die Straße gesetzt, streng und eng im Rhythmus, bestimmt durch die Traufhöhe, die

Fenster hochgestellt – abermals ein »steinernes Berlin«, wie der Titel eines berühmten Buches über das Bauen in Berlin von Werner Hegemann aus dem Jahre 1930 heißt. Die noch vorhandene Altbausubstanz soll in dieses Konzept eingefügt werden. Das gelingt nur zum Teil. Es gibt Restaurierungen, die wie eine Befreiung der Gründerzeit aus einem Stadtbild erscheinen, das von Vernachlässigung und Verfall gezeichnet ist. Doch vielfach wird die Reparatur des Stadtbildes mit dem Abriss erhaltenswerter Bauten bezahlt. Auf den Schreibtischen in den Verwaltungen stapeln sich die einschlägigen Anträge, und oft setzen sich die Investoren durch, manchmal nach langen Kämpfen. Oder die Zeugen des alten Berlins werden entkernt, aufs Modernste aufpoliert, wenn nicht zur bloßen Fassade eines gänzlich neuen Baus degradiert – »Abriss für Neubau« heißt das Muster des Umgangs vieler Investoren, Architekten und Verwaltungsbeamten mit der Substanz der alten Stadt. Die Zahl der Häuser, die den Wiederaufbau der Stadt nicht überleben, ist hoch – die Schilderung des Sanierungsgeschehens durch Dorothee Dubrau liest sich streckenweise wie eine Chronique scandaleuse.[433]

Allerdings findet das neue Bild der Stadt bei Architekturkritikern und in der Öffentlichkeit ein mehr als gemischtes Echo. Kaum haben die Entwürfe der Gebäude die Reißbretter verlassen und sich der Öffentlichkeit präsentiert, erscheinen schon Vorbehalte und Unzufriedenheit, auch Hohn und Spott auf dem Plan. Philip Johnson, eine Legende der modernen Architektur, der noch das Berlin der Zwanzigerjahre erlebt hat und mit seinen 87 Jahren selbst am Checkpoint Charly baut, gibt seine »große Enttäuschung« noch höflich zu Protokoll.[434] Von einer »Architektur der zusammengebissenen Zähne« spricht der Architekturkritiker Wolfgang Pehnt.[435] Vernichtend fällt dagegen die Kritik von Daniel Libeskind aus, dem berühmten und umstrittenen Erbauer des Jüdischen Museums. Er sieht in Berlin ein »langsam mahlendes Räderwerk« am Werke, in dem »zu deprimierender Mittelmäßigkeit stumpfgeschmirgelt wird, was eine beherzte und inspirierte Entwicklung hätte sein können«.[436] Selbst grundsätzliche Sympathisanten der neuen Berliner Architektur haben ihre Probleme mit der »neuen, alten Friedrichstraße«, diesem »Boulevard der Dämmerung«: Schleudern die neuen Fassaden »ihre Granit-, Sandstein- und Laser-Kaskaden« nicht geradezu in eine »Bauten-Klamm«? Endet nicht vieles, was gut gemeint und erdacht war, in »purer Masse«, in einem »Schematismus«, der dem Horror Vacui entsprungen scheint und von Effekten mühsam kaschiert wird?[437] Seltener sind Stimmen, die das Erreichte ins Verhältnis zu dem Möglichen setzen, wie zum Beispiel Friedrich Dieckmann, der aus dem Osten kommende unermüdliche Berlin-Spaziergänger. Er sieht den Aufbau mit durchaus kritischen Augen, geißelt Abrisssünden, aber würdigt die Berliner »Fähigkeit zur Collage«, zum »Miteinander der Gegensätze« – und kommt zu dem Schluss, dass die neuen »Quartiergiganten« an der Friedrichstraße besser seien als nichts. »Hätte das Großkapital sich nicht ins Zeug gelegt, wäre die Gegend noch so leer wie die Spreeinsel«[438], dem kahlen Brachfeld vor dem Palast der Republik.

Schließlich verknoten sich Bauboom, Unbehagen und Umbauanstrengung in einem ausschweifenden Architektenstreit. Auf seinem Höhepunkt liefern sich Hans Stimmann und Heinrich Klotz, der frühere Direktor des Architekturmuseums in Frankfurt, einen Schlagabtausch, bei dem man sich wundert, dass beide nicht mit Fäusten aufeinander losgehen. Bei der Berliner Architektur – so der Kritiker – laufe es immer nur auf den »nackten, funktionalistischen Großcontainer« mit »unerträglich monotonen Sandsteinfassaden und Schmuckpilastern« hinaus, sie produzierten »kalte neuklassizistische Kisten«, die fast an das Dritte Reich erinnerten, und das alles unter der Regie eines »Machtkartells«.[439] Dagegen der Senatsbaudirektor: Berlin wolle lediglich an die Architektur der Zwanziger- und Dreißigerjahre anknüpfen, an Peter Behrens und Erich Mendelsohn. Die durch Krieg und architektonische Moderne städtebaulich geschundene Stadt müsse sich auf ihre Tradition besinnen, »Heimatkunde« betreiben und etwas von ihrer »eigenen Identität« wiedergewinnen. Im Übrigen bauten in Berlin mehr Architekten als irgendwo sonst auf der Welt. Schließlich katapultiert das Gespräch das Reizwort von einem in Berlin entstehenden »Neuteutonia«[440] in die Öffentlichkeit und gibt damit dem Streit eine Schlagseite, die an die giftigen Untertöne der Hauptstadtdebatte erinnert. »Es ist also erreicht: Berlin ist wieder Frontstadt«[441], stellt der Architekturkritiker Fritz Neumeyer fest – halb betroffen, halb amüsiert.

Das Grundgefühl ist ein schwelendes Unbehagen. Wird mit dem Wiederaufbau der Berliner Mitte eine Chance vertan? Ist nicht alles zu glatt, zu kantig, zu monoton geraten? Vor allem der Senatsbaudirektor wird zur Zielscheibe heftiger Abneigungen. Der Mann, der mit herausforderndem Understatement für sich in Anspruch nimmt, gute von schlechter Architektur zu unterscheiden, sieht sich als »Geschmacksdiktator« angeprangert. Als er bei der Bildung der neuen Großen Koalition 1966 als Stadtbaudirektor abgelöst wird, weil das Amt der CDU zufällt, geben seine Kritiker ihre Zurückhaltung auf, apostrophieren ihn als »Reichsbaumeister« und stellen mit Genugtuung fest, dass er nun sein »Unwesen« nicht mehr treiben könne.[442] Aber eine Korrektur der Berliner Baupolitik erfolgt nicht und Stimmann bleibt als Staatssekretär beim Senator für Stadtentwicklung ein mächtiger Mann. Als er 2006 in den Ruhestand geht, nun wieder als Stadtbaudirektor, wird er von allen Seiten mit Anerkennung überhäuft und ihm bescheinigt, dass er – »Danke, Hans!« – den Wiederaufbau Berlins in moderate Bahnen gelenkt hat.[443]

Mit alledem liefert die Friedrichstraße einen Querschnitt der Berliner Übergangszeit an ihrer exponiertesten Stelle. Quadratmeterpreise von anfangs von 15 000 D-Mark bis später – auf dem Höhepunkt des Spekulationsfiebers – 42 000 D-Mark.[444] Abenteuerliche Geschichten von Investoren, deren Vorstellungen jeden

Rahmen sprengen. Wahre Krimiszenen von Käufen und Wiederverkäufen. Die Straße selbst verschwindet im aufgebaggerten Sand, die wenigen Mieter balancieren auf Bretterplanken in ihre Büros, es gibt kaum Geschäfte und Restaurants, dafür Labyrinthe von Bauzäunen. Und Häuser, die dramatische Schicksale erleben. Das rote Sandsteinhaus zum Beispiel, in dem das »Restaurant Borchardt« zum Tummelplatz von Politik und Gesellschaft wird: Erst vom Abriss bedroht, dann in einer Handstreichaktion gegen den Investor gerettet, steht es da »wie ein letzter Zahn in einem faulen Gebiss ..., umgeben auf allen Seiten von tiefen, frisch ausgehobenen Gruben, in die erste Fundamente gegossen« werden.[445] Auf der einstigen Flanierstraße kreischen Sägen, summen Kräne und sind Heerscharen von Männern mit gelben Plastikhelmen unterwegs, einsilbig und zielsicher und stolz, wenn in einer Baustelle »die Schatten auf die Erde« fallen, weil die Wände aus der großen Baugrube herausgewachsen sind, die einmal das Atrium eines Riesenkomplexes wie der Friedrichstadt-Passagen sein wird, während in den dunklen Kellergeschossen noch die Betonierer, Stahlflechter und Poliere arbeiten und auf der Straße Kabeltrommeln und Rohre liegen.[446] Am Wochenende bestaunen dann Tausende von Berlinern und Touristen das offen liegende Innenleben der Baustellen und kommentieren die neue Architektur.

Über dem Baustellen-Chaos schwebt eine Frage: Wann kommt wieder städtisches Leben in die Straße? Wie lange wird es dauern, bis in der Friedrichstraße der Verkehr pulsiert? Das ist 1994 noch herzlich unklar. Auch Kommunikationsexperten und Projektleiter rätseln: in fünfzehn, in zwanzig Jahren? Oder schon im Jahr 2000, nach dem Umzug?[447] Der Durchbruch für die Geschäftswelt kommt, als das Kaufhaus Galeries Lafayette im Frühjahr 1996 mit einem großen Auftritt seine Tore öffnet. Auch danach geht die Vermietung eher zögernd voran, und noch lange werden am Abend nach Ladenschluss die Fußsteige hochgeklappt. Für Senatsbaudirektor Stimmann, der sein Büro aus dem Westteil der Stadt in den Osten verlegt hat, einen Steinwurf entfernt von der Friedrichstraße, ist sie ein Gradmesser für den Wandel der Stadt. Während die Wüstenei am Potsdamer Platz noch etwas von der Atmosphäre des früheren Grenzstreifens habe, spiegele die Friedrichstraße mit ihrer Landschaft »aus großzügigen Stadtbrachen, Mauerresten, billigen Touristenshops, Baugruben und Baukränen, entmieteten Läden und sozialistischer Vorstadtödnis ... besser als jeder andere Ort den ambivalenten Zustand der Stadt wider«.[448]

Exemplarisch verdichtet sich die Konfliktlage um den Wiederaufbau der Stadt am Pariser Platz, von den Stadthistorikern ihr alter »Empfangssalon« (Laurenz Demps) genannt, vom Berliner Volksmund als »gute Stube« der Stadt gestreichelt. Kaum anderswo ist die Situation so offen, ist der alte Stadtraum der kollektiven Erinnerung so durch das Ensemble seiner Palais und historischen Ereignisse eingeprägt – alle Großereignisse der nationalen Geschichte in den letzten 150 Jahren hatten hier ihre Ortstermine. Dagegen haben ihn die Jahrzehnte der Teilung so radikal abgeräumt, dass nur noch eine graue Halbruine übrig geblieben ist – der Rest der alten Akademie der Künste. Umso heftiger treffen in der Debatte um die Wiederherstellung des Platzes die Positionen aufeinander. Drei Gutachten hat der Platz nachgerade »verschlungen« (Gerwin Zohlen), bis Senat und Abgeordnetenhaus ihre Beschlüsse fassen. Worauf sich die Absicht der »kritischen Rekonstruktion« des Platzes mit der Forderung nach seiner historischen Rekonstruktion zu einem »Kulturkampf«[449] verhakt, begleitet von populären Erregungsstößen nach dem Muster: Soll so der Pariser Platz aussehen? Es ist die verschärfte Form des Berliner Architekturstreits, denn ausgerechnet Günter Behnisch baut das Haus der Akademie der Künste, und er baut es bewusst quer zur Linie der neuen Berliner Architektur – eine Glasfassade im steinernen Berlin.

Der Pariser Platz, dieses »sensibelste Areal der Stadt«[450], wird auf diese Weise zum Schauplatz der Zwiespältigkeiten, die Architektur und Öffentlichkeit umtreiben. Das Ganze des Platzes und die Gestaltung des einzelnen Bauwerks, die Anlehnung an das Alte und der Ehrgeiz des Neuen stoßen sichtbar und streitfördernd aufeinander. Ganz früh, noch auf dem kahlen Platz, setzt die Restaurierung der Gartenanlage eine traditionalistische Duftmarke. Die Glasfronten-Provokation der Akademie der Künste jedoch hat ein groteskes Hickhack zur Folge. Es geht um die Gestaltungssatzung, die das einheitliche Erscheinungsbild des Platzes sichern soll; es endet im zähen Ringen um den Glasanteil der Fassade. Es gehört zu den Pointen dieses Kapitels Stadtgeschichte, dass erst die Rede von Bundespräsident Roman Herzog zum 300. Jahrestag der Akademie-Gründung im Juni 1996 den Knoten des Akademiestreites auflöst. Das Bauwerk selbst erweist sich als notorischer Problemfall. Mehrfache Verzögerungen und gravierende praktische Mängel sowie seine Baugestalt, die es zum »Denkmal« des »architektonischen Bewusstseins der Bonner Republik in Berlin« machen[451], lassen es zu einem eher glücklosen Zeugnis des Neuaufbaus werden. Es bleibt unübersehbar ein Fremdling auf dem Platz, dessen unterschiedliche Stile – vom Traditionalismus des »Hotels Adlon« bis zum Klassizismus der beiden Torhäuser – erst durch die Gewöhnung zum Ensemble zusammengefügt werden. Ohnehin hat der Platz schwer daran zu tragen, dass er zum Rummelplatz für Touristen und zur Veranstaltungsbühne wird.

Neubau-Motor Hauptstadt

Zum Motor der Wiederherstellung der Stadt wird jedoch das Hauptstadtprojekt. Es gräbt sich in die Stadt hinein, erst mit den Entwürfen der Planer, dann mit den Entscheidungen über die Standorte von Regierung und Parlament, es macht sich breiter und breiter, es macht selbst Stadt. Und es erhält mit der Regierungsbildung nach den Bundestagswahlen im Spätherbst 1994 sozusagen einen Turbozusatz. Er heißt Klaus Töpfer. Der bisherige Umweltminister, der als neuer Bauminister ausdrücklich den Titel des Umzugsbeauftragten bekommt, erweist sich als der richtige Mann zur richtigen Stunde. Dabei wird die Berufung in Bonn von Flüsterparolen umschwirrt: Will Töpfer das neue Amt überhaupt? Ist der ökologische Aktivist dem Kanzler nur unbequem geworden und soll auf das schwierige Berlin-Bonner-Gelände abgeschoben werden? Kaum dass er im November 1994 sein Amt angetreten hat, sind solche Spekulationen vergessen. Töpfer erobert Berlin in »Ich kam, sah und siegte«-Manier. Binnen weniger Monate wird er zur Verkörperung des Umzugs und avanciert für viele zu »Mister Berlin persönlich«[452].

Tatsächlich legt sich Töpfer von Anfang an mächtig ins Zeug. Zwischen Weihnachten und dem Jahreswechsel, wenn andere ausspannen, kurvt er mit einem VW-Bus durch Berlin, um die Situation vor Ort kennenzulernen. Vom Dach des Deutschlandhauses aus lässt er sich die Lage des Hauptstadtaufbaus erklären. Er ist pausenlos unterwegs und gewinnt mit seinem aufgeräumten Naturell, seiner demonstrativen Tatkraft und einer guten Portion Unkonventionalität die Berliner; die Journalisten lieben ihn geradezu. Immer hat er einen lockeren Spruch auf den Lippen, kündigt die Jagd an auf die »Kameraden mit den Sandeimern«[453], die das Vorankommen des Umzugs behindern, und kommt den Berliner Gewohnheiten mit seiner ausgeprägten Neigung zum Bier in der Eckkneipe entgegen. Er setzt darauf, »mit den Menschen ins Gespräch zu kommen und mit den Medien«. Denn, so seine Logik, »wenn man erst mal eine gewisse Drehung zum Positiven erreicht hat, dann dreht das weiter«.[454] Er unterfüttert seine Absicht, das Hauptstadtprojekt voranzubringen, gerne mit dem Bekenntnis seiner Biografie, die eine nachkriegsdeutsche ist – in Schlesien geboren, bei der Flucht in den Westen verschlagen, aber ein Onkel ist, immerhin, in Potsdam hängen geblieben. Anders als viele Bonner Politiker scheut er auch den Weg in die Höhle des Löwen nicht. In der voll besetzten Gethsemanekirche im Prenzlauer Berg – vor der Wende Versammlungsort der Bürgerinitiativen – stellt sich Töpfer dem Unmut, der im Osten schwelt. Allerdings geht es da nicht um den Umzug oder die Hauptstadt, sondern um Mieterhöhungen und Modernisierungen, die alte Bewohner aus ihren Wohnungen zu verdrängen drohen.[455]

Um ein Zeichen zu setzen, verlegt Töpfer die Umzugsstabsstelle seines Ministeriums nach Berlin, ausgerechnet in das verwaiste Staatsratsgebäude, das Zentrum der DDR-Regierungsmacht. Und es hat schon etwas, dass der Umzug dort vorbereitet wird, wo Erich Honeckers Schreibtisch stand und der Geruch des DDR-Sozialismus noch in der Luft hängt. Nun finden Pressekonferenzen und Besprechungen über die Zukunft der Stadt zwischen den getäfelten Wänden und den Polstergarnituren statt, mit denen die DDR-Staatsmacht ihre oberste Staatsebene ausstattete. Den Hintergrund bildet die Ikonenwand mit den Bildern revolutionärer Arbeiter und Bauern und den Porträts von Karl Liebknecht und Rosa Luxemburg, während ein Modell von 32 Quadratmetern Größe die künftige Hauptstadt im Maßstab 1 zu 1000 zeigt. An die Spitze der Stabsstelle setzt Töpfer einen erfahrenen Baufachmann, der überdies ein positives Verhältnis zu Berlin hat – Ministerialrat Manfred Rettig hat an der TU Architektur studiert, Sprecher wird der in Bonn hoch geschätzte frühere Regierungssprecher Dieter Vogel, zu dessen Biografie auch ein paar Korrespondentenjahre in Berlin gehören.

Nicht zuletzt lässt der Kontrast zu seiner Vorgängerin Irmgard Schwaetzer das Licht Klaus Töpfers erstrahlen. Denn die spröde Ministerin hatte nie ein Verhältnis zu den Berlinern gefunden, weshalb ihr der Ruf einer Umzugsbremserin anhing. Eins ums andere Mal kommentiert deshalb der Regierende Bürgermeister den Wechsel mit dem Kalauer: »Jetzt wird nicht mehr geschwätzert. Jetzt wird getöpfert.« Doch auch ausgewiesenen Töpfer-Fans drängt sich nach einiger Zeit die Frage auf, was er nun eigentlich getan hat, um den Umzug zu beschleunigen, »außer auf solche Richtfeste zu gehen, wo der Grundstein schon zu Irmgard Schwaetzers Zeiten gelegt wurde, oder ihre Entscheidungen zu revidieren«?[456] Etliches kommt da schon zusammen – Töpfer verhindert den Abriss des Staatsratsgebäudes, begräbt den Gedanken eines Tunnels unter dem Brandenburger Tor, und die Frage nach dem Abriss des Palastes der Republik hält er zumindest offen. Aber es ist richtig, dass seine Verdienste vor allem in der Verbesserung des Klimas bestehen. Er bringt einen anderen, offeneren und optimistischeren Ton in die Debatten. Dank seines Einsatzes und seiner Impulsivität kommt neuer Schwung in das Unternehmen. Und die immer wieder erklärte und gleichwohl unter der Hand angefochtene Unaufhebbarkeit des Umzugsbeschlusses wird zur Realität.

Tatsächlich gewinnt das Hauptstadtprojekt einen immer größeren Anteil am Neuaufbau Berlins. Verblüfft stellt Volker Hassemer, der damalige Stadtentwicklungssenator, im Rückblick fest, ihm sei nie in den Sinn gekommen, »wie essentiell diese Hauptstadtfunktion sich für Berlin auswirken würde«.[457]. Allerdings braucht es etwa vier Jahre, bis die Regierungsgebäude an den Stellen der Stadt ankommen, an denen sie seither so selbstverständlich stehen, als sei es nie anders gewesen. Vieles bleibt lange offen, manches hätte anders ausgehen können – den Grad, in dem die Physiognomie der Stadt, die so entsteht, tatsächlich das Resultat einer großen Suchbewegung ist, mag der anfängliche Gedankenblitz beleuchten, den ganzen Bonner Regierungsbetrieb auf dem Flughafen Tempelhof unterzubringen.[458] Am Ende wird man in dieser Prozedur mit Max Welch Guerra, dem Historiker dieses Vorgangs, eine »ansehnliche politische Vermittlungsleistung«[459] sehen können.

Es kommt hinzu, dass die »Staatsräume im Innern Berlins«[460], die die Regierung aufnehmen sollen, zumindest einen doppelten Boden haben. Der Ostberliner, der die Hauptstadtentscheidung mit dem Bonmot kommentierte, er habe nie geglaubt, dass »die Hauptstadt der DDR einmal die Hauptstadt ganz Deutschlands wird«, liegt ja keineswegs weit ab von der Realität – überall ist im Ostteil der Stadt die »Hauptstadt der DDR – Berlin« gegenwärtig, und die Hauptstadt des Dritten Reiches obendrein. In vielen der Gebäude, die als Standorte für Ministerien infrage kommen, wurde schon zu DDR-Zeiten oder im Dritten Reich regiert – und viele »Bonner« entwickeln einen regelrechten Widerwillen gegen den Gedanken, dort einzuziehen. Das hat auch mit dem Zustand der Gebäude und ihrer technischen Ausstattung zu tun, die zumeist weit hinter dem Standard zurück sind, den man in Bonn gewohnt ist, aber auch mit Zweifeln und Skrupeln, die ihrer Vergangenheit Rechnung tragen. Kann es sein, ist es gut, wenn ein demokratischer Minister seine Geschäfte zum Beispiel am gleichen Ort betreibt, an dem Josef Goebbels und sein Propagandaministerium ihr Unwesen trieben und danach das DDR-Presseamt?

Wo sollen also die Regierungsgebäude ihren Platz finden? Wie soll sich überhaupt das Verhältnis von Stadt und Staat, Berlin und Bund gestalten? Von Anfang an konzentriert sich die Debatte auf drei Schwerpunkte, den Spreebogen, die Wilhelmstraße und die Spreeinsel. Sie wird freilich massiv mitbestimmt von den »dezisionistischen Marken« (Bernhard Schulz), die vor allem der Bundeskanzler setzt: Das Kanzleramt soll in der Nähe des Reichstages, vier Ministerien sollen in der Ostberliner Mitte entstehen. Berlin steuert zur Standortplanung zunächst vor allem das heftige Widerstreben von Politikern und Stadtplanern bei.[461] Der Gedanke, der Bund könne die Mitte Berlins in Beschlag nehmen, mobilisiert Abwehrreflexe und Gegenkonzepte: keine Dominanz des Bundes in der Mitte der Stadt, stattdessen Dezentralisierung und die Durchmischung von staatlichen und städtischen Funktionen. Wäre es nicht besser – wie der Stadtentwicklungssenator zu Bedenken gibt –, wenn sich die Regierung locker in der Art von »Sommersprossen«[462] in der Stadt ausbreitet, anstatt mit großen Ministerialgebäuden aufzutrumpfen? Droht nicht – wie Peter Conradi, Bundestagsabgeordneter und Architekt, befürchtet – im Spreebogen die Gefahr eines »Regierungsgettos«?[463] Bürgerstadt oder Regierungszentrale – so lautet die Frage, mit der Berlin die Hauptstadt begrüßt. Vor allem die angedachten vier Ministerien im Zentrum wecken Animositäten: »Gebührt dem Staat das Herz der Stadt?«, fragt anklagend der Kritiker Dieter Hoffmann-Axthelm.[464] »Die Ministerien stärken das Herz der Stadt!«, entgegnet zuversichtlich Stadtentwicklungssenator Volker Hassemer.[465]

Einen Eckstein setzen Präsidium und Fraktionsvorsitzende des Bundestags durch ihre Entscheidung, dass der Reichstag den Mittelpunkt des Parlamentsviertels bilden soll.[466] Getroffen unmittelbar nach dem Hauptstadtbeschluss, wird sie zu einem ruhenden Pol dieses Suchprozesses. Allerdings braucht es drei Jahre, bis Einigkeit über die künftige Gestalt des Reichstags erreicht ist. Doch in dieser Zeit der Auseinandersetzung schüttelt das mächtige Gebäude die Rolle des schlafenden Riesen ab, die es dreißig Jahre gespielt hat, und wird zu einem Eckstein des Hauptstadtprozesses. Die Kolloquien und der Wettbewerb, die den Entscheidungsweg markieren, erzeugen allerdings zunächst nur einen Zustand der Verlegenheit. Am Ende stehen drei erste Preise, keiner davon ist wirklich überzeugend, keiner wird dem geschichtsmächtigen Jahrhundertwendebau des Architekten Paul Wallot gerecht. Die Entscheidung für den Briten Sir Norman Foster fällt Mitte 1993 auch unter dem zwingenden Eindruck, dass der Knoten der Debatte zerschlagen werden müsse – »Ich glaube, wir machen das mit dem Engländer«, wird Bundestagspräsidentin Rita Süssmuth nach dem Besuch in den Ateliers der drei Preisträger zitiert.[467] Foster entkernt das Gebäude, treibt ihm rigoros die Sechzigerjahre-Form aus, die Paul Baumgarten in den Wallot-Bau eingesetzt hatte, und füllt es mit einer gewaltigen Innenfigur, die Beobachter an die kühle, großmächtige Ausstrahlung einer antiken Basilika erinnert.[468] Immerhin bleibt das äußere Bild, das Architektur- und Geschichtsdenkmal, erhalten.

Am Reichstag erreicht das Hineinwachsen der Hauptstadt in die Stadt Berlin seinen Höhepunkt. Es findet seinen Ausdruck in der Reichstagskuppel, die doch das Ergebnis eines quälenden Streites ist. »Wie man baut, was keiner will«[469], lautet die ironische Überschrift, unter der der Publizist Wolf Jobst Siedler das Dilemma dieses Unternehmens auf den Punkt bringt. Wallot-Kuppel oder neuer, demokratisch gesalbter Dachaufbau oder gänzlicher Verzicht auf den Reichstagsaufbau heißen die Pole, zwischen denen die Debatte zwei Jahre dahinwankt. Ablehnung und hartnäckiges Insistieren, der sehnsuchtsvolle Blick zurück auf die alte Kuppel und aberwitzige Theorien über den Zusammenhang einer Glaskuppel mit dem Transparenzgebot der Demokratie umschreiben die Spannweite der Auseinandersetzung. Die Entscheidung für die Kuppel fällt – wie der Vorsitzende der Baukommission des Bundestages festhält – »mit einer Stimme Mehrheit in der Baukommission gegen den Willen des Architekten«.[470] Es ist tatsächlich ein Ergebnis, das keiner gewollt hat – nicht der Architekt, der zum Kuppelentwurf wie der Hund zum Jagen getragen werden muss, aber auch nicht ihre hartnäckigen Parteigänger und natürlich nicht die Gegner, die in der Kuppel einen Rückfall in finstersten Wilheminismus sehen. Doch er erweist sich als großer Wurf. Nach ihrer Fertigstellung wird die Kuppel zum Symbol des zur Hauptstadt gewordenen Berlins, ja, der neuen Bundesrepublik.

Auch andere Staatsorgane müssen einen »windungsreichen Weg«[471] hinter sich bringen. Bundespräsident Richard von Weizsäcker zum Beispiel strebt vom Rand in die Mitte, von seinem Berliner Amtssitz im Schloss Bellevue ins Kronprinzenpalais Unter den Linden. Und scheitert: an der Furcht vor Verkehrsstaus, die Staatsbesuche und sonstige zeremonielle Akte auf dem

Boulevard hervorrufen könnten, aber auch an der Berliner Posse eines Streits zwischen dem Staatsoberhaupt und einem Café-Pächter. Denn zum Präsidentenkomplex würde auch das anschließende Operncafé gehören. Dessen Betreiber spielt den Ruf des Cafés aus, eine der raren Inseln der Geselligkeit in Ostberlin zu sein, führt die Anhänglichkeit der Stammgäste ins Feld – und die fälligen Ablösesummen – und nutzt für sich die kleine Brise bürgerlicher Widerständigkeit, die der Streit im demokratisch erweckten Osten auslöst. Nach einem guten Jahr gibt Weizsäcker auf, und neben Schloss Bellevue entsteht ein Neubau für das Bundespräsidialamt.[472] Vergleichbar ergeht es dem Außenministerium. Zwar weiß Klaus Kinkel, was er will, nämlich einen Neubau, der Raum für alle Mitarbeiter des Amtes bietet, dazu nahe bei Kanzleramt und Bundestag. Doch den plausiblen Wunsch – in Bonn sitzt das Auswärtige Amt in zwanzig Häusern – bezahlt das Auswärtige Amt mit einer wahren Odyssee durch die Berliner Mitte.

Die möglichen Standorte, die der Außenminister für sein Ministerium ins Auge fasst, pendeln zwischen Ministergärten und Spreeinsel, Alt- und Neubau, das Haus der Ministerien, das spätere Finanzministerium, kommt kurz in den Blick. Selbst das Quartier Napoleon, in dem jahrzehntelang die französischen Truppen stationiert waren, wird als Provisorium erwogen – es gab »nachgerade kaum einen größeren Bürokomplex der öffentlichen Hand in Berlin, den ich nicht irgendwann im Hinblick auf seine mögliche Eignung für das Auswärtige Amt besichtigt hätte«, erinnert sich der Außenstellenleiter des Amtes in Berlin.[473] Am Ende läuft es doch auf das frühere Gebäude des Zentralkomitees der SED hinaus, das ursprünglich für die Reichsbank errichtet worden war – nach dem Neujahrsempfang von Bundespräsident Herzog 1995 überzeugen Töpfer und sein Hauptstadt-Statthalter Rettig Kinkel bei einem Ortstermin von den Vorzügen des Standortes[474]. Mit dem Ergebnis, dass das Amt nach Umbau und Ergänzung durch einen Neubau – wie der Vertreter des Amtes im Rückblick einräumt – in seiner ganzen Geschichte »nie so gut untergebracht«[475] war. Und mit der Adresse »Am Werderschen Markt« auch noch eine Anschrift hat, die nicht weniger einprägsam ist als die legendäre frühere, zum Inbegriff der Außenpolitik gewordene Wilhelmstraße.

Und so, nach dem Prinzip von Zugriff und Zufall, setzt sich die Hauptstadtwerdung fort. Das Wirtschaftsministerium zum Beispiel durchquert bei seiner Standortsuche die halbe Innenstadt. Eigentlich soll es in das ehemalige Preußische Herrenhaus einziehen, dann ins ehemalige Gebäude des Zentralkomitees der SED, schließlich findet es seinen Platz im bisherigen DDR-Regierungskrankenhaus im Norden der Innenstadt. Das Preußische Herrenhaus seinerseits ist lange Zeit vorgesehen als Berliner Dependance der in Bonn verbleibenden Ministerien, als »Hexagon«; es wird am Ende Sitz des Bundesrates, während sich der Gedanke einer Bonn-Statthalterei in Berlin im Verlaufe des Hauptstadtprozesses in Wohlgefallen auflöst. Zeitweise markiert das Staatsratsgebäude einen neuralgischen Punkt in dem Prozess der Aufstellung der Regierung: Mal steht es – politisch hoch kontaminiert, wie es ist – auf der Abrissliste, um dem Neubau des Außenministeriums Platz zu machen, mal wird seine Erhaltenswürdigkeit als Zeugnis der DDR-Geschichte entdeckt, unterstützt vom entrüsteten Aufschrei einer Initiative von Historikern und Kunsthistorikern, die in seinem Abbruch einen Fall von »Bilderstürmerei« sehen. Am Ende ist es ein rundes Dutzend von Gebäuden, das die Hauptstadt in der alten Mitte Berlins verankert und einsteht für die »Verstädterung der Politik«[476], die ein Charakteristikum der Hauptstadtwerdung darstellt.

Als der Prozess des Hineingründens der Hauptstadt in die Stadt im Frühjahr 1995 an sein Ende kommt – im Januar 1996 wird das Ergebnis von Klaus Töpfer in einem veränderten Umzugskonzept festgeschrieben –, bietet sich ein bemerkenswertes

Bild: So gut wie alle Regierungsbauten befinden sich in der alten Stadtmitte, dem früheren Ostberlin, ausgenommen Kanzleramt und Bundestag sowie Verteidigungs- und Innenministerium, die ihren Standort im Westteil der Stadt haben. Die Bundesrepublik nimmt Besitz vom alten Zentrum Berlins, die Hauptstadt findet gleichsam wieder zurück in ihre historische Lage – und macht, was in den Augen des »Westens« bisher »Osten« war, zur Mitte. Wird Deutschland damit – wie in den Wendezeiten prognostiziert – östlicher? Oder steht das Ergebnis dank der Akzentuierung des Spreebogens für eine weitere Befestigung der Westverschiebung des alten Berlins? Der Umzug bewirkt jedenfalls ein denkwürdiges neues Ausbalancieren der Perspektiven im wiederhergestellten Stadtraum. Er erneuert das Gedächtnis der Stadt, das im Krieg und in der Nachkriegszeit unter die Räder gekommen war. Berlin gewinnt alte Staatsräume neu, findet einen neuen Schwerpunkt, der seinen Lebensströmen neue Entfaltungsmöglichkeiten öffnet – und die Bundesrepublik bekommt eine Hauptstadt, die im Modus eines Themas mit Variationen an die alte anknüpft. Das alles verändert das ost-westliche Spannungsfeld: Es wertet den Osten gegenüber dem Westen auf, indem es den Osten zum Westen macht.

Allerdings erreicht diese »Erfolgsgeschichte« (Max Welch Guerra) am Ende nicht völlig ihr Ziel. Das Hauptstadtwerden scheitert auf der Spreeinsel, also an einem herausragenden Platz in der Stadtlandschaft Berlins. Erst stand hier das Stadtschloss, der Mittelpunkt des preußischen Berlins. Dann war es das Areal, auf dem die DDR ihre Herrschaft mit Staatsratsgebäude, Palast der Republik und Aufmarschplatz inszenierte. Schließlich der Schauplatz der heikelsten Auseinandersetzung im Berlin der Nachwendezeit – des Endlos-Streites um den Palast der Republik, dem volkstümlichen Prestigebau der DDR, und den Gedanken eines Wiederaufbaus des Schlosses. In allen Phasen des Hauptstadtwerdens erscheint die Spreeinsel als Regierungsstandort, mal mit vier Ministerien, mal mit dreien, mal mit einem Kongresszentrum, sie bleibt unbeirrt der zweite Schwerpunkt der projektierten Hauptstadt, und der Wettbewerb, der ihr zu städteplanerischer Façon verhelfen soll, ist mit über 1100 eingesandten Entwürfen der größte überhaupt. Mit der Ausschreibungsaufgabe, den Platz »zu einer Art Mittelpunkt der Hauptstadt zu entwickeln«, ist er auch der ehrgeizigste. Kein Geringerer als Bundespräsident Roman Herzog exemplifiziert an der Spreeinsel seine städtebauliche Berlin-Vision: »Nicht entweder Schloss oder Palast der Republik, sondern etwas Schloss, etwas Palast der Republik und vor allem etwas Neues.«[477] Und ist das nicht genau das, was viele sich wünschen: einen Kompromiss, nach allen Seiten offen, in dem sich alle wiederfinden?

Aber der große Wurf geht ins Leere. Nichts von den Plänen, mit denen der Berliner Architekt Burkhard Niehaus den Wettbewerb gewinnt, wird Realität: nicht das Stadthaus in den Dimensionen des Schlosses, das ein Medien- und Konferenzzentrum aufnehmen sollte, nicht der Neubau des Außenministeriums, auch nicht der Abriss des Staatsratsgebäudes. Schon zum Zeitpunkt der Entscheidung des Wettbewerbs ist diesem der Boden entzogen. Denn der Haushaltsauschuss in Bonn legt im Februar 1994 den Hebel herum: Unter dem Druck der finanziellen Lage beschließt er den weitgehenden Verzicht auf Neubauten für die Unterbringung der Regierung. Zwar verteidigen Bundesregierung und Senat den Wettbewerb und sein Ergebnis, verwickeln sich jedoch vor allem in den anhaltenden Kontroversen über Palastabriss und Schlossplanung, während der überraschende Sieg des jungen Architekten und das von ihm entworfene Quartier in der Mitte der Stadt der Vergessenheit anheimfallen. Der Gedanke, der Hauptstadt hier den zweiten politischen Schwerpunkt zu geben, bleibt Papier. Der »prominenteste Platz des Landes«[478] wird für lange Zeit zur »unwirtlichsten Gegend Berlins«[479].

Nicht viel anders ergeht es dem Lustgarten und dem Alexanderplatz. Auch bis zu diesen bedeutenden, stadtgestaltenden Plätzen dringt der Neubebauungsimpuls nicht durch. Zwei Lustgarten-Wettbewerbe enden im öffentlichen Protest. Er entzündet sich an dem Versuch, den Platz zu modernisieren durch die Trennung von der Straße und mit transportablen Gewächskübeln, um gleichzeitig, getreu den Maximen des Denkmalschutzes, seine Pflasterung aus der NS-Zeit zu erhalten. Am Ende steht die Kapitulation des Rückgriffs auf einen Schinkel-Entwurf – und der wird zum Erfolg. Dagegen trotzt die kahle, zugige Fläche, zu der der Alexanderplatz in der DDR geworden war, hartnäckig allen Veränderungs- und Rekultivierungsabsichten. Der Wettbewerb 1993, bei dem der renommierte Architekt Werner Kolhoff mit einem Kranz von Hochhäusern Sieger geworden war, bleibt ohne Folgen. Der Platz, von dem Stadtentwicklungssenator Hassemer noch Mitte der Neunzigerjahre gesagt hatte, er solle »das wichtigste städtische Zentrum Berlins«[480] werden, bleibt provisorisch, der Rest sind periphere Reparaturen an einem Areal von beeindruckender Tristesse.

Ist Westberlin der Verlierer der Einheit?

Geht es also voran mit Berlin? Der Aufbruch der Stadt kann nicht verdecken, dass er von einer heftigen gegenläufigen Unterströmung begleitet ist. Sie führt eine prekäre Gemengelage von Zweifeln, Vorbehalten, auch Erschöpfung und Kleinmut mit sich. Immer ist die Frage gegenwärtig, ob Berlin überhaupt in der Verfassung sei, den Aufgaben, mit denen es Tag für Tag ringt, gerecht zu werden. Kann die Stadt so, wie sie ist, die Metropolenrolle spielen, die von ihr erwartet wird? Die Anstrengung des Neuaufbaus – nach Angaben der Bauverwaltung 310 Investitionsprojekte mit einem Volumen von rund 50 Millionen D-Mark seit der Wende[481] – will sich einfach nicht in einer adäquaten positiven Stimmung niederschlagen. Nicht Genugtuung über die erlangte Stadteinheit und die Überzeugung von einer großen Zukunft bestimmen das Stadtgefühl, sondern wachsende Unzufriedenheit und Krisenbefürchtungen. Während die Weichen für das neue Berlin gestellt werden, verstärkt sich der Eindruck, das alte Berlin hänge an der Stadt wie ein Klotz am Bein. Keine Frage, dass Berlin noch nicht in seiner Zukunft angekommen ist. Aber ist es wenigstens auf dem richtigen Weg? »Haben wir unsere Sachen gepackt in Richtung Berlin«, fragt Stadtentwicklungssenator Hassemer, »oder steht bei uns noch alles so herum wie früher?« [482]

»Es ist aus, Berlin!«, titelt Anfang 1994 drastisch-aggressiv die »Wochenpost« [483], ein DDR-Erbstück mit dem leicht aufsässigen Charme Ostberliner Großstadtkultur, aber bestimmt von Journalisten aus dem Westteil, die ihren scharfen, hinterfragenden Blick mitgebracht haben. Die Attacke gilt den Problemen der Stadt, aber ihr eigentlicher Adressat ist »das System Westberlin«. Tatsächlich wird die Politik in der vereinigten Stadt nach wie vor von den Strukturen, Mentalitäten und der politischen Klasse der Weststadt dominiert. Können Politiker, die mit den Sitten und Unsitten der Inselstadt aufgewachsen sind, eine säkulare Aufgabe wie die Wiederherstellung der Stadt und den Umzug bewältigen? Diese Frage aufzuwerfen heißt, der Klage über die mangelnden Qualitäten ihres Führungspersonals das Tor zu öffnen, das freilich bereits sperrangelweit offen steht. Je mehr die Stadt sich freischwimmt, desto nachdrücklicher schlagen alle in dieselbe Kerbe: Die Politik in Berlin habe keinen wirklichen Begriff von ihrer Aufgabe, erschöpfe sich in Betriebsamkeit, scheue einschneidende Maßnahmen – es gebe keinen wirklichen Kassensturz, keine Verwaltungsreform, eine fragwürdige Personalpolitik. An den Politikern selbst beklagt die kritische Öffentlichkeit das Politikmuster, an dem sie sich bereits in West-Berlin abgearbeitet hat: die Politik als ein geschlossenes System der Parteien, gewöhnt an Subventionen, beherrscht von Proporz und einem selbstzufriedenen

Provinzialismus, Leute eben, die »mit braunen Schuhen zur Premiere« gehen. Tenor des Ganzen: Die Politik kann es nicht. Das radikale Fazit der Breitseite der »Wochenpost«: »Berlin braucht andere Berliner.«[484]

Zu dieser Lage passt sozusagen seitenverkehrt die Flüsterparole, die im Westteil der Stadt umgeht. Sie lautet: »Westberlin ist der Verlierer der Einheit.« Doch wer soll denn mehr Gewinner der Einheit sein als die Inselstadt, die wieder zum Festland geworden ist? Gleichwohl muss es seinen Grund haben, dass solches Geflüster zum Stadtgespräch wird. Ist es die Folge davon, dass der Senat mit der Devise »Aufbau Ost vor Ausbau West« ernst macht und die Mittel überproportional nach Osten fließen? Dass im Westen – folgt man den Klagen – die Straßenlöcher, Graffiti-Schmierereien und Hundehaufen zunehmen? Oder wird den Bewohnern der einstigen Inselstadt klar, dass die vielen Abschiede, die Berlin zu absolvieren hat, den Westteil nicht aussparen? Der Übergangsprozess, in dem sich die Stadt befindet, bedeutet ja auch, dass versinkt, was der Halbstadt über bald vier Jahrzehnte Halt und Selbstvertrauen gegeben hat – ihr Mythos, ihr Lebensgefühl, die selbstbewusste Mittelmäßigkeit, mit der sie ihrem Schicksal trotzte. Und wer ist sich noch der historischen Leistung der Stadt bewusst, mit ihrer Existenz die deutsche Frage praktisch offengehalten zu haben? Inzwischen erscheint Westberlin fast nur noch als Stein des Anstoßes, der die Einheit bremst.

Doch kann man sich über den schwelenden Unmut wundern? Die Situation der Stadt ist extrem angespannt. Kaum haben Kräne und Bagger Aufstellung genommen, verdunkelt sich drohend der Horizont. An den euphorischen Prognosen, die Berlin auf dem Weg zur Superstadt und europäischen Metropole sehen, hängen wie Schatten die Gutachten, die die Stadt in ein finanzielles Desaster taumeln sehen.[485] Ihre Bewohner sind von Stimmungswechselbädern heimgesucht. Denn 1995 ist auch das Jahr der Richtfeste. Stolz berichtet zum Beispiel der Regierende Bürgermeister davon, dass er im Oktober an drei aufeinanderfolgenden Tagen drei Eröffnungen absolviert hat: erst den Beginn der Arbeiten für die Verlängerung der Stadtautobahn, dann den Spatenstich für den Tiergartentunnel, schließlich neue U-Bahn-Strecken und Straßenbahnverbindungen. Ein Umfrageinstitut ermittelt sogar einen regelrechten Stimmungssprung: Die Zufriedenheit mit dem Leben in der Stadt steigt zwischen Dezember 1994 und dem Juni 1995 markant an, im Osten noch mehr als im Westen.[486] Ein anderes Institut stößt freilich vor allem auf eine große Unsicherheit – 41 Prozent glauben, die Richtung der Entwicklung der Stadt sei richtig, 47 Prozent halten sie für falsch. Und nicht mehr hinter der Hand, sondern in aller Öffentlichkeit werden die Finanzierung der großen städtebaulichen Vorhaben angezweifelt und die Kürzung der Gelder debattiert. »In der Werkstatt der Einheit wird nicht nur gehobelt«, so fasst der Regierende Bürgermeister die aktuelle Lage der Stadt zusammen, »dort fallen auch Späne.«[487]

Zwiespältig stellt sich vor allem die wirtschaftliche Situation dar. Längst ist der Aufschwung der ersten Vereinigungsjahre Vergangenheit, und die Stadt steuert in den Strudeln von Gewinnen und Verlusten mühsam durch unruhige Gewässer. Wobei die einen durch die anderen konterkariert werden: Den seit 1990 im Westen gewonnenen 88 000 neuen Arbeitsplätzen stehen 200 000 gegenüber, die verloren gingen.[488] Es gibt bemerkenswerte neue Ansiedlungen – die Deutsche Bahn entschließt sich, ihren Hauptsitz nach Berlin zu verlegen, ebenso der Service-Unternehmer Dussmann und der Deutsche Industrie- und Handelstag. Aber die frohen Botschaften kreuzen sich mit Pleiten und Investitionsflops – lange gehegte und gepflegte Pläne wie ein World Trade Center im Westen oder ein Bertelsmann-Medienzentrum im Osten werden aufgegeben, und 1995 beginnt die Auflösung der AEG, eine der alten Säulen der deutschen und der Berliner Industrie. Selbst der Immobilienboom flacht ab, die Leerstände bei Bürobauten wachsen, und es illustriert die Lage, dass die Forderung nach einer zentralen Ansprechstelle für Investoren, die Ansiedlungen erleichtern soll, zum Thema immerwährender Klagen über die Unfähigkeit des Senats wird, weil sie einfach nicht zustande kommt. Insgesamt schrammt die Wirtschaft knapp an der Stagnation vorbei, und der Grund dafür liegt mittlerweile vor allem im Westteil der Stadt, der vom Wegfall der Berlin-Förderung und dem Rückgang der industriellen Produktion gebeutelt ist. Zum ersten Mal seit 1993 übersteigt im Juni 1995 die Anzahl der Zufriedenen die der Unzufriedenen, aber 1994 erlebt die Stadt auch zum ersten Mal seit der Wende einen Bevölkerungsrückgang.

Es sind die Wahlen, die sichtbar machen, wie sehr das Klima in der Stadt umgeschlagen ist. Bei der Bundestagswahl 1994 fährt die PDS in Ostberlin vier Direktmandate ein; es trifft das Bild der Stadt in der alten Bundesrepublik hart, dass sie es ist, die der SED-Nachfolgepartei den Weg in den Bundestag öffnet – mit bundesweit 4,4 Prozent der Stimmen hätte sie diesen Sprung wegen der Fünf-Prozent-Klausel sonst nicht geschafft. Doch es sind eben nicht nur die Stammwähler, die der PDS zu diesem Triumph verhelfen. Fünf Jahre nach der Maueröffnung offenbart der genauere Blick auf das Wahlergebnis, dass viele Ostberliner eine Ostpartei selbst dann einer Westpartei vorziehen, wenn sie Nachfolgerin der SED ist. Wiegt die Zugehörigkeit zur Schicksalsgemeinschaft Osten schwerer als die Ablehnung von SED und DDR? An der verschwundenen Mauer ist eine neue politische und mentale Grenze gewachsen.

Diese innere Polarisierung der Stadt wird ein gutes Jahr später bei der Wahl zum Abgeordnetenhaus massiv bestätigt. Es ist die erste große Wahl unter den Bedingungen des gemeinsamen Lebens im vereinigten Berlin, und sie macht klar, wie sehr die alten Verhältnisse außer Kraft gesetzt sind. Die neue Wirklichkeit bietet ein drastisches Bild. Die CDU, mit 37,4 Prozent die stärkste Partei in der Gesamtstadt, hat alle Bezirke im Westen gewonnen, die PDS, mit zwei Ausnahmen, alle im Osten – mit immerhin

14,6 Prozent ist sie zur drittstärksten Kraft in der Stadt geworden –, die SPD stürzt ab auf 23,6 Prozent, ihr schlechtestes Ergebnis in der Nachkriegszeit. Die politischen Verhältnisse haben sich wahrhaftig konsolidiert: Der Westen wird dominiert durch die Westpartei CDU, im Osten triumphiert eine Ostpartei, die PDS. Die SPD, die unter den Parteien am ehesten den Anspruch erheben kann, im Westen und im Osten vertreten zu sein, fällt den widersprüchlichen Tendenzen zum Opfer, die an der Stadt zerren. Und eine politische Schallmauer wird durchbrochen: Im November gibt es im Osten den ersten PDS-Bezirksbürgermeister. Noch eine zweite Bruchlinie wird erkennbar. Die Parteien, die den Übergang der Stadt vorantreiben, CDU und SPD, haben verloren, gewonnen haben die Parteien, PDS und Grüne, die diesem Prozess zumindest mit Vorbehalten, wo nicht mit Ablehnung gegenüberstehen. Eigentlich ist das Ergebnis ein Desaster.

Doch Berlin zeigt ja auch noch immer das Bild einer versehrten Stadt – in der Tiefe ihrer Teile, jenseits des Wachsens des Neuen. Man muss nur in die Seitenstraßen gehen, schreibt Jens Reich, der Bürgerrechtler aus Pankow, der 1994 Kandidat für das Amt des Bundespräsidenten ist, um zu sehen, »wie viel ›Wildkraut‹ in Berlin gedeiht auf verlassenen Fabrikhöfen und in Gartenanlagen, vor totäugigen Mietshäusern und Villen«, deren Wiederherrichtung durch Rückübertragsansprüche blockiert ist. Selbst Granateinschläge aus der Schlacht um Berlin im Mai 1945 finden sich noch – auf 40 Meter Spazierweg zählt Reich 427 Stück. »In den Seitenstraßen der Nordbezirke Ost dümpeln kleine Läden und Kneipen mühselig vor sich hin«, während die neuen Supermärkte daneben die Versorgung der Bevölkerung an sich gerissen haben.[489] Überhaupt springt in Ostberlin in die Augen, wie langsam die Vergangenheit abfließt. Wie Vineta liegt eine längst verschollene Stadt auf dem Grund der Gegenwart und sendet auf lange nicht verputzten Hauswänden Nachrichten aus dem Vorgestern ins Heute – Werbung für Kolonialwaren,

Schultheiss-Bier oder »Bruns-Zigarren«. Und hier gehört auch die jüngste Vergangenheit schon zur versunkenen Zeit: Lange prangt über dem Boulevard Unter den Linden an einer Brandmauer ein fahnenschwingender Kämpfer aus den Bauernkriegen 1525 – das Werbeemblem des »Museums für deutsche Geschichte«. Aus den Fünfzigerjahren stammend, trat er beim Abriss des Lindenkorso, eines renommierten DDR-Gebäudes zutage und erinnerte an das DDR-Museum, das sich ins Deutsche Historische Museums verwandelt – selbst ein museales Objekt geworden.[490]

Unübersehbar durchdringt die verwüstete Vergangenheit der Stadt noch immer ihre Gegenwart. Wenn etwa Finanzminister Theo Waigel aus Bonn das an der einstigen Mauerzone gelegene Preußische Herrenhaus besichtigt, um es auf seine künftige Verwendung hin zu begutachten, stößt er auf Fassaden mit den Spuren von Kriegs- und Nachkriegszeit und auf eine Insel innerstädtischer Wildnis mitten im Gebäude. Und ist es im Westen so ganz anders? Noch immer dämmert zum Beispiel das vom Dritten Reich aus dem Boden gestampfte Botschaftsviertel am Tiergarten vor sich hin. Nach vier Jahrzehnten der Verwahrlosung sieht es aus wie ein Stück Stadt, das an die Natur zurückgefallen ist – bröckelnde Repräsentationsbauten im Stil der Dreißigerjahre, leere Fensterhöhlen, Birken in maroden Dachgeschossen, auf den Grundstücken Urwaldgestrüpp, Robiniengehölze, Müllkippen und Biotope mit seltenen Farnen. Wo sonst gibt es nach einem halben Jahrhundert noch solche bewahrte Nachkriegszeit? Daneben, wo die florierende Weststadt beginnt, schiebt sich ein Stück Vorstadt in den Blick: Ein Jahrmarkt vegetiert vor sich hin, dann und wann gastiert ein Zirkus, und Bungee-Springer stürzen sich in die Tiefe.

Läuterung am Reichstag

Und dann erreicht die Stadt in dieser Zeit des Übergangs dennoch die Passhöhe. Den Abschieden folgt eine denkwürdige Ankunft: Am 8. Mai 1995, dem lang umstrittenen Gedenktag für das Ende des Krieges, ist Berlin einer der Zielpunkte der ungewöhnlichen Gedenk-Rallye, die die Siegermächte zur 50. Wiederkehr dieses Tages inszenieren – und zum ersten Mal ist Deutschland dabei. Vier Hauptstädte in drei Tagen, von London über Paris und Berlin nach Moskau, per Jet und Hubschrauber, ein Kampf der Termine, der Logistik und der Protokollchefs – ein Politspektakel, aber auch ein Staatsakt, den sich vor einem halben Jahrhundert niemand hätte vorstellen können und im Kalten Krieg erst recht nicht. Nun führen der amerikanische Vizepräsident Al Gore, der britische Premierminister Major, der russische Ministerpräsident Tschernomyrdin und Bundespräsident Herzog den Beweis, dass die Erinnerung Sieger und Besiegte nicht mehr trennt, sondern zusammenführt. Und nicht Bonn, sondern Berlin ist der Schauplatz dieser außerordentlichen Geschichtsinszenierung. Sie rückt die Stadt in die Reihe der Hauptstädte der Welt und die Deutschen an die Seite der Sieger. Auch wenn die Stadt dem Ereignis wahrhaftig nur eine »gebrochene Kulisse« bietet: Der Gendarmenmarkt, wo es stattfindet, ist noch eine halbe Baustelle, der Französische Dom restauriert, der Deutsche noch eingerüstet, daneben »wiederrichtete Fassaden«, »Baugruben und leere Fensterhöhlen«, dahinter ein Schwarm von Kränen. »Nur das Glockenläuten der Berliner Kirchen, das eine Viertelstunde währte, klang von Ferne leise in die Stille des Platzes.«[491]

Und dann fallen an einem Junitag 5.30 Uhr morgens die ersten der Stoffbahnen vom Dach des Reichstages, mit dem die Verhüllung des mächtigen Gebäudes in der Mitte der Stadt durch den Künstler Christo und seine Frau Jeanne-Claude beginnt.

Eine knappe Woche später ist das Werk vollendet: Der Wallot-Bau hat sich in eine riesige, silbrig glänzende Plastik verwandelt, die weit in die Stadt hinein leuchtet. Zwei Wochen später endet die Kunstaktion mit einem Fest, das bis zum Beginn des Abbaus der Aktion in den frühen Morgenstunden dauert. Dazwischen liegt eine verblüffende Erfahrung, ein Erlebnis, das 5 Millionen Besucher in seinen Bann zieht, ein Ereignis der besonderen Art, das im Prozess der Hauptstadtwerdung und des Umbaus der Stadt einen ultimativen Höhepunkt setzt: das »Wunder von Berlin«[492].

Dass es zustande gekommen ist, hat selbst etwas von einem Wunder. Denn begonnen hat das Unternehmen mehr als zwanzig Jahre zuvor mit einer Postkarte, die Michael Cullen, ein in Berlin lebender Amerikaner, 1971 an Christo schrieb. Sie leitete eine mehr als zwei Jahrzehnte dauernde zähe Auseinandersetzung um die Zustimmung der Politik und vor allem des Bundestages ein. Die gewagte Idee passiert auf dem Weg zu ihrer Realisierung alle Kehren und Zäsuren der deutschen Politik, sie wird herangetragen an die Politikgrößen, die kommen und gehen, jene, die ablehnen, und jene, die sich mit der Zeit zur Zustimmung durchringen – Reiner Barzel zum Beispiel befürwortet die Verhüllung, als er Bundestagspräsident ist, muss aber zurücktreten. Helmut Kohl versichert, das Projekt werde nicht realisiert, solange er Kanzler bleibe. Der SPD-Vorsitzende Björn Engholm ist dafür, aber bald mit seiner Karriere am Ende. In der Bundestagspräsidentin Rita Süssmuth findet das Unternehmen eine Stütze, und der Regierende Bürgermeister Eberhard Diepgen freundet sich allmählich mit ihm an. Im Frühjahr 1994 erhält es eine überraschend deutliche Mehrheit im Bundestag. Doch Helmut Kohl und auch Wolfgang Schäuble bleiben Gegner der Verhüllung. Das Christo-Projekt geht durchaus umstritten in seine Realisierungsphase.

Umso staunenswerter ist sein Erfolg. Die Verhüllung löst eine Woge der Begeisterung aus, die alle Skeptiker verstummen lässt.

Zwei strahlende Sommerwochen lang umlagern Tausende den Reichstag, morgens und abends, tagsüber und in der Nacht – halb ist es ein großes Picknick, halb eine säkulare Andachtsstunde. Die Wirkung des verhüllten Gebäudes und des Heerlagers, das es umgibt, ist überwältigend und findet ihren Reflex in den Metaphern, mit denen der Reichstag belegt wird – »gefrorener Wasserfall«, »Monte Christo« und »Riesendiamant« gehören dazu. Die Verhüllung wird schon während der Dauer des Spektakels zur Legende. Sie beschert dem von sozialen Spannungen und Finanzsorgen strapazierten Berlin eine Stimmung von Friedfertigkeit, Heiterkeit und Mitfreude. Es ist das größte Ereignis seit dem Mauerfall und zieht abertausendfach Besuchern von überallher an. Die Wirkung dringt tief in das Bewusstsein der Stadt ein: »Zum ersten Male war Berlins Mitte wieder lebendig, sind die Übergänge zwischen Ost und West nicht mehr spürbar«, staunt die Journalistin Jutta Voigt und quittiert die Erfahrung – Ostberlinerin, die sie ist – mit einem Überschlag in den Sprachwitz, der den Namen des Künstlers und das Weihnachtsfest ironisch verkuppelt: »Christo ist erschienen, uns zu versühnen.«[493]

Hat Berlin »aus der Reichstagsverhüllung ein Fest gemacht, weil es ein Fest brauchte«, wie Monika Maron, die Berlinerin und Schriftstellerin glaubt?[494] Fest steht, dass die Stadt mit diesen zwei traumhaften Sommerwochen eine Auszeit von ihrer Überforderung durch Umzug und Umbau genommen hat. Aber außer Frage steht auch der Eindruck, dass sie danach eine veränderte Stadt ist. Die Verhüllung hat ihr eine Begegnung mit sich selbst verschafft, die sie von sich selbst nicht erwartet hätte – und die Bundesrepublik auch nicht. Eine gebeutelte Stadt hat die Leichtigkeit des Seins entdeckt. Sie erspürt einen Zustand, in dem Berlin als Hauptstadt angenommen ist. Sie wirft ihr Herz über die Mauern, die noch immer in den Köpfen und Gefühlen existieren. Tatsächlich absolviert die Stadt in der Transformationsphase, in der sie sich befindet, einen förmlichen Übergangsritus, eine Rite de Passage nach allen Regeln der anthropologischen Erkenntnis. Mit der Verhüllung verabschiedet sich der Reichstag endgültig von dem Erinnerungsposten und deutschen Mahnmal, das er über ein halbes Jahrhundert lang gewesen war. Danach beginnt sein Umbau zum parlamentarischen Mittelpunkt des künftigen Regierungsviertels. Als »Läuterung« erscheint die Verhüllung auch Sir Norman Foster, dem Architekten des Umbaus. Als er am Ende dieser zwei Wochen durchs Haus geht, ist es ihm, so bekennt er, »als streife das Gebäude die mit ihm verbundene Tragik ab und stimme sich auf den nächsten Abschnitt seiner Geschichte ein«.[495]

Doch die »Christo-und-Jeanne-Zeit« (Claus Heinrich Meyer) ist auch Teil einer Phase, in der der Prozess der Hauptstadtwerdung spürbar fortschreitet. Denn im Schatten der Verhüllung fallen Entscheidungen von großer Tragweite für das künftige Bild des Regierungsviertels. Zum Beispiel für das Holocaust-Mahnmal: Der Wettbewerb für das kühne Unternehmen, das den 6 Millionen ermordeten europäischen Juden einen Gedenkort mitten in der neuen Hauptstadt, im Zentrum des künftigen politischen Betriebs errichten soll, endet im April 1995. Er zieht nicht weniger als 528 Entwürfe an, endet mit zwei ersten Preisen – und stürzt die Bundesrepublik in eine hoch erregte Debatte. Sie entzündet sich vor allem an dem Siegerentwurf, der eine monumentale Platte vorschlägt – Kantenlänge jeweils über hundert Meter, auf der die Namen von 4,2 Millionen ermordeter Juden eingetragen werden sollen.

Die Kritik richtet sich vor allem auf die Dimensionen, aber öfter auch gegen den Entwurf selbst, der als »Grabplatte« apostrophiert und stigmatisiert wird. Würden mit ihr die Toten nicht in einer Weise geehrt, »die diese Ehrung diskreditiert«?[496] Droht ein »Monument des Selbstmisstrauens der Deutschen«?[497] Ist es »ein Betondeckel als Machtgeste«?[498] Gefordert wird ebenso der Verzicht auf das Denkmal wie auf neue Wettbewerbe. Bundeskanzler

Kohl und der Regierende Bürgermeister ziehen schließlich die Reißleine und legen ihr Veto ein. Da ist noch nicht absehbar, dass die abrupte Entscheidung das Mahnmal nicht nur gekippt, sondern auch ermöglicht hat – ohne sie gäbe es nicht das Stelenfeld des amerikanischen Architekten Peter Eisenmann, das seit 2000 ein nicht mehr wegzudenkender, durchweg akzeptierter Teil des Regierungsviertels ist.

Auch der Beschluss über das künftige Kanzleramt fällt in diesen Sommer. Wieder endet der Wettbewerb mit zwei Siegern – und auch hier kann man den Eindruck gewinnen, dass sich die Bedeutung des Vorhabens lähmend auf die Urteilsbildung der Jury gelegt hat. Denn das Kanzleramt ist der einzige herausragende Neubau im Regierungsviertel, und Helmut Kohl nimmt sich seiner besonders an, weil es »Gesicht und Gewicht der deutschen Hauptstadt«[499] präsentieren soll. Allerdings sind die preisgekrönten Entwürfe derart gegensätzlich, dass die Entscheidung zwischen ihnen eine gravierende Vorentscheidung über den künftigen Auftritt des Regierungsviertels bedeutet. Der eine Entwurf, eingereicht von dem Büro Schultes und Frank, ist eine architektonische Skulptur in Gestalt eines großen, fantastisch modellierten Kubus, ein Signal der Moderne. Der andere, dessen Urheber das junge Team Krüger-Schuberth-Vandreike ist, präsentiert ein säulenbewehrtes Riesenrechteck, ein Tribut an den preußischen Klassizismus. Es wirkt einen politischen Faden in die Entscheidung, dass Axel Schultes ein bekannter Westberliner Architekt ist, seine Kontrahenten jedoch Ostberliner sind. Ein rundes halbes Jahr müssen die Preisträger und die Öffentlichkeit auf eine Entscheidung warten. Getroffen wird sie an einem Nachmittag im Juni im Bonner Kanzleramt, in einer von Helmut Kohl ad hoc zusammengerufenen Runde von Architekten, Historikern und Journalisten. In einer längeren Diskussion erhebt sich keine Stimme für den Entwurf der jungen Ostdeutschen. Ohne sich diese Entscheidung ausdrücklich zu eigen zu machen, schließt Kohl sich dieser Meinungsbildung an: »Nach sechs Monaten des Zauderns und Zögerns«, so schreibt Heinrich Wefing, der Historiker dieser Entscheidung, vergibt Helmut Kohl den Auftrag für das Kanzleramt »gleichsam im Vorübergehen an Axel Schultes«.[500]

Der Sommer 1995 beschert den Berlinern eine weitere künstlerische Installation: Sie setzt die Stadt gleichsam auf eine Zeitschiene. Auf fünf Plätzen – Pariser Platz, Potsdamer Platz, Alexanderplatz, Spreeinsel und Spreebogen – hat die Hamburger Illustrierte »stern« Pavillons mit Panoramen errichtet: Akribische Zeichnungen des iranisch-deutschen Architekten Yasegar Asisi, die auf großen Leinwänden, je 50 Meter lang, bis zu 12 Meter hoch, das Bild der Stadt im Jahr 2005 entwerfen. Die Rotunden konfrontieren die kahlen Plätze, zerrissenen Straßenfronten und aufgerissenen Baustellen, auf denen sie stehen, mit dem Bild einer vollendeten Hauptstadt, einer heilen, heiteren Stadtlandschaft. Freilich ist es der Stand der Planungen und Erwartungen des Sommers 1995, den die Panoramen in die Zukunft projizieren. Und so zeigen sie ein Kanzleramt noch ohne das Pathos der großen Rundbögen, die später zu seinem Markenzeichen werden – sie entstehen erst bei der Überarbeitung des ersten Entwurfs –, den Alexanderplatz umstellt von einem halben Dutzend Hochhäuser, die es auch dreißig Jahre später noch nicht gibt, und das Staatsratsgebäude flankiert vom Stadtschloss, dessen Wiedererrichtung zu diesem Zeitpunkt noch nicht einmal beschlossen ist.

Ein Zeugnis der Situation der Stadt ist auch der Magazin-Bericht, mit dem der »stern« diese Momentaufnahme begleitet. Denn er versammelt in einer Kurzfassung die gängigen Urteile und Formeln der Stunde. »Berlin 1995« – so der Titel – gibt sich durchweg enttäuscht und verdrossen: Übellaunigkeit überall – die Investoren murren, »weil die vollmundigen Wachstumsprognosen nicht stimmten«, die Westberliner, »weil ihr Einkommen durch Wegfall der Berlinpräferenzen geschrumpft ist und ›alles Geld nach drüben geht‹«, die Ostberliner, »weil sie sich ihrer Identität bestohlen glauben«. Auch sonst erlaubt die Tonlage des Berichts kaum Lichtblicke: »Der Alex ist verödet, der Ku'damm totgesagt«, und nur die wachsende Galerieszene zwischen den Hackeschen Höfen, dem Trendsetter des neuen, schicken Berlins, und dem Tacheles, dem Lieblingsobjekt der Kunstenthusiasten, die es gern etwas wild und anarchisch haben wollen, kann das triste Bild etwas aufheitern. »Die Stadt, der Aufbruch und die Angst«, so, mit reichlich Tremolo, umschreibt die Schlagzeile die Situation. Und das Resümee des Chefredakteurs ist reine mitfühlende Besorgnis: »Verdient diese Stadt wirklich den provinziellen Kleinmut und die missmutige Skepsis«, so fragt er, »die ihr von uns allen, auch von den Berlinern, allzu oft, allzu ungeniert entgegengebracht wird?«[501]

KAPITEL VI

Aufbruch ins neue Berlin
Oder: Eine Stadt auf der Suche
nach sich selbst

> Heute nimmt sich Berlin wie ein riesiger Dampfer
> aus, der, mit vielen Kränen auf dem Oberdeck,
> auf eine Sandbank gelaufen ist und des Schleppers harrt,
> der ihn wieder ins Fahrwasser bringen soll.
>
> FRIEDRICH DIECKMANN[502]

Ein Fuß im Übermorgen, einer im Gestern

»Wer Berlin durchwandert, mag sich fühlen, als ginge er durch das Bühnenbild eines Stückes, das nach dramatischen Verwicklungen im ersten und zweiten Akt gerade für die Handlung nach der Pause umgebaut wird.«[503] Das eingängige Bild findet Christoph Stölzl, der Direktor des Deutschen Historischen Museums, im Juni 1996 für den Zustand der Stadt. Tatsächlich steht Berlin in diesem Jahr an einer Schwelle: Hinter sich hat es die Erfahrungen der Auseinandersetzung der Umzugsdebatte und der mühsamen Wiederaufstellung als vereinigte Stadt, vor sich eine Entwicklung, die noch immer voller Unwägbarkeiten ist. Die Ortsbestimmung trifft ziemlich genau zusammen mit einem runden Datum: Vor fünf Jahren hat der Bundestag beschlossen, dass Berlin wieder deutsche Hauptstadt werden soll. Der Regierende Bürgermeister feiert den Jahrestag, indem er seinen »ganzen Ärger über die Entwicklungen der Jahre 91, 92, 93« zur Seite schiebt und triumphierend feststellt, dass die Daten für den Umzug nun klar seien: »Der Umzug findet 1998/99 statt.«[504] Vorsichtshalber schreibt der Referent dem Regierenden Bürgermeister in die Vorlage zur obligaten Pressekonferenz: »Kein reiner Jubeltext!«[505] Noch immer fürchtet man Gegenwind aus Bonn.

Wo steht Berlin also im fünften Jahr nach der Wende? Ja, es gibt in den Zeitungen Hauptstadtsonderseiten und Beilagen, die mediale Resonanz wächst und das US-Magazin »Time« wird im Herbst unter dem Titel »Die Berliner Republik kommt« ein umfangreiches Special veröffentlichen, sogar zweisprachig. Doch wenn Bilanz gezogen wird, bleibt der Stand der Dinge in und um Berlin umwittert von Unsicherheiten. Etwa so: Der Umzug hat den *point of no return* erreicht, und das Ende der Wartezeit auf die Hauptstadt ist absehbar. Aus den symbolischen Spatenstichen, an die sich die Stadt noch vor drei, vier Jahren halten musste, sind Baustellen und bereits fertiggestellte Gebäude geworden. Die Aufmerksamkeit der Republik für die Stadt wird größer. Die Mauer, das Bauwerk, das die Stadt fast ein halbes Menschenalter gezeichnet hat, ist aus dem Stadtbild verschwunden.[506] Dagegen steht: Die wirtschaftliche Lage verschlechtert sich weiter, und die Zahl der Arbeitslosen erreicht für Berlin einen neuen Nachkriegshöchststand. Die Zahl der Pleiten hat sich in fünf Jahren verdreifacht. Die Klagen über die Vernachlässigung der Stadt, über die Belästigung durch Hundekot und über Graffiti werden zum Dauerthema. Die Kriminalität erreicht ein Rekordhoch. Und Anfang Mai stehen Berlin und Brandenburg vor einem politischen Scherbenhaufen: Die Fusion der beiden Länder, das wichtigste Zukunftsprojekt der Region, scheitert an den Brandenburgern, die nicht mit Berlin vereinigt werden wollen.

Das alles lässt deutlich werden: Berlin bleibt der Schauplatz eines komplizierten Prozesses, in dem die Perspektiven des Umbruchs von 1989 von der Realität hart in die Mangel genommen werden. Es steht für den zähen Kampf zwischen aufregenden Zukunftsbildern und einer störrischen Wirklichkeit, bei dem nicht einmal ausgemacht ist, ob die Vorstellungen von der künftigen Rolle die Stadt in ihrem Alltag beflügelt oder sie, im Gegenteil, behindert, weil sich dieser Alltag fortwährend vor ihnen blamiert. Es ist das Dilemma der Stadt, dass sie mit einem Fuß schon im Übermorgen steht, während der andere von der Vergangenheit festgehalten wird. Dabei muss sie sich doch vom Übermorgen her denken, um nicht ins Gestern zurückzufallen – und zugleich wird sie von dem Gefühl gelähmt, dass dieses Übermorgen noch immer zu groß und zu fern ist. Selbst im Spiegel der Prognosen über die Bevölkerungsentwicklung schwankt das Zukunftsbild der Stadt: Eine Bank rechnet für 2010 mit 3,16 Millionen künftigen Einwohnern, der Senat mit 3,62 und das Raumordnungsministerium mit 4,7 Millionen, was immerhin eine Amplitude der Prognosen von eineinhalb Millionen bedeutet.[507] Ja, doch, so heißt es in der »Süddeutschen Zeitung«, »etwas Großes ist im Entstehen, und keiner weiß genau, was«.[508]

Dazu kommt die Fortdauer der ost-westlichen Verwerfungen. Wie ein Schlaglicht fällt eine Probe davon am Jahreswechsel 1995/1996 in das wintergraue, von einer Kältewelle heimgesuchte Berlin. Der Krebs-Tod des Dramatikers Heiner Müller, ein düster-sarkastischer Guru, den viele an die Seite Brechts rücken, schlägt das kulturelle Berlin in seinen Bann: Schlagzeilen und Leitartikel in allen Zeitungen, Nachrufe und Erinnerungen in den Feuilletons, acht Tage lang Lesungen aus seinen Texten im Theater am Schiffbauerdamm, an dessen Fassade sein schwarz gefasster Namenszug prangt. Schließlich eine lange Nacht in der Volksbühne mit Whisky und Zigarren, den Insignien des Exzentrikers, eine bewegende Trauerzeremonie und dann ein langer Zug hinter dem Sarg zum Dorotheenstädtischen Friedhof. Am Grab stehen Theatergrößen und Politprominenz im Blitzlichtgewitter. Die Betroffenheit gilt einem bedeutenden Theatermann und erratischen Intellektuellen, der im wiedervereinten Berlin zum linken Hoffnungsträger wurde, zuerst als letzter Präsident der DDR-Akademie der Künste, dann als Intendant des Berliner Ensembles, wo er das in der Nachwendeära aus dem Ruder gelaufene Haus retten sollte. Ein erfolgreicher Dramatiker und Autor hermetischer, wortmächtiger Prosa, der künstlich-kunstvoll Bildung und Ideologie vermengt und sich lustvoll in Katastrophen, Gewalt und Zerstörung eingräbt. Zugleich ein unbeirrbarer Parteigänger des Sozialismus, unorthodox zwar, doch lebenslang durchdrungen vom Gewoge seiner Doktrinen und Utopien – zusammen mit dem Leiden an der deutschen Geschichte ein explosives Gemisch.

Zeigt das »Titanenbegräbnis« (Christoph Dieckmann) die Existenz eines Gegengefühls zum Mainstream des Wandels der Stadt und ihrer Vereinigung? Ist das Begräbnis eine Demonstration des Widerstrebens gegen die Invasion der Investoren und Geschäftsleute, die den Osten auf Westformat bringen? Die *DDR* hatte Heiner Müller übel mitgespielt, aber ihr Ende stürzte ihn in resignative, pathetisch-zerknirschte Verzweiflung und machte ihn zum Opfer einer Schreibhemmung, eines *writer's block*. In einem letzten, neunseitigen Gedicht, das er »Mommsens Block« nennt, offenbart er ein zerrissenes Inneres: wie er Geschäftsleuten in »der wieder bereinigten Hauptstadt Berlin« zuhört, »Helden der Neuzeit ... Lemuren des Kapitals, Wechsler und Händler«, während er doch selbst »gierig nach Futter für meinen Ekel am hier und heute« ist.[509] Ein Jahr vor seinem Tode hat er in einem Gedicht »Abschied von Berlin« genommen. Es ist eine Momentaufnahme der Stadt – versehen mit einem Datum: »14.12.1994« –, die man als eine Bilanz der Vereinigung lesen kann, wahrgenommen aus dem Blickwinkel eines Verlierers des historischen Prozesses: »Taub sind die Sieger, die Besiegten stumm / Ein fremder Blick auf eine fremde Stadt / Graugelb die Wolken ziehn am Fenster hin / Weißgrau die Tauben scheißen auf Berlin.«[510]

Das Gedicht dokumentiert auch die Zwiespältigkeit, mit der die Vereinigung von vielen empfunden und artikuliert wird, in der intellektuellen Szene und im Osten. Zumal in der Theaterszene des Ostteils der Stadt ist sie spürbar. Vor allem die Volksbühne, aber auch das Berliner Ensemble verstehen sich als Instanzen des Zeitgeistes. Die Volksbühne demonstriert das durch eigensinnig-exzessive Inszenierungen, die auf Schockeffekte setzen, einschließlich der extensiven Nutzung von Kartoffelsalat. Im Brecht-Theater kommen zum offensiven Stil auch noch heftige Auseinandersetzungen in und um die Führung des Hauses – der Regisseur Peter Zadek, der Revolutionär des Theaters der Bundesrepublik, verlässt das Haus, weil er das »faschistoide« Theater der Ex-DDR-Regisseure nicht mehr ertragen habe. »Volksbühne« und »Berliner Ensemble« sind Symptome, sie leiden – so schreibt der Theaterkritiker Rüdiger Schaper – »unter einem Zuviel an Realität, am Überdruck der Gegenwart«. Ihre eskapistische Art des Theaters sei »vielleicht die einzige Möglichkeit, in dieser Stadt des kulturellen Mahlstroms zu überleben«. Schaper sieht im Theater einen Spiegel des Zustands der Stadt. Das gesamte Berliner Theaterleben sei mit »jener Hässlichkeit geschlagen, die dem Erscheinungsbild der Stadt, ihren Ritualen, ihren Erinnerungen und Visionen entspricht. Umbruch, Zeitenwende, Vereinigungsprozess, Hauptstadtaufbau – dem Unvermeidlichen und Notwendigen eignet nichts Schönes und Gutes, aber doch viel Wahres. Berlin ist die Stadt der Disharmonie«. Und: »Die Ideologien haben sich aufgelöst. Aber die Verwirrung in den Köpfen, der Phantomschmerz, die Zukunftsangst und die Lust an der Katastrophe – all das ist real.« Dagegen wirke der Westen wie ausgesperrt von dieser neuen Realität.[511]

Während die Temperaturen weiter sinken, geht die längste und schwierigste Regierungsbildung seit Langem zu Ende; erst Ende Januar 1996, fast hundert Tage nach der Wahl im Oktober, tritt wieder eine Große Koalition von CDU und SPD ihr Amt an. Mit Widerstreben, aber das Wahlergebnis – CDU 37,4 Prozent, SPD 23,6, Gewinne für PDS und Grüne – lässt nichts anderes zu, wenn Berlin nicht in eine Phase der Instabilität rutschen soll. Doch für die geschlagene SPD grenzt die Verbindung mit der siegreichen CDU fast an eine Demütigung. Kaum im Sattel, sieht sich der Senat mit einer dramatischen Finanzsituation konfrontiert. Das zwingt ihn, den moderaten Haushaltskurs infrage zu stellen, den Berlin um des sozialen Friedens und des Gesamtberliner Ausgleichs willen bisher gefahren ist. Mit einem drastischen Sparkurs versucht die Stadt, dem Ernst der Situation zu begegnen – Personalabbau und Veräußerung von Landesvermögen sind nicht mehr tabu, die Gebühren für öffentliche Einrichtungen werden erhöht, die Zahl der Studienplätze drastisch gesenkt und der soziale Wohnungsbau halbiert. Immerhin: Eine 41-Stunden-Klausur Anfang März und die energische neue Finanzsenatorin Annette Fugmann-Heesing legen mit dem Nachtraghaushalt 1996 einen Eckstein für die Abkehr von der traditionellen, von Subventionen geprägten Berliner Haushaltspolitik. Allerdings wird sich bald herausstellen, dass der spektakuläre Schritt nicht das Ende bedeutet, sondern den Anfang eines quälenden Ringens mit der finanzielle Lage Berlins einleitet, das die kommenden Jahre überschattet.

Bis in den März hinein hält der Winter die Stadt im Griff. Die zugefrorenen Berliner Seen gleichen Bruegelschen Gemälden, es entstehen Engpässe bei der Brikettlieferung – noch immer gibt es laut Senat 282000 Wohnungen mit Kohlefeuerung[512] – und das »große Notsalzprogramm« bei der Straßenräumung, das vom Verkehrssenator ausdrücklich genehmigt werden muss. Doch der Umbau der Stadt ruht nicht. Die Baggerarbeiten für das provisorische Flussbett beginnen, in das die Spree umgeleitet wird, um dem Tunnelbau Platz zu machen. Auf Luftkissen wird der Kaisersaal des »Hotels Esplanade«, letztes Zeugnis der großen Zeit des Potsdamer Platzes, 70 Meter weit verschoben; er soll einerseits der Errichtung des Sony Centers Platz machen, einem futuristischen Gebäudeensemble, aber zugleich als Erinnerungsposten bewahrt werden. Mit dem Spatenstich für das Bundespräsidialamt wird der erste Neubau für die Hauptstadt in Angriff genommen. Schließlich verschafft die Einweihung des Kaufhauses Galeries Lafayette in der Friedrichstraße der Stadt einen populären Höhepunkt: Tausende drängen sich tagelang bei der Premiere des extravaganten Baus und sehen in ihm einen Vorboten urbanen Lebens. Zur gleichen Zeit geht allerdings im Strudel des neuen Berlins mit dem Molkereigeschäft Bolle auch ein Stück des alten unter, das durch seinen Erfolg selbst in den Schatz der Berliner Redensart eingegangen war. An dem früheren Meiereihof, an dem einst die stadtbekannten Molkereiwagen hielten, entsteht ein u-förmiger Glaspalast, der zum Wahrzeichen an der Spree und zum Sitz des Innenministeriums werden wird. Erst ein Osterfest, an dem die Temperaturen nach oben schießen und Straßen, Plätze und Wege von Menschen überquellen, eröffnet das Frühjahr. Ihm folgt ein »herrlich schön verkorkster Sommer«[513]: Wochen, in denen das auf Touren gekommene Lebensgefühl mit niedrigen Temperaturen, Regen und kühlen Nächten eine angenehme Legierung eingeht – Entspannungsphase einer zunehmend turbulenter, aufgeregter werdenden Stadt.

Bauen als großes Theater

Dabei drängt das Übermorgen mit Macht hinein in die Gegenwart der Stadt: Seit dem Frühjahr beginnt der Potsdamer Platz, den Rhythmus des Lebens der Stadt zu bestimmen, als Baustelle wie als Stimulanz des öffentlichen Bewusstseins. Das riesige braun-graue Feld in der Mitte der Stadt, an dessen Rändern die Silhouetten von Ost- und Weststadt verschwimmen – dreieinhalb Kilometer lang, knapp tausend Meter breit –, regt sich, bewegt sich, fängt an zu leben. Längst ist die Grundsteinlegung im November 1993 Geschichte. Die sogenannte Freimachung des

Baufeldes hat aus dem vier Jahrzehnte still gelegten Untergrund des Platzes die Reste einstigen städtischen Lebens geborgen – Weingläser, Kaffeetassen und Geschirr mit den zwei Buchstaben CJ, dem Signum des legendären »Café Josty«, dem Treffpunkt der Zwanziger- und Dreißigerjahre, aber auch Stahlhelme und eine halbe Stalin-Orgel.[514] Geboren und realisiert ist auch der geniale logistische Gedanke, alle Transporte und Abtransporte über eine Brücke am Landwehrkanal zu leiten, am innerstädtischen Verkehr vorbei – über die gesamte Bauzeit bleibt die Verbindungsstraße zwischen Westen und Osten, einst die Reichs- und Fernstraße Nr. 1, gut passierbar.

Man kann sich auch schon ein Bild von dem machen, was da entsteht. Seit Oktober 1995 ragt am Rande des Platzes die Info-box auf, eine große rote Stahlkiste, die zum Auge der Öffentlichkeit wird, Aussichtsplattform und Informationsstation zugleich. Direkt über der früheren Grenzzone errichtet, gibt das Raumschiff atemberaubende Blicke auf die Baustelle frei und versucht im Innern, mit Schrift- und Bildtafeln, Videoprojektionen und Modellbauten die Zukunft in die Gegenwart zu holen. Eben noch stahlen »die Karnickel den Kränen die Schau«[515], gastierte auf dem Platz ein Zirkus und Bungee-Springer fielen vom Himmel. Nun spiegelt sich ein blasser Frühjahrshimmel in den ersten Grundwasserseen, die aus dem matschigen Boden heraustreten. Baufahrzeuge dröhnen über die aufgewühlte Brachfläche und legen ihre Pfade durch das Chaos von Baumaterial, Maschinen und Containern. Gewaltige Baugruben öffnen sich, Kräne recken sich, Bagger wühlen sich in die Erde. »Hier regiert der Schlamm«[516] ist die Titelgeschichte des »Spiegel« über den aus seinem Schlaf erweckten Potsdamer Platz überschrieben. Eine bautechnische Bestandsaufnahme: Denn alle Bauten müssen dem Urstromtal abgerungen werden, in dem Berlin steht, müssen in den nassen Schwemmsand hineingegründet und aufwendig gegen den Druck des Grundwassers verteidigt werden, das in weit ausholende

Röhrensystemen abgeleitet wird. Die Bautaucher aber, die unter Wasser Fundamente legen, werden zu den Heroen der Baustelle, und auf den Seen kreuzen, großen Wasserinsekten gleich, die Schwimmbagger.

Mitten in der Stadt gibt sich derart der Fortschritt »die Gestalt einer ruppigen, chaotischen Gegenwart, gleich weit entfernt von den Mythen des untergegangenen Potsdamer Platzes wie von den Visionen seiner neuerlichen Besiedlung«[517]. Das Unternehmen, das Millionen Tonnen Erde und Ströme von Beton bewegt, wird zu einer Megamaschine, die dröhnt und hämmert, rattert und stampft, tagaus, tagein und nachts mit ihren »ungezählten Lichtern, den Schattenrissen der Kräne und den dunkel aufragenden Rohbauten einer Raffinerie, einer Bohrinsel oder irgendeinem anderen, niemals stillstehenden Industriekomplex«[518] gleicht. Der Platz wird zu einem großen Tagebau, besetzt von Containern, in denen Arbeiter aus aller Herren Länder hausen. Die einzige Orientierungsmarke in dieser Mondlandschaft ist das »Weinhaus Huth«, ein charaktervolles Zeugnis der Jahrhundertwende, das Kriegs- und Nachkriegszeit überstanden hat. Nun ist es eine Erinnerung daran, dass hier einmal Stadt war. Nach nur einem halben Jahr kann die Infobox bereits den millionsten Besucher begrüßen, nach neun Monaten den zweimillionsten – mehr, wie die PR-Berater herausstreichen, als alle Museen der Stadt zusammen.[519]

Binnen weniger Monate wächst der Potsdamer Platz heran zur größten Baustelle Europas – und ist bald das Sinnbild der Errichtung des neuen Berlins. Seine Bildersprache wird zum Inbegriff der Transformation der Stadt – der dichte Wald der Kräne, das Gitterwerk der Eisenverflechtungen, die stumpf aus dem Boden herauswachsenden Betonklötze, ungefüge Rohlinge der Gebäude, die hier entstehen. Im Wechsel der Tages- und Jahreszeiten, von Morgenlicht und Dämmerung, von Sommerglast und Winterschnee verändert die Baustelle ihr Gesicht. Sie wird zur Metapher des Aufbruchs der Stadt, der sich hier als dramatisches Spektakel gibt – Bauen als großes Theater. Blickt man darauf aus der Totale der Geschichte, so steht der Potsdamer Platz für »die sichtbare Seite der gewaltigen Veränderungen nach dem 9. November 1989«; für die Stadt spielt er die Rolle eines Katalysators »für die Gemengelage aus Befremden angesichts der architektonischen Zusammenballung und den Stolz, dass dies nach Jahren der Agonie wieder möglich wurde«.[520]

Um die Welt zum Zeugen dieses Schauspiels zu machen, nimmt seit September 1995 täglich eine automatische Panoramakamera den Platz auf und versendet ihre Bilder per Internet weltweit. Demgegenüber werden aus der Nahsicht der Cafeteria der Staatsbibliothek, die hart an die Baustelle grenzt, die Fortschritte der Baustelle zum Taktgeber des eigenen Erlebens. »Es ist noch gar nicht lange her«, so protokolliert der Historiker Karl Schlögel seine Zeugenschaft, »da liefen die Geometer noch durch die Wüstenei am Mauerstreifen. Dann kamen die Archäologen. Dann die Tiefbauingenieure. Wir können die einzelnen Zeitschichten schon nicht mehr recht auseinanderhalten: Wann war es, als die Taucher herabstiegen, und wann war es, als man von der Brücke hinabblicken konnte in den Canyon, der jetzt schon wieder zugeschüttet ist und in dem schon demnächst Züge rollen werden. Jeder konnte seine Studien in Ungleichzeitigkeit treiben. Die Stockwerke des Debis Tower wuchsen rascher als die Folge der Kapitel zum neuen Buch. Eine Dissertation brauchte nicht mehr Zeit als die Errichtung eines unterirdischen Bahnhofs.«[521] Am eigenen Leibe erlebte, erlebbare Geschichte: »Das Ambiente, in dem sich die Biografie mehrerer Generationen angesiedelt hatte, ist weg. Es geschieht in einem halben Jahrzehnt, wozu man sich unter entspannteren Verhältnissen ein paar Jahrzehnte Zeit genommen hätte.«[522]

Je weiter die Bauarbeiten fortschreiten, desto mehr bekommt der Platz Züge eines Titanenwerks. So jedenfalls sieht es der Autor Cees Nooteboom. Die Zahl der Bauarbeiter ist auf

4000 angewachsen, da glaubt er sich – eben hat er den S-Bahn-hof Potsdamer Platz verlassen, es ist Ende 1997 – übergangs-los »inmitten eines Pandämoniums«: »Tief unter mir werkelten Schwärme von Arbeitern an den Fundamenten für den Turm von Babel oder, weiß der Himmel, für einen riesigen Tunnel nach Moskau, hier war anscheinend alles möglich.« Das sprachkräf-tige Pathos des niederländischen Autors begreift die Baustelle als eine tumultuöse Collage von Bildern und Geräuschen, ein »Ge-wirr der gelben und weißen Helme«, unter sich eine Grube, in der Betongeflechte verlegt werden, über sich einen Wald von »lichter-schwenkenden Kränen«. Das Ganze erwecke den Eindruck, als »sei eine riesige Stadt im Begriff, sich aus der Erde zu erheben, oder als wolle diese Stadt ganz einfach sein und bahne sich mit Naturgewalt einen Weg, und gleichzeitig verspürte ich so etwas wie Euphorie ob des Geschehens an sich und auch, ich gebe es zu, so etwas wie einen Schauder ob der Implikationen, der Macht, die hier sichtbar wurde«. Technik und Ingenieurskunst rücken in der Rolle eines Demiurgen: »Hier wurde mit der donnernden Gewalt einer Ramme eine Seite umgeblättert, hier wurden nicht weniger als drei Vergangenheiten zugleich verschüttet, in dieser Zauber-landschaft orgiastischer Arbeit wurde die Geschichte unterge-graben wie ein Maulwurf, eine Million Bilder pro Sekunde, Stra-ßenbahnen, Moden, Armeen, Bunker, Sperren, Mauern, Vopos, alles verschwand unter den Fundamenten der Tempel der neuen Mächte.«[523]

Bauen als großes Theater: Auch in der Weise, dass der Pots-damer Platz eine Hauptbühne für die Karriere ist, die das Bauen zum »Event« macht. Zwar wird in Berlin mittlerweile jede Grundsteinlegung und jedes Richtfest mit Büfetts, VIP-Zelten und aufwendigen Dokumentationen begangen. Doch nun wer-den Baugruben und Baustellen selbst zu Sehenswürdigkeiten, die Besucher aus aller Welt anziehen, und die »Stadt der 1200 Kräne« – so die gegriffene Schätzung für ganz Berlin – wird zum touristischen Anziehungspunkt. Einfallsreiche Köpfe haben den Finger im Wehen des Zeitgeistes, der auf die Virtualisierung der Wirklichkeit gerichtet ist, und erfinden zum *technical engineering*, der raffinierten Projektsteuerung, das *political engineering*, die Inszenierung des Bauens als öffentliches Geschehen.[524] Seither wird das Baugeschehen begleitet von Bauzaungalerien, Kunstaktionen, Konzerten und Illuminationen. Es wird zum Filmstoff, wo es dann – verfilmt von Wolfgang Becker und Tom Tykwer – originellerweise »Das Leben ist eine Baustelle« heißt.[525]

Die Arbeiten verändern das Profil des Potsdamer Platzes. Es entspricht der Absicht, »aus dem Baugeschehen ein kulturelles Ereignis«[526] zu machen, und zwar im großen Maßstab; es passt dazu, dass der bisherige Stadtentwicklungssenator Hassemer an die Spitze von »Partner für Berlin« wechselt, dem PR-Unternehmen für ein neues Berlin-Bewusstsein. Die Idee wird zum kommunikativen Erfolg. Ein erster »Baustellensommer« findet 1995 noch in Zelten statt. In den folgenden Sommern wird die »Schaustelle Berlin« zum anspruchsvollen Festival, für das immerhin pro Jahr zwei Millionen D-Mark aufgewendet werden Sie bietet ein umfangreiches Programm – Führungen, Konzerte, Opern, Straßenfeste, Auftritte von Künstlern und Gauklern. Das Unternehmen erreicht seine Höhepunkte mit dem Installationskünstler Gerhard März, der im August 1996 elf Kräne mit Leuchtstoffröhren ausstattet, die sie in der Nacht zu Lichtskulpturen machen, und als der erste Rohbau, das Debis-Hochhaus, im Oktober Richtfest feiert, ist sich Daniel Barenboim, der Generalmusikdirektor der Staatsoper und eine große Gestalt des internationalen Musikbetriebs, nicht zu fein, mit zwei Fähnchen ein »Ballett der Kräne« zu dirigieren: Ein guter Teil der dreißig Kräne dreht und schwenkt sich zu Beethoven-Musik. Der Erfolg der Aktion ist beträchtlich, vor allem bei den Berlinern selbst. Von einer »Hochburg der Erlebnisgesellschaft«[527] wird der Architekturkritiker Michael Mönninger sprechen, als der Platz fertiggestellt ist.

Die Besucherzahl geht in die Tausende, und die Haltung gegenüber den Baustellen, ursprünglich eher kritisch, wendet sich zum Positiven: Das Baugeschehen wird im Bewusstsein der Stadt zu einer treibenden Kraft ihrer Wiederherstellung.

Indessen wird am Potsdamer Platz auch eine andere Seite der Erneuerung der Stadt evident. Was in Berlin geschieht, ist ja nicht nur die gewaltige Reparatur einer mehr oder minder intakten Stadt oder ein urbanes Großunternehmen wie die Docklands in London oder La Defense in Paris. Es ist nichts Geringeres als die Begründung einer neuen Stadt, einer Stadt in der Stadt, im Falle des Potsdamer Platzes an ihrer prekärsten Stelle. In einer von der Weltgeschichte über bald ein halbes Jahrhundert offen gehaltenen, monströsen Lücke entsteht ein urbaner Komplex, der weder mit dem Westen noch dem Osten Berlins etwas zu tun hat. Der Publizist Heinrich Wefing greift dieses Dilemma auf, indem er den Potsdamer Platz als »das Zentrum der modernen Berliner Binnenkolonisation« definiert, als ein »Kunststück Stadt«, das der vorhandenen Stadt eingefügt wird.[528] Das nimmt Bezug auf den Kunstschriftsteller Karl Scheffler, der Berlin als eine »Kolonialstadt« begriff und beschrieb, die »pionierend« im märkischen Sand errichtet worden sei; das Buch, in dem er diese These aufstellte, »Berlin. Ein Stadtschicksal«, erschienen 1910, liefert mit seinem abschließenden Diktum, Berlin sei verdammt, »immerfort zu werden und niemals zu sein«, der Diskussion über das Wiedererstehen der Stadt ein endlos zitiertes Motiv.[529]

Tatsächlich ist der Potsdamer Platz ein Fremdkörper in der Stadt, und das gewaltige Beton- und Glas-Massiv wirft die Frage auf, ob es von ihr angenommen oder abgestoßen wird. Die Infobox, so Wefing, hat auch die Absicht, die Berliner für den Platz zu gewinnen, der vierzig Jahre aus ihrem Bewusstsein verschwunden war. Man kann sagen, sie wehre mit ihrer ganzen Überredungskraft der Gefahr, »dass der städtische Organismus jenen Konjunkturschrittmacher abstößt, der ihm an offenen Herzen implantiert wird«[530]. Und ist es nicht auch ein Tribut an dieses Problem der Einfügung des Platzes in die Stadt, dass etliche der Schluchten in dem Betongebirge des Platzes biedermeierlich Gassen genannt werden und überhaupt bei der Benennung von Plätzen und Straßen kräftig auf die Namen von bedeutenden Berliner Köpfen zurückgegriffen wird? Da gibt es den Marlene-Dietrich-Platz und den Tilla-Durieux-Platz, die Brüder-Grimm-Gasse und die Eichendorff-Gasse, und ein kahler Platz, der zu keiner Wanderung einlädt, trägt den Namen Fontanes. Wenigstens spurenhaft durchsetzen sie die kühle Architektur der Gegenwart mit einer Ahnung jener Vergangenheit, in der der Potsdamer Platz Innenstadt und ein dichter städtischer Lebensraum war. Und tatsächlich ist es eine eigentümlich bewegende Erkenntnis, dass sie alle einmal hier wohnten – rund eineinhalb Jahrhundert und einen Weltuntergang zurück: die Brüder Grimm, der Dichter Joseph von Eichendorff, der Politiker und Lebemann Ferdinand Lassalle, und am westlichen Ende, in der Potsdamer Straße, der Schriftsteller und Kritiker Theodor Fontane.

Die Rückkehr der Mitte

Der Potsdamer Platz ist aber auch der strategische Punkt des Um- und Aufbaus der Stadt. Hier findet das große Unternehmen seinen praktischen und seinen imaginativen Schwerpunkt. An dieser Stelle werden »die großen Schlachten um die Art und Weise des Berliner Zentrumsumbaus erstmals und stellvertretend … geschlagen«[531], lautet die Analyse des Stadtsoziologen Harald Bodenschatz. Die Untersuchung, die zu diesem etwas martialischen Schluss kommt, trägt denn auch den Titel: »Berlin. Auf der Suche nach dem verlorenen Zentrum«. Denn hinter ihrem Wiederaufbau steht ja die Frage, wie die Stadt erneut eine Struktur und eine Gestalt bekommen kann, die ihr Identität und ein positiv konturiertes Selbstbild verschaffen. Wie können ihre Proportionen und Koordinaten, gebrochen und ausgekugelt, wie sie nach vier Jahrzehnten Teilung sind, wieder eingerenkt werden? Wie kann die zerschlagene Stadtgestalt wieder einen Flucht- und Haltepunkt gewinnen? Die Frage nach der Mitte der Stadt ist das suggestive Leitthema, der unentwegte, sehnsüchtige Oberton der Wiederherstellung Berlins.

Es ist nicht zuletzt der Zustand des Stadtraums zwischen Pariser Platz und Spreeinsel, zwischen Potsdamer Platz und Lustgarten, der diese Frage nachgerade herausschreit. Die Zerstörung der Innenstadt im Krieg, später das rabiate Abtragen vieler Gebäude, in denen noch etwas von der alten Stadt spürbar war, schließlich ihr sozialistischer Neuaufbau mit seinen Durchgangsstraßen und Plattenbaureihen haben mitten in Berlin gleichsam ein »Anti-Zentrum« (Klaus Hartung) entstehen lassen. Kaum dass Berlin den Hauptstadtzuschlag erhalten hat, werfen Politiker und Historiker die Frage auf: »Wohin mit der Mitte?« Gewiss zielt die Tagung im Zeughaus Unter den Linden, die unter diesem Titel steht, in erster Linie darauf, wie Regierung und Parlament, Verwaltung, Wirtschaft und Kultur in die Stadt eingefügt werden können.[532] Aber immer schwingt dabei das Problem mit, wie aus »Mitte« – wie der Stadtbezirk in der Mitte der Stadt lapidar heißt – eine wirkliche, auf die Stadt wirkende Mitte entstehen kann. Die ausgedehnte, ausgedünnte und lethargische Zone mitten in der Stadt bleibt der Gegenstand einer kollektiven Klage: Wie kann die zerstörte und geschundene Stadt überhaupt wieder eine städtische Gestalt gewinnen?

Dabei ist mit Händen zu greifen, wie sehr alles darauf drängt, dieser zentralen Zone der Stadt wieder ein städtebauliches Profil zu geben. Denn die Stadt von morgen beginnt unübersehbar im alten Ostteil Berlins zu erwachen. Im Mittelteil der Friedrichstraße gehen die ersten Lichter an, die Konturen des Potsdamer Platzes zeichnen sich ab, und als fatamorganahaftes Realitätsversprechen prägen die Pläne für Reichstagsumbau und Regierungsviertel schon das Stadtbild mit. Nur dort, wo einst das Schloss inmitten einer dichten Bebauung stand, herrscht Öde, dreht sich mal ein Zirkus, vegetieren Buden vor sich hin, parken Autos, flankiert von der toten Fassade des Palastes der Republik. Es verbleibt – wie Joseph Paul Kleihues, die graue Eminenz des Stadtumbaus, postuliert – »die Mitte Berlins, das Herz der Stadt, das nach Beantwortung der städtebaulichen und architektonischen Zielsetzung verlangt«.[533] Denn auch die politischen und kulturellen Schwerpunkte der Stadt, ihrer Perspektiven und Orientierungsmuster verschieben sich. Es sind ja nicht nur die Regierungsspitze und die Senatskanzlei, dazu das Abgeordnetenhaus und ein halbes Dutzend Senatsverwaltungen, mit denen die Stadt vom Westen nach dem Osten gezogen ist. Ihr ganzes Koordinatennetz ist dabei, sich im Gefühl ihrer Bewohner und im Blick der Öffentlichkeit zu verlagern.

Der Schock der Schließung des Schiller-Theaters 1993 hat davon abgelenkt, was die einschneidendste Veränderung der Theaterszene im Zuge der Vereinigung der Stadt ist, nämlich die Verlagerung ihrer Brennpunkte – mit Deutschem Theater, Berliner Ensemble und Volksbühne – in den Ostteil der Stadt. Die Staatsoper Unter den Linden tritt aus dem Ostschatten heraus und wird zum kulturellen Paradepferd – vor allem seit zu Beginn der Neunzigerjahre der Glücksfall eingetreten ist, dass sich mit Daniel Barenboim ein internationaler Star dafür gewinnen ließ, dem Haus seinen Glanz zu verleihen. Die Wiedervereinigung der Museen befreit die Häuser im Ostteil der Stadt, vor allem die Museumsinsel, aus der Enge ihrer DDR-Verhältnisse und hebt sie sozusagen ins Freie eines zweiten Lebens, in dem sie in der Tat »der Insel entwachsen«[534]. Die Wanderung der kulturellen Potenzen aktiviert die traditionelle Verteilung der kulturellen Institutionen im Berlin von Kaiserzeit und Republik. Doch in ihr zeigen sich auch die Lebensgeister, die die Vereinigung der Stadt geweckt hat, erst recht in dem hektischen Aufblühen der alternativen Szene, für die der Osten Berlins den fruchtbaren Boden abgibt. Auf komplizierte Weise vermischen sich in den DDR-Institutionen Vereinigungseuphorie, Überwältigung durch den Westen und ihr Überlebensbedürfnis. Der Westen hilft dem östlichen Kulturbetrieb auf die Beine und übernimmt zugleich das Kommando. Er bringt beträchtliche Fördermitteln mit – und ein Westberliner Publikum, das bald den Hauptteil der Zuschauer stellt, während der Osten zäh und trotzig seine kulturelle Eigenständigkeit verteidigt.

Diese Transformation fällt nicht zuletzt dem Blick von außen auf – und vielleicht sogar zuerst, weil auswärtige Beobachter nicht in den Kleinkrieg um Personen und Finanzen verstrickt sind, der diesen Prozess begleitet. Staunend und vierspaltig registriert zum Beispiel Mitte 1995 die »New York Times«, dass sich das kulturelle Zentrum von Berlin ostwärts verlagert, zurück dahin, wo es sich in den glorreichen Zeiten der Stadt befunden hatte. Die interessantesten Theaterereignisse, so der Korrespondent des Blattes, erschafften die Volksbühne, das Deutsche Theater und das Berliner Ensemble, viele Kunstliebhaber zögen die neuen Galerien in Mitte denen in Charlottenburg vor, die Staatsoper spiele ständig vor ausverkauftem Haus, und auch die alternative Szene sei von Kreuzberg nach dem Prenzlauer Berg gezogen; dagegen sei der Westen langweilig geworden.[535] Und ein junger französischer Kulturgeograf, der 1995 nach Berlin kommt, um das kulturelle Leben der Stadt zu erforschen, stellt mit einer Beobachtungsweise, die er »geografisches Empfinden« nennt, frappierende Akzentverschiebungen im kulturellen Leben der Stadt fest. Indem er die Räume und Orte, Theater, Kabaretts, Kulturzentren und Stätten der alternativen Kultur grafisch auf dem Berliner Stadtplan markiert, zeigt sich im Osten eine dichte Zusammenballung von Kulturstandorten, alten und neuen, während der Westen deutlich abfällt. Ein gutes Drittel der freien Kultureinrichtungen wurde übrigens nach 1990 gegründet, die Mehrzahl in Mitte und Prenzlauer Berg.[536]

Nicht zuletzt zeigt sich die Rückkehr der Mitte in dem heftigen Leben, das in ihre alten Quartiere fährt und nirgendwo so exemplarisch ist wie in der sogenannten Spandauer Vorstadt. Dieses Stück des alten Berlins, eng und verwinkelt, gleich hinter dem Alexanderplatz gelegen, wird zum Pilotprojekt. Einst war es ein Quartier der kleinen Leute, Gewerbe und Wohnen in enger Verbindung, nicht frei von verrufenen Ecken und bis zum Dritten Reich im sogenannten Scheunenviertel jüdisch geprägt. In der Spätzeit der DDR wurde es ein Großauftritt bröckelnder Fassaden, verrotteter Mauern, ruinierter Stadt – der ideale Ort für die bittere Menetekelschrift, die sich an der Fassade eines verfallenden Hauses findet und für die halbe DDR vor der Wende gilt: »Was der Krieg verschonte, überlebt im Sozialismus nicht.« Die Wende kommt gerade noch rechtzeitig, um die geplanten Abrisse zu verhindern – verstreute Plattenbauten zeigen, wo die Zukunft des Viertels sonst gelegen hätte. Eine stürmische Mutation setzt ein. Zu ihr gehören die Aufbruchzeiten der Szenekultur in der Stunde null der Wendezeit, inzwischen längst zum Mythos geworden, aber auch die 25-Millionen-D-Mark-Spritze, die der Bausenator bereits im Februar 1990 kurzfristig bereitstellt. Den Mittelpunkt bildet ein halb zerstörtes Kaufhaus unter dem Namen »Tacheles« – immer vom Abriss bedroht, immer mit Renommiergehabe für sein Überleben als anarchisch-künstlerischer Freiraum kämpfend. Im Umfeld Dutzende, oft kurzlebige Galerien und Theater, Kneipen und Klubs.

Die Wiederherstellung der Spandauer Vorstadt ist in Wahrheit eine Wiedergeburt, eine Rettung; sie ist der Paradefall der Stadterneuerung, die einen wichtigen Anteil an dem Bild der Oststadt hat. Die Stationen dieser eminenten Anstrengung tragen bürokratische Namen: »Erhaltungssatzung«, erlassen 1990, »Programm städtebaulicher Denkmalschutz« 1992, von 1993 an ist die

Spandauer Vorstadt »Sanierungsgebiet«, eines von 22, die im Rahmen eines »Ersten Gesamtberliner Stadterneuerungsprogramms« geschaffen werden. Der Erfolg ist staunenswert, zumal 96,3 Prozent der Gebäude restitutionsbehaftet sind, also im Zweifelsfall Objekte odysseehafter Sagas, die von verwickelten Eigentumsverhältnissen handeln. Einst-und-jetzt-Bilder zeigen verfallene Gemäuer, die zu properen Wohn- und Geschäftshäusern geworden sind – oft ist nur noch am Fassadenrhythmus der Fenster und Simse zu erkennen, dass es sich um das gleiche Haus handelt. Wo öde Hinterhöfe Verfall signalisierten, entstehen in Gestalt attraktiver Hofanlagen neue städtische Innenräume. Aus dem tödlich erschöpften Quartier wird ein Musterbuch der Stadterneuerung: Aufgefrischte Substanz, einfühlsame Umbauten, Neubauten, die sich in das Bild des Viertels einfügen – man kann es der Bezirksverwaltung nicht verargen, wenn sie der Spandauer Vorstadt das Etikett »von der Raupe zum Schmetterling«[537] verleiht. Als sie fertig wird, gilt sie als beispielhaft und heimst bei einschlägigen Wettbewerben Goldplaketten ein, verliehen für die Entwicklung »zu einem Gebiet mit unverwechselbarem Charme, lebendiger Nutzungsmischung und überzeugender denkmalpflegerischer Sanierung«.[538]

Zum Star des Viertels und zum Höhepunkt dieser Entwicklung werden die Hackeschen Höfe. Die größte geschlossene Hofanlage in Deutschland, der der Architekt August Endell 1906 mit seinen berühmten Jugendstildekorationen das Gesicht gab, ist im Sommer 1989 »ein schmuddliger Durchgang mit Gewerbestätten, die weniger unter Auftrags- als unter chronischem Materialmangel leiden«.[539] Sechs Jahre später, nach einer aufwendigen Erneuerung, zieht ihre Eröffnung um die zehntausend Gäste an. Da sind die Höfe allerdings noch immer eine Großbaustelle mit Holzplanken, Absperrungen und Pfützen, die still und verödet in der Sommernacht liegt, während sich mit den noch nicht fertiggestellten Wohnquartieren »die DDR als Vergangenheit in die

Gegenwart stülpt«[540]. Aber es ist die Gegenwart des heraufdämmernden neuen Berlins. Das große Sanierungsunternehmen wird als Ereignis wahrgenommen, das Maßstäbe setzt und ein Signal darstellt. Es rückt in alle Reiseführer ein und wird in seiner Mischung aus Sehenswürdigkeit, Unterhaltung und Kommerz, mit Cafés, Bars und Designerläden, dem Kabarett »Chamäleon« und den Wohnungen, von denen der Höfesanierer Roland Ernst selbst eine bezieht, zum Anziehungspunkt. Es steht für ein bauliches und ein gesellschaftliches Ereignis, das dem ächzenden Berlin die Rückkehr der Stadt verspricht.

Das Zentrum wandert nach Osten

Berlin gewinnt seine Mitte wieder, könnte man sagen, sagen auch viele, es ist eine der stimulierenden Losungen, die über der Stadt wehen. Doch der unbezweifelbare Fortschritt hat seine Kehrseiten. »Eine wilde Variante der Wende fuhr durch meinen Kiez«, schreibt die Journalistin Regine Sylvester, die in Mitte wohnt. Sie protokolliert die strapaziöse Umwälzung ihrer Umgebung: »Momentan gleichzeitig 1400 Baustellen. Jeder geht mit Sand im Schuh. Der Aufschwung Ost liegt in Baugruben, er wickelt sich in blauen Folien um Häuser, er ächzt auf Schuttrutschen, er steht als Staubwand vor Augen.« Und er hat die alte soziale Struktur des Viertels umgebrochen: »Die kleinen Krauter haben dichtgemacht, die alten Leute ziehen weg ... aus der Post wurde ein Fitnesscenter, aus dem Schuster ein exzentrischer Modesalon, aus dem Lebensmittelladen ein Schuhgeschäft. Aus dem Kindergarten wurde ein Spielsalon, in dem muskulöse Männer ihre Kampfhunde festhalten. Aus Kohlenkellern wachsen laute Kneipen für die internationale Jugend.«[541] Tatsächlich wirkt die Mitte keineswegs als verstärkender Resonanzboden der Vereinigung der Stadt und der Verklammerung von Westen und Osten. Die Wiederinbesitznahme der Mitte durch die Stadt wird vielmehr von vielen als eine Art Enteignung, ja, als Vertreibung empfunden.

Die Mitte erscheint nicht nur als Ort des Zukunftswillens, als die Vorhut des künftigen Berlins, die sie realiter ist, sondern auch als Ort des Zweifels, der Zerstrittenheit, ja der Zerrissenheit. Auch die Vorbehalte gegenüber der neuen Architektur, dieser Flotte von Glas- und Sandsteinkästen, die in der Stadt gelandet ist, sind das Deckblatt eines tieferen Unbehagens. Die Mitte implantiert der Stadt Fremdheit, wo Annäherung sein soll. Das Scharnier, das diese Zone zwischen den beiden Teilen der Stadt sein soll, greift nicht, sondern sperrt, ja, es setzt der Vereinigung – so hat man den Eindruck – Widerstand entgegen. Gerade an der Mitte, die die Vorhut der künftigen Stadt sein soll, lagert sich massiv jenes schwer zu entziffernde Gemisch von Enttäuschung und Zwiespältigkeit an, das dem deutschen Einheitsprozess im Laufe der Zeit insgesamt zugewachsen ist. Besonders in Berlin: Gehört wirklich zusammen, was hier zusammenwächst? Gelingt es, den Stadtraum vom Potsdamer Platz bis zum Alexanderplatz über den historischen und touristischen Auslauf hinaus als Mitte der Stadt zu gewinnen und etablieren? Bedeutet es doch nichts Geringeres als die Zumutung, ein Stück weit aus den erprobten und gewohnten Bezugsräumen auszuziehen, eine partielle Aufgabe der seit Jahrzehnten gewonnenen Identität, im Westen wie im Osten. Es ist der Preis der Vereinigung, genauer noch: Es ist die Vereinigung.

Der Stadtsoziologe Hartmut Häußermann findet, Zeitpunkt Ende 1995, noch immer zwei Städte in Berlin. Zur Illustration dieses Befundes greift er hinein ins volle (Berliner) Menschenleben, in der Wissenschaftsterminologie: nach dem kulturellen Habitus der Stadt: »›Der Osten‹ ist eine goldkettchenfreie Zone. Man trägt hier gediegene Konfektionsware oder gleich ganz grelle Farben. Beim Wein werden die süßlichen Varianten bevorzugt, den man noch flaschenweise aus der ›Verlaufsstelle‹ nach Hause trägt.

Hier fährt man nicht BMW, nicht Mercedes, und nicht Porsche. Wenn ein Geländewagen mit einem Fahrer im Seidenhemd und mit grauen Schläfen auf dem Gehweg parkt, dann stammt er mit Sicherheit aus dem Westen. Im Osten fährt man VW, Ford und Opel, das aber möglichst schnell, stur und rechthaberisch – dabei zumindest gibt es keine Unterschiede mehr zwischen Ost- und Westberlinern … Zigarettenmarken wie ›Club‹, F6 oder Cabinet wird man in keinem Westberliner Automaten finden, und ›West light‹ gibt's im Osten nicht mal in jedem Zigarettenladen. Ein Konzert der Pudhys wäre im Westen ein totaler Flop, im Osten füllt diese Gruppe die Säle. Und wenn die Besucher des Fried-richstadt-Palastes nach der Vorstellung zum Bahnhof Friedrich-straße gehen, besteigen fast alle die S-Bahn in Richtung Osten.«[542] Der knappe Ost-West-Abriss ist kräftig durchwirkt von Vorur-teilen und Stereotypen, aber auch von offenkundigen Wahrheiten.

Aber auch jenseits solcher ost-westlicher Alfresco-Soziologie ist Berlin ein von Furchen und Gräben durchzogenes Gelände. Allen Werbefeldzügen zum Trotz erhält sich zum Beispiel die Spaltung des Zeitungsmarktes – Westzeitung bleibt Westzeitung, Ostzeitung Ostzeitung, die Auflagen begrenzt auf den jeweiligen Teil der Stadt, keinem Blatt gelingt es, die alte Sektorengrenze nachhaltig zu überwinden. Probe darauf: Auf der S-Bahn-Fahrt von West nach Ost bevorzugen die Passagiere bis zum Bahnhof Zoo die Westzeitungen »Tagesspiegel« oder »Berliner Morgen-post«, zwischen Wittenbergplatz und Potsdamer Platz tauchen die ersten Exemplare der »Berliner Zeitung« auf, die im Osten er-scheint, am Alexanderplatz verschwindet der letzte »Tagesspiegel«, und das Feld gehört ganz der »Berliner Zeitung«.[543] Und selbst die Versuche, die Teilung zu überwinden, verweisen vor allem auf die Tiefe der Spaltung. Am spektakulärsten belegt das die »Ber-liner Zeitung«. Mit großem Kampfgeschrei setzt sie 1996 an, aus dem Ostghetto auszubrechen und in den Westen einzumarschieren, von ihrem Hamburger Verlag mit einer beeindruckenden Kriegskasse ausgerüstet, dazu mit der Verpflichtung von sechzig neuen, den großen Zeitungen in der Bundesrepublik abgeworbenen Redakteuren und den Anfeuerungsrufen der Branche, die darauf hofft, dass in Berlin ein Blatt mit internationaler Reputation entstehen werde.[544] Doch der erhoffte Durchbruch, das Projekt einer Ost und West verbindenden Zeitung, bleibt an der alten Scheidelinie zwischen Ost- und Westberlin hängen – die Auflage sinkt weiter und die renommierten Westkollegen findet man nach ein paar Jahren wieder bei der »Frankfurter Allgemeinen«, der »Süddeutschen« und der »ZEIT«.

Die Daten der Statistik untermauern die Distanz. Die Zahl der Umzüge und Heiraten zwischen Ost und West bleibt bis in die Mitte der Neunzigerjahre begrenzt[545], ebenso die innerstädtische Mobilität – Wessis zieht bestenfalls die Kultur in den anderen Teil der Stadt, Ossis die Einkaufsmöglichkeiten, und wenn Westberliner umziehen, dann lieber ins Umland als in den Ostteil. Umfragen stoßen auf Stereotype, die kaum von der neuen Lage angenagt sind. Eine 1998 veranstaltete, akademisch ehrgeizige Untersuchung belegt die Fortdauer der ost-westlichen Bindungskräfte gerade im Alltagsleben – dass die vielberedete Mauer in den Köpfen letztlich auch eine in den Füßen sei, also Folge der mangelnden Bereitschaft, im anderen Teil der Stadt einzukaufen oder ins Kino zu gehen, ist deshalb mehr als eine magere Pointe.[546] Und wie Maulwurfshügel drängen im vereinigten Berlin immer wieder die zwei Städte nach oben, die sie waren. Mal mündet das Beharren auf der jeweiligen ost-westlichen Eigenständigkeit in einem endlosen Sängerkrieg – die beiden Singakademien, die alte Singakademie zu Berlin in West-Berlin und die zu DDR-Zeiten gegründete Berliner Singakademie in Ostberlin, bringen es einfach nicht fertig, sich zu vereinigen. Mal blockieren Westberliner Lehrer die Verbeamtung ihrer Ostkollegen, weil es ein paar Hundert Westlehrer gibt, die noch nicht verbeamtet sind. Mal erweist es sich auch nur als unmöglich, in Ostberlin Karten für ein

Bundesligaspiel im Westberliner Olympia-Stadion zu erwerben. Und die Europameisterschaft 1996 – die Deutschland in London gewinnt – wird am Ku'damm gefeiert, nicht am Brandenburger Tor oder auf dem Alexanderplatz. Erklärungsversuche dafür gibt es viele. Am Ende zählt auch das Menschlich-Allzumenschliche: »Ost- und Westberliner beweisen, dass man nicht weit voneinander entfernt wohnen muss, um nichts voneinander zu wissen«, höhnt der Ostberliner Kabarettist Peter Ensikat.[547]

Auch der ehrgeizige Versuch, mit einem »Planwerk Innenstadt« die Stadt aus dem ost-westlichen Prokrustesbett zu befreien, in dem sie sich als Stadtorganismus befindet, zeigt vor allem das Ausmaß, in der sie die Trennung noch immer im Griff hat. Das Papier, das im Herbst 1996 im Auftrag des Stadtentwicklungssenators vorgelegt wird, unternimmt es, der zerrissenen Stadt eine städtische Struktur wiederzugeben. Es enthält Konzepte für die wiederherstellende Bebauung der Leerräume, die die DDR in die Stadt gerissen hat, für die Wiederbelebung der untergegangenen Mitte Berlins, für eine Renaissance urbaner Dimensionen. Wo Kriegszerstörung und DDR überbreite Straßenfluchten und die fantasielosen Gebäudefronten einer verspäteten Moderne hinterlassen haben, sollen wieder Straßenzüge und Plätze entstehen, die städtisches Leben anziehen. Doch der kühne stadtpädagogische Denkanstoß – es sind gerade mal vier Planer, die das Konzept entwickeln – wirkt wie ein Schlag ins Wasser: Zumal im Ostteil spritzen heftig Abwehrgesten, Vorwürfe und Unterstellungen auf. Sie lassen weder die Beschwörung der Gefahr eines »Ost-West-Kulturkampfes« (Thomas Flierl) aus noch das Bekenntnis »blanker Fassungslosigkeit« (Ulrike Steglich).

Die heftige, ja, hysterische Reaktion auf das »Planwerk« ist ein exakter Spiegel der Vorbehalte, die sich gegen die historische Rekonstruktion aufgebaut haben – vor allem in den verletzten Tiefenschichten der Ostberliner Intelligentia, aber auch in Westberlin. Im Osten befestigt der Vorwurf, das Planwerk sei ein Zeugnis eines westlichen Imperialismus der Stadtentwicklung, eine letzte Verteidigungslinie, die die eisernen Vertreter des gescheiterten Projekts des DDR-Städtebaus gegen die Erneuerung der Stadt halten. Daneben macht sich das Unverhältnis zur historischen Stadt in Verdächtigungen Luft und flüchtet sich in Debatten mit ausgesprochen aggressiven Untertönen. Sie reichen bis zu der aberwitzigen Unterstellung, die Wiederherstellung der Stadt solle mit Barockbauten und mittelalterlich engen Gassen erfolgen, oder dem Vorwurf, ihre Protagonisten hegten eine »Sehnsucht nach einer geheilten Stadt, nach einem gutbürgerlichen Flaneursidyll, aus dem die Zeichen der Nachkriegsgeschichte und der europäischen Teilung möglichst verschwinden sollen«.[548] Die Diskussionen vermitteln einen Eindruck davon, wie massiv die Widerstände gegen den Prozess der Stadterneuerung sind.

Was ist also die Berliner Mitte? Nichts Statisches, auch nur bedingt ein Bindeglied zwischen Ost und West, vielmehr die Zone, in der beide Seiten der Stadt miteinander ringen – ein fließendes Grenzgebiet zwischen der beginnenden Einheit der Stadt und ihrem Noch-immer-Getrenntsein, zwischen Erneuerung und Erschrecken über die Veränderung. Bis wohin reicht »der Westen«, wo endet der Osten? Gehört die Mitte »dem Westen«, während »der Osten in Mitte« sich »vor dem Westen ins Reservat Prenzlauer Berg« flüchtet?[549] Fraglos ist der Raum zwischen Alexanderplatz, Fernsehturm und die vereinsamte Marienkirche Osten, gezeichnet von den Folgen des sozialistischen Stadtumbaus. Aber beginnt nach dem Staatsratsgebäude und dem klobigen Block der einstigen Reichsbank, in dem das SED-Zentralkomitee saß, sowie der Lücke, die das Außenministerium der DDR hinterlassen hat, tatsächlich schon »der Westen«?

Vielleicht illustriert das Schicksal zweier Restaurants in Mitte den Charakter dieser Abgrenzungen. Das »Borchardt« ist, als es in der Nähe des Gendarmenmarktes gegründet wird, eine Insel des

Westens im Osten. Das »Fofis« ist ein Westberliner Kultlokal, das 1996 in Erwartung des Wandels der Stadt aus einer Seitenstraße des Kurfürstendamms in den Osten umzieht, ein paar Hundert Meter weiter östlich vom »Borchardt« – für den Korrespondenten der »New York Times« übrigens eines der Indizien dafür, dass der ehemalige Osten wieder zur Mitte wird. Wenig später zeigt sich, welche Risse und Abstufungen das Raumgefüge dieser Mitte durchziehen. Während das »Borchardt« zum Prominentenlokal der Berliner Republik wird, ist das »Fofis« ein paar Hundert Meter zu weit nach Osten gezogen, in die Randzone zwischen Nikolaiviertel und dem Marx-Engels-Forum, und muss nach kurzer Zeit die Segel streichen, weil die Gäste ausbleiben – zu anspruchsvoll für den Osten, zu weit im Osten für den Westen. »Früher hat Berlin am Wittenbergplatz aufgehört, heute immerhin am Gendarmenmarkt«[550], lautet der Kommentar, mit dem ein griechischer Gastronom, der das Experiment mitgemacht hat, die Verschiebung der gefühlten Räume in der Berliner Mitte umschreibt. Im Bild, das der (West-)Berliner von seiner Stadt hat, die Stadt, in der man lebt, konsumiert und Lokale besucht, reicht sie bis zu der traditionellen Einkaufszone in ihrem Westteil. Inzwischen, nach fünf Jahren Einheit der Stadt, gehört – wenn schon nicht der ganze Osten – so immerhin der Ostteil bis zu dem Prachtplatz in Mitte zum Einzugsgebiet des Stadtgefühls. Das innere Gefüge Berlins, mit ihm die Isobaren des Lebensgefühls haben sich verschoben.

Eine Stadt sortiert sich neu

Doch die Neubegründung Berlins geht über die Erneuerung seiner Mitte hinaus. In einer großen tektonischen Bewegung reißt sie die ganze Stadt hinein in einen großen Umbau ihrer Stadtgestalt. »Berlin verändert sich scheinbar über Nacht. Wo man geht und steht, wo man entlangfährt, wo man parkt, wird gebaut«, staunt das Berlin-Jahrbuch der Zeitschrift »Bauwelt« und hält fest, dass beim Statistischen Landesamt pro Jahr rund tausend Neubauobjekte in der Stadt registriert werden, verstreut über ihre ganze Fläche.[551] In einer angespannten, überall knirschenden Gemengelage von Kontinuität und Veränderung wächst der Stadt eine gewandelte, verwandelnde Physiognomie zu. Mit der Kraft des historischen Umbruchs definieren Politik, Wirtschaft und der Wandel des Lebensstils die Zonen des öffentlichen Lebens neu, setzen in den Bezirken und Nachbarschaften andere Akzente. Ein »neuer Berliner Stadtraum bildet sich in unzähligen Konfigurationen ... Viertel für Viertel, Planquadrat für Planquadrat«.[552] Er wächst über die Teilung hinweg, doch vor allem ist es der Ostteil der Stadt, in den er seine Spuren eingräbt. Berlin bleibt Berlin, der Osten der Osten, der Westen der Westen, aber die Topografie der Stadt verschiebt sich. Die Stadt sortiert sich neu. Das Zusammenwachsen geht auf in einem stürmischen, flächendeckenden »sozialräumlichen Wandel«[553], der der Stadt ein neues Gesicht gibt.

Kreuzberg zum Beispiel wird vom Mauerfall aus seiner Randlage an der Grenze der geteilten Stadt in ihre Mitte gerückt – »geschleudert«, wie es drastisch in einem Roman heißt, der Anfang der Neunzigerjahre zum Kultbuch wird.[554] Das Mekka der Alternativen, das Refugium der Jugendkultur, der Experimentierraum für Stadtsanierung und Sozialarbeit wird von der Vereinigung der Stadt durchgeschüttelt. Einerseits besteht der Weg, den das alte Aussteiger-Biotop im Berlin der Nachwendezeit zurücklegt, in einer aufregenden »soziokulturellen Statuspassage«[555]: Der Szenebezirk erlebt einen Imagewechsel, aus »Abseits wurde Mitte, aus Alternativen Yuppis, aus Aussteigern Einsteiger, aus Schmuddel Schick.«[556] Andererseits geht diese Verwandlung rasch über in einen Niedergang, der die Frage aufwirft: Kann Kreuzberg überhaupt ohne die Mauer überleben? Das gilt selbst für das touristische Kreuzberg, von dem in den Siebzigerjahren weit über Berlin hinaus bekannt wurde, dass dort die Nächte lang seien. Die Erkenntnis des Stimmungsliedes hat allerdings bereits in den späten Achtzigerjahren durch die Gewaltexzesse, die die autonome Szene pünktlich an jedem 1. Mai inszenierte, eine böse Doppelbedeutung bekommen; ein Nährboden für Gewalt und Asozialität war die alternative Idylle im Schatten der Mauer auch.

Mietsteigerungen vertreiben vor allem die Kreativen und Künstler. In Kreuzberg lebten rund 50 Prozent aller Berliner Künstler, die Hälfte davon verließ in den Jahren nach dem Mauerfall den Bezirk, zumeist in Richtung Osten, der die billigeren Mieten und den Reiz des Neuen hat.[557] Die Schwächen der Sozialstruktur des Bezirks werden offenbar, und das Interesse der Investoren lässt nach. Der Mythos Kreuzberg zerbröselt unter dem Druck von Arbeitslosigkeit, sinkendem Sozialniveau und ethnischen Konflikten. Selbst der Held der Fernsehserie »Liebling Kreuzberg«, den Manfred Krug zu einer Berliner Identifikationsgestalt gemacht hat, verlegt 1994 seine (Film-)Kanzlei in den Osten. Während Berlin sich der Hauptstadt entgegenarbeitet, klagen die Parteigänger des Viertels, die Alternativen und alten Kreuzberger: »Kreuzberg kippt um.«[558] Die Nachwendezeit macht Kreuzberg zu Berlins Problembezirk Nummer eins mit dem höchsten Anteil an Sozialhilfeempfängern und dem geringsten Durchschnittseinkommen.[559] Es wird »vom ultimativen Trendbezirk zum Allerletzten, was Berlin zu bieten hat … Aus bunt wurde schmutzig, aus feuchtfröhlich krank, statt Multikulti gibt's nur noch Rambazamba.«[560] Im neuen Berlin ist Kreuzberg »out«.

Während Prenzlauer Berg »in« wird, unerbittlich. Wenn dieses Stadtquartier Ohren hätte, müsste es in ihnen klingen: Schon bald nach der Wende beginnt es einen rasanten Aufstieg im öffentlichen Bewusstsein der Stadt und bald auch in der Aufmerksamkeit der Berlin-Besucher. Das Arbeiter- und Kleine-Leute-Viertel aus der Gründerzeit avanciert zum großen urbanen Vorzeigestück im Umbruch der Stadt, der Kollwitzplatz in seiner

Mitte zur stadtbekannten Berühmtheit. Der Stadtteil erscheint in allen Reiseführern und wird zur Attraktion für die Bustouristen. Die Sehenswürdigkeit ist die alte Stadtlandschaft, die sich hier erhalten hat, wenn auch vernachlässigt und im Verfall begriffen: Straßenzüge mit grauen Altbauten, deren Fassaden bröckeln, verblasste Reklameinschriften und altertümliche Lokale, darüber Braunkohlengeruch – Altberliner Melancholie und DDR-Misere, schick aufgemischt.[561] Dazu kommt der Ruf eines Rückzugsorts für Künstler, Aussteiger und Dissidenten, den das größte geschlossene Altbaugebiet aus dem 19. Jahrhundert aus seiner DDR-Vergangenheit mitbringt, wo es einen der in der DDR raren Nährboden für ein Klima des Nonkonformismus und einen eigenen Lebensstil bildete. Und schließlich ist da der Ruhm des Widerstandes, der in der Spätphase der DDR im Prenzlauer Berg keimte, herausgefordert durch die Abrisspläne, mit denen der Ostberliner Magistrat dem Viertel zu Leibe rückte. Im Herbst 1989 wird es zu einem Katalysator der friedlichen Revolution. Die Gethsemanekirche mitten im alternden Häusermeer und der nahe Grenzübergang Bornholmer Straße spielten eine wichtige Rolle bei den Ereignissen des Herbstes 1989. Nach der Wende wird das Viertel zum Magneten für Erwartungen und Hoffnungen für Hausbesetzer und Lebenskünstler und nicht zuletzt auch für viele Studenten aus dem Westen, und im Handumdrehen blüht die Szenelandschaft der Kneipen, Clubs und Galerien auf.

Die Karriere des Viertels stellt aber vor allem einen exemplarischen Fall von Stadterneuerung dar. Insgesamt 54 000 Wohnungen sind sanierungs- und modernisierungsbedürftig, viele komplett heruntergewohnt und bar des zeitgemäßen Komforts – Toilette auf halber Treppe, Kohlenheizung in 80 Prozent der Wohnungen. Das Viertel wird zum Vorzeigefall, auf den rund 40 Prozent des Berliner Sanierungsvolumens entfallen.[562] Dabei wird das Modell der in Kreuzberg erprobten behutsamen Westberliner Stadterneuerung übernommen. Zum Exempel wird das

Viertel aber auch, weil für 90 Prozent der Häuser Anträge auf Rückübertragung gestellt werden. Eine Woge von Auseinandersetzungen über Eigentums- und Mietverhältnissse, Instandsetzungen und Modernisierungen geht über das Viertel hin. »Wir bleiben alle«, heißt die Devise, unter der sich eine Bürgerinitiative den Mietverteuerungen und Luxussanierungen entgegenstellt, die die alten Bewohner verdrängen. Über Jahre hinweg bildet der Prenzlauer Berg ein aufgerissenes Feld widerstreitender Interessen, Debatten und Wahrnehmungen.

Mit alledem schreibt der Prenzlauer Berg eines der erstaunlichsten Kapitel der Wiederherstellung Berlins. Ein Stadtteil verwandelt sich von Grund auf, eine neue Bewohnerschaft mischt sich unter die alte, was alles das Spektrum der lokalen Charaktere der Stadt verschiebt – der Prenzlauer Berg tritt »die Nachfolge Kreuzbergs als Szenebezirk« an, allerdings »mit Lifestyle statt Weltverbesserung«.[563] Das alles vollzieht sich in kürzester Zeit, erst, zwischen 1994 und 1996, an dem und um den Kollwitzplatz, der zum Shootingstar der möglichen Verwandlung im noch grauen Berlin avanciert, dann in den benachbarten Straßenzügen, schließlich in der Verwandlung des halben Prenzlauer Bergs zum Schaufenster des Neuen – im Glanz der Restaurierung strahlende Fassaden, angesagte Läden und ehrgeizige Restaurants. Allerdings ist er auch beispielhaft für das Verschwinden alter Strukturen – nicht einmal 15 Prozent des Gewerbes aus der DDR-Zeit können sich bis 1991 halten, 20 Prozent überstehen die Metamorphose des Viertels, zwei Drittel der Geschäfte, Praxen und Büros müssen schließen.[564] Nirgendwo gibt es auch so viele Zuzüge aus dem Westen, aus dem Westteil der Stadt, den alten Bundesländern und dem Ausland, und nirgendwo präsentieren sie sich sogleich auch als neues Milieu, ja, als neue Gattung. Die neuen Prenzlauer-Berg-Bewohner sind – so will es die Fama und so werden sie in tausendundeiner Reportage porträtiert – jung und vorwiegend Angehörige moderner Dienstleistungsberufe, Anwälte,

IT-Spezialisten und Akademiker, beruflich etablierte Singles oder junge Familien mit gehobenen Ansprüchen und einem hedonistisch angehauchten Lebensstil. Und angeblich sind die meisten von ihnen Schwaben und Bayern, was dem neuen Prenzlauer Berg eine leichte Spur von Kolonisation beimischt.

Ist der Prenzlauer Berg also ein Monument der Gentrifizierung – ein heißes Thema im vereinten Berlin? Untersuchungen des Stadtsoziologen Häußermann – notabene: Schwabe und praktizierender Prenzlauer-Berg-Bewohner – und seines Kollegen Andrej Holm bestätigen die Vermutung nicht ganz. Sie finden eine »partiell gebändigte Gentrifizierung«[565], der behauptete fünfzigprozentige Bewohneraustausch sei statistisch nicht zu belegen. Auch seien die Gründe für den Wegzug in nennenswertem Maße nicht in der Sanierung, sondern gerade in ausbleibender Erneuerung des überalterten Viertels zu suchen.[566] Das ändert wenig an der gefühlten Gentrifizierung, die als komplexes Phänomen aus Ängsten, Enttäuschungen und persönlichen Erfahrungen den Umbruch des Viertels begleitet und als Reizthema gar nicht zu überschätzen ist. Das Beispiel des Bundestagsvizepräsidenten Wolfgang Thierse, eines treuen Kollwitzplatz-Anrainers, der geltend macht, dass in seinem Haus 90 Prozent der Bewohner nach 1990 eingezogen seien, illustriert die Dimension der Verwandlung, für die der Prenzlauer Platz steht[567]. Er stellt sich dar als ein soziokultureller Prozess im Kontext des Wandels der Stadt: die Geburt, besser: die Sturzgeburt eines neuen Typus von Bürgerlichkeit, sozusagen eine Hybridform ihrer Transformation. Es erfährt seine gleichsam globale Würdigung, als US-Präsident Clinton an einem Juniabend im Jahre 2000 bei seinem Staatsbesuch im Restaurant »Gugelhof« in privatem Rahmen am Kollwitzplatz zu Abend isst.

Berlin in der Perspektive der Veränderung seiner Stadtgestalt: Das ist jenseits des Zentrums eine große, die Stadt umkrempelnde Bewegung, die den Eindruck macht, sie wandere von

Bezirk zu Bezirk, von Kiez zu Kiez, sozusagen im Uhrzeigersinn – von der Spandauer Vorstadt zum Prenzlauer Berg, dann nach Friedrichshain, Fortsetzung offen. Dazu gehört auch, dass sich die Stadt der Spree zuwendet, der sie den Rücken zugekehrt hatte, solange der Fluss in einem Teil der Stadt die Grenze bildete. Allerdings vollzieht sich diese Blickwendung, das Abschütteln der Grenzzonenstarre, zögernd. Bis weit in die Neunzigerjahre bleiben die Spreeufer im Süden der Stadt abweisend und öde, und die Szenerie der alten, dunklen Industrie- und Gewerbebauten, die den Fluss säumt, wird erst langsam von Neubauten und Restaurierungen aufgehellt, auf der Ostseite hält die East-Side-Gallery, ein von Künstlern bemalter Mauerrest, die alte Grenzstellung, auf der Westseite bilden sich immer neue Brennpunkte des Berliner und des internationalen Szenelebens. Aber erst zu Beginn des neuen Jahrhunderts wird erkennbar, dass sich hier für die Stadt eine neue Perspektive öffnet, sichtbar gemacht in erster Linie durch das Projekt Mediaspree, einer Kette von Medien- und Kommunikationsunternehmen, auf die nicht zuletzt die Konflikte den Blick lenken, die dabei zwischen Investoreninteressen und aktivem Bürgerunmut entstehen. Diese Wendung der Stadt zur Spree findet sich auch anderswo: in Vorhaben wie der Wasserstadt Rummelsburger Bucht, einem neuen Wohngebiet von städtischen Dimensionen auf einem alten Gewerbegebiet, oder der Wasserstadt am Spandauer See im Norden der Stadt, die noch vor dem Mauerfall auf Kiel gelegt wurde, und natürlich durch die Regierungsbauten am Spreebogen. Berlin wird zu einer »Stadt am Wasser«[568].

Auch anderswo zeichnen sich neue Entwicklungsachsen, neue Kraftzentren ab. Im Südosten begründet der bereits 1991 durch den Senat gefasste Beschluss, in Adlerhof ein Zentrum für Wissenschaft und Wirtschaft zu schaffen, eine neue Wachstumszone Berlins; sie befindet sich an einem Platz, an dem zu DDR-Zeiten die Forschungsstätten der Akademie der Wissenschaften, der

DDR-Fernsehfunk und Kasernen des Wachtbataillons der Staatssicherheit lagen. Doch wer davon hört, dass dort etwas Großes in Gang sei – und die Stadt hält sich mit der Anpreisung des Vorhabens keineswegs zurück –, der muss lange Zeit »vor allem eins mitbringen: Fantasie«[569]. Denn im Laufe der Neunzigerjahre bestimmt unverkennbar die Vergangenheit das Bild – vereinsamte Institutsgebäude, Schuppen und Baracken, in denen noch der Untergang der DDR hängt. Erst in der zweiten Hälfte der Neunzigerjahre zeigen Institute und Bürogebäude, an ihrer Spitze der Bau von Bessy II, dem imponierenden Elektronenspeicherring, dass hier das größte europäische Gründer- und Technologiezentrum heranwächst. Es akzentuiert eine neue Richtung der Stadtentwicklung, die den Berliner Südosten bis hin zum Flughafen Schönefeld, dem künftigen Internationalen Flughafen Berlin-Brandenburg, entwickeln wird.

Aber auch ein bislang bescheidener, randständiger Innenstadtbezirk wie Moabit im Norden wird zum Beispiel für den Sog, der vom Wandel der Stadt ausgeht. Im Einzugsgebiet des Regierungsviertels wird er interessant für gehobene Berufe, für Angehörige der Ministerialverwaltung und Beschäftigte in ihrem Umfeld. Das wertet das bis dahin proletarisch-kleinbürgerlich geprägte Viertel auf, dessen Bekanntheit sich nicht zuletzt dem hier gelegenen Gerichts- und Gefängniskomplex verdankt. Während die Bezirksverwaltung beginnt, sich Gedanken darüber zu machen, wie man die Bevölkerungsstruktur durch Milieuschutzsatzungen bewahren kann, schiebt sich das Regierungsviertel mit dem Ausläufer des Präsidialamts an das Viertel heran, und mit dem Innenministerium an der Spree setzt es sogar unübersehbar einen Fuß nach Moabit hinein. Und die Moabiter können staunend beobachten, wie Christiane Herzog, die Frau des Bundespräsidenten, in der Markthalle einkauft.[570]

Die städtebauliche Bewegung, die Berlin ergreift, reicht bis weit in die Peripherie der Stadt hinein. Der Berichterstatter übertreibt nicht, der die Grundsteinlegung im September 1994 für Neu-Karow, einem Bauvorhaben am äußersten nordöstlichen Rand der Stadt, einen »großen Tag in der Berliner Baugeschichte«[571] nennt. Denn das Vorhaben, das an diesem Tage in Angriff genommen wird, ist mit 5200 Einheiten zu diesem Zeitpunkt das größte Wohnungsbauprojekt in Deutschland. Vor allem aber tritt mit ihm eine beispielhafte stadträumliche Anstrengung in ihre Realisierungsphase ein. An ihrem Anfang steht das Stadtentwicklungsprogramm, das der Senat im April 1992 beschließt, herausgefordert durch die angespannte Wohnungssituation im Ostteil der Stadt und die Wachstumsprognosen für die Einwohnerschaft von Berlin, die zu diesem Zeitpunkt über alle bisherigen Annahmen hinausgehen. Sie stellt die Stadt vor Aufgaben, derer nicht Herr zu werden sie zu diesem Zeitpunkt ernsthaft fürchten muss. Die Stadtentwicklung, die Berlin mit dem Programm plant, die Siedlungen am Stadtrand und in den innerstädtischen Quartieren hat deshalb historischen Zuschnitt.

Es trägt in die Biografie Berlins Stadterweiterungsprojekte und Entwicklungsbereiche in zweistelliger Zahl ein. Einschlägige Senatsbeschlüsse gehen über die Stadt wie ein Sternenregen nieder, Namen wie Französisch Buchholz und Altglienicke, Rummelsburger Bucht und Biesdorf Süd, bis dato abgelegene Flecken auf der Stadtkarte, bekommen berlinweiten Rang – allein die elf Projekte mit dem größten Volumen werden sich auf Flächen von insgesamt rund 1500 Hektar erstrecken. Seither wächst die Stadt nach außen, im Norden und im Süden, »völlig unerwartet« (Martina Düttmann) für die Vorstellungen der eingeschlossenen Stadt, die bis dahin nur in Hochhaussiedlungen wachsen konnte. Sie sind auch städtebaulich ein wichtiger Schritt, denn nicht die Siedlungen der Zwanzigerjahre oder der Nachkriegszeit sind das Vorbild, sondern die Vorstädte, durch die Berlin in den Gründerjahren zur Metropole heranwuchs. Was bedeutet: nicht mehr als 5000 Wohneinheiten pro Vorhaben, städtische Strukturen, Versorgungseinrichtungen, Schulen und Sportanlagen. Bewusst erinnert die neue, zweite Gründerzeit an die alten, großen Gründerjahre an der Wende vom 19. zum 20. Jahrhundert.

Mitte 1996 führt die Bauverwaltung dieses Kapitel der Stadtentwicklung den Berlinern vor, und zwar nirgendwo anders als auf Berlins Prachtboulevard, seiner Via Triumphalis, der Straße Unter den Linden. In einer zweihundert Meter langen Freiluftausstellung auf dem Mittelstreifen zieht die Senatsverwaltung für Bauen und Wohnungswesen »Stadt-Haus-Wohnen« eine Bilanz des Wohnungsbaus der Neunzigerjahre. Sie dokumentiert in der auf Stellagen montierten Gasse von Bildern, Plänen und Grafiken, dass der Um- und Neugründungsimpuls die Stadt in der Breite ihrer Quartiere, Viertel und Winkel erfasst hat, mit neuen Wohnblöcken, Einzelhäusern und Siedlungen, mit Neubauten und Sanierungen. Sie stellt vor Augen, was als Aufbau- und Konsolidierungsleistung leicht zu übersehen ist, was aber die Stadt als eine Schicht des Neuen myzelhaft durchzieht.

Sparklausuren und Koalitionskrisen

Doch dieses Berlin, das unübersehbar Fahrt aufnimmt, befindet sich in Wahrheit am Rande eines Fiaskos. Der beschlossene Sparkurs greift nicht, greift nicht genug, und während der Grundstein für das futuristische Sony Center am Potsdamer Platz gesetzt wird und die Wärme letzter Oktobertage über der Stadt liegt, beginnt eine Haushaltsklausur des Senats, die in einem finanziellen Offenbarungseid der Stadt endet. Sie dauert sechs Tage, CDU und SPD, die Partner der Großen Koalition, prallen heftig aufeinander, die Opposition spricht höhnisch von den »Chaostagen im Grunewald«, wo die Sitzung stattfindet. Seither gehören Sparklausuren, die zum »Albtraum«[572] werden, zum Repertoire der Berliner Politik. Tatsächlich steht Berlin finanziell das Wasser bis zum Halse.

Der Haushalt kann nur durch hohe Kredite und Vermögensverkäufe ausgeglichen werden. Die Deckungslücke des 42,5-Milliarden-Etats beläuft sich auf gut 6 Milliarden, die Finanzkraft der Stadt ist auf 72,3 Prozent des Länderdurchschnitts abgesunken – Berlin liegt im bundesweiten Vergleich auf dem letzten Rang, noch hinter den Kleinstaaten Bremen und Saarland und dem Armenhaus Mecklenburg-Vorpommern. Der Präsident des Rechnungshofes, ein Westberliner Ministerialbeamter mit vieljähriger Erfahrung, stöhnt: »Wir erleben die dramatischste Finanzsituation seit der Erfindung der Bundeshilfe.«[573] Blick ins Geschichtsbuch: Das war Anfang der Fünfzigerjahre.

Es ist der abrupte Abbau dieser Berlin-Hilfe, abgeschlossen Ende 1994, dessen Folgen in der finanziellen Situation der Stadt massiv spürbar werden und das Jahr 1996 zu einer Zäsur ihrer Nachwendegeschichte macht. Aber Berlin wird auch eingeholt von seinen eigenen Versäumnissen. Trotz der politischen Anstrengungen und Verrenkungen, mit denen die Stadt der finanziellen Lage gerecht zu werden versucht, ist sie hinter deren wirklichen Herausforderungen zurückgeblieben. Das stellt sich nun dramatisch heraus und rückt die vergangenen Jahre in den Fokus der Kritik. Hat die Politik den finanziellen Umbruch, den die Wiedervereinigung bedeutete, zu lange verdrängt? Oder hat sie die Größe der Risiken nicht ernst genug genommen, die die gleichzeitige Anstrengung von Stadterneuerung, Aufbau Ost und sozialer Krisenbewältigung bedeutet? Oder hat sie sie um des ost-westlichen Friedens willen bewusst in Kauf genommen? Und dabei die Frage überhört, ob es nicht auch etwas kleiner geht?

Berlins Krankheit heißt »Wirklichkeitsverweigerung«, so lautet der tabubrechende Satz, mit dem die Finanzsenatorin Annette Fugmann-Heesing antritt, um die Probleme der finanziellen Situation Berlins zu lösen.[574] Er trifft die Stadt an einer empfindlichen Stelle ihres Selbstbildes, das durch die Erfahrung der Inselstadt geprägt ist, vom Bund ausgehalten zu werden, dem aber auch

Berlin – Wiedergeburt einer Stadt

die Neigung nicht fremd ist, die man in Berlin auf den Nenner bringt: keine Socken, aber Gamaschen. Andererseits: Ist gegen das überfallhafte Zurückfahren der finanziellen Abstützung der Stadt durch den Bund überhaupt ein politisches Kraut gewachsen? Ein Finanzexperte mit reichlichen Erfahrungen in der Finanzverwaltung der Stadt hält der ersten Großen Koalition nach der Wiedervereinigung der Stadt zwar vor, lieber Schulden gemacht, als die Ausgaben verringert zu haben.[575] Andererseits nutze der Bund die besondere Lage Berlins, um sich der finanziellen Last »zu entledigen«, die er in den Mauerzeiten für die Stadt getragen habe. Er zieht daraus den drastischen Schluss: »Berlin war das Sparschwein der Einheit, und zwar das einzige. Während der Bund überall zu feige war, mit der Vereinigung der beiden deutschen Staaten Subventionen zu kürzen, war er in Berlin mutig. Man stelle sich nur für einen Augenblick vor, die Subventionen des Bundes für die Landwirtschaft, den Steinkohlebergbau oder den Schiffbau wären auch binnen vier Jahren auf null zusammengestrichen worden.«[576]

Die über die Ufer tretende finanzielle Misere trifft zusammen mit einer Häufung alarmierender Wirtschaftsnachrichten. Den Metropolenparolen zum Trotz, unter denen die Stadt segelt, ziehen sich immer mehr Firmen aus Berlin zurück, darunter traditionsstolze Unternehmungen wie der Aufzughersteller Otis und die Firma Kodak. Die Leerstände bei Büro- und Gewerbeflächen wachsen, die Mieterwartungen müssen nach unten korrigiert werden – Berlin macht den deplorablen Eindruck einer »Hauptstadt ohne Basis«[577], was seine Wirkung auf die Öffentlichkeit in der Bundesrepublik nicht verfehlt. Die Stadt muss sich den Spott gefallen lassen, eine »schwimmende Stadt« genannt zu werden – nämlich eine Stadt, der die Felle weggeschwommen sind.[578] »Es brennt überall«, setzt der »Spiegel« über seinen Report zur Lage der Stadt. Er zeichnet ein düsteres Bild von Massenentlassungen und Konkursen, dazu von der explosiven Lage am Bau. Denn in Berlin wird zwar so viel gebaut wie nie zuvor, aber die lokale

Bauwirtschaft steht unter dem Druck international arbeitender, mit Billiglöhnen operierender Konzerne.[579] Und als im Frühjahr 1997 der wirtschaftliche Aufholprozess in den neuen Ländern ins Stocken gerät und die öffentliche Stimmung einknickt, trifft es Berlin am heftigsten. Hier »herrscht fast schon Untergangsstimmung«[580], meldet das Institut der deutschen Wirtschaft.

Und die Berliner Politik? Besonders überzeugend ist ihr Erscheinungsbild nie gewesen, aber ausgerechnet jetzt nähert sich ihr Ansehen einem Tiefpunkt. Während die Stadt sich rapide verändert und Bundespräsident Roman Herzog im neuen Hotel »Adlon« eine Rede gegen Selbstzufriedenheit und Stagnation hält – sie geht als »Ruck-Rede« in den öffentlichen Wortschatz ein –, scheint die Koalition beherrscht von Parteiengezänk und hektischem Stillstand. Der Dynamik, die unübersehbar das Bild der Stadt kennzeichnet, steht in den Augen der Öffentlichkeit geradewegs eine »destruktive Dynamik« in der Politik gegenüber; sie wirft auch schon mal die Frage nach der Politikfähigkeit der regierenden Parteien auf.[581] Eine Senats- und Koalitionskrise jagt die andere, das Ausmaß der Probleme, derer die Politik nicht Herr wird, wächst, während der prognostizierte wirtschaftliche Aufschwung nicht kommen will und auch der Umzug derart langsam Gestalt annimmt, dass man kaum noch an ihn glauben mag. Nicht zuletzt leidet das Bild der Berliner Politik daran, dass sie noch immer fest verbunden ist mit den Strukturen und Milieus, die im Schatten der Mauer gewachsen sind – viel öffentlicher Dienst, eine Vertraulichkeit, die aus zu viel Nähe auf zu engem Raum entsteht, Subventionsmentalität und Selbstbezogenheit. Strapaziert, ja, überfordert von den Aufgaben, die vor der Stadt stehen, erschöpft von den dramatischen Jahren seit dem Mauerfall, findet die Berliner Politik aus ihren internen Konflikten einfach nicht heraus.

Natürlich trägt dazu bei, dass die Stadt von einer Großen Koalition regiert wird. Das ungeliebte Bündnis, angetreten mit der Hypothek schier endloser Verhandlungen, wird von ihren gravierenden Haushaltsproblemen bei anhaltender Zusammenarbeit regelrecht gespalten. Die SPD kehrt ihren Sparwillen heraus und hofft, damit aus dem Loch ihres Wahldesasters herauszukommen. Die CDU, die sich im sicheren Besitz der Macht glaubt, will ihre Wähler nicht vor den Kopf stoßen und neigt deshalb dazu, die SPD zu bremsen. Andere Konfliktpunkte sind die Privatisierung öffentlicher Einrichtungen oder die Reform der Bezirke, die in einer Großstadt wie Berlin, die aus vielen selbstbewussten Stadtregionen besteht, zur Quelle eines nervtötenden Dauerkonflikts wird; mehrfach steht sie vor dem Scheitern. Vor allem die SPD, auf ihrem Nachkriegstiefststand, empfindet die Große Koalition als Fessel. Immer wieder begehrt sie gegen sie auf und wird von ihrer Führung nur mühsam auf Koalitionskurs gehalten. Vor dem Zerbrechen bewahrt die Große Koalition am Ende nur die Unmöglichkeit der Alternativen. Denn dass die SPD aus der Koalition ausbricht, um mit der PDS zu kooperieren, ist zu dieser Zeit noch unvorstellbar, für ihre Repräsentanten und ihre ganz große Mehrheit ohnedies, aber auch noch für ihren linken Flügel. Und die CDU, überzeugt davon, auf die Macht abonniert zu sein, denkt noch nicht einmal an schwarz-grüne Optionen.

Dazu kommt das Desaster des Scheiterns der Fusion, die Berlin und Brandenburg angestrebt haben. Der 5. Mai 1996, ein kühler Frühjahrsabend, an dem die versammelte politische Klasse in Berlin und Brandenburg im Jagdschloss Glienicke zwischen Berlin und Potsdam das Ergebnis der Abstimmung erwartet, wird zu einem Tiefpunkt der Nachwendegeschichte der Stadt. Denn das Ende dieses Zukunftsprojektes zeigt nicht nur die Kluft zwischen Berlinern und Brandenburgern – Berlin ist mit 53,4 Prozent für das gemeinsame Land, Brandenburg mit 62,8 dagegen –, sondern vor allem das Fortwirken der ost-westlichen Vergangenheit. Die Brandenburger entscheiden sich gegen die Fusion sozusagen noch als Ostdeutsche, die Berliner im Ostteil der Stadt als Ostberliner –

gegen den Westen, den Westberlin vertritt, das denn auch mit seiner Mehrheit der Berliner Zustimmung erbringt –, womit die Fusion fast als Westprojekt erscheint. Nicht zuletzt ist das Scheitern für die politische Klasse ein gravierendes Versagenserlebnis. Denn ziemlich alle Meinungsträger haben ja für die Fusion plädiert – die Parteien, die gesellschaftlichen Kräfte, die Wirtschaft. Dagegen standen lediglich die PDS und die vom Gang der Einheit verletzten Ostalgie-Gefühle. Dazu Sentiments und Ressentiments im Westen, die sich zum Beispiel an der Frage erhitzen, ob man denn vom »IM Sekretär« regiert werden wolle – der angebliche Stasi-Deckname des brandenburgischen Ministerpräsidenten Manfred Stolpe –, sofern sie nicht einfach die Furcht vor der »Verostung« (West-)Berlins widerspiegeln. Im Übrigen wäre die Vereinigung von Berlin und Brandenburg auch so etwas wie ein letzter Akt der Wiedervereinigung gewesen. Nun wirkt ihr Scheitern wie die Rache der DDR für die Einheit – und stärkt die Vorbehalte in der Weststadt gegen den Osten. Begleitet von einem feinen »Wir haben es doch gleich gesagt«-Hochmut.

Das politische Berlin in dieser gereizten Verfassung: Das ist auch die große Zeit der verbalen Ausfälle, die wie vergiftete Pfeile durch die Debatten schwirren. Zum Beispiel in dem hämischen Urteil, das dem Sparkurs der Finanzsenatorin aufgeklebt wird, mit ihm werde Berlin »mausgrau auf Ost-Niveau gebracht« – getroffen stöhnen die Opposition und die Ostberliner gleichermaßen auf. Oder die flapsige Anmerkung, die »ersten Obdachlosen auf der Reichstagstreppe«[582] würden die Bundesregierung schon veranlassen, ihrer Hauptstadt aus der Patsche zu helfen – eine Breitseite gegen den Rest der Republik, der ohnedies befindet, dass Berlin nicht genug bekommen könne. Und eines Tages findet das schärfer gewordene Klima seinen Tiefpunkt in dem provokativen Rundumschlag, der die zunehmend zur Plage werdende Zahl der Graffiti und die Verunreinigung der Straßen zu einer scharfen Polemik gegen Linke und Alternative instrumentalisiert: »Es ist nun einmal so, dass dort, wo Müll ist, Ratten sind. Und dass dort, wo Verwahrlosung herrscht, Gesindel ist.«[583] Die Rede löst heftige Kontroversen aus und geht als »Rattenrede« in die Berliner Parlamentsgeschichte ein.

Ist es Zufall, dass der Urheber solcher Ausfälle fast immer der CDU-Fraktionsvorsitzende Landowsky ist? Er ist ohne Zweifel das stärkste Temperament in der Berliner Politik, ein begnadeter Scharfmacher und zugleich eine Säule der CDU, die er zusammen mit dem Regierenden Bürgermeister Diepgen zu einer Großstadtpartei gemacht hat. Ein Stratege ist er außerdem. Die »Rattenrede« ist ein Beispiel dafür. Sie wendet sich an eine verunsicherte Stadt – das vergangene Jahr 1996 war, so bekennt Landowsky, das schwierigste seit der Einheit –, streicht kräftig die Erfolge bei Verwirklichung der Vereinigung heraus – zum ersten Mal gibt es keine Wohnungsnot mehr in Berlin – und bereitet vorsichtig einen Schwenk vor: Nachdem der Osten im Mittelpunkt stand, müsse man sich künftig verstärkt den Westbezirken widmen.[584] Sehr bewusst nutzt er die Polarisierung, um die schweigende Mehrheit bei der Stange zu halten, die der CDU ihre politische Stärke sichert. Denn die Widersprüche und Paradoxa der Vereinigung kosten ihren Preis: Unsicherheit, Überdruss und Verstörung machen sich breit, auch in den gestandenen bürgerlichen Milieus. Überdies haben sich die Problemlagen von Ost nach West gedreht: Die fünf Berliner Bezirke mit der höchsten Arbeitslosigkeit liegen inzwischen im Westen, wo auch drei Viertel der Sozialhilfebezieher leben und der Ausländeranteil besonders hoch ist. Das politische und gesellschaftliche Gleichgewicht auch im alten Westberlin stößt an seine Grenzen. Weshalb der Regierende Bürgermeister, Galionsfigur seiner Partei seit sechzehn Jahren, auf einem Landesparteitag seiner Partei nur noch knapp über 60 Prozent der Stimmen erhält.[585]

Dass Berlin verslume und verwahrlose, gehört übrigens zu den Themen, die die Öffentlichkeit in Berlin tatsächlich zunehmend umtreiben. Die Graffiti, zunächst auch schon mal als Ausweis eines lockeren, spießerkritischen Stadtklimas gepriesen, werden zur Stadtplage, Berlin zur »tätowierten Stadt« (Michael Naumann), es lässt sich nicht leugnen, dass man in ärgerniserregender Häufigkeit auf verdreckte Gehwege und weggeworfene Kippen stößt, und der Hundekot schafft es auch in dem hundeliebenden Berlin locker, zum beherrschenden politischen Tagesthema zu werden. Der verzweifelte Ruf nach Gemeinsinn, ein Aktionsplan »Sauberes Berlin«, den die Stadt startet, sind Anzeichen dafür, wie sehr dieser Zustand das Verhältnis der Stadt zu sich selbst berührt. Ohnehin wird der Hauptstadtstolz zunehmend begleitet von einer Stimmung der Ungehaltenheit und des Aufgebrachtseins. In Podiumsdiskussionen wird die Frage aufgeworfen, ob Berlin die Hauptstadt des Verbrechens sei, auch wenn Berlins Kriminalitätsrate keineswegs höher ist als die vergleichbarer Großstädte. Ein Pamphlet »Berlin – Hauptstadt von Filz und Korruption« ergänzt das Bild der Stadt um die Komponente des Korruptionsvorwurfs.[586] Und mit gemischten Gefühlen blickt man auf den Bahnhof Lichtenberg im Osten der Stadt, auf dem die Welt des im Umbruch befindlichen Osteuropas in die Stadt drängt und – wie es heißt – Russisch und Polnisch Umgangssprachen sind. Tatsächlich ist das Berliner »Tor zum Osten« zu einer berühmt-berüchtigten Ost-West-Karawanserei geworden, in der Deutsche aus Kasachstan, Glücksritter aus Weißrussland und lichtscheue Gestalten aus Moldawien anlanden.

Überhaupt kommt Berlin in schwereres Wasser. »Der Spiegel« zum Beispiel, der die Stadt vor allem in den Anfangsjahren der Vereinigung hochgeschrieben hat, führt nun vor, dass man sie auch herunterschreiben kann. Da ist Berlin – Blickwinkel Frühjahr 1997 – die »schräge Hauptstadt«, ausgestattet mit den einschlägigen Vorurteilen von Größenwahns Exzentrik und Niedergang. Mit Spott und Häme wird die Stadt vorgeführt: Run auf Berlin? Freiwillig ziehe es »nur eine kleine kanzlertreue Minderheit ins preußische Kernland« – eine Emnid-Umfrage belege, dass nur jeder zehnte Deutsche gern in Berlin leben würde. Berlin als Hauptstadt: Wäre das nicht so, »als zöge Rom nach Neapel um, London nach Liverpool und Paris ins Departement Var?« Die Stadt sei »weit weg von den goldenen Zwanzigerjahren, aber nahe dran an Polen (80 Kilometer), dem Mezzogiorno Meck-Pom und dem sonstigen Ödland ringsum«. Denn die Stadt sei kaputt, und selbst das seinerzeit berühmte »Herz mit Schnauze habe sich verflüchtigt«: »Das Forsche wurde nassforsch, das Freche dumm-frech.«[587]

Das Berlin des Potsdamer Platzes, der Friedrichstraße und des Regierungsviertels wird konterkariert durch ein Gegenbild: eine wilde, schmutzige und verrückte Stadt, ein Eldorado der Illegalen, der Glücksspieler, Schlepper und Hehler, die zu Tausenden in jeder Nacht unterwegs seien – die Schätzungen der Wohlfahrtsverbände lägen bei rund 400000.[588] Dagegen sei der Kampf gegen die Graffitiplage »Hausfrauisierung als Methode und Verbonnung als Ziel«. Aber sei das wilde Berlin nicht das, so kontert Bernd Matthies im »Tagesspiegel« böse, was die Leute von Berlin wünschen? »Morbidität, Ruinen, Schrottkunst. Nach dem Ballett im Friedrichstadt-Palast zum Nuttenglotzen in die Oranienburger, dann ein Abstecher ins ›Tacheles‹, um in Ruf-weite der zutraulichen Besetzer ein Bier zu trinken – das ist die Berliner Mischung der Neunzigerjahre geworden: ein bisschen Avantgarde, ein wenig Tango auf dem Vulkan, ein Häppchen Bronx zur Aromatisierung – das Ganze allerdings immer in net-ter Form, Punk in Zimmerlautstärke.«[589] Immerhin im Schatten des Hauptstadtwerdens floriert das Berlin der Touristen und der Spießer. Es liefert der Stadt erstaunliche Übernachtungszahlen.

Die Misere der Berliner Politik verdeckt indessen, dass sich die Dinge bewegen, sozusagen im Rücken von Verstimmungen und Selbstblockaden. Die umstrittene Privatisierung, die in der SPD vor ein paar Jahren noch undenkbar gewesen wäre, kommt voran. Ebenso die Bezirksreform: Die Operation schneidet ein in Besitzstände und gewachsene Gewohnheiten, scheint nie an ihr Ende zu kommen, steht kurz vor dem Scheitern. Aber schließlich einigt man sich doch, dass aus den bisherigen 23 Bezirken zwölf werden – eigentlich eine Jahrhundertreform, denn sie verschiebt Abgrenzungen und kommunale Räume, die auf die Bildung Großberlins im Jahre 1920 zurückgehen. Kurz: Die Berliner Politik ist erfolgreicher als ihr Ruf. Nur ist dieser Ruf alles andere als gut.

Und doch ist es die gleiche Stadt, der der Stadtsoziologe und Autor György Konrád eine große Rolle in dem neuen Europa zuschreibt, ja, in der ganzen Epoche, die mit dem Ende der Blöcke begonnen hat. Die Rede des neuen Präsidenten der Akademie der Künste der Stadt zur Einweihung des Turms des Debis-Gebäudes am Potsdamer Platz im Oktober 1997 – mithin in einem historischen Moment, denn es ist das erste fertiggestellte Gebäude an diesem sinnbildlichen Ort der Wiederherstellung der Stadt – kann sich gar nicht genug damit tun, die Chancen und die Begabungen Berlins hervorzuheben.[590] Es ist eine Rede, die durchaus als ein Prolog zur Stadtwerdung des neuen Berlins und als Signal seiner mitteleuropäischen Mission verstanden werden kann. Dieser bedeutende europäische Intellektuelle, der zu den Vordenkern der Emanzipation Osteuropas vom Kommunismus gehört, sieht in Berlin den idealen Ort, von dem aus man die Zukunft nach dem Ende des Zeitalters der Ideologien anvisieren kann. Berlin steht für ihn mitten in dem Epochenwandel, der in dem Jahr 1989 sein Kairos, seine Erfüllung hat. Es biete den »Wirbeleffekt« einer Metropole, in der jeder die Chance hat, ein Neuling zu sein. Hier könnte der beginnende europäische Ideenaustausch seine Plattform finden. Berlin verkörpere den Aufstieg einer zivilistischen Kultur, die eine militante Phase der Menschheitsgeschichte ablöst. Gerade weil die Stadt noch unfertig ist, werde in Berlin eine Metropolengesellschaft entstehen, demokratisch, skeptisch und vielfältig. Nur eins fehle Berlin, erspürt der Autor: ein positives Verhältnis der Berliner zu ihrer Stadt. Sie müssten, so Konrád, noch lernen, »sich zu mögen«.[491]

Das neue Berlin wird sichtbar

Dabei lebt Berlin seine angespannte Lage immer mehr im Vorgefühl von Erwartungen, die unübersehbar dabei sind, Realität zu werden. Zur gleichen Zeit, in der sich unter der Stadt ein finanzieller Abgrund auftut, reihen sich die Grundsteinlegungen und Richtfeste, die Fertigstellungen und Einweihungen zur Prozession, gewinnt die Stadt mehr und mehr ein bestätigendes Gefühl für sich selbst. Mit der Grundsteinlegung für das Sony Center beginnt der Bau des zweiten Großkomplexes auf dem Potsdamer Platz, der dem architektonischen Gebirge eine weithin leuchtende Glaskuppel – »ein bisschen Fächer, ein bisschen Fudschijama«[592] – aufsetzen wird. Drei Wochen später, Anfang Oktober 1996, begeht die Daimler-Stadt über ein ganzes Wochenende lang ihr Richtfest. Es übergibt den Platz sozusagen der Öffentlichkeit – mit einem Ballett der Kräne, zwei Richtkronen über den am weitesten fortgeschrittenen Bauten, einer volksfesthaften Besichtigung des Geländes. Wieder ein Wochenende später durchbrechen gleichsam herbstliche Sonnenstrahlen das Sorgengewölk über der Stadt. Als Museum der Gegenwart wird der Hamburger Bahnhof zum Leben erweckt, ein jahrzehntelang dahindämmerndes Gemäuer an der früheren Grenzzone, das European Art Forum füllt die Galerien, und über allem leuchtet die Sammlung Berggruen, eine herausragende Sammlung der klassischen Moderne, die ein emigrierter Berliner der Stadt übergeben hat. Ihr Stern ist wenige Wochen zuvor über Berlin aufgegangen, mit einer bedeutungsvoll aufgeladenen Einweihungsfeier, Hauptstadtbestätigung und Versöhnungszeichen, »ein großes Fest mit vielen feuchten Augen«.[593] Das alles – große Szenen, festliche Anlässe, Bewegung der Gefühle – »treibt die Stadt regelrecht voran«.[594]

Je länger, desto mehr drängen sich die Ereignisse, mit denen sich Berlin in seine zukünftigen Möglichkeiten hineintastet. Tatsächlich kumulieren nun die Ereignisse. Anfang Februar 1997 erfolgt der Spatenstich für das Bundeskanzleramt. Zwei Tage später senkt sich ganz langsam an einem Riesenkran der Stahldeckel auf den Rohbau der Dresdner Bank am Pariser Platz herab, der nun ein Stück mehr Platz wird. Und so Woche für Woche: Da geht die Richtkrone über der Bayerischen Landesvertretung hoch, dort über dem ARD-Studio, anderswo sind es Bankniederlassungen und Bürogebäude, die ihre Berlin-Premiere feiern, und an einer besonders kahlen Ecke im Rücken des Staatsratsgebäudes – Ostberlin pur – beziehen die Spitzenverbände der deutschen Wirtschaft mit einem gemeinsamen Haus ihren Standort in der künftigen Hauptstadt. Bis im September das Richtfest des Reichstages fällig ist – zelebriert an einem eingerüsteten, ungefügen Kasten am noch kahlen Spreeufer, aus dem aber immerhin schon deutlich die Kuppel herausragt. Mit dem Presse- und Besucherzentrum des Bundespresseamts, das Ende Oktober eröffnet wird, erreicht dann schon ein Stück Bonner Regierungspraxis Berlin und gibt einen Vorgeschmack auf die künftige Regierungsstadt: ein Glas- und Betonwürfel an der Spree, gegenüber eine Plattenbaufront, im Blick der Bahnhof Friedrichstraße, Monument der Teilung, Ort millionenfacher Ankünfte und Abschiede.

Auch der Umzug nimmt Kontur an. Was jahrelang ein Feld für einen gefühlt hundertjährigen Krieg der Bonner und der Berliner war, geführt um Termine, Zugeständnisse und Verzögerungen, kommt an auf dem Boden von Alltagsproblemen: Wo kann man wohnen? Mitte oder Vorort? Osten oder Westen? In welche Schulen sollen die Kinder gehen, Unterton oft: Welche kann man den Bonner Bürgerkindern zumuten, und – ewiges

Umzugsthema – wie finden sie den Anschluss an die neuen Lehrpläne? Per Sonderzug fahren im April ein paar Hundert Bonner Bedienstete plus Prominenz nach Berlin. Das Unternehmen, »unser prächtiger Betriebsausflug«[595] – wie die »Süddeutsche Zeitung« juxt – ist halb noch Patrouille in fremdes Terrain, halb schon der Parlamentär mit der weißen Fahne. In Bonn wie in Berlin sind Berliner respektive Bonner Zimmer eingerichtet mit Informationsmaterial über die jeweils andere Stadt. Und liegt die »Frankfurter Allgemeine Zeitung« so falsch, wenn sie etwas »Außerordentliches« darin sieht, dass nun im Bonner Kanzleramt der Berliner Stadtplan und die Netze von S- und U-Bahn hängen, dazu Hinweise auf die Fahrtzeit ins Büro – 23 bis 28 Minuten vom Berliner Westen aus?[596]

Im Juni 1997 bezieht der erste Bundestagsabgeordnete sein Büro in Berlin – die Aktion hat allerdings Heimspielcharakter, denn er ist ein Berliner. Doch wächst die Zahl derer, die sich in Berlin einrichten. In Wahrheit sind die Bonner schon da, virtuell und manche auch ganz praktisch: Sie dirigieren nicht nur den Hauptstadtausbau, sondern drehen mit an den wichtigen Entscheidungen – der Öffnung oder Schließung der Straßen im Regierungsviertel, dem Wohnungsbau für die Bundesbediensteten, der Planung der U-Bahn Unter den Linden, der »Kanzlerbahn«[597]. Das markante Zeichen setzt Helmut Kohl mit der Eröffnung einer Außenstelle des Kanzleramts in Berlin: Im August 1997 geht das Bild durch die Medien, das Kohls Büroleiter zeigt, wie er – acht Jahre nach dem Mauerfall – das Schild »Bundeskanzleramt. Dienststelle Berlin« mit dem Bundesadler befestigt,[598] und zwar an einem hoch symbolischen Ort, dem früheren Staatsratsgebäude, dem Amtssitz Erich Honeckers. Folgt ein kleiner Trommelwirbel im September: Da kündigt der alte Umzugsgegner Friedel Drautzburg, ein Bonner Gastronom, Gründer der Initiative »Ja zu Bonn«, an, dass er demnächst ein Lokal am Schiffbauerdamm eröffnen werde. Es soll den Bonnern einen vertrauten

Ort in Berlin bieten. Er nennt es »stäv«, Ständige Vertretung. Ein sozusagen auf Dauer gestelltes Augenzwinkern: Ständige Vertretung hieß die Mission der Bundesrepublik in der DDR.

Die Stadt findet an ihrer neuen Rolle mehr und mehr Gefallen. Zehntausende von Besuchern drängen sich an einem Samstag im August 1996 im ehemaligen Gebäude des Zentralkomitees und künftigen Außenministerium zu einem »Tag der offenen Tür«.[599] Auch der Minister, der lange für das Amt einen Neubau wollte, nimmt das Haus an – nicht zuletzt mit dem Auskosten der historischen Pointe, dass vor sieben Jahren hier noch das Politbüro der SED arbeitete. Als Dienstzimmer bestimmt Klaus Kinkel den gleichen Raum, in dem Erich Honecker residierte, vorher übrigens auch Hjalmar Schacht, der Präsident der Reichsbank. Nicht geringer ist die Zahl derer, die im Anschluss an das Richtfest das Innere des Reichstages besichtigen – noch ein Gewirr von Stahlträgern und Betonstützen und einer leeren Mitte, die künftig der Plenarsaal sein wird.

Mit alledem breitet sich eine Hochstimmung aus, die so in der Stadt bisher rar war. Es ist der Eindruck, dass es – wie Evelyn Roll, die Leiterin des Berlin-Büros der »Süddeutschen Zeitung«, frohlockt – »hier jetzt losgeht und anfängt, wirklich Spaß zu machen«. Sei nicht geradezu ein enthusiastischer Luftzug zu spüren, genährt von vielen Eindrücken, Wahrnehmungen, Blicken? »Die besten Galerien Kölns drängen in die Stadt. Kein Mensch will mehr woanders Theater inszenieren, Filme drehen oder Bücher herausgeben als bei uns in Berlin. Die neue Mitte wird auch ganz heimlich fertig. Der Gendarmenmarkt, schönster aller Plätze, ist um den deutschen Dom mit feinen Katzenkopfsteinen neu gepflastert, bepflanzt und begrünt, gusseiserne Bänke sind aufgestellt.«[600] Spürbar lässt Berlin seine Nachwendegeschichte hinter sich, und die Journalistin hält den Moment fest: »Auf einmal hat sie also wirklich angefangen, die neue Zeit und die Zukunft unserer großen Stadt.« Man spüre es an vielen Einzelheiten. »Zum

Beispiel gibt es keine Umzugsdebatten mehr, jedenfalls keine mit ›ob‹ und fast keine mit ›wann‹«. Selbst die »Bouletten-Metropole« sei Vergangenheit – in der Gourmetzeitschrift »Feinschmecker« liege Berlin inzwischen mit der Zahl der besten Häuser an der Spitze. Und die Banken siedelten sich an den besten Adressen an, und die Baukosten seien so hoch wie sonst nur in Frankfurt.[601]

Aber die Stadt erlebt ja auch einen Wechsel ihres Aggregatzustandes. Aus den Gerüstgebirgen und Kranwäldern, die die Berliner Mitte beherrschen, schälen sich die Konturen einer neuen Stadt heraus. Plötzlich springen Blicke auf, die Urbanität signalisieren, kehren Straßen und Plätze wieder, die die Teilungszeit untergepflügt hatte, bilden sich Räume und Perspektiven neu. Zum Beispiel der Pariser Platz, den der Neubau des alten Hotels »Adlon« wiedererweckt. Schon die ersten Mauern, mit denen der Bau sich auf die kahle Fläche am Brandenburger Tor schiebt, evozierten die Ahnung des einstigen Platzes. Aber noch beim Richtfest Mitte 1996 geht der Blick bis zum Reichstag, ohne irgendeinen Halt zu finden. Ein Jahr später ist der Platz schon zur Hälfte wiedererstanden, geformt vom »Adlon« und dem Max Liebermann Haus und der Dresdner Bank auf der Gegenseite. Ein paar Hundert Meter weiter: Die Bauten »an der Südspitze des Terrains, das sich Potsdamer Platz nennt, sind fertig, das Stadtstück von Daimler-Benz gewinnt Kontur«, notiert Felix Zwoch, der Chefredakteur der »Bauwelt«. »In der Uferstraße am Landwehrkanal sind die Fronten wie über Nacht in Erscheinung getreten.« Nun stehe auch »nicht mehr zur Debatte, welche Planung die richtigere oder welcher Wille auf dem besseren Weg sei«.[602] Nicht anders in der Friedrichstraße, die zu einer großstädtischen Straßenschlucht geworden ist, und bei dem komplett wiederhergestellten Gendarmenplatz. Die Stadt »arbeitet hart an ihrer Sichtbarkeit«, heißt es in der »Frankfurter Allgemeine Zeitung«.[603]

Allerdings ist das neue Berlin immer noch umgeben von Fragmenten und Wüsteneien. Es gibt Straßen, »da ist die Zukunft

60 Meter lang, dann stolpert der Passant in die Vergangenheit – oder ins Nichts. Der Fuß, der eben noch auf neue Gehwegplatten trat, stößt sich an altem Pflaster oder rutscht in tiefen Sand. Die Stadt zeigt in der Mauser ein Flickfell, frischen Glanz zwischen stumpfen Büscheln, dazwischen kahle Haut.«⁶⁰⁴ Bauten und Blicke werden bedrängt von aufgeschütteten Erdbergen, ramponierten Häuserresten und dem Eindruck herabgekommener Gestrigkeit, die sich hartnäckig in den Querstraßen hält. Gewiss, tagsüber drängen sich in der Friedrichstraße die Touristen, bestaunen die neuen Fassaden, und ihre Schritte hallen wider in den Marmorquartieren, die sie neugierig visitieren. Aber die meisten Häuser sind noch unvermietet, gekauft wird wenig, und die neuen Geschäfte mit den großen Markennamen kämpfen ums Überleben. Als Stadtraum leben diese Straßenzüge nur von morgens bis abends. Kaum dass die Büros und Geschäfte schließen, zieht sich die Stadt zurück, leeren sich die Straßen, und die Innenstadt wird wieder eingeholt von dem Hauch einer dahingeschiedenen Zeit, von Stille und Öde.

Überhaupt fühlt sich Berlin noch keineswegs sicher in seinem Status als künftige Hauptstadt und Metropole. Zwar herrscht nun tatsächlich eine neue Gründerzeit, die Sogwirkung der Stadt in die alte Bundesrepublik hinein nimmt zu, aber wirklich Fuß gefasst in der rasanten Veränderung, mit der sich ihre Zukunft anbahnt, hat sie noch nicht. Mit geradewegs sehnsüchtiger Hingabe stürzt sich Berlin auf Ereignisse, die einen Vorschein von dem vermitteln, was die Stadt werden will, und die ihr zugleich versichern, was sie einmal war. Das neue »Adlon« zum Beispiel, errichtet am historischen Platz, wird von der Kritik als »Theatercoup«⁶⁰⁵ und schlechte Architektur abgetan, weil es keineswegs – wie es vorgibt – eine Rekonstruktion des alten Hotels ist, sondern ein Neubau, der das berühmte Haus und seine Aura nur nachspielt, das freilich mit Charme. Doch es erfährt im Sommer 1997 eine Wiederauferstehung, von der sich gleich die halbe Stadt mit aufgerichtet fühlt. Kein Geringerer als Bundespräsident Roman Herzog nimmt die Eröffnung vor, die legendäre Geschichte des Hauses wird wieder und wieder erzählt, alles schwelgt in Erinnerungen, seien es eigene oder auch nur angelesene.

Tatsächlich kennzeichnet es die Situation der Stadt, dass sie ihre Zukunft mit Vorliebe über die Feier und Vergegenwärtigung ihrer Vergangenheit zu gewinnen versucht. Ihre Wiederherstellung hat eine unübersehbare Neigung zum Restaurativen, selbst da, wo es nichts zu restaurieren gibt. Die »Umschaffung Berlins« fällt – wie der Essayist Heinrich Wefing schreibt – mit einer »Neuentdeckung des Gewesenen« zusammen. »In einer merkwürdigen Gleichzeitigkeit schaute die Hauptstadt in ihre Zukunft und fixierte ihre Vergangenheit ... Mitunter schien es, als kreise alles Denken und Reden um die Erinnerung, um Einbußen und Zerstörung – und um die Wiedergewinnung des Verlorenen.«[606] Dass sich in den Buchhandlungen kaum etwas so gut verkauft wie Bildbände mit alten Berlin-Ansichten, verliert seinen Symptomcharakter auch dadurch nicht, dass es einem verbreiteten Trend der Zeit entspricht. Denn nirgendwo ist er so dominant wie in dieser Stadt, in der das »Suchbild zum Leitbild«[607] wird.

Daneben häufen sich in der Stadt die Hängepartien. Der Plan eines Holocaust-Denkmals geht unter Beifall und Protesten – Letztere überwiegen – in eine zweite Wettbewerbsrunde; sie führt Ende 1997 nicht weiter als bis zur Nominierung von vier neuen Entwürfen und deshalb auch nur zu neuerlichen Debatten. Das Projekt eines Jüdischen Museums droht im Konflikt zwischen Senat und Jüdischer Gemeinde Schaden zu nehmen. Dafür gibt sich die Stadt einer ausufernden Auseinandersetzung über eine »Zweitwohnungssteuer« hin; sie würde gerade die Abgeordneten und Beamten zur Kasse bitten, die demnächst Berlin zur Hauptstadt machen sollen. Der Eindruck macht sich breit, Berlin sei groß vor allem im Zerreden von Chancen, komme aber bei den wichtigen Themen nicht voran. Es steigt der Pegel der Ungeduld, der Frustration, der Unzufriedenheit. Bitter klagt das Feuilleton der »Süddeutschen Zeitung«: »Von wegen Hauptstadt-Hektik: In Berlin herrscht Schneckentempo.«[608]

Doch das alte Ringen um Schloss und Palast erreicht erstaunlicherweise eine neue Ebene. Zwar schwankt das Schicksal des Palastes im Wind der gegensätzlichen Urteile wie ein Schiff auf hoher See, und der Verlegenheitszug eines Investoreninteressenbekundungsverfahrens, das eine Bebauung in öffentlich-privater Partnerschaft anstrebt, geht aus wie das Hornberger Schießen. Aber die Ausschläge der Debatte verlieren an Heftigkeit. Das Interesse an dem fantasielosen Gebäuderiegel des Palastes lässt in dem Maße nach, in dem in dem schönen Geviert von Gendarmenmarkt und Linden, Zeughaus und Altem Museum urbanes Leben erwacht, und das Argument, einer Rekonstruktion fehle die Authentizität, büßt an Gewicht ein gegenüber der Bedeutung, die das Schloss als Anker des Stadtbildes für Berlin hat. Zu beobachten ist der faszinierende Vorgang, wie ein emotional hoch aufgeladenes Thema langsam, aber sicher in die Bahnen einer konsensfähigen Debatte einbiegt. Nun schreit keiner mehr auf, wenn dafür plädiert wird, den leeren Raum in der Stadtmitte mit einem restaurierten Schloss oder einem an das Schloss angenäherten Baukörper auszufüllen, und niemand erblickt mehr im Palast ein »Volkshaus«, das man nicht aufgeben darf. Der groß angekündigte Endkampf: Stadtschloss gegen Palast der Republik, platziert als Finale in der Arena ost-westlicher Dissonanzen, findet nicht statt. Doch es dauert noch gut drei Jahre – und braucht den Schweiß einer Expertenkommission sowie den Geistesblitz, das Schloss als Humboldt-Forum zu deklarieren –, bis der Bundestag im Juli 2001 den Bau des Schlosses beschließt, dann allerdings mit erstaunlich deutlicher Mehrheit.

Angekommen sind Berlin und das Hauptstadtprojekt allerdings längst anderswo: in den Programmen der Verlage und den Regalen der Buchhandlungen. Eine Fülle von Berlin-Büchern ergießt sich über das Publikum. Im neuen Kulturkaufhaus mitten in der Stadt füllen die Berlin-Bücher – Stand Weihnachten 1997 – nach Recherchen der »Süddeutschen Zeitung« 36 Regalmeter: Stadtführer, Geschichtsbücher und Bildbände, neue Fotobände und alte Ansichten. Und das ist vermutlich nur ein Teil der Gesamtproduktion: Das Verzeichnis lieferbarer Berlin-Bücher zählt 4236 Titel, allein 1997 sind 382 dazugekommen.[609] Gemessen an diesem fotografischen und kommentierenden, nüchtern reiseführerhaften, nüchtern erzählenden und begeistert psalmodierenden Berlin-Bild bleibt das Grundgefühl der Stadt diffus. Baulärm, Autostau oder Wirtschaftsstillstand – das »Tagesgespräch Berlins ist das über seine Probleme«, stellt Volker Hassemer verärgert fest.[610]

Um eine Stimmungswende zu bewirken, proklamiert Hassemer, der Geschäftsführer von »Partner für Berlin«, einer Gesellschaft für Hauptstadtmarketing, ist, Anfang 1998 den Slogan »Das neue Berlin«. Er soll ein Leit- und Suchbild für die Stadt werden, die sich ihrer Kräfte noch nicht bewusst ist. Ein gut geschnürtes Marketingpaket aus Hauptstadtwerbung, Aufbruchpathos und Zukunftsvision soll die Stärken der Stadt hervorkehren und ihre Veränderung emotional unterfüttern. Denn der Fall der Mauer – so der langjährige Stadtentwicklungssenator – hat Berlin »keine Normalität beschert. Er hat eine Anormalität beseitigt«[611]. Das neue Berlin ist die Formel dafür, dass sich die Stadt ihre Lage in der Mitte Europas bewusst wird und ihre Stärken ausspielt, etwa die Verbindung von »urbaner Dichte mit Reichtum an Institutionen, Kultur und Landschaft«. Doch zum »neuen Berlin« gehört auch, dass das Erreichte nicht das ist, »was die Stadt heute ausmacht«, sondern das, was sie erreichen kann. Die Formel, in der Folgezeit fast totgeritten, sollte signalisieren, nach innen und außen – so interpretiert Hassemer ihre Absicht im Rückblick –, »dass man mit Berlin in ganz neuer Weise rechnen konnte und musste«.[612]

KAPITEL VII

Berlin und die Berliner Republik
Oder: Eine zweite Hauptstadtdebatte

> Ich wage es, die heutige Geschichte von Berlin
> als paradigmatisch anzusehen. Ein groß angelegter
> Intelligenztest zum Ausgang des Jahrhunderts.
>
> GYÖRGY KONRÁD[613]

Die Hauptstadt in Sichtweite

Er könnte sich wie der Mann Moses fühlen, der das Volk Israel durch die Wüste geführt hat, aber das gelobte Land nur von Ferne sehen durfte. Drei Jahre hat Klaus Töpfer als Umzugsbeauftragter der Bundesregierung das Hauptstadt- und Umzugsprojekt erfolgreich durch die Strudel der Planungs- und Entscheidungsphase gesteuert, doch die Wiedereinsetzung Berlins in den Hauptstadtrang wird er nur von Nairobi aus beobachten können. Dort befindet sich der Sitz der UN-Umweltschutzorganisation, und Töpfer, der sich seinen Ruf in den Achtziger- und frühen Neunzigerjahren als Minister für Umweltschutz erworben hat, entschließt sich im Herbst 1997, die ihm angetragene Aufgabe des Exekutivdirektors zu übernehmen. Es ist ein Abschied voller Emotionen, der sich über Wochen hinzieht. Denn die Berliner wissen, was sie dem Minister verdanken, und auch Töpfer kann seine Berliner Mission als Erfolgsgeschichte betrachten. In einem hoch komplizierten, oft auf der Kippe stehenden Prozess hat er Zutrauen und Zuversicht gebracht. Er hat durchgesetzt, dass die Regierung in Altbauten umzieht und den Umzug damit verstärkt in den Dienst der Stadtreparatur gestellt. Obwohl Bonner und Berliner seine Kompromissbereitschaft oft arg auf die Probe gestellt haben – die Bonner mit ihrem Lobbyismus, die Berliner mit ihrer Hysterie, in allem und jedem eine Verzögerung des Umzugs zu wittern. Was aber die Sache, wie er einräumt, am Ende doch vorangebracht habe.[614]

Jetzt jedoch befinden sich Umzug und Hauptstadt tatsächlich in Sichtweite. Eben erst, im November 1997, hat der Bundestag dem Zeitplan des Ältestenrates zugestimmt und damit das jahrelange Ziehen und Zerren um die Termine des Umzugs beendet: Im April 1999 soll der Reichstag als Sitz des Bundestages eröffnet werden, in der ersten Woche nach der Sommerpause das Parlament seine Arbeit aufnehmen. Bis dahin sind es noch rund fünfhundert Tage, aber die Daten tauchen schon immer öfter in Berichten und Überlegungen auf. Was bedeutet: Von nun an gibt es die reale Absehbarkeit des Umzugs als Vorzeichen von allem, was sich vollzieht. Unterdessen macht sich angesichts des Zustands der Hauptstadtbauten in Berlin ein ungläubig-erwartungsfrohes Staunen breit: Das soll alles in ein, zwei Jahren fertig sein? Nicht zuletzt sind es Wahltermine, die den Rhythmus des Hauptstadtwerdens beeinflussen. Im Herbst 1998 sind Bundestagswahlen, dahinter zeichnen sich bereits die Berliner Wahlen im folgenden Jahr ab. Und als Anfang März der niedersächsische Ministerpräsident Gerhard Schröder einen überraschend hohen Sieg bei den Landtagswahlen feiert, setzt mit einem Schlag der Machtkampf um die Ablösung der seit siebzehn Jahren amtierenden Regierung Kohl ein. Und Berlin wird zu einer Position in dem politischen Spiel, das nun beginnt. Denn die Wahlen gelten zwar der Regierung in Bonn, aber der eigentliche Zielpunkt ist schon die künftige Hauptstadt: Der nächste Regierungschef wird der erste Regierungschef der Bundesrepublik in Berlin, der Berliner Republik.

Es ist dieser Begriff, der zum Medium der laufenden Ereignisse wird. Nicht zuletzt, weil sich um die Berliner Republik eine uferlose Debatte entfaltet – Hintergrundgeräusch und Turnier-platz für Thesen und Ansichten, in denen sich die Differenzen eines ganzen Jahrzehnts niederschlagen. Den ersten Stein hatte 1995 der Publizist Johannes Gross ins Wasser geworfen. Sein Buch skizzierte die Berliner Republik als moderate Fortführung der Bonner Republik unter den neuen Bedingungen des vereinten Europa.[615] Zu diesem Zeitpunkt hat sich der Begriff allerdings schon längst in den politischen Wortschatz eingeschlichen und seine eigene Dynamik entwickelt.[616] Die Debatte über die Ber-liner Republik wird sozusagen zum Mündungsdelta der Umbrü-che und Umstellungen, die Stadt und Republik seit der Wieder-vereinigung durchgeschüttelt und durchgeknetet haben. Denn so kontrovers, so spitzfindig diese Diskussion oft geführt wird: Sie gibt dem Umzug, dem Ortswechsel, dem Zankapfel die tiefere Bedeutung. Sie öffnet sie für die unumgängliche Grundsatzde-batte über die deutsche Situation und schafft eine Atmosphäre, in der das Neue überhaupt erst »die Chance erhält, zum Thema zu werden«[617]. Die Diskussion macht aus dem technokratisch-logistischen Ereignis, zu dem der Umzug zunehmend geworden ist, das Politikum, liefert ihm das Schwungrad der Emotionen und setzt den großen Vorgang ein in die Geschichte der Bundes-republik. Ja – denkt man daran, dass der Begriff sich an die Repu-blik von Weimar anlehnt –, in die deutsche Geschichte überhaupt.

Hoffnung auf ein neues Selbstverständnis

Erstaunlicherweise lässt sich der SPD-Kanzlerkandidat Gerhard Schröder auf diese Debatte ein und räumt der künftigen Haupt-stadt einen Platz in seiner Kampagne ein. Bislang ist er in der Öffentlichkeit vor allem als handfester Auto-Lobbyist und Ver-körperung der am Horizont aufziehenden Mediendemokratie wahrgenommen worden. Nun verspricht er eine Erneuerung von

Politik und Gesellschaft. Der Abschied von der Ära Kohl, der Anspruch der Nachkriegsgeneration auf die Übernahme der Führung der Republik und der politische Mentalitätswechsel, für den er selbst steht – passt das alles nicht wie von selbst zu dem anstehenden Bonn-Berlin-Wechsel? Ganz in diesem Sinne proklamiert Schröder Berlin als »große Hoffnung« und den Umzug »als einen Aufbruch und eine unerhörte Chance«: Deutschland werde »einfach größer und großzügiger werden müssen in einer solchen Stadt«.[618] Schon sehen Kommentatoren hinter Schröders Profil »nicht mehr das Siebengebirge und das Abgeordnetenhochhaus, sondern das Brandenburger Tor und die Reichstagskuppel«[619].

Mit dem Gedanken, erstmals einen Staatsminister für Kultur zu ernennen und dafür den Journalisten und Verleger Michael Naumann zu gewinnen, treibt Schröder die Kampagne für seine Kanzlerschaft voran und besetzt ein Feld, das gerade für Berlin von hoher Bedeutung ist. Demgemäß vollzieht sich der Auftritt des Kandidaten auf der politischen Bühne auch höchst medienwirksam, mit Verve ebenso wie mit provokativer Brillanz, wofür in erster Linie die aus der Hüfte geschossenen Thesen des Ministerkandidaten zu den heikelsten Themen der aktuellen Debatte stehen: der Wiederaufbau des Schlosses und die Errichtung eines Mahnmals für den Holocaust. Denn der SPD-Kandidat spricht sich für den Wiederaufbau des Stadtschlosses und gegen das Mahnmal aus – bisher war die SPD eher gegen das Schloss, das notorisch als konservatives Projekt gilt, während alle wohlmeinenden Köpfe das Mahnmal befürwortet haben. Beide Volten erfüllen die Absicht, »den Umzug nach Berlin kulturpolitisch vorzubereiten«. Denn in der neuen Hauptstadt soll, so Naumann, nicht nur eine neue Regierung, sondern »auch ein neues Selbstverständnis, und zwar ein spielerisches, ein fantasievolles, ein künstlerisches Selbstverständnis der Bundesrepublik« sein Podium finden.[620] Mit einem Kultur-und-Politik-Spektakel, zu dem sich alles, was Rang und Namen hat, im Theater am Schiffbauerdamm versammelt, hat

Berlin seinen Auftritt im Wahlkampf, und schließlich wird auf dem Gendarmenmarkt dessen Endspurt eingeläutet: Auf dem Platz im Ostteil, der in den letzten Jahren immer mehr ins Zentrum gerückt ist, ruft Gerhard Schröder Ende August zum politischen Neuanfang in einer Berliner Republik auf.

Der Coup der Ministererfindung gibt sich selbstbewusst als Rettungsaktion in einer Notlage – sprachkräftig apostrophiert Michael Naumann die Bundesrepublik als »kulturpolitische Sahelzone«, beherrscht von einer »fantasiefeindlichen, innovationsfeindlichen Politik«.[621] Der heftige Ton verdeckt, dass der neue Minister auf einen fahrenden Zug aufspringt. Gerade in der Regierungszeit Helmut Kohls hat der Bund sein kulturelles Engagement in der Stadt massiv vorangetrieben. Kulturpolitisch haben sich die Kraftlinien der Bundespolitik schon nach Berlin verlagert, bevor der Umzugstross überhaupt die Stadt erreichte, kühl an den Ländern und auch an Berlins politischer Klasse vorbei. Denn es ist mittlerweile der Kanzler, so konstatiert Frank Schirrmacher, Kulturchef der »Frankfurter Allgemeinen Zeitung«, der »über die Ausführung des Holocaust-Mahnmals in Berlin ebenso entscheidet wie über einen Museumsanbau im Deutschen Historischen Museum«. Mit alledem gewinne der Bund Einfluss auf »wesentliche Produktionsstätten des künftigen deutschen Bewusstseins«.[622] Er bestellt das Neuland, das Wiedervereinigung und Hauptstadtprojekt entstehen ließen. Die Erfindung eines Staatsministers für Kultur liegt ganz auf dieser Linie und ist ein Eckstein der neuen Rolle Berlins und der Berliner Republik. Naumanns gelegentlich irritierendes Temperament und sein ungestümer Wirkungswille gibt dieser Innovation Profil und Farbe. Sie belegt, wie sehr der Bund bereits Teilhaber der Stadt ist. Allerdings: Das Umzugsdogma von der Aufteilung der Regierung wiegt allemal noch so schwer, dass dem neuen Minister lediglich ein paar Büros im Staatsratsgebäude eingeräumt werden; der Beamtenapparat verbleibt in Bonn.

Alltag vor dem Sturm

Inzwischen wirft der Umzug nicht mehr nur seine Schatten voraus. In Bonn drängen sich bei Immobilienbörsen Tausende, um sich über Wohnungen, Finanzierungshilfen und Speditionsangebote zu informieren. Zum Reizthema wird die Schule, bei dem die Bonner Verhältnisse, die Erfahrungen einer wohlgeordneten bürgerlichen Mittelstadt, vernehmlich mit denen in Berlin zusammenstoßen, einer ausgeprägt andersartigen, sozial strapazierten Großstadt. Auch der Ruf des Berliner Schulwesens, der nicht der beste ist, veranlasst viele Eltern zu besorgten Fragen: Wo finden sich in Berlin Gymnasien, die das Niveau der Bonner Schulen halten? Kann man im Osten zur Schule gehen? Wie werden die Kinder mit dem härteren Klima an den Berliner Schulen und den größeren Entfernungen zurechtkommen? Währenddessen zerreißt sich der Rest der Republik den Mund über das umfängliche Paket von Trennungsgeldern, Flugkostenbeihilfen und Mietzuschüssen, die den umziehenden Beamten gezahlt werden: Sind das notwendige soziale Flankierungen der Belastungen, die der Umzug für sie mit sich bringt? Oder »goldene Brücken«, um die Bonner bei Laune zu halten? Oder nicht überhaupt unerträgliche Privilegien? Jedenfalls sind es Leistungen von solcher gesuchten Spitzfindigkeit und bürokratischer Unübersichtlichkeit, dass sich daraus leicht spöttische Schlagzeilen vom Format »Bund zahlt Umzug auch für Hunde«[623] oder »Erster Klasse nach Berlin«[624] basteln lassen.

Aber trifft der Begriff »Umzug« dieses Unternehmen überhaupt? »Verniedlichend«, ja, »völlig unangemessen« nennt ihn ein Parlamentsexperte, der seinen Bundestag kennt.[625] Und kann man ihm widersprechen? Schon die Dimensionen des Unternehmens spotten dieser Beschreibung. Das etwa sind die Daten, die die Größenordnungen des Umzugs erahnen lassen, der nicht nur den Bundestag selbst betrifft, sondern auch eine Fülle von Institutionen und Einrichtungen, die in seinem Sog mitwandern: im Bundestag 669 Abgeordnete, dazu rund 2000 Mitarbeiter in der Parlamentsverwaltung, zumindest 2500 Mitarbeiter von Abgeordneten und Fraktionen. Etwa 10 000 Mitarbeiter der Ministerialbürokratie. Grob kalkuliert 18 000 Beschäftigte bei Verbänden, Berufsvertretungen und sonstigen Organisationen. Wenigstens 5000 Medien-Leute. 6000 Diplomaten. Alles zusammen 30 000 bis 40 000 Personen, nicht gerechnet den familiären Anhang. Kurz: Dieser »Umzug« ist ein Ereignis, das jenseits aller Vorstellungen liegt, die sich mit diesem Begriff verbinden. Es ist die »historisch vorbildlose Neugründung einer Hauptstadt in einer Hauptstadt«[626].

Eine spektakuläre logistische Superaktion ist der Umzug ohnehin. »Wir müssen den Bundestag in seine Einzelteile zerlegen und in Berlin wieder zusammensetzen«, beschreibt der Leiter der Projektgruppe »Steuerung Umzug Berlin« die Aufgabe.[627] Die Operation verwandelt den Bundestag gleichsam in der Manier des italienischen Renaissancemalers Archimboldo, der Gesichter und Situationen aus Früchten, Gemüse und Blumen komponierte, nur dass es sich beim Parlament um Schreibtische, Computer, Kaffeeautomaten und Zimmerpalmen handelt. Alles bekommt Strichcode-Etiketten und wird in einer zentralen Umzugsdatenbank erfasst. Die Abgeordneten sitzen indessen in ihren Bonner Büros, 500 Kilometer entfernt von dem noch im Bau befindlichen Regierungsviertel, vor sich eine Art Einrichtungspuzzle, um »die Räume, die wir nicht kennen, mit Möbeln und Einrichtungsgegenständen zu planen, die wir nur zum Teil kennen«, und um »alles verkleinert auf einem Plan so lange hin und her zu schieben, bis unsere neuen Domizile eingerichtet sind«.[628] Dazu kommen die Größenverhältnisse: Allein im Bundestag handelt es sich um 50 000 Kubikmeter Umzugsgut, Möbel, Akten und eine große Bibliothek. Für die Spediteure ist es ein Jahrhundertgeschäft. Den Zuschlag für die Koordination bekommt übrigens eine Münchner Firma, die Flughafen München GmbH. Sie hat sich durch den Umzug des Münchner Flughafens empfohlen, den sie vor sechs Jahren in nur einer Nacht bewältigt hatte.

Währenddessen herrscht in Bonn Alltag vor dem Sturm. Das Spannungsverhältnis zwischen Bonn und Berlin köchelt weiter, wenngleich auf kleinerer Flamme. Mit kaum verhohlener Genugtuung wertet zum Beispiel eine Kölner Zeitung die gesteigerte Nachfrage nach Kleinappartements in Berlin als Indiz dafür, dass immer mehr Bundesbedienstete gar nicht umziehen, sondern nur pendeln wollen.[629] Ist der »Osten für Bonner nicht fein genug?«[630], fragt eine Berliner Boulevardzeitung in ihrer Schlagzeile, weil der Wohnungsbau für Bundesbeamte in dem Ostberliner Stadtteil Karlshorst wegen mangelnder Nachfrage zurückgefahren wird. Vor allem Verteidigungsminister Volker Rühe gerät ins Bonner Abwehrfeuer: Entgegen der Umzugsvereinbarung besteht er hartnäckig darauf, mit seinem Führungsstab nach Berlin zu gehen, und das wird ihm unentwegt als Versuch ausgelegt, den Bonner Anteil am Berlin-Bonn-Kompromiss zu untergraben. Ohnedies ist das Riesenunternehmen ein endloser Anlass zum Murren und Murmeln: Wollen die Berliner uns überhaupt, fragen die Bonner, die andererseits überall die Gefahr eines Rutschbahneffekts von Bonn nach Berlin wittern. Die Berliner bewahren ihr Misstrauen gegen die Bonner und begegnen ihnen mit jener dosierten Freundlichkeit, die sie für großstädtisch halten. Und liegen nicht überhaupt Welten zwischen Bonn und Berlin? Zwischen dem »kaputten, teilungsgeschädigten, ruppigen Osten und den Wohlstandspuppenstuben«[631] in Bonn – Wohnungseigentum in Berlin 10 Prozent, 80 in Bonn –, der Bonn-Berliner »Kulturschock« ist sozusagen die Morgengabe des Umzugs. Die groteske Pointe für die Bonn-Berliner kulturelle Verwerfung liefert der Versuch, in Berlin den rheinischen Karneval zu feiern, unternommen von der »stäv«, der Ständigen Vertretung, dem Bonner Kneipenimport.

Weil die Bewohner des Hauses hartnäckig wegen Ruhestörung protestieren und das Bezirksamt sich nicht zu einer Ausnahmeregelung bewegen lässt, schunkeln die Jecken mit aufgesetzten Kopfhörern. Vor einem öffentlichen Rosenmontagszug zucken sie zurück und ziehen in die Abfertigungshalle des früheren Ost-West-Übergangs an der Friedrichstraße, weltbekannt geworden als »Tränenpalast«, der zu einem Klub geworden ist.

Aber der Countdown läuft. Im Wettstreit mit den Umzugsterminen nehmen die künftigen Schauplätze der Politik ihre endgültige Gestalt an. Mit dem Spatenstich für das dritte Bürogebäude des Bundestags, das spätere Marie-Elisabeth-Lüders-Haus, wird jetzt auch der »Spreesprung« in Angriff genommen, die Überwindung der Spree mit einer doppelten Brücke, und damit das wichtigste Glied in jenem »Band des Bundes«, das die städtebauliche Grundfigur des Regierungszentrums bildet. Es wird mit seiner Verbindung von Parlament und Flussbiegung dem Regierungsviertel die eindrucksvollste Passage einfügen – Kritiker werden sich enthusiasmiert an Venedig erinnert fühlen.[632] Doch wird auch klar, dass die Regierung nun doch auf eine Baustelle ziehen muss – die Versicherung, dass der Berliner Anfang ohne Provisorien auskommen werde, versickert in Verzögerungen, unverhofft auftauchenden Schwierigkeiten und notwendigen Umplanungen. Nicht zuletzt die Bundestagsbauten im Spreebogen drücken auf die Termine, auch wegen des Baugrundes, der – überall Wasser, überall Sand – schwieriger ist als angenommen.

Anderswo ist man – wie die Beschwörungsformel der Stunde heißt – »im Zeitplan«. Unter dem Spruchband »Das Auswärtige Amt freut sich auf Berlin« wird der Grundstein für den Erweiterungsbau dieses Amtes gelegt. Gegenüber dem Reichstag, der selbst noch eingerüstet ist, wachsen die Rohbauten für das Bundeskanzleramt aus dem Boden. Für die gewaltige Brache mitten im Regierungsviertel, die für die Ländervertretungen vorgesehen ist, beschließt der Senat immerhin den Bebauungsplan. Und nach zwei Jahren Abwesenheit, in denen die Spree wegen des Tunnelbaus unter dem Regierungsviertel umgeleitet worden war, kehrt sie im Juli 1998 langsam und gluckernd in ihr altes Bett zurück. Und für ein paar Monate wird der idyllische Flussbogen wieder erahnbar, den Berlin an dieser historischen Stelle zeigte, die erst ein vornehmes Stadtviertel war, dann ein halbes Jahrhundert ausgesetzte Grenzzone. Bis die gewaltige Baustelle des Hauptbahnhofs die Gegend aufgräbt und ein Kapitel Stadtgeschichte unter sich begräbt.

Am Ende dieses Sommers wird sichtbar: Berlin verfügt über zwei neue, das Bild der Stadt prägende Sinnbilder und Wahrzeichen – herausragende, urbane Sichtmarken an den entgegengesetzten Enden der noch immer leeren Mitte, die eine für den Staat, die andere für die Stadt, beides Symbole des neuen Berlins. Wie ein Gestirn erhebt sich nun die Reichstagskuppel über der Silhouette der Stadt, ein »gläserner Lampion« (Wefing), der zwischen Dächern und Baukränen schwebt, und schon ihre erste Probe-Illumination in einer Märznacht lässt die Attraktion ahnen, zu der sie am Himmel über Berlin werden wird. Sie überstrahlt locker die Verrenkungen, die die Innengestaltung des Hauses produziert: das Ringen um den Adler im Plenarsaal, bei dem es nach zahllosen Entwürfen am Ende doch wieder faktisch auf die »fette Henne«, das behäbige Bonner Wappentier, hinausläuft; den Streit um die Farbe der Sitze, bei der sich der Architekt schließlich mit einem lilaartigen Blau zufriedengibt, dem »Reichstagsblue«; den Protest ostdeutscher Bürgerrechtler gegen die Aufnahme des Leipziger Malers Bernhard Heisig in das Kunstprogramm des Hauses – ihm wird vorgehalten, Staatskünstler gewesen zu sein.

Der Potsdamer Platz beschert dann der Stadt schon so etwas wie das Vorgefühl ihrer urbanen Wiederherstellung. Als er am 2. Oktober 1998, einem bitterkalten Herbsttag, eröffnet wird – die Temperaturen liegen nur wenig über null Grad –, ist halb Berlin auf den Beinen und die ganze Stadt aus dem Häuschen. Berlin feiert sich selbst – mit Festaktworten des Bundespräsidenten, gewaltigem Gedränge, einer Kauforgie in den ganztägig geöffneten Geschäften und eine Laser- und Feuerwerksshow. Es ist ein Ereignis – nicht eigentlich wegen der Architektur, sondern als städtebauliche Sensation. Eine Stadt in der Stadt, aus dem Boden gestampft mit Straßen, Ecken und Plätzen. Ein Akt der Wiederbelebung an einem zentralen Ort, mit dem ein halbes Jahrhundert Ödnis und politische Abgrenzung ausgelöscht werden. Nur die Ungewissheit, ob das der Stadt eingesetzte Kunstherz auch nach dem Fest weiterschlagen wird, hängt als Ungewissheit über dem neuen Viertel. Sie löst sich schnell in Wohlgefallen auf. Auch an den kommenden Wochenenden ist der Platz überlaufen.

Alle wollen nach Berlin

Hat die Stadt es also geschafft, der Achterbahn der Gefühle zum Trotz, die sie seit ihrer Vereinigung absolviert hat? Es ist wahr: Berlins Ruf wächst sprunghaft, seine Ausstrahlung wirkt elelektrisierend, vor allem auf junge Leute, in Deutschland wie im übrigen Europa und in der Welt. Die jährliche Deutschland-Beilage der »Financial Times« zum Beispiel ist ganz auf Berlin gestimmt, Deutschland, das ist, so der Blick des Blattes, immer mehr Berlin.[633] Aber was macht die Stadt diesseits dieses Aufstiegs in die Liga der Metropolen aus, was macht sie zur Berühmtheit in den Entwicklungen des ausgehenden 20. und des herannahenden 21. Jahrhunderts? Je stärker sich Berlin profiliert, desto weniger befriedigen die Antworten. Das Berlin, das auf dem besten Weg ist, seinen Part als deutsche Hauptstadt zu übernehmen und eine weltweite Rolle dazu, ist die gleiche Stadt, die nicht herausfindet aus ihren Problemen. Ihr zaghaft sprießendes, oft auch nur trotzig behauptetes Selbstbewusstsein wird immer wieder von Konflikten und Krisen konterkariert. Und manchmal sind es auch nur unglückliche Zufälle: Die Wiederinbetriebnahme der Stadtbahn, der Hauptschlagader des städtischen Verkehrs, wird nicht – wie geplant – zum Fest, sondern zum organisatorischen Desaster. Der neue Anfang endet in stundenlangen Staus, endlosen Verspätungen und einem beispiellosen Chaos.[634] Und das halbe Jahrhundert der Luftbrücke zum Beispiel wird im Juni 1998 groß gefeiert. Unter lebhafter Anteilnahme ihrer Bewohner hält sich die Stadt noch einmal die historische Bedeutung vor Augen, die dieser Akt der Selbstbehauptung für den Gang der Geschichte gehabt hat, und der amerikanische Präsident Bill Clinton zeichnet das Ereignis durch seinen Besuch aus. Doch ziemlich zur gleichen Zeit stellt die Fluglinie Delta den einzigen Direktflug nach Amerika ein und macht Berlin zur Luftfahrtprovinz.

Vor allem aber wird Berlin eingeholt von Folgen und Versäumnissen, die die Stadt zur Problemzone werden lassen – sozial, ethnisch, kulturell. Ein im Frühjahr 1998 vorgelegter »Sozialatlas« – eine Datensammlung, die Problemgebiete aufspüren soll – bringt es an den Tag: Seit der Wende haben sich die sozialen Strukturen auseinanderentwickelt, sind die Arbeitslosigkeit, die Zahl der Sozialhilfebezieher und auch die Bereitschaft zum Vandalismus gewachsen. Ganze Stadtquartiere scheinen bedroht von Armut, ethnischer Gettoisierung und Gewalt. In den Schulen dieser Bezirke steigt der Ausländeranteil, während die Deutschen in Bezirke ziehen, die fest in deutscher Hand sind. Kein Zweifel: In vielen Teilen der Stadt ächzt die Gesellschaft in ihren Fugen, vergrößern sich ihre inneren Spannungen, ist ihr Gleichgewicht bedroht. Kein Wunder, dass Ängste um sich greifen: Kommt das soziale Gefüge ins Rutschen? Gelingt es, den inneren Frieden in der Stadt zu bewahren? Der Befund ist umso ärgerlicher, als die Stadt sich fragen muss, ob in diese Entwicklung nicht auch eine Menge von eigenen Fehleinschätzungen und Selbsttäuschungen eingegangen sind. »Die stark zunehmende Zahl ausländischer Schüler galt als Weltoffenheit, die Verwahrlosung ganzer Viertel als metropolitanisch, die Akzeptanz von Zerstörungswut und Kleinkriminalität als liberal.«[635]

Die Politik reagiert, wie Politik reagiert: mit Initiativen und Aktionen und guten Absichten, es gibt »Innenstadtkonferenzen«, und Senatoren und Bezirksbürgermeister erörtern, was zu tun sei. Doch jenseits davon zieht das Thema seine Spur durch die Öffentlichkeit wie ein Brandpfeil. Das Ausländerproblem rückt im Problemhaushalt der Stadt ganz nach vorn und zieht ganze Bündel kontroverser Themen nach sich. Die Debatte verbeißt sich in das Für und Wider der Integration. Die schillernde Vision einer »multikulturellen Gesellschaft« trifft auf die Frage, ob die deutsche Gesellschaft von Ausländern ein Bekenntnis zur deutschen Kultur- und Wertordnung und, nicht zuletzt, ausreichende Sprachkenntnisse fordern müsse. Vor allem der streitbare Innensenator Jörg Schönbohm, ein ehemaliger General, drängt darauf – gleichsam in der »Personalunion von Feldherr und Minenhund«[636] –, diese Situation zum öffentlichen Thema zu machen, allerdings nicht, ohne zugleich den parteipolitischen Schlagabtausch zu befördern. In Reaktionen und Gegenreaktionen entsteht eher der Eindruck von Ratlosigkeit. Zur wirtschaftlichen Lage der Stadt, die anhaltend schlecht ist, kommen die Auseinandersetzungen der Parteien. Und die Große Koalition, die vornehmlich mit sich selbst kämpft, verbreitet den Eindruck von Unentschlossenheit und Unbeweglichkeit.

Einmal mehr finden viele, dass die Berliner Politik mit der Entwicklung der Stadt nicht Schritt halten kann. Gerät sie zunehmend auch deshalb in die Defensive, weil die Stadt in ihren Wünschen und Möglichkeiten schon weiter und anderswo ist, jenseits ihrer Koordinaten und Themen? Zwischen Stadtstaat und Stadt, zwischen der politischen Veranstaltung, die streitet, entscheidet und verwaltet, und der Gesellschaft, die in Berlin lebt, wächst die Distanz. Längst ist das neue Berlin auch mehr als eine faszinierende Perspektive. Bald zehn Jahre nach dem Mauerfall, sieben

Jahre nach dem Hauptstadtbeschluss gehört die Transformation Berlins zur Wirklichkeit der Stadt. Man kann es schon an der Einwohnerstatistik ablesen: Auf rund ein Drittel wird der Austausch der Bevölkerung seit der Wiedervereinigung der Stadt veranschlagt, im Schnitt von Zuzügen und Abwanderungen. Und Letztere ziehen zumeist nur aus Berlin weg, um in Berlin zu bleiben, im eigenen Haus oder in der Siedlung im Grünen; inzwischen wandern mehr Menschen ins Umland ab als ins Bundesgebiet.[637] Der Stadt ist eine neue, sie in ihrer Gänze betreffende Seite zugewachsen. Ihr Umbruch in Richtung Zukunft ist in vollem Gange.

Dieser Befund ist das Ergebnis der vielen Umzüge, die dem Hauptstadtumzug vorausgegangen sind oder ihn begleiten, von Organisationen, Verbänden und Vertretungen, aber auch und vor allem von Menschen, die es in die Stadt zieht. Gerade in seinen beweglichen Teilen der Bevölkerung besteht die Stadt mittlerweile zum nicht geringen Teil aus Berlinern, die gerade drei, vier oder fünf Jahre in der Stadt sind – Zugezogene aus allen Teilen der Republik, Ausländer aus aller Herren Länder, junge Leute auf der Suche nach Herausforderung und Selbstverwirklichung, Geschäftsleute, Kreative und Ruheständler, die von der Stadt Anregung und Möglichkeiten einer erfüllenden Betätigung nach dem Berufsleben erhoffen. Ja, wollen inzwischen nicht eigentlich alle nach Berlin? Zumindest bei Zweitwohnungen ist es längst die deutsche Hauptstadt, denn in der gesamten Bundesrepublik zieht es immer mehr Menschen nach Berlin, viele wollen zumindest einen Fuß in das neue Zentrum setzen. Aber ihr Berlin ist nicht mehr die von der Teilung gebeutelte Stadt, auch nicht die »Hauptstadt der Melancholie« (Klaus Hartung), zu der Berlin im Horizont Westberlins wurde. Berlin ist zu einer Stadt geworden, deren Möglichkeiten und Perspektiven als euphorisierendes Ferment in ihrer Gegenwart spürbar sind.

Auch hat das Leben in der Stadt inzwischen eine Form gewonnen, die selbst ein Ereignis ist – für ihre Bewohner, aber nicht weniger für viele Berlin-Beobachter in der Bundesrepublik und anderswo. In der Stadt ist etwas entstanden – und wird fortwährend neu entdeckt und eifrig beschrieben – wie ein neues Bild ihrer selbst, die Versprechung eines Bündels von Möglichkeiten, ebenso identitätssuchend wie, ansatzweise, identitätsverheißend. Zum Beispiel ist die Stadt zur bevorzugten Bühne der Eventkultur in Deutschland geworden – und zieht daraus einen nicht geringen Teil ihres Selbstgefühls. Das gilt selbst für die Loveparade, die von den meisten Berlinern vermutlich eher skeptisch beäugt wurde, die aber seit 1989, wo sie gerade einmal 150 Teilnehmer hatte, lawinengleich durch das Nachwendejahrzehnt rollt, bis sie im Umzugsjahr zum Großspektakel mit mehr als einer Million Teilnehmern wird. Berlin bildet den Humus für diesen »überraschenden kulturbiologischen Vorgang«[638], der für nichts steht als für die Faszination eines Gemeinschaftserlebnisses im Zeichen fröhlicher Enthemmung. Wie die Parade am Christopher-Street-Day oder der Karneval der Kulturen – vergleichbare Phänomene – entwickeln diese rauen und lauten Straßenpartys eine Anziehungskraft, die weit über Berlin hinausreicht und der Stadt vor allem in den Augen junger Leute ein faszinierendes Profil geben.

Aber die Stadt glänzt auch mit Ereignissen, die mit der gängigen Film- und Fernsehprominenz angeben können und ihren Niederschlag in den Fotostrecken der bunten Blätter finden. Die Kette der Galas und Preisverleihungen, der Empfänge und Präsentationen in Berlin wird endlos. Die Stadt wird zur Hochburg des Films, als Thema und als Drehort. 1998 stößt der Erfolg von »Lola rennt« – natürlich eine Berlin-Story – das Tor auf zu einem neuen deutschen Kinowunder, während man sich in der Stadt vor Kamerateams, die ihre Straßen und Plätze als »Location« nutzen, kaum noch retten kann. Ein aufgekratzter Lokalgeist treibt seine Blüten: Den Zwanziger-Jahre-Hit »Im weißen Rössel am Wolfgangsee«, locker-ironisch mit Publikumslieblingen inszeniert, muss jeder gesehen haben, und natürlich findet er in einem

Zeltbau statt, der augenzwinkernd »Bar jeder Vernunft« heißt; eine Mozart-Oper in einem alten Umspannwerk wird als »Don Giovanni im E-Werk« zum Dauererfolg; aus aufgelassenen Altberliner Brauereien werden Kulturzentren, und Kleinkunst, Kabaretts und eine ausgebreitete freie Szene bilden ein unverwechselbares kulturelles Mikroklima. Das Brandenburger Tor wird zur Bühne für Straßenfeste, Demonstrationen und Veranstaltungen. Berlin ist tatsächlich die »bewegte Stadt«, die der Titel eines Buches verkündet, das in die Tiefen und Untiefen der Szenekultur eintaucht, um dort Multikultimusik und die neuen Russen, Kultstätten des Poetry Slam und schräge Galerien zu finden.[639] Und wenn der Regisseur Steven Spielberg vom Bundespräsidenten das Bundesverdienstkreuz verliehen bekommt und im Park von Schloss Bellevue sechshundert Prominente in hell erleuchteten Zelten dinieren, erreicht selbst die Welt der Schönen und Reichen Berlin.

Und dann gibt es noch die endlose Debatte, ob eine Berliner Gesellschaft, eine »Stadtgesellschaft« entsteht – vorwiegend allerdings in Gestalt der Klage, dass es keine gebe. Sie zeigt immerhin an, dass die Stadt auf der Suche nach einer neuen Form, nach neuen Formen ihrer kollektiven Existenz ist. Und ist der von allen über die Jahre hin erwartete Aufbruch der Stadt aus ihrer Provinzialität, der fremd- wie der selbst verschuldeten, nicht kräftig im Gange? Überall werden Salons ins Leben gerufen und signalisieren zumindest die Sehnsucht nach einem gesellschaftlichen Leben. Für Berlin ist der Gedanke an die Zwanzigerjahre nicht mehr reine Augenwischerei und der Vergleich mit anderen Weltstädten nicht mehr nur peinlich. Es fehlt ja auch nicht an Ereignissen, die die Wiederkehr des Urbanen zeigen. Berlin erfindet zum Beispiel die »Nacht der Museen«, die Zehntausende auf die Beine bringt, nicht nur zum Besuch der Museen, sondern zu einem Erleben der Stadt, das zugleich eine Wiederbelebung ist; mittlerweile findet sie überall Nachfolger. Die Eröffnung der neuen Gemäldegalerie wird zu einem Ereignis, das ebenso der Vereinigung der seit vierzig Jahren getrennten Sammlung gilt wie der Feier der Wiedergeburt eines Kunstmuseums von Weltrang. Eine Ausstellung des Werkes von Adolph Menzel zeigt erstmals den »ganzen« wiedervereinigten Menzel, Ost- wie Westbestände – und in den begeisterten Besucherscharen eine Stadt, die die Bilder dieses großen Berliner Malers aufnimmt, um »ihre Identität zurückgewinnen zu können«[640]. Und an einem Aprilabend 1998 beginnt zum ersten Mal die öffentliche Verlesung der Namen der über 50 000 deportierten Berliner Juden, die an den beispiellosen Kulturbruch erinnert, den die Vernichtung der deutschen Juden gerade für Berlin bedeutet hat.

Dabei kann man gar nicht übersehen – nicht als Bewohner der Stadt, nicht als Tourist –, wie sehr Berlin noch immer mit dem beispiellosen Unfertigsein streitet, das das Erbe seiner jüngeren Geschichte ist. Die Exempel des Neuen, die Muster geglückter Wiederherstellung – der Potsdamer Platz, die restaurierten Regierungsgebäude, die Friedrichstraße, die zum ersten Male seit fünfzig Jahren in ihrer ganzen Länge begehbar ist: alles Inseln in einem Baustellenmeer. Das Zentrum mit dem Gewimmel der Bagger, Baubuden und Baumaterialien: immer noch ein Schlachtfeld, auf dem um das Wiedererstehen der Stadt gekämpft wird. Auch nach bald zehn Jahren Bauboom, so schreibt Heinrich Wefing, gleicht Berlin »einer Lochkarte, die die Stadt in die »Kategorien ›Diesseits‹ und ›Jenseits‹ einteilt, ›Hüben‹ und ›Drüben‹. Trümmergrundstücke zerreißen an allen Ecken und Enden das Raumkontinuum von Straßenfluchten und Platzwänden. Schüttere Robinienwäldchen vagabundieren auf Brachflächen. Parkplätze und Baracken kleben, dünnem Zivilisationsschorf gleich, auf dem märkischen Sand. Der ehemalige Todesstreifen, eine breite Schneise renaturierter Feldfluren inmitten der Steinwüste, zieht sich unübersehbar durch die Stadt«.[641] Und auch die Stadt selbst schwankt zwischen Hochgefühlen und Enttäuschungen: Ist

Berlin endlich auf der Höhe seiner Entwicklung zur Hauptstadt angekommen? Oder ist es vielmehr erschöpft von den Anstrengungen der letzten Jahre? »Phönix im Sand«[642] heißt das bissige Bonmot, mit dem Wolf Jobst Siedler, Berlin-Liebhaber und elegischer Zeitbeobachter, im Jahr vor dem Umzug seine Zwischenbilanz des Um- und Neubaus der Stadt überschreibt und auf den Begriff bringt.

Mit der großen Rochade in eine Geschichtsfalle

Man kommt auch nicht daran vorbei, dass der Untergrund von Sand und Mergel und gelegentlichen Findlingen, auf dem die Bauten der Hauptstadt entstehen, ziemlich akkurat dem historischen Boden entspricht, auf dem Berlin nun seinen Wiederauftritt hat. Denn das neue Berlin steht knöcheltief in den Überresten seiner Vergangenheit. Es ist der »Spiegel«, der sozusagen beim Landeanflug des Umzugs nochmals den Blick darauf lenkt, durchaus in seiner Rolle als bundesrepublikanisches Zeitgeistorgan. Was bedeutet es, wenn die deutsche Politik ihren Sitz in Berlin, diesem »Zentralfriedhof der deutschen Geschichte«, einnimmt, fragt Jürgen Leinemann, der Starautor des Magazins. Gerät Berlin als wiedererrichtete Hauptstadt in die »Fußspuren der früheren Machthaber, die sich an der Spree Monumente bauten«, mithin von Kaiserreich und, vor allem, Drittem Reich? Oder ist die neu-alte Stadt gerade der Versuch, gegen diese Vergangenheit »anzubauen«? Die »Spur des Bundes«, die von Axel Schultes entworfene Grundfigur des Regierungsviertels, durchkreuzt ja hoch symbolisch die Nord-Süd-Achse, die der monströsen Welthauptstadt Germania Hitlers und Speers die Struktur geben sollte. Oder ist das Ganze nur ein »neues Kapitel der unendlichen Geschichte misslungener Versuche, die Diskussion über die Vergangenheit abzuschließen«[643]?

Die Rückkehr der Hauptstadt nach Berlin stellt jedenfalls konkret vor Augen, was es heißt, in der Kontinuität der deutschen Geschichte zu stehen. An jeder zweiten Ecke, in jedem dritten Regierungsgebäude lauert die Möglichkeit eines Absturzes ins Bodenlose. Im Tiergarten, dem Eldorado der Spaziergänger und Jogger, kann man zum Beispiel die Stelle finden, an der einst die Kroll-Oper stand, in der das Ermächtigungsgesetz beschlossen wurde und Hitler mit der berühmten bellenden Zeitangabe – »Seit 5 Uhr 45 wird jetzt zurückgeschossen« – der Welt den Krieg erklärte. Die Sitzungen der europäischen Finanzminister werden künftig in dem gleichen, überdies aufmerksam restaurierten, Saal des Finanzministeriums stattfinden, in dem Göring mit seinem Generalstab den Luftkrieg vorbereitete. Das Wirtschaftsministerium wird seinen Sitz in einem Gebäude haben, in dem unter der Ägide der DDR-Justizministerin Hilde Benjamin in den Jahren des Stalinismus Schauprozesse stattfanden.[644] Dass dem Hauptstadtwerden etwas von einer Eroberung anhaftet, ändert nichts daran, dass die Bundesrepublik sich in einer Geschichtsfalle befindet. Mit der großen Rochade von Bonn nach Berlin verlässt sie die historische Schutzzone, die sie 1949 bezogen hat, und sucht die Nähe einer Gegenwart, die unübersehbar vom Schicksal des deutschen Nationalstaates geprägt ist. Aber war es nicht das, was die Mehrheit beim Berlin-Beschluss 1991 gewollt hat?

Es ist eine zweite Hauptstadtdebatte, die angesichts des herannahenden Umzugs aufflackert, und ihr Thema sind die Perspektiven und Probleme der Berliner Republik. Wie ein Blindgänger liegt der Begriff in der öffentlichen Diskussion, und viele, vom Kanzler bis zum Präsidenten, wollen ihn am liebsten unter Quarantäne setzen. Umso heftiger ist die Auseinandersetzung. »Es ist, als sei im Spreebogen eine riesige Leinwand aufgespannt, auf der Aufgeregte und Abgeklärte die Zukunft projizieren, deutsches Begehren, deutsche Ängste, deutsche Geschichte.«[645] Steckt in der Berliner Republik doch die Wurzel einer Abkehr von der »Bonner

Republik«, die es als Begriff übrigens bis dahin nicht gegeben hat, die aber nun zum Inbegriff der alten Bundesrepublik wird? Oder läutet sie die Befreiung der Deutschen von der selbst- und fremdbegründeten politisch-staatlichen Halbunmündigkeit ein, die die Existenzform der alten Bundesrepublik gewesen sein soll? Manche stellen die bisherige Lesart der Geschichte auf den Kopf: Ist die viel gerühmte Erfolgsgeschichte der vergangenen Jahrzehnte der eigentliche deutsche Sonderweg, während Deutschland mit der Vereinigung seine mitteleuropäische Berufung wieder gewinnt? Droht eine Verschiebung des politisch-intellektuellen Koordinatensystems, ein Wiederaufleben nationalistischen Denkens, ein Rückfall zumindest in die alten *incertitudes allemagnes*, mit denen die Deutschen so lange Europa beunruhigt haben? Oder zieht die Bundesrepublik mit den klassischen Nationalstaaten gleich und gewinnt in Berlin eine Hauptstadt statt der politischen Geschäftsstelle, die Bonn dargestellt hat? Dazu meldet eine »Generation Berlin« mit beträchtlichem Aplomb den Anspruch an, die Situation der Bundesrepublik aus der Erfahrung ihrer jüngeren Jahrgänge neu zu definieren.[646]

Dabei gibt es nirgendwo ein Indiz dafür, dass sich die Bundesrepublik mit dem Umzug von ihren Grundlagen losreißen könnte – Westbindung, Europa-Orientierung, Föderalismus. Weshalb also diese gravierende Wiederkehr der bekannten deutschen Political-Correctness-Erregung – mit der im Vorgefühl des neuen Anfangs nicht nur die Befürchtungen der Hauptstadtdebatte aufleben, sondern die Auseinandersetzungen um das Selbstverständnis der Bundesrepublik überhaupt, die die deutsche Öffentlichkeit über die Jahrzehnte hinweg umgetrieben hat? Tatsächlich beteiligt sich das halbe intellektuelle Deutschland daran, und die Literaturauswahl, die die »ZEIT« ihrer Artikelfolge zum Thema mitgibt, kann bereits ein Dutzend aktueller Titel aufführen. Ist es »verkappte Zukunftsangst, eine Angst vor Herausforderungen, Dimensionen, Entscheidungen, die der alten Bundesrepublik unbekannt waren«[647]? Oder das letzte Donnergrollen eines abziehenden Gewitters? In dem heftigen Schlagabtausch, der zwischen aufgeregten Gedankenspielen und mutiger Gelassenheit schwankt, beben die Umstellungen und Neuorientierungen nach, die das Hauptstadt- und Umzugsprojekt im politischen und intellektuellen Haushalt der Republik aufrührte – nochmals ein Beleg dafür, welch unvergleichlichen Vorgang die Verlagerung des politischen Schwerpunkts der Republik und die Neubegründung Berlins bedeutete. Wofür auch spricht, dass die Debatte ziemlich spurlos verschwindet, als die Hauptstadt bezogen ist und die Bundesrepublik von Berlin aus regiert wird.

In diesen kollektiven deutschen Disput hinein drängt sich am 27. September 1998 die Bundestagswahl – und damit ein Ereignis, das für die Bundesrepublik alle Anzeichen einer Zäsur, ja, einer Zeitenwende aufweist. Zum ersten Male erfolgt ein Regierungswechsel sozusagen aus dem Stand, aus der Opposition heraus. Zum ersten Mal gibt es eine rot-grüne Koalition auf Bundesebene. Zu Ende geht eine Ära, die sechzehn Regierungsjahre von Helmut Kohl, überdies in einem Generationswechsel. Denn zwar löst die Altersdifferenz diesen Anspruch nicht wirklich ein – sieht man von Kohl ab, beerben Mittfünfziger Endfünfziger –, fraglos jedoch die mentalen Profile. Mit der Machtübernahme von Rot-Grün mit Gerhard Schröder, Oskar Lafontaine und Joschka Fischer erreicht der lange Marsch sein Ziel, der mit der Jugendrebellion in den Sechziger- und Siebzigerjahre begonnen hat. Der Sekt, mit dem der dramatische Wahlabend reichlich begossen wird, fließt in Bonn, aber der Schauplatz der neuen Ära, die damit beginnt, ist Berlin. Es passt dazu, dass der Erdrutsch im Bund auch dort die politischen Verhältnisse erschüttert: Die SPD erreicht 37,8 Prozent, die CDU fällt auf 23,6 Prozent zurück, die Grünen gewinnen leicht, die PDS verliert, die FDP bleibt unter 5 Prozent. Ein Hauch von Götterdämmerung: Die CDU, seit Jahr und Tag die stärkste politische Kraft in Berlin, gewinnt keinen der dreizehn Berliner Wahlkreise mehr und fällt zurück in den Status ihrer frühen Sechzigerjahre.

Auch macht die neue Regierung die Berliner Republik gleichsam zu ihrem Losungswort. Ganz im Sinne der Interpretation der rot-grünen Machtübernahme als Generationswechsel deutet sie die von ihr angekündigte »Politik der neuen Mitte« quasi kulturrevolutionär: In seiner Regierungserklärung stellt der neue Bundeskanzler Gerhard Schröder den Wechsel in die Linie des Aufbegehrens gegen autoritäre Strukturen in der frühen Bundesrepublik. Auch der Umzug steht in dieser Lesart der jüngsten Geschichte – als ein »Aufbruch«, dessen Nenner das sei, »was wir heute gemeinhin ›Berliner Republik‹ nennen«. Schröders Fassung des umstrittenen Begriffs bleibt dann allerdings durchaus im Rahmen der Political Correctness: Er sei die Konsequenz des »vierzigjährigen Gelingens der Bonner Demokratie«, der »Politik der Verständigung und guten Nachbarschaft«, der »Leuchtkraft eines Lebens in Freiheit«, die auch dazu beigetragen habe, die deutsche Teilung zu überwinden. Und sein Berlin ist ein Ausbund populärer Harmlosigkeit: ein Anziehungspunkt für die Jugend und die kulturelle Avantgarde ganz Europas, mit Brücken nach New York, Warschau, Moskau und Paris, »eine heitere und aufregende Stadt«, die die jüngeren Deutschen und Europäer »von Klassenreisen, Fußballspielen oder auch von der Loveparade her kennen«.[648]

Der historische Schritt, das eigentliche Ziel aller der Beschlüsse und Operationen, die die Republik seit dem Umzugsbeschluss vor sieben Jahren umtreiben – er vollzieht sich gleichwohl ohne Trommelwirbel. Es ist kein großer Auftritt, sondern ein kleiner Auflauf, der an einem Novembermorgen 1998 zu besichtigen ist: der Kanzler auf dem Weg zum Staatsratsgebäude, ein paar Demonstranten mit Plakaten für die Erhaltung des Palastes der Republik, die Finanzsenatorin und Bürgermeisterin Annette Fugmann-Heesing, die ihn im Namen Berlins begrüßt und gleich

auch eine Bitte um die Finanzierung der Reparatur des Olympia-
stadions mitbringt. Dafür ist die Situation dieser ersten Sitzung
des Bundeskabinetts in Berlin ein einziges Fest der Paradoxien
und Doppelbödigkeiten: Sie findet im sogenannten Diploma-
tensaal statt, in dem Erich Honecker früher seine Gäste empfing.
Die Sessel sind eben erst aus dem Bonner Palais Schaumburg
herbeigeschafft worden – hat Adenauer noch auf ihnen geses-
sen? –, und im Rücken des Kabinetts schreiten auf einem riesigen
DDR-Glasfenster Arbeiter und Bauern noch immer der sozialistischen Zukunft entgegen. Und im Blick hat das Kabinett die
Ödnis des Schlossplatzes, gleichsam das Negativ einstiger Herr-
lichkeit, wo die Archäologen »ein kleines Pompeji ausgegraben
haben und stolz die Reste des Warmluftkanals zum Weißen Saal
der Hohenzollern präsentieren«[649]. Nur die Tagesordnung ist das
Übliche – Programm für arbeitslose Jugendliche, Harmonisierung
des europäischen Aktienrechts, der Streit um die Ökosteuer. Was
die Stunde geschlagen hat, spricht der Regierungssprecher bei
der anschließenden Pressekonferenz aus: »Zum ersten Mal ist
die Bundesrepublik heute von Berlin aus regiert worden.«[650] Die
deutsche Politik kehrt nach Berlin zurück.

Dagegen bleibt die Berliner Politik in ihren gewohnten Bahnen hängen wie eine Schallplatte mit einem Sprung. Das mise-
rable Wahlergebnis löst in der CDU prompt innerparteiliche
Hahnenkämpfe aus. Die SPD wittert Morgenluft, der Ruf nach
Neuwahlen wird laut, die Koalition wankt. Selbst ihr Durchhalten
bis zur Wahl des Landesparlaments im nächsten Herbst scheint
nicht mehr ausgemacht, und schon eine Senatsumbildung wird
zur Zerreißprobe, der die Koalition nur noch »entgegenzittert«[651].
Die CDU/SPD-Regierung überlebt zwar, verliert aber weiter an
Vertrauen. Dabei steht sie nicht nur vor der Aufgabe, demnächst
die Hauptstadt zu regieren. Die Berliner Politik ist auch sonst mit
großen Herausforderungen konfrontiert: Die Wasserbetriebe sollen privatisiert werden, eine Reform der BVG, der städtischen Ver-

kehrsbetriebe, steht an, und eine Krankenhausplanung, die tief in den Bestand der Krankenhäuser eingreift, steht auch noch auf der Agenda. Sie trägt dem Senat über Wochen hinweg heftige Proteste von Ärzten, Schwestern und Patienten ein – und an einem Januartag kann man sehen, wie ein Kardinal und eine langjährige Parlamentspräsidentin Seit an Seit gegen den Senat für die Erhaltung der katholischen Krankenhäuser demonstrieren.

Die Bonner kommen

In der letzten, nun beginnenden heißen Phase des Umzugs treten Bonn und Berlin, die beiden Pole des großen Umbaus der politischen Landschaft der Bundesrepublik, noch einmal deutlich ins Zentrum der Nachwendegeschichte. Denn noch immer ist Bonn ja der Ort, an dem die deutsche Politik gemacht wird. Doch bewegt sie sich schon zwischen den beiden Städten – ein Gebilde von vielen geschürzten Knoten, die bald festgezurrt werden, eine »fliegende Regierung«[652], ein Bein da, ein Bein schon dort, mit wechselnden Bezugsorten, Schlag auf Schlag, hin und her, kreuz und quer. Und gut neun Jahre nach dem Bundestagsbeschluss setzt sich im November 1998 das Unternehmen Umzug in Gang. Über ein Wochenende rollt eine Karawane von fünfzehn Lastwagen über die Autobahn, aufgeladen das Bundespräsidialamt mit Sack und Pack. Am folgenden Montag bezieht mit ihm das erste Verfassungsorgan seinen Dienstsitz in Berlin. Willkommen und Abschied im Rhythmus einer Echternacher Springprozession? Es gilt auch für Berlin, denn in die erregten Vorgefühle über die kommende Rolle der Stadt mischt sich ein Quäntchen Wehmut. Manchem schwant, dass die Hauptstadt auch das Ende des bisherigen Berlins bedeutet: War der am Jahresanfang fällige Presseball nicht der letzte, so meditiert die Gesellschaftsreporterin, »den wir unter uns gefeiert haben«?[653]

Tatsächlich ist die Hauptstadt dabei, sich mit zunehmendem Nachdruck in Berlin festzusetzen und die Stadt zu übernehmen. Künftige Regierungsgebäude sind noch von Gerüsten umgeben, da werden schon die ersten Büros bezogen. Immer wieder müssen Raumplanungen den aktuellen Gegebenheiten angepasst werden. Die unerwartet marode Qualität mancher Altbauten zwingt zur Revision von Fertigstellungsterminen – das Dritte Reich hat schnell, aber unsolide gebaut und die DDR von der Substanz gelebt. Und wie wird das Experiment mit den zwei Regierungssitzen in der Praxis der Regierungsarbeit funktionieren? Zum Beispiel stellt sich die Frage, ob die Dienstreisen und die Wochenend-Heimfahrten von ein paar Tausend Regierungs- und Parlamentsangestellten nicht ein Verkehrschaos nach sich ziehen werden. Wenn alle ihre Rechte nach dem »Dienstrechtlichen Begleitgesetz« in Anspruch nehmen, drohe ein Chaos, errechnet eine Arbeitsgruppe im Verkehrsministerium, und ein Beamter orakelt: »Der große Aufschrei steht kurz bevor.«[654] Muss gar die Parlamentswoche um einen Tag verkürzt werden, wie das unter süddeutschen Abgeordneten überlegt wird, die die längeren Wege nach Berlin schrecken?[655] Eine Kostprobe der erforderlichen Mobilität gibt der neue Umzugsminister Franz Müntefering schon am Tag der Übernahme der Geschäfte: Gleich zweimal tritt er sein Amt an, morgens in Bonn, nachmittags in Berlin.

Wird die Hauptstadt bis zum gesetzten Umzugstermin überhaupt fertig? Tatsächlich stößt das Unternehmen Tag für Tag auf Unvorhersehbares, wie es die Gemengelage von Bauproblemen, Kostensteigerungen und die Schwierigkeiten eines hoch komplexen Großprojektes hervorbringt. Eine Bestandsaufnahme der neuen Regierung listet Versäumnisse und Mängel auf, freilich nicht zuletzt auch in der Absicht, der Vorgängerregierung die Schuld zuzuweisen, falls der Umzug sich verzögert. Seit dem Regierungswechsel, nach dem sich ein schwarz-rotes Berlin und ein rot-grünes Bonn gegenüberstehen, treten auch die Differenzen zwischen Berlin und dem Bund schärfer hervor – sei es beim Wohnungsbau für Bundesbedienstete, sei es in Bezug auf die Finanzierung der Infrastruktur im Parlaments- und Regierungsviertel.[656] Um Bonn zum Entgegenkommen zu bewegen, greift Berlin selbst zu der Drohung, den Straßenbau im Umfeld des Reichstages zu stoppen.[657] Dahinter wird ein Grundthema im Verhältnis von Bund und Hauptstadt sichtbar: Was ist Berlin der Bundesrepublik wert? Ist Berlin für den Bund nur ein Land unter vielen, gar ein besonders unbequemes? Oder ist es sozusagen die »Residenz des Bundes« (Leithäuser), müsste also Gegenstand seiner besonderen Fürsorge sein? Es ist die Frage nach der Rolle einer Hauptstadt in der Bundesrepublik, in die sich das Berlin-Bonn-Verhältnis im Zeichen des vollzogenen Umzugs verwandeln wird.

Andererseits probt Bonn in Berlin schon das Regieren. Drei ganze Tage ist die Bundespolitik Anfang Januar mit ihrem ganzen Apparat in der Stadt. Mit vollem Programm: Koalitionsrunde in der künftigen Dienstvilla des Außenministers, die Jahrespressekonferenz des Kanzlers im neuen Bundespresseamt am Spreeufer, dazu das in Bonn übliche Aufgebot von Kameras und Mikrofonen, selbst die gewohnten Proteste fehlen nicht – übrigens, wieder einmal, zum Thema Atomausstieg. Gerhard Schröder sorgt von seinem provisorischen Amtssitz im Staatsratsgebäude aus für Wirbel in den Berliner Debatten: Anstelle des Palastes der Republik, der sich ihm in den Blick schiebt, hätte er »lieber ein Schloss«[658], bekennt er arglos-freimütig, und in Bezug auf die gewaltigen Dimensionen, die das Mahnmal für den Holocaust anzunehmen droht, entfährt ihm der Wunsch nach einer Gedenkstätte, die den Menschen nicht Furcht einjagt, sondern »wo die Menschen gerne hingehen«[659]; beide Bemerkungen schlagen ein wie Feuerwerkskörper, die von der Bahn abgekommen sind, nicht zuletzt in Schröders eigener Partei. Der EU-Gipfel in Berlin Anfang März ist dann schon ein politischer Ernstfall: fünfzehn Staatschefs, rund 3000 Journalisten, 4900 Polizisten, dazu 3000 Bauern, die unangemeldet durch das Brandenburger Tor ziehen, schließlich eine der längsten Gipfelnächte, die es je gegeben hat. Es ist eine Probe für die künftige Hauptstadt – und erleichtert konstatiert der Innensenator am Ende der Tagung, dass von »Hauptstadtunfähigkeit keine Rede sein könne«.[660]

Plötzlich sind auch die Bonner Politiker, Beamten und Journalisten in der Stadt. Still und leise sind sie eingesickert, als Mieter, als Wohnungskäufer, als Stadtbewohner. Sie ziehen nur zum Teil in die von Bund und Land für sie gebauten Häuser, nur rund hundert quartieren sich in die »Schlange« ein, die in Sichtweite des Parlaments in Spreelage entstanden ist und als »Abgeordnetensilo«[661] verspottet wird. Vielmehr verteilen sie sich über die ganze Stadt und werden im Handumdrehen von ihr aufgesogen. Viele ziehen in die bürgerlichen Quartiere Westberlins, viele auch in die Viertel im Osten, die – wie Mitte und Prenzlauer Berg – in den letzten Jahren in der Stadt Karriere gemacht haben, manche auch bewusst in die Teile des Ostens, die sichtlich Osten geblieben sind. Helmut Kohl und Wolfgang Schäuble zum Beispiel beziehen Wohnungen in der Villengegend Grunewald, Joschka Fischer in Mitte. Und in der Wilhelmstraße, der letzten Wohnanlage, die die DDR Ende der Achtzigerjahre errichtet hat, entsteht nahe beim Regierungsviertel zeitweise ein eigenartiges Biotop – Politiker, Beamte und Diplomaten, die nach Berlin gekommen sind, hausen neben den alten DDR-Kadern, für die die Häuser errichtet wurden. Und so kann man hier und in den gegenüberliegenden Supermärkten Bauminister Franz Müntefering und den Ex-DDR-Planungschef Gerhard Schürer, Günter Schabowski und die Treuhandchefin Birgit Breuel beim Einkaufen sehen. Und überall da, wo sich Neuberliner massiv ansiedeln, stellt sich rasch die Rede von »Klein Bonn« oder vom »Berliner Bad Godesberg« ein.

Allerdings wird dieses letzte Kapitel der langen Bonn-Berlin-Affäre an den Rand gedrängt vom Start der neuen rot-grünen Regierung: In den Monaten, in denen das Hauptstadtprojekt Berlin erreicht, führen SPD und Grüne vor, wie man im Rekordtempo »eine vorhandene Aufbruchstimmung in eine Endzeitstimmung«[662] verwandelt. Im März stößt Oskar Lafontaine mit seinem Rücktritt die ganze Republik vor den Kopf – niemand hat sich bisher vorstellen können, dass ein Minister und Parteivorsitzender seine Ämter von einem auf den anderen Moment seiner Partei und der Öffentlichkeit vor die Füße wirft. Vor allem reißt der Ausbruch des Kosovo-Krieges die rot-grüne Koalition tief hinein in erbitterte Auseinandersetzungen. Die Teilnahme der Bundesrepublik bricht ein deutsches Nachkriegstabu und bringt die Grünen an den Rand der Spaltung. Erbitterte Parlamentsdebatten und stürmische Parteitage halten die Bundesrepublik über Wochen und Monate in Atem. Noch in die festliche Sitzung, mit der am 19. April 1999 der Reichstag eingeweiht wird, dringt der Konflikt. Von »geradezu tragischer geschichtlicher Dialektik«, die die Rückkehr nach Berlin und die Wiederkehr des Krieges auf der europäischen Bühne verbindet, spricht Bundestagspräsident Wolfgang Thierse, denn das Ende des Kommunismus habe den Deutschen die Einheit beschert, aber auch den Ausbruch »neuer, alter Gewalt«.[663]

»Heute ist es so weit«

Diese Einweihung des Reichstages im April wird zur großen Stunde des Hauptstadtwerdens. Alles ist auf Aufbruch gestimmt – die »Frühjahrssonne wirft am Morgen gegen 11 Uhr Lichtkegel vom stahlblauen Himmel auf den wieder hellen Sandstein des Reichstages. Schwarz-rot-goldene Flaggen blähen sich in der frischen Brise. Leichte Aufgeregtheit hat die wartende Menge auf der Bühne vor dem Westportal des Gebäudes erfasst«[664]. Die emotionale Wirkung dieser Sitzung geht tief, obwohl das Parlament sich immer noch gleichsam auf der Durchreise befindet – Saaldiener und Pförtner sind erst vor zwei Tagen aus Bonn eingeflogen worden. In der Sitzung kreuzen sich die Geschichtslinien. Fast greifbar ist die Gegenwärtigkeit des Anfangs: »Heute ist es so weit«, sagt der Parlamentspräsident Wolfgang Thierse. »Heute beginnt eine neue Zeit«, zitiert der Bundeskanzler eine Schlagzeile. Noch ganz nahe das Gestern, die Zeit vor dem Mauerfall, als man – so erinnert sich der Leipziger Abgeordnete – vom Osten aus »von diesem Haus eigentlich nur die Fahne sehen«[665] konnte. Überall springt tiefere Bedeutung auf: Am Westportal, an dem der Bundestagspräsident den überdimensionalen Schlüssel des Hauses übernimmt, wurde vor zehn Jahren die Wiedervereinigung vollzogen. Und mit dem neuen Parlamentspräsidenten Wolfgang Thierse wird der erste Ostdeutsche seit der deutschen Wiedervereinigung an die Spitze eines Verfassungsorgans gewählt. Er stellt sich bewusst in die Kontinuität seiner Amtsvorgänger, aber er zieht nicht in die Dienstvilla im Westen der Stadt, sondern bleibt in seiner Vier-Zimmer-Wohnung am Ostberliner Kollwitzplatz. Und lehnt einen Auftritt der Berliner Sängerknaben, traditionelles Versatzstück repräsentativer (West-)Berliner Anlässe, ab – »zu sehr Westberlin«[666].

Die Einweihung soll, so will es der Bundestag, keine Festveranstaltung sein, sondern eine Sitzung, so normal wie möglich. Ist der Verzicht auf einen zeremoniellen Akt oder das Volksfest, das sich manche in Berlin gewünscht haben, ein Tribut an den Umstand, dass es wieder Krieg gibt in Europa? Oder doch eher an die alte Befürchtung, der Einzug in den Reichstag könne als ein Zeichen für die Wiederauferstehung des alten wilhelminischen Geistes gewertet werden? Bis fast zur Eröffnungssitzung dauert der Streit um den Namen des Hauses. Er geht bis an den Rand der Lächerlichkeit, um alle Assoziationen an den alten Reichstag auszuschließen. Müsste der Reichstag als Tagungsort des Parlaments nicht in Bundestag umbenannt werden? Soll er kühl und technokratisch »Plenargebäude« heißen? Bis zu der Zangengeburt »Plenarbereich Reichstagsgebäude« reicht die Namenssuche. Aber es gehört ohnedies zu der Hypothek der Wiederherstellung des Reichstages, dass das Haus nach dem Umbau nur noch wenig mit seinen historischen Vorläufern und seiner Geschichte verbindet – gerade dass das Gehäuse seinen alten, charaktervollen Auftritt bewahrt hat. Die Totaloperation der Wiederherstellung habe »aus dem Altbau das wohl größte Hightech-Stadion des abendländischen Parlamentarismus gemacht«, spottet der Architekturhistoriker Michael Mönninger und apostrophiert den Umbau als ein »Schlachtfeld der historischen Abrechnung«.[667]

Zum irritierenden Befund wird dieses Unverhältnis zur Geschichte in der Ausgestaltung des Hauses. Gewiss ist ein Parlament ein Zweckbau, kein Museum. Doch die demonstrative Enthaltsamkeit, die der Reichstag gegenüber der Geschichte zeigt – der eigenen und der des Landes –, trägt skandalöse Züge, zumal im neuen Berlin, das die Begegnung mit Geschichte sucht. Wer durch den Reichstag geht, »findet weder Bebel noch Ebert noch Haase, Richter oder Campenhausen, Bennigsen oder Erzberger«[668] – Namen früherer Parlamentarier, die hier gewirkt haben. Kein Bild, keine Inschrift erinnern an den alten Reichstag, immerhin die Herberge der Anfänge des Parlamentarismus in Deutschland, nichts an den Bonner Bundestag, in dem der zweite Demokratieversuch zum Erfolg wurde. Eigentlich wird nur in den sorgfältig konservierten Wandkritzeleien, mit denen sich die sowjetischen Soldaten 1945 nach dem Sturm auf den Reichstag verewigt haben, der Geschichte des Hauses geopfert, dazu durch die Biografien der Abgeordneten – der Parlamentsmitglieder, die während des Dritten Reichs verfolgt und ermordet wurden, in einem Gedenkraum, der Gesamtheit aller Reichstags- und Bundestagsabgeordneten in Blechschachteln an abgelegener Stelle. Dafür gibt es viel zeitgenössische Kunst, ausgewählt von einem Kunstbeirat. Bei der Auswahl sollte allerdings der Bezug zur deutschen Geschichte eine Rolle spielen. Am Ende besteht sie in der Beauftragung vorwiegend deutscher Künstlerinnen und Künstler, erweitert um Repräsentanten der vier Siegermächte.[669]

Die Öffnung des Hauses für das Publikum zwei Tage nach der Einweihungssitzung setzt ein ganz anderes Zeichen. Berliner und Gäste ergreifen begeistert vom neuen Reichstag Besitz, vollziehen seine Eingemeindung in die Stadt, feiern Berlins Ankunft in einer neuen Epoche. Die Besucher stauen sich bis zum Brandenburger Tor. Drei Stunden Mindestwartezeit. Neugierde auf die politische Prominenz – »Ist das nicht der Möllemann?« – mischt sich mit einer heiteren, gehobenen Stimmung, die sich anfühlt wie eine neu gewonnene Eintracht. Vor allem die Kuppel wird zum Fokus eines neuen Berlin-Gefühls, das über die ganze Stadt hin ausstrahlt. Von hier aus offenbart sich eine neue Stadtlandschaft – das Rechteck des Pariser Platzes zwischen Dachflächen und Gebäudefronten, die herandrängende grüne Masse des Tiergartens, das aufragende Gebäudegebirge des Potsdamer Platzes, die Kräne über dem Regierungsviertel, am Horizont Kirchtürme, Plattenbauten, die verschwimmende Skyline. Unversehens wird die Kuppel zu dem Ort, »von dem Berlin sich selbst sehen kann. Sie hebt die *Pointe de vue* der Trennung, den Blick von Ost nach West und von West nach Ost auf. Sie ist die Plattform des versöhnenden Blicks. Wer in dieser Stadt lebt und den leisen Schmerz des zerstörten Stadtbilds immer spürte, der atmet jetzt auf.«[670]

Mit einem Male ändert sich die Gefühlslage, in der die Stadt wahrgenommen wird, obwohl Berlin doch der Hauptstadt eher entgegenstolpert als entgegenstürmt. Ist es das Vorgefühl der Ankunft in ihrem künftigen Zustand, das allem, was geschieht, ein Moment von Erstaunen und Entdecken beimischt? Oder der Eindruck, dass die Stadt mehr und mehr ein Forum für Kultur und Gesellschaft wird? Ihre Tagesordnung quillt über. Podiumsdiskussionen, Vorträge, Lesungen und Vernissagen jagen sich und werfen Tag für Tag die Frage auf: Wo soll man hingehen? Wo muss man hingehen? Die überregionalen deutschen Zeitungen, »Frankfurter Allgemeine Zeitung«, »Süddeutsche Zeitung« und »Die Welt«, kündigen an, künftig mit eigenen Seiten über die Stadt zu berichten – die Stadt, die sich so lange gegenüber der Bundesrepublik in einer exzentrischen Lage befand, wird als Platz entdeckt, an dem Exemplarisches für das ganze Deutschland geschieht. Selbst Veranstaltungen, die schon seit Jahren im Berliner Kalender stehen – die Berlinale als Westberliner Uraltbestand, die Aids-Gala als Nachwende-Errungenschaft –, bekommen neuen Glanz. Als Michael Blumenthal, der Direktor des Jüdischen Museums, zur Fertigstellung des Libeskind-Baus ein »Fundraising Dinner« veranstaltet, strömt nationale und internationale Prominenz in die Stadt, wie sie weder Bonn noch Berlin bisher gesehen haben. Überhaupt steigt der Pegelstand des gesellschaftlichen und kulturellen Lebens. »Die Lust, in Berlin zum großen Empfang zu bitten, war noch nie so groß. Die Stadt zieht nicht nur national, sondern auch international das Interesse an«, registriert Isa Gräfin Hardenberg, die einen Veranstaltungsservice ins Leben gerufen hat, dessen Florieren zum Gradmesser des gesellschaftlichen Lebens wird. »Wir haben doppelt so viel zu tun wie vor einem Jahr.«[671]

Die Stadt als Ausstellung und Regierungsort

Im Mai erreicht Berlins Weg durch die Nachwendezeit seinen Scheitelpunkt. In der Feiertagsstimmung eines sonnigen Pfingstwochenendes kumulieren und lösen sich die Anspannungen eines ganzen Jahrzehnts. Erst eröffnet die ARD ihr Hauptstadtstudio, wird der traditionelle »Bericht aus Bonn« zum »Bericht aus Berlin«, während zugleich die Hintergrundsilhouetten von Langem Eugen und Bundeshaus verschwinden, die seit Jahrzehnten für die Berichte über die deutsche Politik standen; nun sieht man aus dem Studio direkt auf den Reichstag. Die mehrstündige Prozedur der Wahl des neuen Bundespräsidenten Johannes Rau am Pfingstsonntag im neuen Reichstagsgebäude breitet den Glanz der Demonstration von Staatlichkeit über den Tag. Das fünfzigjährige Jubiläum des Grundgesetzes, seit Wochen im Anzug, vermittelt diesen Tagen die tiefere Bedeutung. Eine Ausstellung zeigt die Nachkriegsgeschichte im Gewimmel von 6000 Objekten und Dokumenten – der »Indizienbeweis einer Erfolgsgeschichte«[672], wie die »Frankfurter Allgemeine Zeitung« spöttelt; er reicht von der »Spiegel«-Ausgabe über die »Spiegel«-Affäre bis zu dem Moped, das der millionste Gastarbeiter 1964 zur Begrüßung erhielt, und der Nachbildung einer Pershing-Rakete. In diesen Frühhommertagen erscheint Berlin, als Hauptstadt acht Jahren zuvor eher zufällig zustande gekommen, geradewegs als Ziel der Nachkriegsgeschichte. Was, wie bekannt, so nicht ganz zutrifft. Doch wie ein Magnet richtet der bevorstehende Umzug alles auf dieses Ziel – Realitäten und Symbole. Die Geschichte reguliert sich selbst.

Und die Stadt? Sie begeht den Einzug der Hauptstadt, indem sie sich selbst zur Ausstellung macht. Doch gäbe es in Berlin im Jahre zehn nach seiner Wiedervereinigung einen Gegenstand, der interessanter und aufregender wäre als die Stadt selbst? »Berlin: offene Stadt« heißt das Unternehmen, das in wenig mehr besteht als in einer großen Zahl von »Stadt-Zeichen«, sechs Meter hohen, abgesägten Kranteilen, 187 an der Zahl, die die großen Umbau- und Neubauprojekte markieren. Es verspricht »die bilanzierende Selbstdarstellung einer Stadt in unaufhörlichem Wandel und im aktuellen Umbruch«[673]. Und so zeigt sich Berlin in diesem Sommer, in dem es wieder zur Hauptstadt wird: ein Freilichtmuseum neuer und alter Architektur, eine Stadt zwischen Mythos und Zukunft, zwischen Kiez und Schickimicki. Der neu erstandene Reichstag als monumentaler Solitär inmitten eines wüsten Feldes von Baustellen. Ein Potsdamer Platz, bei dem Saskia Sassen, die berühmte amerikanische Stadtsoziologin, gar nicht das Gefühl hat, in Berlin zu sein – er erinnert sie eher an »eine sehr schicke, neue amerikanische Stadt«[674]. Der mit Plakaten beklebte Bretterzaun in der Nähe des »Hotels Adlon« vor einer Sandwüste – der künftige Ort des Mahnmals, dessen Errichtung als Stelenfeld nach einer nicht enden wollenden Irrfahrt durch die Nachwendezeit in der letzten Bonner Sitzungswoche vom Bundestag beschlossen wird.

Tatsächlich wechseln in der Stadt – wie es der Katalog festhält – »anspruchsvolle, zukunftsweisende Architektur des 21. Jahrhunderts ab mit belanglosen Bauten, soziale Brennpunkte mit Luxus-Shoppingmeilen, brutale Straßenschneisen mit einladenden Grünanlagen, ausgestorben wirkende Viertel mit Gegenden voll vitalen urbanen Lebens«[675]. Noch immer sind die Beobachter hin und her gerissen zwischen Entdeckerfreude und melancholischen Anwandlungen. Stadtbild steht neben Stadtbild, noch weit davon entfernt, sich zu einer Stadtfigur zu schließen. Da gibt es Partien, in denen sich »ein völlig neuer, zugleich schon anders, einmal da gewesener Stadtraum«[676] zeigt – im Geviert etwa zwischen Brandenburger Tor und Alexanderplatz, immer neu mit Glücksgefühlen betrachtet. Andererseits hält die Stadt gerade in ihrer Mitte kühl auf Distanz – glatte Fassaden, polierte Natursteinwände, ein »Renditemaximierungswürfel« (Heinrich Wefing) neben dem anderen, eng und eingestimmt auf die gleiche konventionelle Moderne. Zugleich bleibt Berlin die Stadt der Leere, allen gewaltigen Bauanstrengungen zum Trotz. »Keine andere Stadt in der Welt scheint so viele leere Flächen anzubieten«, notiert Lucas Delattre, der langjährige französische Deutschland-Korrespondent von »Le Monde«, bei seiner Wiederbegegnung mit Berlin im Frühjahr 1999. Ja, zehn Jahre nach dem Fall der Mauer und kurz vor dem Umzug der Bundesregierung in die neue Hauptstadt erscheint ihm Berlin »noch leerer als zuvor«[677].

Aber sind es nicht gerade diese Partien, die an der Stadt faszinieren? Für den französischen Journalisten sind die »kleinen Wüsten« in der Stadt, zum Beispiel die »beeindruckende, wilde Wiese« an der Stelle, an der die Gedenkstätte »Topografie des Terrors« entstehen wird, Orte der Gegenwart der Geschichte, wie man sie anderswo kaum finde – »außer in Rom«.[678] Aber dieses Gefühl der Gebrochenheit ist wahrhaftig nicht auf Fremde begrenzt. Die Verwandlung der Stadt bringt es mit sich, dass Mitte und Ostteil voll sind von Geisterhäusern und Phantomblicken. Ostberliner betreiben die Suche als Spiel: Wo stand früher das angesagte Café, das einem Geschäftshaus Platz gemacht hat? Die S-Bahn-Station inmitten von polierten Straßenfronten – ist es wirklich wahr, dass sie sich noch vor ein paar Jahren in einer öden Stadtecke befand?[679] Die neue Stadt fordert das Gestern zu einem schattenhaften Leben heraus. Am Bahnhof Friedrichstraße zum Beispiel, nun eine lichte Bahnhofshalle mit eingebautem Shoppingcenter, irrt die Erinnerung noch einmal durch die Labyrinthe des dunklen Großstadtbahnhofs, der für ein paar Jahrzehnte der Schauplatz so vieler Emotion war, von emotional bewegten Ost-West-Ankünften und -Abschieden. Und die Häuserschlucht, zu der die Friedrichstraße in seinem Umfeld wird, verdrängt das Gedächtnisbild eines schütter bebauten Stadtgeländes, in das sich vier Jahrzehnte lang die eiserne Halle des Bahnhofs schob. Ostalgie? Die neue Stadt schickt Bewohner und Besucher auf die Suche nach einer verlorenen Zeit.

In der ersten Juliwoche gehört die Politik dann noch einmal Bonn. Tapfer spielt die kleine Stadt ihre Rolle zu Ende. Alles sieht aus wie immer, als wolle sie vertuschen, dass sie nur ein paar Tage davon entfernt ist, Vergangenheit zu werden, ein abgeschlossenes Kapitel der Geschichte der Bundesrepublik. Umzugskisten, abgehängte Bilder und aussortierte Broschüren überall, aber der Bundestag arbeitet, als habe seine Stunde nicht geschlagen – die Ausschüsse tagen, die Familienministerin Christine Bergmann stellt ein Konzept zur Frauenförderung vor, die Fraktionen geben ihre Erklärungen ab. Für einen Nachmittag gibt sogar das Wetter, für das Bonn berüchtigt war, eine Gastrolle – Schwüle, leiser Nieselregen. Bei der letzten Sitzung – sie hat nur einen Tagungspunkt, er heißt »50 Jahre Demokratie – Dank an Bonn« – regnet es warm auf die kleine Stadt am Rhein. Der Abschied wird zur Apotheose. Bonn bekommt seinen Platz als Geburtsort der Demokratie in der Bundesrepublik bescheinigt. Der rheinischen Lebensart werden Kränze gewunden, und der Kanzler bedauert seine flapsige Bemerkung, dass er Bonn nicht vermissen werde. Unmerklich verwandelt sich die Sitzung in einen Fest- und Feierakt, viel staatstragendes Glanzpapier raschelt, aber das Gefühl der Dankbarkeit an Bonn ist so echt wie die Rührung, die sich ausbreitet. Dann schließt der Bundestagsvizepräsident die 2984. Sitzung des Bundestags, die 50. der laufenden Legislaturperiode, und beruft, ganz Hüter der Geschäftsordnung, den Bundestag ein »auf Mittwoch, den 8. September 1999, 10.45 in Berlin im Reichstagsgebäude«. Es ist – wie das Protokoll ausweist – 12:37 Uhr am 1. Juli 1999, dass Bonns Zeit als Zentrum der deutschen Politik endet.

Vier Tage später, also fast auf den Tag genau acht Jahre nach dem Berlin-Beschluss, startet am Spätnachmittag der erste von neunzehn Zügen auf dem Containerbahnhof Köln-Eifeltor, belagert von Kameras und Journalisten. Allerdings ist die Verabschiedung in Wahrheit ein Fototermin, der Zug wird zurückgefahren und setzt sich erst Stunden später in Bewegung, um am frühen Morgen den Lehrter Güterbahnhof in Berlin zu erreichen. Der Umzug schlägt um in seine finale Phase – Abend für Abend bringen fünfzig Lastwagen ihre Fracht von den 81 Bonner Standorten des Bundestages auf den Verladebahnhof, 24 Nächte lang rollen Güterzüge durch die Nacht nach Berlin, tagsüber gehört die Strecke den Beamten und Angestellten. Im Laufe der nächsten Wochen ziehen die Ministerien um. Nun kann man Minister sehen, die demonstrativ Umzugskisten tragen oder sich in ihren neuen Büros präsentieren. Drüber hängt eine Wolke von Zahlen und Daten, die die Dimensionen des Unternehmens umreißt oder vielmehr ins Unvorstellbare verschiebt. Natürlich ist die Ankunft chaotisch: Die CDU bekommt das Sofa von PDS-Chef Gregor Gysi, Kisten, die für die Grünen bestimmt sind, landen bei der SPD, Telefone klingeln in leeren Räumen.[680] Aber es bleibt entgegen allen Befürchtungen ein Chaos, das sich in den für ein Unternehmen dieser Größenordnung unumgänglichen Grenzen hält.

In Berlin wird die Ankunft der Bonner Karawane, versteht sich, mit Genugtuung registriert. Endlich Leben in den farbfrischen Ministerien! Endlich Neuberliner in größerer Zahl im Straßenbild, zumindest im Regierungsviertel! Schließlich auch der Eindruck, dass die Distanz gegenüber der Stadt dahinschmilzt. Die Frage allerdings, ob man den Einzug der Hauptstadt, mit dem für die Stadt immerhin eine neue Ära beginnt, förmlich begehen soll, etwa mit einem öffentlichen Fest, wird ergebnislos hin und her gewendet – in Berlin herrscht Wahlkampf, und es könnte ja eine Seite daraus einen Vorteil ziehen. Überhaupt ist offen, wie die akute Begegnung von Hauptstadt und Berlin vor sich gehen wird. Wird die Hauptstadt die Stadt so dominieren, dass ihre eigenen Probleme in der öffentlichen Wahrnehmung an den Rand gedrängt werden? Oder geht die neue Hauptstadt in der Dreieinhalb-Millionen-Stadt eher unter?

Schließlich wartet die Frage auf Antwort, die die Umzugsdebatte von Anfang an begleitet hat: Was macht die Politik aus Berlin? Wie wird die große Menschen- und Themen-Zentrifuge, die die Politik darstellt, den Rhythmus der Stadt verändern? Was wird es für sie bedeuten, wenn aus dem Regierungsviertel, das jetzt noch eine Mixtur aus Rekonstruktion und Retortenstadt ist, ein Ort der Geschäftigkeit wird? Fast noch wichtiger: Was macht die große Stadt aus der Politik, die an die kleine Stadt gewöhnt war?

Übrigens geht das Leben der Stadt jenseits des Umzugs unverdrossen weiter. Es wird zum Beispiel irritiert und erregt von den Forderungen der Amerikaner nach breiteren Schutzzonen für ihre bislang nur als Baulücke am Pariser Platz wahrzunehmende Botschaft, die in dem amerikafreundlichen Berlin einen amerikakritischen Schwelbrand auslöst. Oder von der heftig aufkochenden Verärgerung der Berliner Fußballseele über die nur schleppend vorangehende Installation von 36 000 Schalensitzen im Olympiastadion, ohne die es keine Champions-League-Spiele gibt; mit Ach und Krach wird der Termin schließlich gehalten. Vor allem aber dauert Berlins Wirtschaftsmisere an: Weiterhin kommt es zu Stellenabbau und Betriebsschließungen, als einziges Land der Bundesrepublik hat Berlin 1998 kein Wirtschaftswachstum erreicht, es geht »durch ein zweites Tal«[681].

Es ist ein Montag im August 1999, an dem die Regierung ihre Amtsgeschäfte in Berlin aufnimmt – Berlin tritt in seine »Jetzt-Zeit« ein, die »Gegenwart hat die Stadt erreicht«[682]. Gegen 4 Uhr am Nachmittag betritt Kanzler Gerhard Schröder das ehemalige Staatsratsgebäude, wo er bis zur Fertigstellung des Kanzleramts mit der Hälfte seiner Mitarbeiter amtieren wird. Bereits am Mittag ist Außenminister Joschka Fischer ins nahe gelegene Außenministerium eingezogen, während die CDU mit Parteichef Wolfgang Schäuble und Generalsekretärin Angela Merkel in einem gemieteten Haus in der Nähe des Checkpoint Charly ihr Übergangsquartier bezieht – ihr Parteihaus ist noch im Bau. Der Einzug der Bonner setzt die ultimative Kraft des Umzugs in Gang, und die Torte, die der Regierende Bürgermeister dem Kanzler zur Begrüßung überreicht, steht mit ihrer familiären Geburtstags- oder Hochzeitsanmutung doch etwas neben dem Gehalt des Augenblicks. Die Spitze der exekutiven Macht in der parlamentarischen Demokratie ist in Berlin angelangt – Bonn ist sozusagen in Berlin angekommen.

Der »Spiegel«-Reporter Jürgen Leinemann beschreibt den

Vorgang, ironisch angeschnitten, als eine Art Machtübernahme: Das Staatsratsgebäude Schlossplatz Nr. 1 kommt ihm vor »wie eine Adresse aus dem Monopoly-Spiel und Gerhard Schröder als Gewinner«. Der Kanzler fühlt sich auch als der richtige Mann für Berlin, weil er sich selbst so sieht wie diese Stadt »so energiegeladen und respektlos, so showgierig, zäh und rüde, so stillos und erfolgsbesessen, auftrumpfend und zugleich unaufgeblasen«.[683] Der Medienmann Schröder ist es, der – obwohl bundespolitisch in der Defensive – in den nächsten Tagen kräftig am Bild der Hauptstadt modelliert: Bei strahlendem Sonnenschein lässt er sich im offenen Bus auf dem Pariser Platz im Angesicht des Brandenburger Tors von der Menge feiern, legt am Grabe von Willy Brandt einen Kranz nieder, diniert bei »Borchard«, dem aktuellen Prominentenlokal, und bedient mit der Kaffeerunde im Garten von Walter Momper die Berliner Laubenpieper-Folklore – und zugleich dessen Bürgermeisteraspirationen. Die Staatskarossen tragen noch Bonner Kennzeichen, doch der Anruf beim Chef des Presse- und Informationsamtes unter der Bonner Nummer »landet nach einem zarten Knacken – in Berlin«. Das »politische Bonn«, jahrzehntelang eine feste Größe in der öffentlichen Debatte, »ist abhandengekommen«.[684]

Eine punktgenaue Landung

Vierzehn Tage darauf beginnt die Woche, auf die die Bundesrepublik, aber vor allem die Berliner gewartet haben. Denn mit ihr betritt nach Kanzler und Ministern der Souverän in Gestalt des Parlaments die Szene. Mit dessen Arbeitsaufnahme beginnt die große politische Maschine auf vollen Touren zu arbeiten. Zum ersten Mal finden die Rituale der Wahlabende, diese Hochfeste der Parteiendemokratie, in Berlin statt, denn im Saarland und Brandenburg haben Landtagswahlen stattgefunden. Der politische Betrieb besetzt mit seinen Sitzungen, seinen Arbeitskreisen, seinen Auftritten und seiner Hektik den neuen Schauplatz. Der Bundestag beginnt seine erste Arbeitswoche in Berlin am gleichen Tag, dem 7. September, an dem sich vor fünfzig Jahren der erste Bundestag in Bonn konstituierte und die Gründung der Bundesrepublik vollzog. Mithin wird der neue Anfang unterlegt mit der historischen Dimension, mit dem ersten Anfang. Und mit einem Mal bekommt die Nachkriegsgeschichte eine Konsequenz, die angesichts der Irrungen und Wirrungen dieses Halbjahrhunderts in ihrer Eindeutigkeit geradezu aufregend erscheint. Als bestehe die Grundfigur der deutschen Geschichte nur aus einer großen Bewegung mit den Polen Berlin und Bonn. Erst, 1949, der Rückzug ihres politischen Zentrums aus der Gefahrenzone der Ost-West-Konfrontation in die Sicherheit des rheinischen Westens. Nun, fünfzig Jahre später, die Rückkehr nach Berlin, in die angestammte Mitte, wo sie ihre stärksten Prägungen erfahren hat, im Guten wie im Bösen.

Die spätsommerliche Jahreszeit legt eine zarte Hochstimmung über die Stadt, vergleichbar den Wochen, in denen Christos Reichstagsverhüllung die Stadt verwandelte. Wie auf Ameisenpfaden wieseln Politiker und Beamte in kleinen Gruppen durch das Regierungsviertel, mehr Herren als Damen, ausgerüstet mit ihren Mappen oder Diplomatenkoffern. Sie ziehen ihre Spur von den Linden oder den anderen Straßen der Innenstadt, wo sich noch provisorisch ihre Büros befinden, zum Brandenburger Tor, von wo aus sie scharf rechts zum Reichstagseingang abbiegen, dessen Situation sich am einfachsten damit umschreiben lässt, dass hier vor zehn Jahren noch die Mauer verlief; nun parken hier in Reihe die Dienstwagen. Plötzlich wimmelt es in der Berliner Mitte von jenen Gesichtern, die alle aus den Fernsehnachrichten kennen. Ist es nicht schon wie in Bonn? Minister, Abgeordnete, Staatssekretäre, Verbandsmenschen, Botschafter und Journalisten verbreiten ihre Aura von Geschäftigkeit und Bedeutsamkeit und staunen über ihre eigene Überwältigung: »Zwei Tage hier und schon ist alles andere vergessen.«[685]

Der Einzug der Hauptstadt in Berlin wirkt wie das lösende Wort, das eine verspannte Situation mit einem Mal entkrampft und befriedet. Wie weggewischt sind die Auseinandersetzungen um den Umzug, aufgelöst die Verkrampfungen und Verrenkungen der vergangenen Jahre. Nun ist alles Einverständnis, Erleichterung, ja, Euphorie. Übergangslos stürzt sich das neue Berlin in einen Wirbel von Einstandspartys, Empfängen und nachgeholten Sommerfesten. Die frisch angekommenen Fraktionen, Parteien und Redaktionen, Neu- und Altberliner ergreifen Besitz von der neuen politischen Bühne. Alle spielen mit in dem großen Hauptstadttheater, das zwischen renovierten preußischen Amtsgebäuden und Noch-Baustellen plötzlich eingesetzt hat. Der auf Skepsis getrimmte »Spiegel« überschlägt sich geradezu: Sein Titelbild übersetzt das neue Berlin mit »New Berlin« und verkündet den »Aufbruch zur Weltstadt«. Aus dem mittlerweile eingeführten Berlin-Bild, in dem sich Faszination und Misere, aufgekratzte Szene und nörgelnder Lokalton vermischen, destilliert er das Versprechen eines neuen Lebensgefühls. Zwar ist – wie er registriert – fast jeder sechste Berliner arbeitslos, der Haushalt der Stadt ruiniert und das politische Personal ohne Flair, aber dafür gebe es in Berlin die »volle Dosis Metropole«, ein »Multi-Media-Lebensgefühl«, eine »Stadt im Futur«, in der »schon heftig am Deutschland des 21. Jahrhunderts gebastelt« werde.[686] Unüberhörbar ist die Hoffnung, dass die biedere Bundesrepublik an diesem Berlin zu neuer Weltläufigkeit genesen möge.

Der Vollzug des Umzug ist, natürlich, auch der Tag Berlins, der Stadt, ihrer Bürger und ihrer Politik, die seit zehn Jahren in ihm leben – auch wenn die Berliner ihn halb verblüfft, halb angetan als eine Art freundlicher Übernahme ihrer Stadt durch die Bonner politische Klasse registrieren. Doch hinter der »fast punktgenauen Landung«[687], die der Regierende Bürgermeister lobt, steckt auch die heimliche Furcht, die Stadt könne als politische Größe zu einem Nebenschauplatz werden. Weshalb Eberhard Diepgens Willkommensrede vor allem darin besteht, dass er Berlin und den Berlinern kräftig auf die Schultern klopft. Haben sie nicht einen Anteil am Gelingen des Umzugs, der gar nicht zu überschätzen ist? Und es trifft ja zu, dass sie seit der Wiedervereinigung einen »enormen Modernisierungs- und Veränderungsdruck«[688] auf sich genommen und damit »Großartiges« geleistet haben, im Osten wie im Westen. Er streicht die gewaltigen Anstrengungen heraus, die Berlin erbracht habe, um der Hauptstadtrolle gerecht werden zu können – Verwaltungs- und Bezirksreform, Personalabbau und Privatisierung, dazu strategische Entscheidungen zum Flughafen und zum Transrapid, die zu diesem Zeitpunkt noch als Aktivposten der Stadtpolitik gelten. Berlin, so Diepgens Perspektive für die Stadt, werde »eine Visitenkarte dieser Nation für die ganze Welt werden«, Bund und Berlin nicht nur nebeneinander, sondern auch miteinander in dieser Stadt leben, kurz: Berlin stelle »die Stadt der Nation zur Verfügung«.[689]

Indessen wird das Bild der Stadt, mit dem Diepgen die Ankunft der Umzugskarawane begrüßt, nur wenige Wochen später empfindlich konterkariert. Die Wahlen zum Abgeordnetenhaus im Oktober 1999 zeigen, dass die Spaltung der Stadt fortdauert, ja, sich ausgeweitet und vertieft hat – unübersehbar meldet sich eine andere Stadt, eine andere Seite Berlins, die neben, unter und mit dem triumphierenden Hauptstadt-Berlin weiterlebt. Die CDU fährt mit 40,8 Prozent das beste Ergebnis seit der Einheit ein und hält im Westteil der Stadt mit 49,3 Prozent fast die absolute Mehrheit, die PDS bietet im Ostteil mit 40,8 Prozent die Entsprechung dazu, die SPD fällt mit ihrem schlechtesten Ergebnis seit dem Krieg zwischen die Fronten. Zehn Jahre nach dem Mauerfall, neun seit seiner Wiedervereinigung, ist Berlin so zweigeteilt wie nie zuvor. Der Bundestrend, der Landtagswahlen zu Plebisziten werden lässt – im Fall dieser Wahl gegen die in die Defensive geratene rot-grüne Bundesregierung –, verstärkt die manifeste innere Polarisierung in der Stadt. Das Bild Berlins nach dieser Wahl macht viele ratlos: Ist die Stadt auf dem Weg ins Vorgestern – zu Mauerzeit und Kaltem Krieg? Oder verteidigen die ungleichen Wahlsieger »jeder für sich und gemeinsam ein lieb gewordenes Heute gegen den Galopp in eine Zukunft, die ihnen bedrohlich erscheint«[690]? Die Verfestigung der Teilung als Konsequenz des Einigungsprozesses? Die Wähler suchen Halt, Rückhalt, im Westen bei der CDU, im Osten bei der PDS – Weiterungen eines Hauptstadtprozesses, der »viel zu schnell gegangen ist« und Korrosionsschäden hinterlassen hat: im Osten wegen des Verschwindens der alten Hauptstadt, im Westen, »weil von außen eine neue Hauptstadt hinzukam, die ohne viel Respekt auf das kleine Berliner Leben blickt und so tut, als hätten niemals die Völker der Welt auf diese Stadt geblickt«.[691]

Drei Wochen nach dem Einzug der Hauptstadt jährt sich zum zehnten Mal der Mauerfall. Dem Abschluss des Hauptstadtwerdens folgt das historische Datum auf dem Fuß, der Jubiläumsrhythmus der Geschichte mobilisiert das Verlangen nach Erinnerung und verstärkt die Anstrengungen, den Tag als einen Gedenktag zu begehen, der der Bedeutung des Tages nahekommt. Jeder weiß ja noch, wie er diesen Tag erlebt hat, seine Bedeutung ist unbestritten, und deshalb rollt die mediale Woge seit Wochen – Dokumentationen und Filme in Menge, keine Zeitung ohne umfängliche Rückblicke, und die Zeitzeugen und Zeithistoriker haben ihre große Zeit. Berlin, der Tatort, wird zur großen Panoramabühne für die Feier der Erinnerung. Ein Gedenkmarathon schlägt die Stadt zwei Tage lang in Bann: »Klassentreffen der Weltpolitik im Roten Rathaus« heißt es familiär in der Schlagzeile des Lokalteils, George Bush, Michail Gorbatschow und Helmut Kohl als prominente Ehrengäste – der amerikanische Ex-Präsident wird Ehrenbürger –, Festakte, Gottesdienste, Gedenkstätteneröffnung, ein Fest auf dem Pariser Platz, zu dem

Zehntausende erwartet werden, mehr als zwanzig Bands auf fünf Podien und ein Feuerwerk, das die Grenze nachzeichnen soll.

Doch schon der Auftakt nimmt der Veranstaltung etwas von ihrem Pathos: Fröstelnd steht eine Handvoll Menschen auf dem dunklen Alexanderplatz vor einer riesigen Leinwand, über die die Bilder der großen Demonstration am 4. November 1989 flackern, die dem Sturz der DDR vorausging. Der Festakt im Reichstag ist überschattet von dem peinlichen Streit um die Rednerliste – dass die Bürgerbewegung, die doch wesentlich zu ihrem Fall beigetragen hat, nicht vertreten ist, ruft harsche Kritik hervor. Nach langen Debatten wird auch Joachim Gauck, der Bundesbeauftragte für die Stasi-Unterlagen – ursprünglich nicht einmal eingeladen –, auf die Rednerliste gesetzt; Bundeskanzler Schröder und Altkanzler Kohl verzichten – so hart wird um den Auftritt gerungen – auf je fünf ihrer zwanzig Minuten Redezeit. Der große Abend am Brandenburger Tor leidet unter Dauerregen und langen Pausen, sodass erst beim Auftritt des Rocksängers Udo Lindenberg Stimmung aufkommt. Die Menge hält sich mit Bratwurst und Glühwein warm, bis die Band Skorpions und ein Cellisten-Ensemble unter Leitung von Mstislav Rostropowitsch mit »Wind of Change«, dem Hit der Wende, dem Abend doch noch einen Höhepunkt setzen.

Bleibt sehr viel mehr von diesem zehnten Jahrestag der Maueröffnung als die Bestätigung der Entscheidung, den 9. November auch deshalb nicht zum nationalen Feiertag zu machen, weil in dieser Jahreszeit die Wahrscheinlichkeit von miserablen Wetter zu groß ist? Gewiss, es gibt den gemeinsamen Auftritt von Bush und Gorbatschow, den historischen Protagonisten des großen Umbruchs, auf dem Balkon des Roten Rathauses, gemeinsam mit Helmut Kohl und Eberhard Diepgen, für den dieser Augenblick eine Genugtuung sein mag, dass der 9. November 1989 in die 22 Monate der Amtzeit von Walter Momper fiel und nicht in seine sechzehn Jahre während Regierungszeit. Es gibt einen Festakt im

Roten Rathaus, der ausdrücklich die Bürgerrechtler und ihren Beitrag zu Mauerfall und Vereinigung in den Mittelpunkt rückt. Vor allem aber summt die Stadt in ihrer dunklen Herbstnässe an diesem Tag von den Geschichten, die sich ihre Bewohner und Gäste wieder und wieder erzählen: wie es war an der Bornholmer Straße, wie man von dem ungeheuren Ereignis erfuhr, wie die ersten Ostberliner die ersten Westberliner begrüßten und schließlich in der Westberliner Innenstadt die Stadt die unvergleichliche Nacht feierten.

Aber es ist auch wahr: Das Gedenken ist schon überwältigt von der Routine der Erinnerungskultur, die inzwischen in Berlin dauerhaft ihr Lager aufgeschlagen hat. Jeder nach seiner Neigung und seinem Geschmack: Festakte zur Selbstdarstellung von Staat und Stadt, bei der immer die gleichen Leute Bedeutendes sagen, öffentliche Inszenierungen am bengalisch erleuchteten Brandenburger Tor, die den Erinnerungstag mit Live-Auftritten und Übertragungen auf allen Kanälen zum Event machen, schließlich die Beliebigkeit einer Massenparty mit Rockkonzerten, Bier, Bratwurst und Rummelstimmung. Kommt wirklich Freude auf? Oder sind alle eigentlich doch nur auf der Suche nach dem Gefühl des Bewegtseins?[692] Aber ist die Erinnerung an dieses Ereignis überhaupt anders einholbar und zum Ortstermin zu zwingen? Das neue Berlin entwindet sich dem Ereignis, für das es vor zehn Jahren der Schauplatz war, ohne das es nicht wäre, was es geworden ist. Der große Vorgang ist dabei, zur Geschichte zu werden.

Weltstadtaufbruch und die Wechselbäder von Euphorie und Misere Oder: Die Ankunft Berlins in der Bundesrepublik

> Für mich ist die Neubelebung dieser aufregenden Stadt
> nach dem Fall der Mauer das Kernstück und Symbol
> der wundersamen Wiedergeburt des Kalten Krieges.
>
> W. MICHAEL BLUMENTHAL[693]

Dass sich der Umzug von Bonn nach Berlin schließlich rasch und fast unspektakulär vollzog, war die überraschendste Pointe der Geschichte, die die Stadt seit Mauerfall und Wiedervereinigung erlebt hat. Eine schwierige Operation fand ein fast problemloses Ende, ein Prozess, der sich oft genug am Rande des Scheiterns zu bewegen schien, seine Ruhelage. Drei Monate nach der Hauptstadtverpflanzung signalisierten Umfragen, dass die Deutschen ihren Frieden mit diesem Jahrhundertunternehmen gemacht hatten: 57 Prozent begrüßten den Umzug, 77 Prozent sahen in Berlin nun sogar schon die Visitenkarte Deutschlands. Wie selbstverständlich ergriff die Politik von Berlin Besitz und setzte ihre Duftmarken: Bundeskanzler Gerhard Schröder und Außenminister Joschka Fischer, die beiden stilbildenden Protagonisten der neuen rot-grünen Ära der Bundesrepublik, hielten Hof am Gendarmenmarkt, das Restaurant »Borchardt« avancierte zum Hauptstadttreffpunkt der Prominenz, und in den früheren Verwaltungsgebäuden Preußens, des Reiches und der DDR amtierten die Ministerien, als seien sie schon immer da gewesen. Bonn dagegen versank hinter dem Horizont. Dass einer noch einen Koffer in Bonn habe – wie Marlene Dietrich sang und die Emigranten aus der alten Reichshauptstadt klagten –, kam kaum einem von denen über die Lippen, die die Hauptstadt zum Umzug aus dem zum Dauerzustand gewordenen Bonn genötigt hatte. Bereits Ende 2000, nach einem reichlichen Jahr, wurden die Sonderzüge für die Wochenend-Heimfahrten der Beamten nach Bonn eingestellt; statt der erwarteten 4700 Pendler gab es nur noch 650.

Tatsächlich erwies sich die Wiedereröffnung der Hauptstadt in Berlin als Ereignis von durchschlagender Wirkung. Kaum in seiner neuen Rolle angekommen, war Berlin bereits »in«, bekam seinen Platz unter den Weltstädten bescheinigt, glänzte als der Ort, an dem man sein muss. Kein Bundesverband, keine Spitzenorganisation, kein namhaftes Unternehmen und keine Bank, die hier nicht ihre Repräsentanzen eröffneten. Unabsehbar auch der Zustrom von Neu-Berlinern, von Lobbyisten, Beratern und Unternehmern, von jungen Berlin-Afficionados und lebenslustigen Pensionären. Hinzu kamen die Heerscharen von Besuchern, die die Rückkehr der Stadt in die Weltliga der Metropolen bestaunen wollten, diese Merkwürdigkeit aus Alt und Neu, für das die Tourismus-Industrie das Etikett »Magic city« erfand – mit Erfolg: 4,2 Millionen betrug die Zahl der Besucher im ersten Hauptstadtjahr, 30 Prozent mehr als im Jahr davor. Seither ist Berlin einer der gesuchtesten Orte in Europa und der Welt geworden.

Nicht zuletzt machte Berlin als Hauptstadt im Bewusstsein der Deutschen Karriere: So unbestritten, wie sie nun wurde, war die Stadt selten seit ihrer Bestellung zur Reichshauptstadt anno 1871.

Nach den heftigen Auseinandersetzungen um den Umzug musste es ja wundernehmen, dass diese kapitale Verpflanzung von keinerlei Abstoßungseffekten begleitet wurde. Reichtagskuppel und Potsdamer Platz wurden zu Ikonen, die Warteschlangen der Besucher vor dem Reichstag endlos, und das Regierungsviertel wurde zur Sehenswürdigkeit – die Bundesrepublik überraschte sich mit einer Lust an der hauptstädtischen Selbstbespiegelung, von der sie bislang nichts geahnt hatte. Konnte man nicht den Eindruck gewinnen, sie hätte auf diese Hauptstadt geradezu gewartet? Dabei hatten vor zehn Jahren die Hälfte der Volksvertreter noch geglaubt, das Volk am besten zu vertreten, wenn sie den Umzug nach Berlin ablehnten. Stattdessen gewann die Bundesrepublik mit der Hauptstadt Berlin ein verändertes Gefühl von sich selbst, wurde das neue Berlin zum Gesicht des neuen, vereinigten Deutschlands.

Längst ist vergessen, dass die Stadt den neuen Anfang keineswegs nur als Erfüllung erlebte, sondern auch als bedrückend ambivalent, als quälenden Zwiespalt zwischen Selbst- und Fremdbild. Während die Hauptstadtrolle Berlin ins helle Licht seiner neuen Mission rückte, musste es sich zugleich kleinkariert, selbstzufrieden und heruntergewirtschaftet nennen lassen – zu viele Subventionen, zu viel Filz, eine provinzielle politische Klasse, irgendwie ein hoffnungsloser Fall. Massiv drängte sich der Eindruck auf, es gäbe zwei Berlins: das Hauptstadt-Berlin, dessen Aufstieg vom Beifall der halben Republik und der staunenden Aufmerksamkeit des Auslands begleitet wurde, und ein anderes, das Gegenstand eines regelrechten Berlin-Bashings wurde. Die neue Hauptstadt gewann ihre Existenz in den Wechselböen von Faszination und Herabsetzung. Ist Berlin zwar die formelle, in Wahrheit jedoch nur eine »geduldete Hauptstadt«?, fragte vier Jahre nach dem Umzug verstört Edzard Reuter, der Sohn der Berlin-Legende Ernst Reuter und in gewissem Sinn der Vater des Potsdamer Platzes, des Monuments des Willens zum neuen Anfang der Stadt.

Nur ein, zwei Jahrzehnte nach dem Hauptstadtbeschluss und

einem beispiellosen Umbruch- und Umzugsprozess stellte sich deshalb abermals die Frage, die schon die Hautstadtdebatte begleitet hatte: Was bedeutet die Hauptstadt Berlin für die Deutschen? So etwas wie Paris, London, Rom? Oder ist sie das Stiefkind der Nation, das vorwiegend negative Schlagzeilen liefert? Neuer Stolz des Landes oder die Fortsetzung von Bonn mit anderen Mitteln? Gewiss reimten sich die Probleme des Nach-Umzugs-Berlin auch auf den alten Vaterschafts-Joke – umständehalber variiert: Hauptstadt werden ist schon schwer, Hauptstadt sein umso mehr. Vor allem jedoch spiegelte sich darin das strukturelle Dilemma Berlins: ein Jahrhundertprojekt, dem die ökonomische und finanzielle Basis fehlt. Tatsächlich machte die neue Hauptstadt unentwegt wegen ihrer Finanzlage von sich reden – Ärger im Bund über das dauerverschuldete Berlin, Verstimmung in Berlin über eine knausrige Regierung, auf die Spitze getrieben im Streit um die Finanzierung der Kultur, dem großen Kapital der Stadt.

Denn das einzige Feld, auf dem Berlin fraglos Weltstadt ist, zeigte das Dilemma der Stadt an – ein großes Gestern, ein notleidendes Heute. Mit den Opernhäusern, Theatern und Museen reichten das Erbe des alten Preußens, eines großen Staates, sowie die Hinterlassenschaft von DDR und Westberlin – beide als Bastionen im Kalten Krieg gut alimentiert – in die neue Hauptstadt, die notorisch auf dem letzten Loch pfiff. Zwei intellektuelle Köpfe, die es zeitweise in die Politik verschlagen hatte, Kulturstaatsminister Michael Naumann und Berlins Kultursenator Christoph Stölzl, gelang es immerhin, den Gordischen Knoten ein wenig zu lockern: Knapp ein Jahr nach dem Umzug gingen vier zentrale Stützen der Berliner Kultur, »Leuchttürme« im kulturpolitischen Jargon, an den Bund über – die Berliner Festspiele, das zentrale Ausstellungshaus des Gropius-Baus, das Jüdische Museum und das Haus der Kulturen der Welt, und mit dem Hauptstadtkulturfonds, einem vom Bund und von Berlin getragenen

Finanzierungsinstrument, erfanden die beiden eine neue Form des Kulturföderalismus.

Die Rückkehr der Hauptstadt nach Berlin zwang endgültig zum Abschied von der Illusion, mit dem neuen Glanz werde auch der wirtschaftliche Aufschwung in Berlin einziehen. Berlin musste sich eingestehen, dass weder die Wende noch die Vereinigung noch der Regierungssitz ausreichten, auch nur eine der großen Firmen, der Banken und Versicherungen, die früher den Ruf der Stadt als Wirtschaftsmetropole begründet hatten, zur Rückkehr nach Berlin zu bewegen. Auch der Zuzug neuer Unternehmen hielt sich in Grenzen, und mittlerweile gibt es keinen Zweifel mehr, dass die Stadt noch lange nicht in der Lage sein wird, sich mit eigener Kraft aus ihrer desaströsen Situation zu befreien. 46 Milliarden Schulden, pro Jahr 2,2 Milliarden Zinsen, dazu pro Kopf mehr Verwaltung, mehr Ausgaben als zum Beispiel Hamburg: Mit solchen Daten bombardierte der auf Schocktherapie setzende Finanzsenator unaufhörlich die Berliner, um sie das Sparen zu lehren; es reichte aber nur zum Sich-Fürchten. Das Scheitern der Klage auf zusätzliche Bundeshilfen beim Bundesverfassungsgericht, auf die Berlin trotzig seine Hoffnungen setzte, offenbarte das angeschlagene Selbstgefühl der Stadt: Berlin, so klagte der Regierende Bürgermeister, ganz Larmoyanz, kenne das Gefühl des Alleingelassenseins.

Im Mai 2001 traf die Stadt überdies ein Schlag, der sie geradewegs zu Boden zu strecken schien – die Krise der Bankgesellschaft, des Banken-Flaggschiffs der Stadt, eine der größten Pleiten der Nachkriegszeit. Sie entfachte einen Tsunami der Enttäuschung, des Zorns und einer verzweifelten So-kann-es-nicht-weitergehen-Stimmung, in der Bundesrepublik, vor allem aber in Berlin, und dass ziemlich zur gleichen Zeit das Kanzleramt eröffnet wurde, das eigenwillige, spektakuläre Symbol der neuen Hauptstadt, illustrierte abermals die eingezwängte Lage der Stadt. Keine Frage: Der entstandene Scherbenhaufen war die Folge gewagter Finanzoperationen und üppig ausgestatteter Immobilienfonds, erwachsen aus der engen Verbindung der Bank mit der Politik, die eine Spezialität des alten (West-)Berlins darstellte. Doch war der Bankgesellschaftsskandal nicht auch ein Kapitel der Nachwendegeschichte der Stadt? Es handelt von den schweren Geburtswehen eines historischen Vorgangs, von der permanenten Überforderung der Stadt, von den in eine Erfolgsgeschichte verknoteten Erfahrungen von Frustration und Erschöpfung, weil es der Stadt so ziemlich an allem fehlte, um die Herausforderung ihrer Wiederherstellung zu bewältigen. Vielleicht auch davon, dass eine Gründerzeit ohne Gründerkräche nicht zu haben ist.

Das Fiasko brachte die ganze politische Labilität Berlins an den Tag. In wenigen Monaten kippten die politischen Verhältnisse – Koalitionsaufkündigung, Neuwahl-Forderungen, rot-grüner Übergangssenat, Versuch einer Ampelkoalition, vorgezogene Neuwahlen. Am Ende stand der große, der ultimative Tabubruch mit der Geschichte der Stadt: die Koalition der SPD mit der PDS, der SED-Nachfolgepartei, seit der Zwangsvereinigung von KPD und SPD 1948 die Partei der Spaltung der Stadt. In Berlin begann eine neue politische Zeitrechnung: Die CDU, seit der Weizsäcker-Zeit der frühen Achtzigerjahre die maßgebende Berlin-Partei – und eben mit über 40 Prozent Stimmenanteil in dieser Rolle bestätigt –, fand sich im politischen Abseits wieder, Klaus Wowereit, bis dahin für die breitere Öffentlichkeit ein politischer Nobody, schoss an die Spitze der Stadt, die PDS wechselte aus der ideologischen Wagenburg, in der sie sich seit dem Mauerfall eingerichtet hatte, in den Senat. Und wie zum Hohn veröffentlichte das »Neue Deutschland«, das frühere SED-Zentralorgan, ein Extrablatt. Es feierte das staatsstreichhafte Gelegenheitsbündnis als einen »Kultursprung«.

Und doch, und doch – um mit Theodor Fontane zu reden, in Berlin immer mit von der Partie – wurde Berlin in diesen Jahren des Aufbruchs und des Missvergnügens realiter zur Hauptstadt.

In den Wechselbädern von Berlin-Euphorie und Berlin-Bashing, zwischen dem Aufstieg als Regierungszentrum, zunehmendem Metropolenglanz und deprimierenden Wirtschaftszahlen löste sich die Stadt aus den Nachwendejahren. Seitdem die Bundesrepublik von Berlin aus regiert wurde, verschwand auch die Debatte um die Berliner Republik und machte dem prosaischeren Phänomen einer Republik in Berlin Platz – der Normalität des Politik-Machens, der Wirklichkeit der Großstadt, der Ausstrahlung als quirlige Errungenschaft der Republik. Die Berlin-Seiten in den überregionalen Zeitungen, die der Bundesrepublik enthusiastisch den Prozess einer Stadterfindung vorgeführt hatten, strichen die Segel, zur Strecke gebracht von der Krise des Zeitungsmarktes, aber die Bundesrepublik begann, sich mit der neuen und bizarren Hauptstadt zu schmücken. Im Zusammenleben von Nachwendezuzüglern, Berlin-Kritikern und Berlin-Enthusiasten, von Ex-Bonner Beamten – die sich nach den französischen Einwanderern des 18. Jahrhunderts ironisch »Hugenotten« nannten – und von Alteingesessenen entstand eine neue Mischgesellschaft, halb westlich, halb östlich, halb Neuberliner. Im Dauerpalaver über Stadt und Republik, immer wieder hochgelobt, immer wieder heruntergezogen, erlangte Berlin seinen Platz in der Bundesrepublik.

Die Rede von der Berliner Republik erwies sich als Spürbegriff, als eine Suchmaschine für die Entwicklungen der Stadt, ja, vielleicht auch der Bundesrepublik. Berlin wurde in einem Maße zu einem Podium für die Bundesrepublik, wie es sich vorher niemand hätte träumen lassen. Zumal für die Politik wurde die Stadt zur Bühne einer explosiven Transformation. In Berlin-Mitte, im neuen Regierungsviertel, absolvierten Journalisten und Publikum ihre rasanten Schussfahrten in die Gründe und Abgründe der Mediendemokratie, ortete sich die Bundesrepublik als »Republik der Wichtigtuer« (Tissy Bruns). Hier erreichte die Fahrt auf der Achterbahn der politischen Stimmungen ein neues Tempo.

Nie zuvor hatten die Talkshows und die mediale Inszenierung der Ereignisse dem politischen Geschehen derart unverfroren den Rhythmus vorgegeben – mit einem Bundeskanzler, dem, wie er behauptete, zum Regieren BILD, BamS und Glotze genügten, mit dem – in einem Fernsehfilm – als »Meute« qualifizierten Pulk der Medienleute und mit dem Bild des in seinem Rollstuhl von den Kameras und Reportern bedrängten Finanzministers als Menetekel. In der neuen Hauptstadt kumulierte der Formwandel der Politik, der die Bundesrepublik seit Beginn des Fernsehzeitalters erfasst hat.

Vor allem aber wurde Berlin – je länger, desto mehr – zum Inbegriff eines Lebensgefühls, das die halbe Welt magnetisch anzuziehen schien. Für die Bundesrepublik wurde die Hauptstadt ein Schwerpunkt, auf den sich mit steigender Intensität Ereignisse, Institutionen und die repräsentativen Vorgänge des Landes ausrichteten. Aber Berlins Attraktivität reichte darüber hinaus, strahlte das Versprechen von Offenheit aus, faszinierte mit dem Eindruck, dass man hier, noch inmitten von Neubauten und Leerflächen, einer Stadt bei ihrer Neuerfindung zuschauen könnte – einer Stadt überdies, die nicht auf ein festes Ziel ausgerichtet ist, sondern sich beständig neu erfindet. War Berlin nicht eine große Realityshow, in der seine Wirklichkeit und seine im Werden befindliche Zukunftsgestalt, Realität und Utopie, ineinander übergingen? Überdies breitete sich über die Stadt, über der lange der Schatten einer melancholisch stimmenden Zwischenzeit gelegen hatte, ein Zug zum Lockeren, Leichteren, Lässigen aus – die Chiffre dafür, die nun die Runde machte, hieß »Versüdlichung« der Stadt, nicht zufällig ein Tribut an den Zwanzigerjahre-Berlin-Flaneur Franz Hessel. Das alles entlud sich in den Schüben eines Berlin-Hypes, der nachgerade zum führenden Exportartikel der Stadt wurde. Während sich die Stadt im Leben mit der Pleite übte, wurden hier die wichtigsten Feste der Republik gefeiert. Eine Mischung aus beständiger Ereignisbereitschaft, weltweit berühmter

Berlin – Wiedergeburt einer Stadt

Klubszene und Massenspektakeln wie der Loveparade und des Christopher-Street-Days hauchte der Stadt eine aufreizende Lebendigkeit ein. Passend zu einem Regierenden Bürgermeister, der sich auf dem Parteitag, auf dem er nominiert wurde, als Homosexueller outete, rasch den Titel des Regierenden Partymeisters gewann und Berlin das Etikett »arm, aber sexy« aufdrückte. Der Sommerrausch der Fußballweltmeisterschaft 2006 machte dann Berlin endgültig zu einem Platz, in dem sich ein Großteil der Bundesrepublik wiederfand.

Mit dem neuen Jahrhundert wurden auch die großen Projekte Realität. Die Wiedererrichtung des Schlosses, der Bau des Holocaust-Mahnmals, die Eröffnung des Jüdischen Museums, die Restaurierung der Museumsinsel: alles endlos umstritten, alles in diesen Schwellenjahren endlich entschieden – Mahnmal 1999, Schloss 2001, Jüdisches Museum 2001, Museumsinsel 2009. Alles nicht nur Architekturprojekte, Stationen der Auseinandersetzung um die Wiederherstellung der Stadt, Sinnbilder der Geschichtspolitik. Denn im Falle der schier endlosen Kontroverse um das Schloss, eines veritablen Kulturkampfes zwischen Ost und West, wurde ja nicht nur um ein gewagtes Rekonstruktionsunternehmen gestritten, sondern auch darüber, ob und wie viel Besinnung auf die Geschichte den Deutschen nach dem Dritten Reich und der staatlichen Teilung möglich war und sein dürfe. Und erst recht bedeutete der Streit um den Bau des Holocaust-Mahnmals – und seine schließliche Errichtung – eine äußerste Anstrengung der Deutschen, einen kollektiven Ausdruck für das Unbegreifliche des Judenmords zu finden. Denn es pflanzte das Gedächtnis an diesen Zivilisationsbruch, diese nicht ablösbare Hypothek der deutschen Vergangenheit, weithin sichtbar in die Mitte der neuen Hauptstadt.

Das neue Erscheinungsbild der Stadt, wie es im neuen Jahrtausend aus den Um- und Aufbrüchen der Neunzigerjahre heraustrat, steht insofern im Kontext der Debatten um Selbstverständnis und Selbstwahrnehmung, mit denen die Bundesrepublik in den letzten Jahrzehnten des 20. Jahrhunderts nach ihrem Ort in der Gegenwart gesucht hat. Es gehörte wie der Historikerstreit, die Walser-Bubis-Kontroverse oder die endlosen Identitätsdiskussionen in den Prozess des Versuchs der Deutschen, ihr Verhältnis zur Geschichte und zu sich selbst neu zu begreifen, der mit dem Ende des Ost-West-Konflikts eine neue Chance bekam. Mit ihm lösten sie sich schrittweise von ihrer Nachkriegszeit und gewannen eine neue Freiheit gegenüber sich selbst, die sich nicht zuletzt in Berlin manifestiert. Hatte je zuvor eine Nation ein Mahnmal errichtet für Opfer von Verbrechen, die ihren Vorfahren zuzurechnen sind? Die Eröffnung des Jüdischen Museums im September 2001 versinnbildlichte einen neuen Auftritt jüdischen Lebens in Berlin, und ein Großaufgebot prominenter deutscher und jüdischer Gäste machte das Ereignis zu einem Höhepunkt des jungen Berliner Hauptstadtlebens. Nur halb ironisch beförderte die »Frankfurter Allgemeine Zeitung« die illustre Gesellschaft zu einem Zeichen der Zeit, indem sie die Gästeliste unter dem Titel »Die Berliner Republik« abdruckte. Aber erschien dieses Fest nicht zu Recht als Zeichen dafür, dass Berlin zum repräsentativen Ort Deutschlands geworden war? Und bildete nicht die Rückkehr der Hauptstadt nach Berlin und die Wiederherstellung der Stadt das wichtigste Zeugnis der Veränderung des öffentlichen Bewusstseins der Bundesrepublik, ihrer heranwachsenden Identität als ein neues Deutschland?

Das änderte nichts an der kritischen Lage der Stadt. Die alte Berlin-Frage, die die Stadt und die Bundesrepublik in der Zeit der Teilung umgetrieben hatte, ist mit ihrer Vereinigung und dem Hauptstadtumzug Vergangenheit geworden. Umso mehr stellte sich eine neue Berlin-Frage (Kurt Biedenkopf) – »Berlin – was ist uns die Hauptstadt wert?«, hieß der provokative, doppelsinnige Nenner, auf den sie die Deutsche Nationalstiftung 2003 brachte. Die neue Berlin-Frage machte die Diskrepanz zum Thema, mit der die Stadt lebt – einerseits Hauptstadt zu sein, an- und aufregendes Zentrum und Verkörperung eines neuen Lebensgefühls, andererseits ein mittleres, strukturschwaches Bundesland, wirtschaftlich auf schwachen Füßen stehend, im Übrigen auch noch keineswegs dem alten Vorwurf entkommen, mit Vorliebe auf anderer Leute Kosten zu leben. Daraus ergab sich die Notwendigkeit, Berlins Stellung in der Wirklichkeit des neuen, föderalen Deutschlands neu zu definieren, auszubalancieren, zu stabilisieren. Mehr Fragen als Antworten: Sollte Berlin zu einem vom Bund getragenen Hauptstadtdistrikt werden nach dem Modell von Washington DC? Zu einer föderalen Metropole, die von Bund und Ländern gleichermaßen getragen würde? Oder doch als das gescheiterte Bundesland Berlin-Brandenburg? Am Ende stand ein verfassungspolitisches Minimum, die Versicherung der Bedeutung der Stadt im Grundgesetz: Seit 2006 heißt es im Artikel 22 »Hauptstadt ist Berlin«. Von dem Gesetz, das nach dem Wortlaut des Artikels das »Nähere« regeln soll, nämlich die praktischen Konsequenzen der dem Bund als Aufgabe aufgegebenen »Repräsentation des Gesamtstaates«, ist indessen auch nach acht Jahren nichts zu sehen.

Die Normalität tritt schließlich auch überraschend massiv im Verschwinden jener Stadt zutage, die Berlin nach dem Mauerfall für ein Jahrzehnt seines Auf- und Umbruchs war. Angesichts seiner heutigen Präsenz fällt es schon schwer – obwohl die Spuren noch überall zu sehen sind –, die aufgebrochene Stadt von gestern ins Gedächtnis zurückzurufen. Schon beginnt die Zeit der Großbaustellen, der aufklaffenden Gegensätze, der Querelen der Selbstsuche zu den anderen Vergangenheiten der Stadt zu zählen, nicht zuletzt denen von Teilung und Mauerstadt – auch dies ein Zeichen der Beschleunigung, die die Stadt seit einem Vierteljahrhundert erfasst hat. Das Berlin der Neunzigerjahre, die gleichsam heroische Phase ihrer Wiedergeburt, tritt zurück hinter einer neuen Selbstverständlichkeit, Stadt zu sein, die Rolle Berlins auszufüllen. Wozu auch der Wechsel der Themen gehört: Das Zusammenwachsen von Ost und West zum Beispiel bleibt, natürlich, ein Problem, aber es beherrscht nicht mehr die Debatte; längst haben ihm die sozialen Verwerfungen und die Integration der Migranten als Thema den Rang abgelaufen. Andererseits brachte die Petitesse der Schließung eines Boulevardtheaters am Kurfürstendamm das halbe Westberlin auf die Barrikaden. In einer heftigen Debatte meldete sich das Gefühl der Weststadt zu Wort, seit der Wiedervereinigung der Stadt irgendwie abgeschrieben zu sein. Tatsächlich rüttelt der Aufstieg von Mitte und des Ostens an der inneren Balance der Stadt und bringt eine Unwucht ins Westberliner Seelenleben. Doch West-Berlin war keineswegs – wie seine Kritiker unterstellen – der Hemmschuh, der der Einheit der Stadt im Wege war. Vielmehr hat sich Berlin auch deshalb zu einer faszinierenden Stadt entwickelt, weil es West-Berlin gab – seine Reserven an Urbanität, sein kulturelles Potenzial, seine gewachsene Substanz.

Bleibt angesichts der Wendung des Berliner Stadtschicksals die Feststellung einer Merkwürdigkeit: Dass sie nicht als große Erzählung präsent ist – vergleichbar der Geschichte des Überlebens der Stadt in der Nachkriegszeit, längst zum Berliner Mythos geworden, oder auch der Gründerjahre zu Ende des neunzehnten und zu Anfang des zwanzigsten Jahrhunderts. Ist das Geschehen in den Neunzigerjahren noch zu frisch? Sind Baugruben und Kunststein-Fassaden, die kritische Rekonstruktion der Stadt und das Wachsen einer neuen Gesellschaft weniger geeignet, den Stoff für eine urbane Heldensaga abzugeben als das Überleben bei Trockengemüse und Stearinkerzen, mit denen Berlin die Erfahrung der Nachkriegsjahre illustriert? Oder ist die Stadt selbst dieser Geschichte zu viel schuldig geblieben? Kein Geringerer als der um Berlin verdiente Wolfgang Schäuble – ohne seine Rede in der Umzugsdebatte am 20. Juni 1991 gäbe es, vielleicht, die neue Hauptstadt Berlin gar nicht – hat den Berlinern ins Stammbuch geschrieben, sie hätten im Prozess der Wiedervereinigung Vorbild sein müssen und seien es nicht gewesen. Dabei hat er der Stadt eingeräumt, dass sie mit den Problemen unmittelbarer und härter konfrontiert war als die übrige Bundesrepublik. Es mag noch mehr Punkte geben, bei denen Berlin nicht auf der Höhe der Herausforderungen war, die eine einzigartige Situation ihm stellte. Doch allen fehlte etwas, wenn in Berlin und der Bundesrepublik nicht das Bewusstsein für das wach bliebe, was sich in und mit der Stadt seit der Maueröffnung ereignet hat. Es spricht vieles dafür, dass es eine der großen Geschichten unserer Zeit ist.

ANHANG

Anmerkungen

1 Friedrich Sieburg, Abmarsch in die Barbarei, Stuttgart 1983, S. 190

2 Willy Brandt, Gemeinsame Sicherheit, Berliner Ausgabe, Bd. 10, S. 442

3 Hans-Hermann Hertle, Gerd-Rüdiger Stephan (Hrsg.), Das Ende der SED, 5. Aufl., Berlin 2012, S. 76, Anm. 126

4 Hans-Hermann Hertle, Der Fall der Mauer, Opladen 1996

5 Ebd., S. 308

6 Walter Momper, Grenzfall, München 1991, S. 137

7 Vgl. Günther von Lojewski, Frankfurter Allgemeine Zeitung, 9. November 2009

8 Vgl. Hans-Hermann Hertle, Gerd-Rüdiger Stephan (Hrsg.), Das Ende der SED, 5. Aufl., Berlin 2012, S. 73

9 Hans-Hermann Hertle, Der Fall der Mauer, Opladen 1996, S. 299 ff.

10 Dieter Schröder, Von Politik und dummen Fragen, Rostock 2002, S. 150

11 Zit. nach: Hans-Hermann Hertle, Kathrin Elsner, Mein 9. November, Berlin 1999, S. 241

12 Zit. nach: ebd., S. 224

13 Dieter Schröder, Von Politik und dummen Fragen, Rostock 2002, S. 156

14 Der Tagesspiegel, 4. November 1989

15 Vgl. Der Tagesspiegel, 11. November 1989

16 Walter Momper, Grenzfall, München 1991, S. 182

17 Ebd.

18 Richard von Weizsäcker, Vier Zeiten, München 1999, S. 364 f.

19 Frankfurter Allgemeine Zeitung, 14. November 1989

20 Otto Jörg Weis, Stuttgarter Zeitung, 13. November 1989

21 Ulrich Eckhardt in: Eberhard Diepgen (Hrsg.): Erlebte Einheit. Ein deutsches Lesebuch, Berlin 1995, S. 85

22 Claus-Dieter Steyer, Der Tagesspiegel, 8. Januar 1999

23 Berliner Zeitung, 9. November 2009

24 Berliner Zeitung, 11. November 1989

25 Neues Deutschland, 11. November 1989

26 Berliner Zeitung, 11. November 1989

27 Neue Zeit, 12. November 1989

28 Zit. nach: Berliner Morgenpost, 12. November 1989

29 Hans-Hermann Hertle, Gerd-Rüdiger Stephan (Hrsg.), Das Ende der SED, 5. Aufl., Berlin 2012, S. 413

30 Ebd., S. 80

31 Cees Nooteboom, Berliner Notizen, Berlin 1991, S. 109 f.

32 Vgl. Hans-Hermann Hertle, Gerd-Rüdiger Stephan (Hrsg.), Das Ende der SED, Berlin 2012, S. 427

33 Neues Deutschland, 16. November 2009

34 Hans-Hermann Hertle, Der Fall der Mauer, Opladen 1996, S. 283 ff.

35 Georg Schertz, Einsatzlage Mauerfall, in: Jahrbuch des Landesarchivs Berlin, 2004, S. 177 ff.

36 Otto Jörg Weis, Stuttgarter Zeitung, 14. November 1989

37 Zit. nach: Berliner Morgenpost, 12. November 1989

38 Ehrhart Neubert, Unsere Revolution.
    Die Geschichte der Jahre 1989/90,
    München 2008, S. 233

39 Ebd., S. 235

40 Bernhard Maleck, Wolfgang Ull-
    mann: »Ich werde nicht schweigen«,
    Berlin 1991, S. 75

41 taz, 11. November 1989

42 taz, 12. November 1989

43 Richard von Weizsäcker, Die Mauer
    ist gefallen, in: ders., Von Deutschland
    nach Europa, Berlin 1991, S. 157

44 Abgeordnetenhaus von Berlin,
    11. Wahlperiode, 10. November 1989,
    S. 784

45 Ebd.

46 Walter Momper, Grenzfall, Mün-
    chen 1991, S. 168

47 Eberhard Diepgen, Zwischen den
    Mächten. Von der besetzten Stadt zur
    Hauptstadt, Berlin 2004, S. 118

48 In: Umbruch in Europa, Dokumen-
    tation des Auswärtigen Amtes, Bonn
    o. J., S. 76 ff.

49 Vgl. Bernd Rother, Gilt das gespro-
    chene Wort?, Deutschland-Archiv,
    1/2000, S. 90 ff.

50 In: Umbruch in Europa, Doku-
    mentation des Auswärtigen Amtes,
    Bonn o. J., S. 83 ff.

51 Eberhard Diepgen, Abgeordneten-
    haus, 11. Wahlperiode, 10. Novem-
    ber 1989, S. 780

52 Walter Momper, ebd., S. 822

53 Eberhard Diepgen, Abgeordneten-
    haus, 11. Wahlperiode, 16. Novem-
    ber 1989, S. 825

54 Eberhard Diepgen, ebd.

55 Cees Nooteboom, Berliner Notizen,
    Berlin 1991, S. 107

56 Jens Reich, Berliner Zeitung,
    19. Dezember 1989

57 Zit. nach: Armin Mitter, »Die Tra-
    gödie ist vorbei«. Die Alliierten in
    Berlin 1989/90, Berlin 2011, S. 52

58 Der Tagesspiegel, 14. November 1989

59 Erich Böhme, Spiegel 44/1989

60 Karl Schwarz, Berlin – Metropole des
    Ostens, Der Tagesspiegel, 30. Novem-
    ber 1989

61 Vgl. Der Tagesspiegel, 30. Novem-
    ber 1989

62 Der Tagesspiegel, 28. November 1989

63 Vgl. Peter Bender, Wenn es West-
    berlin nicht gäbe, Berlin 1987, S. 93

64 Vgl. Berliner Morgenpost, 20. Novem-
    ber und 29. November 1989

65 Der Tagesspiegel, 24. November 1989

66 Jens Reich, Berliner Zeitung,
    19. Dezember 1989

67 Der Tagesspiegel, 28. Januar 1990

68 Timothy Garton Ash, Im Namen
    Europas. Deutschland und der
    geteilte Kontinent, München 1993,
    S. 458 ff.

69 Vgl. Reinhard Appel, Die Regieren-
    den von Berlin seit 1945, Berlin 1996,
    S. 343

70 Peter Merseburger, Willy Brandt:
    1913–1992. Visionär und Realist,
    Berlin 2006, S. 828

71 Zit. nach: Jürgen Leinemann, Höhen-
    rausch. Die wirklichkeitsleere Welt
    der Politiker, München 2005, S. 316

72 Walter Momper, Grenzfall,
    München 1991, S. 174

73 Peter Glotz, Der Irrweg des National-
    staats. Europäische Reden an ein
    deutsches Publikum, München 1990,
    S. 145

74 Walter Momper, Grenzfall,
    München 1991, S. 166

75 Berliner Morgenpost, 13. Novem-
    ber 1989

76 Klaus Hartung, taz, 11. November 1989

77 taz, 28. November 1989

78 Klaus Hartung, taz, 23. Novem-
    ber 1989

79 Klaus Hartung, Neunzehnhundert-
    neunundachtzig, Ortsbesichtigungen
    nach einer Epochenwende, Frankfurt
    am Main 1990, S. 120

80 Ebd., S. 115

81 Ebd., S. 128

82 Klaus Hartung, Bühne des Übergangs,
    DIE ZEIT, 4. November 1994

83 Jens Reich, Im Schnittpunkt zweier
    Epochen, in: Gerd Langguth (Hrsg.),
    Berlin: Vom Brennpunkt der Teilung
    zur Brücke der Einheit, Bonn 1990,
    S. 455
84 Ebd., S. 455 f.
85 Friedrich Dieckmann, Glockenläuten
    und offene Fragen. Berichte und Dia-
    gnosen aus dem anderen Deutschland,
    Berlin 1990, S. 55
86 Robert Ide, Geteilte Träume. Meine
    Eltern, die Wende und ich, 2007, S. 27
87 Berliner Zeitung, 24. November 1989
88 Berliner Zeitung, 5. Dezember 1989
89 Vgl. Berliner Zeitung, 29. Novem-
    ber 1989
90 Neue Zeit, 28. November 1989
91 Berliner Zeitung, 5. Dezember 1989
92 Birgit Walter, Berliner Zeitung,
    30. November 1989
93 Dieter Schröder, Von Politik und
    dummen Fragen, Rostock 2002, S. 158
94 Ebd., S. 159 f.
95 Vgl. Jürgen Dittberner, Berlin,
    Brandenburg und die Vereinigung,
    Berlin 1994, S. 118, und Dieter Schrö-
    der, Von Politik und dummen Fragen,
    Rostock 2002, S. 176
96 Vgl. Erhard Krack in: Reinhard Appel,
    Die Regierenden von Berlin seit 1945,
    Berlin 1996, S. 391
97 Berliner Zeitung, 29. November 1989
98 Der Tagesspiegel, 2. Februar 1990
99 Vgl. Eva Schweitzer, Großbaustelle
    Berlin. Wie die Hauptstadt verplant
    wird, Berlin 1997, S. 8
100 Dieter Schröder, Von Politik und
    dummen Fragen, Rostock 2002, S. 14
101 Vgl. Jürgen Dittberner, Berlin,
    Brandenburg und die Vereinigung,
    Berlin 1994, S. 119
102 Der Tagesspiegel, 27. Januar 1990
103 Der Tagesspiegel, 3. März 1990
104 Berliner Zeitung, 30. Januar 1990
105 Der Tagesspiegel, 3. Januar 1990
106 Vgl. Lothar de Maizière, Ich will,
    dass meine Kinder nicht mehr lügen
    müssen, Freiburg 2012, S. 117

107 Vgl. Philip Zelikow, Condoleezza
    Rice, Sternstunden der Diplomatie.
    Die deutsche Einheit und das Ende
    der Spaltung Europas, Berlin 1997,
    S. 208
108 Berliner Zeitung, 20. Dezember 1989
109 taz, 18. Dezember 1989
110 Vgl. Der Tagesspiegel, 28. Dezem-
    ber 1989, und Walter Momper, Grenz-
    fall, München 1991, S. 243 f.
111 Der Tagesspiegel, 24. Dezember 1989
112 Vgl. Charles S. Maier, Das Verschwin-
    den der DDR und der Untergang
    des Kommunismus, Frankfurt am
    Main 1999, S. 436
113 Christa Wolf, Ein Tag im Jahr.
    1960–2000, Berlin 2008, S. 455
114 Walter Momper, Grenzfall,
    München 1991, S. 216
115 Ebd., S. 214 ff. und Berliner Zeitung,
    6. Dezember 1989
116 taz, 18. Dezember 1989
117 Dieter Schröder, Von Politik und
    dummen Fragen, Rostock 2002,
    S. 156 f.
118 Ebd., S. 163
119 Klaus Hartung, Kuno Kruse, Der Bär
    ist los, DIE ZEIT, 13. April 1990
120 Vgl. Der Tagesspiegel, 27. Dezem-
    ber 1989
121 Zit. nach: Süddeutsche Zeitung,
    13./14. Januar 1990
122 Ehrhart Neubert, Unsere Revolution.
    Die Geschichte der Jahre 1989/90,
    München 2008, S. 316.
123 Vgl. Berliner Zeitung, 15. Januar 1990
124 Vgl. Der Tagesspiegel, 14. April 1989
125 Der Tagesspiegel, 11. Januar 1990
126 Vgl. ebd.
127 Dieter Schröder, Von Politik und
    dummen Fragen, Rostock 2002, S. 180.
128 Christine Bergmann, Von Null auf
    Hundert, Berlin 2012, S. 74
129 taz, 29. Januar 1990
130 Walter Momper, Grenzfall,
    München 1991, S. 282
131 Ebd., S. 283
132 Ebd., S. 297
133 Berliner Zeitung, 5. Februar 1990

134 Walter Momper, Grenzfall,
München 1991, S. 297
135 Ebd., S. 295
136 Dieter Schröder, Von Politik und
dummen Fragen, Rostock 2002, S. 194
137 Vgl. ebd., S. 194
138 Vgl. ebd., S. 196
139 Ebd., S. 184
140 Ebd., S. 202
141 Vgl. Eberhard von Einem, Platzt
Berlin aus allen Nähten?, Der Tagesspiegel, 29. April 1990, Beilage
142 Der Tagesspiegel, 22. Februar 1990
143 Erste Stadtkonferenz Berlin,
25.–26. Juni 1990, Kongressbericht,
S. 156
144 taz, 19. Februar 1990
145 Der Tagesspiegel, 28. Februar 1990
146 Armin Mitter, »Die Tragödie ist vorbei«. Die Alliierten in Berlin 1989/90,
Berlin 2011, S. 98 f.
147 Der Tagesspiegel, 18. Februar 1990
148 Walter Momper, Grenzfall,
München 1991, S. 300
149 Der Tagesspiegel, 2. Februar 1990
150 Der Tagesspiegel, 31. Juli 1990
151 Vgl. Der Tagesspiegel, 9. Februar 1990
152 Berliner Morgenpost, 28. Januar 1990
153 Süddeutsche Zeitung, 10./11. Februar 1990
154 Neue Zeit, 20. März 1990
155 Walter Momper, Abgeordnetenhaus,
27. Sitzung, 22. März 1990, S. 1388
156 Der Tagesspiegel, 21. März 1990
157 Walter Momper, Abgeordnetenhaus,
10. Mai 1990, S. 1566
158 Eberhard Diepgen, ebd., S. 1571
159 Eberhard Diepgen, Zwischen den
Mächten. Von der besetzten Stadt zur
Hauptstadt, Berlin 2004, S. 142
160 Walter Momper, Abgeordnetenhaus,
30. Sitzung, S. 1570, 10. Mai 1990,
S. 1570
161 Der Tagesspiegel, 12. Mai 1990
162 Walter Momper, Abgeordnetenhaus,
27. Sitzung, 22. März 1990, S. 1391
163 Dietrich Staffelt, ebd., S. 1382
164 Ebd., S. 1382

165 Der Tagesspiegel, 10. Mai 1990
166 Dieter Schröder, Von Politik und
dummen Fragen, Rostock 2002, S. 211
167 Walter Momper, Grenzfall,
München 1991, S. 376
168 Der Tagesspiegel, 1. Juni 1990
169 Vgl. Timo Schwierzina, Erfahrungen
im Roten Rathaus, in: Gerd Langguth
(Hrsg.), Berlin: Vom Brennpunkt
der Teilung zur Brücke der Einheit,
Bonn 1990, S. 351
170 Dieter Schröder, Von Politik und
dummen Fragen, Rostock 2002, S. 212
171 Ebd., S. 216 ff.
172 Neues Deutschland, 15. Juni 1990
173 Klaus Hartung, Die Baustelle der
Wiedervereinigung, DIE ZEIT,
1. Oktober 1993
174 Matthias Matussek, Palasthotel
Zimmer 6101. Reporter im rasenden
Deutschland, Hamburg 1991, S. 211
175 Christine Bergmann, Von Null auf
Hundert, Berlin 2012, S. 82
176 Richard von Weizsäcker, Hauptstadt
Berlin, in: ders., Von Deutschland
nach Europa, Berlin 1991, S. 172
177 Richard von Weizsäcker, Vier Zeiten,
München 1999, S. 401
178 Dieter Schröder, Von Politik und
dummen Fragen, Rostock 2002, S. 215
179 Günter Matthes, Der Tagesspiegel,
13. Juni 1990
180 Vgl. Lothar Heinke, Die Ver-
bindungslinie, Der Tagesspiegel,
26. November 2005
181 Moritz Müller-Wirth, Der Tagesspiegel, 6. Juli 1991
182 Vgl. Helmut Trotnow, Der Tagesspiegel, 3. August 2011
183 Berliner Zeitung, 1. Juni 1990
184 Joachim Nawrocki, Vereinte Stadt mit
Doppelkopf, DIE ZEIT, 14. September 1990
185 Berliner Zeitung, 2. Juli 1990
186 Matthias Matussek, Palasthotel
Zimmer 6101. Reporter im rasenden
Deutschland, Hamburg 1991, S. 197

187 Ed Stuhler, Die letzten Monate der DDR – Die Regierung de Maizière und ihr Weg zur deutschen Einheit. Berlin 2010, S.157
188 Walter Momper, in: Reinhard Appel, Die Regierenden von Berlin seit 1945, Berlin 1996, S.345
189 Dieter Schröder, Von Politik und dummen Fragen, Rostock 2002, S.269 f.
190 Christoph Stölzl, Einmal Berlin und zurück, Berlin 2004, S.52 f.
191 Berliner Zeitung, 4. Oktober 1990
192 Egon Bahr, Zu meiner Zeit, München 1996, S.592
193 Berliner Zeitung, 4. Oktober 1990
194 Alexander Osang, Berliner Zeitung, 4.Oktober 1990
195 Der Tagesspiegel, 2. Oktober 1990
196 Erich Thies, Im Zusammenhang in den Blick genommen. Die Humboldt-Universität und Berlin in den Jahren nach der Wende. Abschiedsvorlesung 6. Februar 2009, Berlin 2009, S.19
197 Cees Nooteboom, Im Wartezimmer der Geschichte, Der Tagesspiegel, 9.Juni 1991
198 Vgl. Die Welt, 9.Januar 2011
199 Vgl. Der Tagesspiegel, 2. Dezember 2010
200 Lied aus dem Diestel-Programm »Uns gab's nur einmal«, 1990, Text: Harry Fiebrig
201 Eberhard Diepgen: Zwischen den Mächten. Berlin 2004, S.150 ff.
202 Vgl. Der Tagesspiegel, 13. August 1990
203 Eberhard Diepgen, Abgeordnetenhaus, 3. Sitzung, 7. Februar 1991, S.83
204 Eberhard Diepgen: Zwischen den Mächten, Berlin 2004, S.154
205 Ebd., S.84 f.
206 Vgl. Abgeordnetenhaus, 4. Sitzung, 21. Februar 1991
207 Vgl. Abgeordnetenhaus, 21. Februar 1991, S.171 f.
208 Ebd., S.178

209 Karl Schlögel, Eine andere Stadt, Frankfurter Allgemeine Zeitung, 3. Dezember 1994
210 Klaus Hartung, Berlin zwischen den Zeiten, Berlin 1997, S.9
211 Joachim Nawrocki, Die Mauer in den Herzen, DIE ZEIT, 31.Januar 1992
212 Andreas Oldag, Süddeutsche Zeitung, 2./3. Oktober 1991
213 Neue Zeit, 2.Januar 1991
214 Vgl. Der Tagesspiegel, 17. Februar 1991
215 Statistisches Jahrbuch 1993, S.102
216 Super, 3. Mai 1991
217 Vgl. Der Tagesspiegel, 3. Mai 2011
218 Christine Bergmann, Abgeordnetenhaus, 4. Sitzung, 21. Februar 1991, S.196.
219 Vgl. Der Tagesspiegel, 27. April 1991
220 Der Tagesspiegel, 23. April 1991
221 Axel Vornbäumen, Frankfurter Rundschau, 12. November 1992
222 Vgl. Der Tagesspiegel, 23. April 1991
223 Albrecht Hintze, Süddeutsche Zeitung, 2./3. Oktober 1991
224 Ebd.
225 Der Tagesspiegel, 9. März 1991
226 Der Tagesspiegel, 10. April 1991
227 Lothar Heinke, Der Tagesspiegel, 8.Juni 1991
228 Vgl. Der Tagesspiegel, 28. März 1991
229 Dieter Zimmer, Merian 9/1991, S.34
230 Friedrich Dieckmann, Temperatursprung. Deutsche Verhältnisse, Berlin 1995
231 Robert Ide, Geteilte Träume. Meine Eltern, die Wende und ich, München 2007, S.118 f.
232 Der Tagesspiegel, 7. April 1991
233 Zitiert nach: Der Tagesspiegel, 25. April 1991
234 Abgeordnetenhaus, 25. April 1991
235 Berliner Zeitung, 18. Dezember 1990
236 Der Tagesspiegel, 3. Februar 1991
237 Ebd.
238 Ulrich Gutmair, Die ersten Tage von Berlin. Der Sound der Wende, Stuttgart 2013, S.23 f.

239 Eva Schweitzer, Großbaustelle Berlin. Wie die Hauptstadt verplant wird, Berlin 1997, S. 170

240 Joachim Nawrocki, Die Mauer in den Herzen, DIE ZEIT, 31. Januar 1992

241 Heide Berndt/Bodenschatz, Die Stadt, 3/1995, S. 217

242 Eva Schweitzer, Großbaustelle Berlin. Wie die Hauptstadt verplant wird, Berlin 1997, S. 51 f.

243 Dieter Hoffmann-Axthelm, zit. nach: Klaus Hartung, DIE ZEIT, 1. Oktober 1993

244 Heinz Knobloch, Stadtmitte umsteigen: Geschichten aus dem Osten Berlins, Berlin 2002, S. 5

245 Jens Sparschuh, Standbein, Spielbein – Ostberlin, Der Tagesspiegel, 12. September 1999

246 Markus Meckel, zit. nach Wolfgang Templin, Gesamt-Berlin – eine Fiktion?, in: Werner Süß, Ralf Rytlewski (Hrsg.) Berlin. Die Hauptstadt. Vergangenheit und Zukunft einer europäischen Metropole, Berlin 1999, S. 334

247 Wolfgang Templin, in: Eberhard Diepgen (Hrsg.), Erlebte Einheit. Ein deutsches Lesebuch, Berlin 1995, S. 292

248 Diether Huhn, Neunundneunzig Berliner Spaziergänge. Berlin 1997, S. 318

249 Vgl. Rolf Schneider, Berliner Wege, Berlin 1992

250 Peter Becker, Wo die Sabinchen-Moritat spielt, Der Tagesspiegel, 28. Januar 1990

251 Der Tagesspiegel, 11. April 1993

252 Volker Kähne, zit. nach: Joachim Nawrocki, Die Mauer in den Köpfen, DIE ZEIT, 31. Januar 1992

253 Der Tagesspiegel, 4. Januar 1991

254 Der Tagesspiegel, 21. März 1991

255 Brigitte Fehrle, Berliner Zeitung, 2. Oktober 1991

256 Der Tagesspiegel, 14. März 1991

257 Klaus Hartung, Bühne des Übergangs, DIE ZEIT, 4. November 1994

258 Mechthild Küpper, Die Humboldt-Universität zwischen Abwicklung und Selbstreform, Berlin 1993, S. 77

259 Sven Vollrath, Zwischen Selbstbestimmung und Intervention. Der Umbau der Humboldt-Universität 1989–1996, Berlin 2008, S. 114 ff.

260 Ebd., S. 98, Anm. 309

261 Der Tagesspiegel, 19. Januar 1992

262 Der Tagesspiegel, 2. Mai 1993

263 Der Tagesspiegel, 28. Oktober 1992

264 Der Tagesspiegel, 21. Juni 1990

265 Der Tagesspiegel, 8. Juni 1991

266 Der Tagesspiegel, 7. Juli 1991

267 Inga Markovits, Die Abwicklung, München 1993, S. 137

268 Der Tagesspiegel, 9. November 1991

269 Bernd Matthies, Berlin kehrt zu einer Bedeutung zurück, Der Tagesspiegel, 31. Dezember 1991/1. Januar 1992, S. XV (Jahresrückblick)

270 Ebd.

271 Zit. nach: Eberhard Diepgen, Von der besetzten Stadt zur Hauptstadt, Berlin 2004, S. 250

272 Ebd., S. 250 f.

273 Ebd.

274 Zit. nach: Joachim Nawrocki, Die Mauer in den Herzen, DIE ZEIT, 31. Januar 1992

275 Konrad Weiß, in: Helmut Herles (Hrsg.), Das Berlin-Bonn-Gesetz, Bonn 1994, S. 40

276 Arnulf Baring, zit. nach: Senatsverwaltung für Bau- und Wohnungswesen, Hauptstadt Berlin. Festung, Schloss, demokratischer Regierungssitz, 1992, S. 10

277 Werner Kolhoff, Abschied von der Insel, IV, Foyer 1994, S. 8 f.

278 Stefan Kornelius, Hauptstadtplanung mit alter Reliefkarte …, Süddeutsche Zeitung, 28. Februar 1992

279 Der Spiegel, 24. Juni 1991, S. 18

280 DIE ZEIT, 26. Juli 1991

281 Vgl. Ulrike Krenzlin, in: Hartmut Engel, Wolfgang Ribbe, Hauptstadt Berlin – Wohin mit der Mitte?, Berlin 1993, S. 101 ff.

282 Sebastian Haffner, stern 34/1991, zit. nach: ders., Zwischen den Kriegen, Berlin 1997, S. 253
283 Dietmar Kansy, Zitterpartie. Der Umzug des Bundestages von Bonn nach Berlin, Homburg 2003
284 Eberhard Diepgen: Zwischen den Mächten. Von der besetzten Stadt zur Hauptstadt. Berlin 2004, S. 172
285 Dietmar Kansy, Zitterpartie: Der Umzug des Bundestages von Bonn nach Berlin, Hamburg 2003, S. 25
286 Franz Möller, Der Beschluss. Bonn/Berlin-Entscheidungen von 1990 bis 1994, Bonn 2002, S. 84 und Bannas, Runde zwei, Frankfurter Allgemeine Zeitung, 12. Juli 1991
287 Der Tagesspiegel, 12. Dezember 1991
288 Der Tagesspiegel, 18. Juni 1991
289 Manfred Rettig zit. nach: Michael Sontheimer, Berlin Berlin. Der Umzug in die Hauptstadt, Hamburg 1999, S. 61 f.
290 Vgl. Frankfurter Allgemeine Zeitung, 13. September 1991
291 Der Tagesspiegel, 20. Juni 1996
292 Zit. nach: Joachim Nawrocki, Die Mauer in den Herzen, DIE ZEIT, 31. Januar 1992
293 Der Tagesspiegel, 10. Mai 1992
294 Der Tagesspiegel, 9. November 1991
295 Der Tagesspiegel, 28. Dezember 1991
296 Abgeordnetenhaus, 25. Sitzung, 27. Februar 1992, S. 2066
297 Der Tagesspiegel, 28. Januar 1992
298 Der Tagesspiegel, 23. Januar 1992
299 Der Tagesspiegel, 3. Dezember 1992
300 Klaus Landowsky/Lutz Wicke, Der Tagesspiegel, 28. November 1991
301 Der Tagesspiegel, 10. Mai 1992
302 Vgl. Jacqueline Hénard, Geschichte vor Gericht. Die Ratlosigkeit der Justiz, München 1993, S. 64 ff.
303 Vgl. Lothar Heinke, Der Tagesspiegel, 15. Juli 1992
304 Wolfgang Schäche, Zum Beispiel der Pariser Platz …, Der Tagesspiegel, 1. November 1992, Beilage
305 Der Tagesspiegel, 24. August 1992

306 Der Tagesspiegel, 16. Februar 1992
307 Der Tagesspiegel, 16. Juni 1992
308 Der Tagesspiegel, 30. März 1992
309 10. März 1992, zit. nach: Peter Schindler, Datenhandbuch zur Geschichte des Deutschen Bundestages 1949 bis 1999, Baden-Baden 1999, S. 1613
310 Der Tagesspiegel, 26. August 1992
311 Ebd.
312 Berliner Zeitung, 15. Juli 1992
313 Der Tagesspiegel, 18. Juni 1992
314 Der Tagesspiegel, 2./3. Oktober 1992
315 Der Tagesspiegel, 29. Mai 1992
316 Eberhard Diepgen, Zwischen den Mächten, Berlin 2004, S. 181
317 Nino Galetti, Der Bundestag als Bauherr in Berlin, Düsseldorf 2008, S. 101, Anm. 27
318 Der Tagesspiegel, 7. November 1992
319 Der Tagesspiegel, 2. März 1993
320 Christian van Lessen, Der Tagesspiegel, 17. März 1992
321 Der Tagesspiegel, 26. Juni 1992
322 Vgl. Dietmar Kansy, Zitterpartie. Der Umzug des Bundestages von Bonn nach Berlin, Homburg 2003, S. 56
323 Tino Schwierzina Der Tagesspiegel, 20. Juni 1991
324 Der Tagesspiegel, 17./18. Dezember 1992
325 Der Tagesspiegel, 19. Dezember 1992
326 Der Spiegel, 44/1992
327 Ebd.
328 Der Tagesspiegel, 15. Februar 1993
329 Leslie Colitt, Der Tagesspiegel, 28. Dezember 1992
330 Zit. nach: Der Tagesspiegel, 7. November 1992
331 Dietmar Kansy, Zitterpartie. Der Umzug des Bundestages von Bonn nach Berlin, Homburg 2003, S. 57
332 Elisabeth Noelle-Neumann, Wird sich jetzt fremd, was zusammengehört? Frankfurter Allgemeine Zeitung, 19. Mai 1993
333 Der Tagesspiegel, 11. Februar 1993
334 Bernhard Schulz, Der Tagesspiegel, 6. Juni 1993
335 Der Tagesspiegel, 7. Juni 1993

336 Joachim Fest, »Denkmal der Bauge-
     schichte und verlorene Mitte Berlins«,
     Frankfurter Allgemeine Zeitung,
     30. November 1990
337 Vgl. Anna-Inés Hennet, Die Berliner
     Schlossplatzdebatte im Spiegel der
     Presse, Berlin 2005
338 Klaus Hartung, Berliner Übergangs-
     zeit, in: Werner Süß, Ralf Rytlewski
     (Hrsg.) Berlin. Die Hauptstadt.
     Vergangenheit und Zukunft einer
     europäischen Metropole, Berlin 1999,
     S. 853
339 Lothar Heinke, Der Tagesspiegel,
     19. September 1994
340 Richard von Weizsäcker, Der Tages-
     spiegel, 25. Juli 1993
341 Der Tagesspiegel, 13. November 1993
342 Der Tagesspiegel, 24. Juni 1993
343 Vgl. Pressestimmen ab März 1993 in:
     Peter Schindler, Datenhandbuch zur
     Geschichte des Deutschen Bundesta-
     ges 1949 bis 1999, Baden-Baden 1999,
     S. 1615
344 Vgl. ebd., S. 1619
345 Frank Schmeichel, Der Checkpoint
     Charlie, in: Werner Süß (Hrsg.),
     Hauptstadt Berlin. Band 3: Metropole
     im Umbruch, Berlin 1996, S. 404
346 Klaus Landowsky, Der Tagesspiegel,
     24. August 1993
347 Franz Möller, Der Beschluss. Bonn/
     Berlin-Entscheidungen von 1990 bis
     1994, Bonn 2002, S. 189 f.
348 Dietmar Kansy, Zitterpartie. Der
     Umzug des Bundestages von Bonn
     nach Berlin, Homburg 2003, S. 78
349 Der Tagesspiegel, 14. Oktober 1993
350 Günter Bannas, Frankfurter Allge-
     meine Zeitung, 15. Januar 1994
351 Michael Sontheimer: Berlin, Berlin.
     Der Umzug in die Hauptstadt, Ham-
     burg 1999, S. 69
352 Eberhard Diepgen, Zwischen den
     Mächten, Berlin 2004, S. 178
353 Rudolf Augstein, Der Spiegel, 3/94
354 Frankfurter Allgemeine Zeitung,
     15. Januar 1994

355 Dietmar Kansy, Der Bundestag vom
     Berlin-Beschluss bis zum Berlin/
     Bonn-Gesetz, in: Werner Süß (Hrsg.),
     Hauptstadt Berlin. Bd. 1, Nationale
     Hauptstadt Europäische Metropole,
     Berlin 1994, S. 98
356 Zit. nach: Helmut Herles (Hrsg.), Das
     Berlin-Bonn-Gesetz. Eine Doku-
     mentation, Bonn 1994, S. 24
357 Zit. nach: ebd., S. 30
358 Peter Conradi, ebd., S. 33
359 Franz Möller, ebd., S. 55
360 Ingrid Matthäus-Maier, ebd., S. 52
361 Hans Martin Bury, ebd., S. 126
362 Anke Bruns, Bundesrat, 667. Sit-
     zung, 18. März 1994, in: Herles, Das
     Berlin-Bonn-Gesetz Eine Dokumen-
     tation, Bonn 1994, S. 138 ff.
363 Eberhard Diepgen, Zwischen den
     Mächten, Berlin 2004, S. 178
364 Karl Feldmeyer, Frankfurter Allge-
     meine Zeitung, 11. Januar 1994
365 Helmut Herles (Hrsg.), Das Ber-
     lin-Bonn-Gesetz. Eine Dokumenta-
     tion, Bonn 1994, S. XVI
366 Friedrich Karl Fromme, Ein Gesetz
     eigentlich für Bonn, Frankfurter
     Allgemeine Zeitung, 10. März 1994
367 Michael Mönninger, Berliner Zeitung,
     2. Oktober 1998, S. 1998
368 Karl Schlögel, Eine andere Stadt,
     Frankfurter Allgemeine Zeitung,
     3. Dezember 1994
369 Bundestag, 13. Wahlperiode, 1. Sitzung,
     10. November 1994
370 Vgl. Wilfried Rott, Die Insel. Eine
     Geschichte West-Berlins 1948–1990,
     München 2009, S. 8
371 Eberhard Diepgen, Von der besetzten
     Stadt zur Hauptstadt, Berlin 2004,
     S. 160
372 Der Spiegel, 37/1994, S. 35
373 Der Tagesspiegel, 8. September 1994
374 Zit. nach: Brigitte Grunert, Im Rat-
     haus regieren die Alliierten immer
     mit, Der Tagesspiegel, Abschied von
     den Alliierten, 8. September 1994
375 Der Tagesspiegel, 7. September 1994
376 Ebd.

377 Vgl. Der Tagesspiegel, 14. Mai 1995
378 Der Tagesspiegel, 15. Januar 1994
379 Der Tagesspiegel, 22. Mai 1994
380 Vgl. Der Tagesspiegel, 10. November 1995
381 Vgl. Bernd Matthias, Der Tagesspiegel, 30. Dezember 1994
382 Klaus Hartung, DIE ZEIT, 4. November 1994
383 Vgl. Neue Zeit, 8. Januar 1994
384 Der Tagesspiegel, 25. Juli 1994
385 Vgl. Neue Zeit, 26. Juli 1994 und Der Tagesspiegel, 10. November 1994
386 Der Tagesspiegel, 3. Oktober 1995
387 Karl Schlögel, Eine andere Stadt, Frankfurter Allgemeine Zeitung, 3. Dezember 1994
388 Hans Stimmann, Experiment mit der Tradition, Foyer II/94, S. 4 ff.
389 Gerwin Zohlen, Auf der Suche nach der verlorenen Stadt. Berliner Architektur am Ende des 20. Jahrhunderts, Berlin 2002, S. 9
390 Zit. nach: Michael Mönninger: Das neue Berlin – Baugeschichte und Stadtplanung der deutschen Hauptstadt, Berlin 1991, S. 9
391 Zit. nach: Wilhelm Maier, Berlin spielt Babylon, Der Spiegel, 30/1994, S. 54
392 Vgl. Michael Mönninger, Der Spiegel, 8/1995
393 Der Spiegel, 30/1994 S. 50 ff.
394 Der Spiegel, 8/1995, S. 42 ff.
395 Der Spiegel, 30/1994, S. 9
396 Ulrich von Bismarck, Herzstück für modernes stadtverträgliches Verkehrssystem und: Hartwig Berger, Berlins größte Fehlplanung, Foyer II/1994, S. 32/33
397 Vittorio Magnago Lampugnani, Ein Stück Großstadt als Experiment. Planungen am Potsdamer Platz in Berlin, Ostfildern 1997, S. 12
398 Aus dem Gedicht »Naturschutzgebiet« von Sarah Kirsch
399 Vgl. Erich Kästner, »Besuch vom Lande«
400 taz, 9. April 1990

401 Der Tagesspiegel, 10. April 1990
402 Manfred Sack, DIE ZEIT, 20. April 1990
403 taz, 9. November 1990
404 DIE ZEIT, 20. April 1990
405 Der Tagesspiegel, 26. Juni 1990
406 Josef Paul Kleihues im Gespräch, Tübingen/Berlin 1996, S. 103 f.
407 Dieter Hoffmann-Axthelm, Der Tagesspiegel, 3. April 1991
408 Zit. nach: Gerwin Zohlen, Auf der Suche nach der verlorenen Stadt. Berliner Architektur am Ende des 20. Jahrhunderts, Berlin 2002, S. 37
409 Ebd.
410 Der Tagesspiegel, 10. Mai 1990
411 Vgl. Der Tagesspiegel, 26. Oktober 1991
412 Gerwin Zohlen, Auf der Suche nach der verlorenen Stadt. Berliner Architektur am Ende des 20. Jahrhunderts, Berlin 2002, S. 37
413 Rainer Wagner, Der Tagesspiegel, 22. Oktober 1991
414 Rem Koohaas, Frankfurter Allgemeine Zeitung, 12. Oktober 1991
415 Hilmer und Sattler, zit. nach: Peter Rumpf, in: Städtebauliche und architektonische Entwicklung von 1990 bis 2000, in: Thorsten Scheer, Josef Paul Kleihues, Paul Kahlefeldt, Stadt der Architektur der Stadt Berlin 2000, S. 367
416 Dieter Hoffmann-Axthelm, Der Tagesspiegel, 25. Oktober 1991
417 Der Tagesspiegel, 29. November 1992
418 Der Tagesspiegel, 7. September 1991
419 Frankfurter Allgemeine Zeitung, September 1991
420 Volker Hassemer, Der Tagesspiegel, 8. September 1994
421 Der Tagesspiegel, 12. Oktober 1993
422 Hans Stimmann, Kritische Rekonstruktion und steinerne Architektur für die Friedrichstadt, in: Jörn Dübel, Michael Mönninger (Hrsg.), Von der Sozialutopie zum städtischen Haus, Berlin 2011, S. 105

423 Friedrich Dieckmann, Die Erfahrung des Zentrums, in: ders., Wege durch Mitte. Stadterfahrungen, Berlin 1995, S. 81

424 Volker Hassemer, Brennpunkt Berlin, Civis, Dezember 1991, S. 20

425 Hanno Klein, in: Berlin heute. Projekte für das neue Berlin. Ausstellung Berlinische Galerie vom 14. Mai bis 21. Juli 1990 im Gropiusbau, S. 11

426 Bauwelt, Heft 39/1991, S. 2081

427 Dieter Hoffmann-Axthelm, Die vierte Zerstörung Berlins, Der Tagesspiegel, 18., 20., 21., 22. August 1991

428 Vgl. Anna-Inés Hennet, Die Berliner Schlossplatzdebatte im Spiegel der Presse, Berlin 2005

429 Hans Stimmann, Kritische Rekonstruktion ..., in: Jörn Dübel, Michael Mönninger (Hrsg.), Von der Sozialutopie zum städtischen Haus, Berlin 2011, S. 105 f.

430 Zit. nach: Der Spiegel, 8/1992, S. 214

431 Friedrich Dieckmann, Die Erfahrung des Zentrums, in: ders., Wege durch Mitte. Stadterfahrungen, Berlin 1995, S. 89

432 Zit. nach: Gert Kähler (Hrsg.), Einfach schwierig. Eine deutsche Architekturdebatte, Ausgewählte Beiträge 1993–1995. Basel 2000, S. 60

433 Vgl. Dorothee Dubrau, Abrisse in Berlin-Mitte, in: Die alte Stadt, 3/95, S. 235 ff.

434 Philip Johnson, in: Berliner Lektionen 1993, München 1994, S. 42

435 Zit. nach: Jörn Dübel, Michael Mönninger (Hrsg.), Von der Sozialutopie zum städtischen Haus, Berlin 2011, S. 38

436 Zit. nach: Gert Kähler (Hrsg.), Einfach schwierig, Basel 2000, S. 38

437 Dieter Bartetzko, Schaut auf diese Stadt, Frankfurter Allgemeine Zeitung, 2. Dezember 1995

438 Friedrich Dieckmann, Berliner Kreuzwege, in: Merkur, Nr. 553, 49. Jahrgang, Heft 4, April 1995

439 Vgl. Heimatkunde für Neuteutonia, Der Spiegel, 42/1994

440 Ebd.

441 Fritz Neumeyer in: Gert Kähler (Hrsg.), Einfach schwierig. Eine deutsche Architekturdebatte, Basel 2000, S. 63

442 Vgl. Berliner Zeitung, 26. Januar 1996

443 Uwe Rada, taz, 9. März 2006

444 Eva Schweitzer, Großbaustelle Berlin. Wie die Hauptstadt verplant wird, Berlin 1997, S. 42

445 Evelyn Roll, Süddeutsche Zeitung, 4. April 1999

446 Lothar Heinke, Der Tagesspiegel, 12. März 1994

447 Hartmut Bunge, Frédéric Haven, Helmut Maul, Die neue Friedrichstadt, in: Werner Süß (Hrsg.), Hauptstadt Berlin, Bd. 3, Berlin 1996, S. 379

448 Hans Stimmann, Foyer III, September 1993, S. 5

449 Eva Schweitzer, Der Tagesspiegel, 14. Februar 1995

450 Der Tagesspiegel, 23. Juni 1995

451 Gerwin Zohlen, Auf der Suche nach der verlorenen Stadt. Berliner Architektur am Ende des 20. Jahrhunderts, Berlin 2002, S. 48

452 Eva Schweitzer, Großbaustelle Berlin. Wie die Hauptstadt verplant wird, Berlin 1997, S. 27

453 Der Tagesspiegel, 8. Februar 1995

454 Auf dem Weg nach Berlin. Klaus Töpfer im Gespräch mit Karl Hugo Pruys, Berlin 1996, S. 48

455 Vgl. Der Tagesspiegel, 4. März 1995

456 Eva Schweitzer, Großbaustelle Berlin. Wie die Hauptstadt verplant wird, Berlin 1997, S. 30

457 Volker Hassemer, Wozu Berlin? Eine Streitschrift, Berlin 2010, S. 128

458 Vgl. ebd., S. 116

459 Max Welch Guerra, Hauptstadtplanung als Vereinigungspolitik, in: Werner Süß, Ralf Rytlewski (Hrsg.), Berlin. Die Hauptstadt. Vergangenheit und Zukunft einer europäischen Metropole, Berlin 1999, S. 617

460 Friedrich Dieckmann, Architek-
ten-Jahrbuch 1992, S. 26 ff.
461 Vgl. Senatsverwaltung für Bau- und
Wohnungswesen, Hauptstadt Berlin.
Festung, Schloss, demokratischer
Regierungssitz, 1992
462 Volker Hassemer, zit. nach: ebd., S. 11
463 Rolf Lautenschläger, taz,
21. Januar 1992
464 Dieter Hoffmann-Axthelm, Gebührt
dem Staat das Herz der Stadt?, DIE
ZEIT, 29. Mai 1992
465 Volker Hassemer, Die Ministerien
stärken das Herz der Stadt! DIE
ZEIT, 19. Juni 1992
466 Nino Galetti, Der Bundestag als
Bauherr in Berlin, Düsseldorf 2008,
S. 110
467 Zit. von Peter Conradi, in: Heinrich
Wefing (Hrsg.), »Dem deutschen
Volke«. Der Bundestag im Berliner
Reichstagsgebäude, Bonn 1999, S. 170
468 Heinrich Wefing, in: ebd., S. 158
469 Wolf Jobst Siedler, Frankfurter Allgemeine Zeitung, 14. März 1994
470 Dietmar Kansy, Zitterpartie. Der
Umzug des Bundestages von Bonn
nach Berlin, Homburg 2003, S. 89
471 Max Welch Guerra, Hauptstadt Einig
Vaterland, Berlin 1999, S. 27
472 Ebd, S. 43 ff.
473 Klaus J. Duisberg, Das deutsche Jahr.
Einblicke in die Wiedervereinigung
1989/1990, Berlin 2005, S. 341
474 Ralf Schönball, Die Gegner in den
eigenen Reihen, Der Tagesspiegel,
20. Juni 2011
475 Ebd., S. 342
476 Michael Mönninger, Berliner Zeitung,
7. Januar 1999
477 Zit. nach: Gerhart Laage, Berlin, der
Spreebogen, die Spreeinsel und der
Standort Deutschland, in: Werner
Süß (Hrsg.), Hauptstadt Berlin, Bd. 3,
Berlin 1996, S. 341
478 Volker Hassemer, Wozu Berlin? Eine
Streitschrift, Berlin 2010, S. 104
479 Regina Mönch, Frankfurter Allgemeine Zeitung, 14. November 2003

480 Volker Hassemer, Leitlinien der
Stadtentwicklung, in: Werner Süß
(Hrsg.), Hauptstadt Berlin, Bd. 3,
Berlin 1996, S. 244
481 Foyer, IV/1994, S. 94 f.
482 Volker Hassemer, Berlin wird nur
schwer Berlin, Der Tagesspiegel,
19. Januar 1995
483 Mechthild Küpper, Es ist aus, Berlin!,
Wochenpost, 24. März 1994, S. 1
484 Ebd. S. 4 ff.
485 Vgl. Der Spiegel, 8/1995
486 Eberhard Diepgen, Die Überwindung
der Teilung, in: Werner Süß (Hrsg.),
Hauptstadt Berlin, Bd. 3, Berlin 1996,
S. 249
487 Ebd., S. 255
488 Vgl. Der Tagesspiegel, 16. Oktober 1994
489 Jens Reich, Die Einheit: gelungen und
gescheitert, DIE ZEIT, 15. September 1995
490 Vgl. Friedrich Dieckmann, Wege
durch Mitte. Stadterfahrungen, Berlin 1995, S. 132
491 Johannes Leithäuser, Zum Gedenken
an das Kriegende …, Frankfurter
Allgemeine Zeitung, 9. Mai 1995
492 Jutta Voigt, Das Wunder von Berlin,
zit. nach: Jutta Voigt, Rolf Zöllner,
Der Spleen von Berlin, Berlin 1999,
S. 115
493 Jutta Voigt, ebd., S. 116 ff.
494 Zit. nach: Der Spiegel, 27/1995
495 Sir Norman Foster, Ein optimistisches
Zeichen für ein Modernes Deutschland, in: Heinrich Wefing (Hrsg.),
Dem deutsche Volke. Der Bundestag
im Berliner Reichstagsgebäude,
Bonn 1999, S. 183
496 Frankfurter Rundschau, 29. Au-
gust 1995, zit. nach: Ute Heimrod,
Günter Schlusche, Horst Seferens
(Hg.), Der Denkmalstreit – das
Denkmal? Die Debatte um das
›Denkmal für die ermordeten Juden
Europas‹. Eine Dokumentation,
Berlin 1999, S. 481

497 DIE ZEIT, 30. Juni 1995, zit. nach:
ebd. S. 447
498 taz, 6. Februar 1996, ebd., S. 496
499 Heinrich Wefing, Kulisse der Macht.
Das Berliner Kanzleramt. Berlin 2001,
S. 126
500 Ebd., S. 148
501 Werner Funk, stern, 24/48, 1995,
S. 108 ff.
502 Friedrich Dieckmann, Berlin im
Wartestand, Frankfurter Allgemeine
Zeitung, 3. Mai 1997
503 Der Tagesspiegel, 30. Juni 1996
504 Berliner Zeitung, 20. Juni 1996
505 Süddeutsche Zeitung, 19. Juni 1996
506 Vgl. Der Tagesspiegel, 10. November 1995
507 Vgl. Der Tagesspiegel, 14. Dezember 1996
508 Rüdiger Schaper, Süddeutsche Zeitung, 2./3. Oktober 1996
509 Heiner Müller, Mommsens Block,
Drucksache 1, 1993, S. 262
510 Heiner Müller, »Fremder Blick. Abschied von Berlin«, in: Heiner Müller,
Die Gedichte, Hrsg. von Frank Hornigk, Frankfurt am Main 1998, S. 28
511 Rüdiger Schaper, Hässlich währt
am längsten, zit. nach: Evelyn Roll
(Hrsg.), Ecke Friedrichstraße. Ansichten über Berlin, München 1997,
S. 106 ff.
512 Vgl. Der Tagesspiegel, 27. Januar 1996
513 Der Tagesspiegel, 28. Juli 1996
514 Wolf Thieme, Das Weinhaus Huth
am Potsdamer Platz. Die wechselvolle
Geschichte einer Berliner Legende,
Berlin 1999, S. 282
515 Der Tagesspiegel, 12. Mai 1995
516 »Hier regiert der Schlamm«, Der
Spiegel, 49/1996
517 Heinrich Wefing, Der neue Potsdamer Platz. Ein Kunststück Stadt,
Berlin 1998, S. 45
518 Ebd., S. 44
519 Vgl. Ute Lehrer, Zitadelle Innenstadt:
Bilderproduktion und Potsdamer
Platz, in: Albert Scharenberg, Berlin:

Global City oder Konkursmasse,
Berlin 2000, S. 108
520 Peter Rumpf, in: Städtebauliche und
architektonisch Entwicklung von
1990 bis 2000, in: Thorsten Scheer,
Josef Paul Kleihues, Paul Kahlefeldt,
Stadt der Architektur der Stadt
Berlin 2000, S. 366
521 Karl Schlögel, Das Neue Berlin ..., in:
Berliner Festspiele (Hrsg.), Jahrhundertschritt 1, 1999, S. 15
522 Ebd.
523 Cees Nooteboom, Rückkehr nach
Berlin, in: Berliner Lektionen,
Berlin 1997, S. 69 f.
524 Frank Schmeichel, Der Checkpoint
Charly, in: Werner Süß (Hrsg.),
Hauptstadt Berlin, Bd. 3, Berlin 1996,
S. 406
525 Vgl. Helmut Höge, Wenn die Kräne
ziehen, DIE ZEIT, 9. Februar 1996
526 Volker Hassemer, Wozu Berlin? Eine
Streitschrift, Berlin 2010, S. 147
527 Berliner Zeitung, 2. Oktober 1998
528 Heinrich Wefing, Der neue Potsdamer Platz. Ein Kunststück Stadt,
Berlin 1998, S. 42
529 Karl Scheffler, Berlin – ein Stadtschicksal, Nachdruck der Erstausgabe
von 1910, Berlin 1989; das Zitat: S. 219
530 Heinrich Wefing, Der neue Potsdamer Platz. Ein Kunststück Stadt,
Berlin 1998, S. 47
531 Harald Bodenschatz, Berlin auf der
Suche nach dem verlorenen Zentrum,
Hamburg 1995, S. 49 f.
532 Hartmut Engel, Wolfgang Ribbe,
Hauptstadt Berlin – Wohin mit der
Mitte?, Berlin 1993
533 Josef Paul Kleihues, Der Tagesspiegel,
5. Januar 1997
534 Vgl. Bernhard Schulz, »Der Insel
entwachsen«. Zur Geschichte der
Standortentscheidungen für die
Preußischen Museen, in: Architektur
in Berlin, Jahrbuch 1995
535 Vgl. Stephen Kinzer, As All Eyes Turn
East, New York Times, 3. Juli 1995

536 Vgl. Boris Grésillon, Kulturmetropole
Berlin, Berlin 2004
537 Hartwig Dieser, Andreas Wilke,
Spandauer Vorstadt. Zwischenbilanz
und Ausblick, Bezirksamt Mitte von
Berlin, 2005, S. 6 f.
538 Ebd., S. 1
539 Lothar Heinke, Die Mitte pulsiert, in:
Das neue Berlin erleben, Der Tagesspiegel, 1999, S. 4
540 Michael Rutschky, Unklare Verhältnisse, Der Tagesspiegel, 17. Juli 1995
541 Regine Sylvester, Vermüllt, verrucht,
vital, Süddeutsche Zeitung, 4. November 1995
542 Hartmut Häußermann, Die Mitte als
Bindeglied zwischen dem Ost- und
dem Westteil der Stadt?, in: Werner
Süß (Hrsg.), Hauptstadt Berlin, Bd. 3,
Berlin 1996, S. 493 f.
543 wfg. (= Heinrich Wefing), Kernspal-
tung, Frankfurter Allgemeine Zeitung,
23. Oktober 2001
544 Vgl. Herbert Riehl-Heyse, Wenn
der Chefredakteur aus dem 13. Stock
springen will, Süddeutsche Zeitung,
19. Februar 1997
545 Hartmut Häußermann, Die Mitte als
Bindeglied zwischen dem Ost- und
dem Westteil der Stadt?, in: Werner
Süß (Hrsg.), Hauptstadt Berlin, Bd. 3,
Berlin 1996, S. 494
546 Vgl. Joachim Scheiner, Eine Stadt –
zwei Alltagswelten?, Berlin 2000
547 Peter Ensikat, Süddeutsche Zeitung,
17. Januar 1996
548 Ulrike Steglich, »Das ist doch abartig«,
in: Harald Bodenschatz, Thomas
Flierl (Hrsg.), Berlin plant, Berlin 2010, S. 102
549 Thorsten Schmitz, Ab durch die Mitte,
taz, 12. Dezember 1995
550 Bernd Matthies, Mut zum Risiko, Der
Tagesspiegel, 21. September 1998
551 Vgl. Bauwelt Berlin Annual, 1979,
S. 181
552 Karl Schlögel, Eine andere Stadt,
Frankfurter Allgemeine Zeitung,
3. Dezember 1994
553 Vgl. Hartmut Häußermann, Andreas
Kapphan, Berlin: Von der geteilten
zur gespaltenen Stadt? Sozialräumli-
cher Wandel seit 1990, Opladen 2000
554 Kits Hilaire, Berlin – letzte Vorstellung. Abschied von Kreuzberg, 1991,
zit. nach: Barbara Lang, Kreuzberg:
Ethnographie eines Stadtteils
(1961–1995), Frankfurt am Main 1998,
S. 139
555 Ebd., S. 232
556 Ebd., S. 234
557 Vgl. Der Tagesspiegel, 15. März 1994
558 taz, 5. September 1996
559 Ebd., S. 29
560 Der Tagesspiegel, 2. Februar 1998
561 Süddeutsche Zeitung, 9. August 1995
562 Theo Winters, Stadterneuerung in
Prenzlauer Berg. Eine Zwischenbilanz,
Die Alte Stadt, 3/95, S. 256 ff.
563 Regina Kerner, Berliner Zeitung,
7. Dezember 1995, zit. nach: Andrej
Holm, Die Restrukturierung des Rau-
mes. Stadterneuerung der 90er Jahre
in Ostberlin, Bielefeld 2006, S. 212
564 Andrej Holm, ebd., S. 292, Anm. 55
565 Andrej Holm, ebd., S. 311
566 Hartmut Häußermann, Andrej Holm,
Daniela Zunzer, Stadterneuerung
in der Berliner Republik. Modernisierung in Berlin-Prenzlauer Berg,
Opladen 2002, S. 82
567 Wolfgang Thierse, Berliner Morgenpost, 31. Dezember 2012
568 Vgl. Uli Hellweg, Berlin – Stadt am
Wasser. Eine Reise zu neuen Ufern
der Stadt, Bauwelt Berlin Annual 1997,
S. 86 ff.
569 Dieter E. Zimmer, DIE ZEIT,
11. August 1995
570 Süddeutsche Zeitung, 17. Januar 1996
571 Christian van Lessen, Der Tagesspiegel, 16. September 1994
572 Eberhard Diepgen, Zwischen den
Mächten, Berlin 2004, S. 28
573 Der Tagesspiegel, 15. Oktober 1996
574 Der Tagesspiegel, 22. September 1996
575 Hans Willi Weinzen, Berlin und seine
Finanzen. Berlin 2000, S. 144 f.

576 Ebd., S.18
577 Wirtschaftswoche, 29. August 1996
578 Stefan Krätke, Berlin: Struktur-An-
passung oder »offener Strukturbruch,
AfK II/98, S.199
579 Der Spiegel, 14/1997
580 Der Tagesspiegel, 23. Mai 1997
581 Brigitte Grunert, Der Tagesspiegel,
9. Januar 1997
582 Der Tagesspiegel, 21. April 1997
583 Klaus Landowsky, Abgeordnetenhaus,
13. Wahlperiode, 24. Sitzung, 28. Februar 1997, S.1770
584 Ebd., S.1772
585 Vgl. Der Tagesspiegel, 22. Februar 1998
586 Mathew D. Rose, Berlin – Hauptstadt
von Filz und Korruption, München 1997
587 Helmut Halter, Der Spiegel spezial,
6/1997, S.20
588 Stefan Krätke, Berlin: Struktur-An-
passung oder »offener Strukturbruch,
AfK II/98, S.199
589 Bernd Matthies, Der Tagesspiegel,
6. April 1997
590 György Konrád, Menschen in
einem großen Haus, Festrede zur
Einweihung des Debis-Hauses am
Potsdamer Platz, 24. Oktober 1997,
Manuskript
591 Ebd., S.8
592 Lothar Heinke, Der Tagesspiegel,
11. Oktober 1996
593 Zit. nach: Vivian Stein, Heinz Berggruen. Leben und Legende, Zürich
2011, S.357
594 B.S. (= Bernhard Schulz), Der Tagesspiegel, 4. November 1996
595 Süddeutsche Zeitung, 16. April 1997
596 Karl Feldmeyer, Frankfurter Allgemeine Zeitung, 24. September 1996
597 Vgl. Eva Schweitzer, Der Tagesspiegel,
17. September 1997
598 Der Tagesspiegel, 22. August 1997
599 Der Tagesspiegel, 25. August 1996
600 Süddeutsche Zeitung, 11. September 1996

601 Süddeutsche Zeitung, 15. Januar 1997
602 Felix Zwoch, Pariser Platz, Oktober,
Bauwelt Berlin Annual, 1997, S.10
603 Mark Siemons, Hauptstadtfunkeln,
Frankfurter Allgemeine Zeitung,
2. Oktober 1997
604 Johannes Leithäuser, Die Hauptstadt
schuppt sich vom Zentrum nach außen, Frankfurter Allgemeine Zeitung,
30. September 1997
605 Gerwin Zohlen, Auf der Suche nach
der verlorenen Stadt. Berliner Architektur am Ende des 20. Jahrhunderts,
Berlin 2002, S.49
606 Heinrich Wefing, Das konservative
Experiment, in: Ulrich Eckhardt
(Hrsg.), Berlin. Kultur(haupt)stadt,
Berlin 2003, S.85 f.
607 Ebd., S.83 ff.
608 Rüdiger Schaper, Süddeutsche Zeitung, 29. September 1997
609 Süddeutsche Zeitung, 17. Dezember 1997
610 Vgl. Der Tagesspiegel, 11. Januar 1998
611 Volker Hassemer, Wozu Berlin? Eine
Streitschrift, Berlin 2010, S.88
612 Ebd., S.85
613 György Konrád, Menschen in
einem großen Haus, Festrede zur
Einweihung des Debis-Hauses am
Potsdamer Platz, 24. Oktober 1997,
Manuskript, S.10
614 Vgl. Berliner Zeitung, 29. Dezember 1997
615 Vgl. Johannes Gross, Begründung
der Berliner Republik. Deutschland
am Ende des 20. Jahrhunderts,
München 1995
616 Der Begriff taucht zuerst Anfang
der Neunzigerjahre auf, das Digitale
Wörterbuch der deutschen Sprache
listet noch dreißig weitere Nutzungen
auf, bis 1995 Gross' Buch und zeitgleich Jürgen Habermas' Buch:
»Die Normalität einer Berliner Republik« erscheinen. Vgl. Matthias Heine,
Ein Begriffsurheber konnte nicht
ermittelt werden, Die Welt,
20. Juni 2011, S.25

617 Arnulf Baring, Es lebe die Republik,
es lebe Deutschland!, München 1999,
S. 322
618 Der Spiegel, 11/1998
619 Klaus Hartung, DIE ZEIT,
19. März 1998
620 Der Tagesspiegel, 21. Juli 1998
621 Ebd.
622 Frank Schirrmacher, Der verwaiste
Kulturbesitz, Frankfurter Allgemeine
Zeitung, 23. Januar 1998
623 Express, 17. März 1998
624 stern, 23. Dezember 1997
625 Wolfgang Zeh, Das Parlament in
Berlin, in: Werner Süß, Ralf Rytlewski (Hrsg.), Berlin. Die Hauptstadt.
Vergangenheit und Zukunft einer
europäischen Metropole, Berlin 1999,
S. 654
626 Ebd., S. 659
627 Harald Biskup, Kölner Stadt-Anzei-
ger, 8. Juni 1999
628 Dietmar Kansy, Zitterpartie. Der
Umzug des Bundestages von Bonn
nach Berlin, Homburg 2003, S. 115
629 Vgl. Express, 28. November 1997
630 Berliner Kurier, 3. April 1998
631 Otto-Jörg Weis, Frankfurter Rundschau, 24. April 1998
632 Vgl. Dieter Hoffmann-Axthelm,
Osten Westen Mitte: Spaziergänge
eines Planers durch das neuere Berlin,
Berlin 2011, S. 82
633 Vgl. Der Tagesspiegel, 11. November 1998
634 Der Tagesspiegel, 20. Mai 1998
635 Lorenz Maroldt, Aus Berlins Krise
hilft keine Statistik, Der Tagesspiegel,
2. Februar 1998
636 Bernd Matthies, Der Tagesspiegel,
28. Juni 1998
637 Vgl. Berliner Statistik. Zehn Jahre
Berliner Einheit, S. 11
638 Gustav Seibt, Merkur, Nr. 648, 57.
Jahrgang, Heft 4, April 2003, S. 304
639 Thomas Krüger, Die bewegte Stadt,
Berlin 1998

640 Bernhard Schulz, Adolph Menzel –
wiedervereinigt, Der Tagesspiegel,
6. Februar 1997
641 Heinrich Wefing, Frankfurter Allgemeine Zeitung, 1. August 1998
642 Wolf Jobst Siedler, Phönix im Sand.
Glanz und Elend der Hauptstadt,
Berlin 1998
643 Jürgen Leinemann, Der Spiegel
22/1998, S. 61
644 Vgl. ebd., S. 55 ff.
645 Thomas Assheuer, Das Deutschland-
spiel, DIE ZEIT, 3. September 1998
646 Vgl. Heinz Bude, Frankfurter Allgemeine Zeitung, 18. Juni 1998
647 Jens Jessen, Berliner Zeitung, 29. September 1998
648 Bundestag, 14. Wahlperiode, 3. Sitzung,
10. November 1998, S. 49
649 Jutta Voigt, Schlossplatz Nr. 1, Die
Woche, 21. August 1998
650 Stephan Hebel, Frankfurter Rundschau, 26. November 1998
651 Brigitte Grunert, Der Tagesspiegel,
12. November 1998
652 Tissy Bruns, Der Tagesspiegel,
17. Januar 1999
653 Der Tagesspiegel, 10. Januar 1999
654 Vgl. Süddeutsche Zeitung,
24. September 1998
655 Interview mit Wolfgang Thierse,
Der Tagesspiegel, 29. Oktober 1998
656 Vgl. Johannes Leithäuser, Zwist zwischen Bonn und Berlin, Frankfurter
Allgemeine Zeitung, 10. Oktober 1998
657 Berliner Zeitung, 3. Februar 1999
658 DIE ZEIT, 4. Februar 1999
659 Edgar Wolfrum, Rot-Grün an der
Macht: Deutschland 1998–2005,
München 2013, S. 593
660 Berliner Zeitung, 27. März 1999
661 Andreas Molitor, DIE ZEIT,
23. September 1999
662 Edgar Wolfrum, Rot-Grün an der
Macht: Deutschland 1998–2005,
München 2013, S. 170
663 Bundestag, 14. Wahlperiode, S. 2664
664 Ulrich Deupmann, Berliner Zeitung,
20. April 1999

665 Werner Schulz, Bundestag, 14. Wahlperiode, 33. Sitzung, S. 2683

666 Berliner Morgenpost, 9. April 1999

667 Michael Mönninger, Rückkehr in die Hauptstadt, in: Berlin: Offene Stadt – Die Stadt als Ausstellung. Der Wegweiser, 4. Aufl. Berlin 2001, S. 41

668 Karl Feldmeyer, Der Reichstag bewahrt nur Hinweise auf Scheitern und Katastrophen, Frankfurter Allgemeine Zeitung, 28. August 1999

669 Bernhard Schulz, Kosmos der Werte, in: Heinrich Wefing (Hrsg.), Dem deutschen Volke. Der Bundestag im Berliner Reichstagsgebäude, Bonn 1999, S. 222 f.

670 Klaus Hartung, DIE ZEIT, 18/1999

671 Silvia Meixner, Die Welt, 10. Februar 1999

672 Ulrich Raulff, Die Klamotte, die ihr kennt, Frankfurter Allgemeine Zeitung, 25. Mai 1999

673 Berlin: Offene Stadt – Die Stadt als Ausstellung. Der Wegweiser, 4. Aufl. Berlin 2001, S. 6

674 Eva Schweitzer, Das seltsame Gefühl, nicht in Berlin zu sein, Der Tagesspiegel, 6. Juni 1999

675 Berlin: Offene Stadt – Die Stadt als Ausstellung. Der Wegweiser, 4. Aufl. Berlin 2001, S. 7

676 Dieter Hoffmann-Axthelm, Berlin: Schönheit der Stadt, in: Kursbuch 137, S. 87

677 Lucas Delattre, Was die Berliner stört …, Der Tagesspiegel, 27. April 1999

678 Ebd.

679 Vgl. Jana Simon, Häuser raten, Der Tagesspiegel, 28. Juli 1999?

680 Vgl. stern, 19. August 1999

681 Antje Sirleschtov, Der Tagesspiegel, 14. Juli 1999

682 Moritz Müller-Wirth, Frankfurter Allgemeine Zeitung, 21. August 1999

683 Jürgen Leinemann, Das Neue ist die Größe, Der Spiegel, 36/1999

684 Klaus J. Schwehn, Der Tagesspiegel, 24. August 1999

685 Elisabeth Binder, Der Tagesspiegel, 11. September 1999

686 Der Spiegel, 36/1999

687 Eberhard Diepgen, Abgeordnetenhaus, 9. September 1999, S. 4893

688 Ebd., S. 4894

689 Ebd.

690 Konrad Schuller, Wärmestube West, Wärmestube Ost, Frankfurter Allgemeine Zeitung, 12. Oktober 1999

691 Ebd.

692 Vgl. Lothar Heinke, Auf der Suche nach der verlorenen Freude, Der Tagesspiegel, 14. November 1999

693 W. Michael Blumenthal, In achtzig Tagen um die Welt. Mein Leben, Berlin 2010, S. 533. Der aus Berlin emigrierte Blumenthal war u. a. US-Finanzminister; seit 1997 ist er Direktor des Jüdischen Museums.

Bildnachweis

Bild 1, 3, 8: Bundesregierung / Klaus Lehnartz
Bild 2: Bundesregierung / Heiko Specht
Bild 4 und 5: Bundesregierung / Christian Stutterheim
Bild 6, 10, 11 und 15: Bundesregierung / Julia Fassbender
Bild 7: Bundesarchiv, B 145 Bild-F088842-0012 / Fotograf: Joachim F. Thurn
Bild 9, 13 und 14: Bundesregierung / Bernd Kühler
Bild 12: Bundesregierung / Steffen Kugler

Dank

Dieser Report, der es unternimmt, zu erzählen und für das Gedächtnis festzuhalten, wie aus dem geteilten Berlin wieder eine Stadt und die deutsche Hauptstadt wurde, stützt sich in der Hauptsache auf die aktuelle journalistische Berichterstattung. Ich bin deshalb den Kollegen, Autoren und Beobachtern zu Dank verpflichtet, die diese Geschichte in den regionalen und überregionalen Zeitungen und Zeitschriften verfolgt haben, nicht zuletzt den Kollegen des »Tagesspiegel«, für den ich in diesem Jahrzehnt zuerst als Chefredakteur, dann als Herausgeber tätig war. Ich nenne: Elisabeth Binder, Brigitte Grunert, Lothar Heinke, Robert Ide, Mechthild Küpper, Christian van Lessen, Lorenz Maroldt, Bernd Matthies, Rüdiger Schaper, Bernhard Schulze, Eva Schweitzer, Ulrich Zawadka-Gerlach, dazu als amtierende Leiter der Redaktion in der zweiten Hälfte der Neunzigerjahre Monika Zimmermann, Gerd Appenzeller und Walther Stützle. Nicht weniger danke ich der Phalanx der Kenner und passionierten Begleiter des Stadtschicksals in den Nachwendejahren, deren Kommentare und Interpretationen mich vielfach angeregt und inspiriert haben. Genannt seien Friedrich Dieckmann, Ulrich Eckhardt, Dieter Hildebrandt, Klaus Hartung, Dieter Hofmann-Axthelm, Harald Jähner, Regina Mönch, Michael Mönninger, Evelyn Roll, Karl Schlögel, Konrad Schuller, Mark Siemons, Hans Stimmann, Christoph Stölzl, Heinrich Wefing, Karl Feldmeyer, Johannes Leithäuser sowie die verstorbenen Joachim Nawrocki und Jürgen Leinemann.

Die Nachwendegeschichte Berlins hat ihren Niederschlag auch in einer Reihe von Buch-Publikationen gefunden, auf die ich dankbar zurückgegriffen habe. Die frühe Phase nach dem Mauerfall haben Walter Momper, der damalige Regierende Bürgermeister, und Dieter Schröder, der Chef der Senatskanzlei, beschrieben, beide in Rückblicken, die noch etwas vom heißen Atem der Ereignisse spüren lassen. Walter Mompers Rückblick auf die dreizehn Monate vom Mauerfall bis zur Wiedervereinigung Berlins und Deutschlands steht noch ganz unter dem Eindruck der Ereignisse; die persönliche, auch parteipolitische Einfärbung nimmt seinem Bericht über diese dramatische Zeitspanne nichts von seiner Eindrücklichkeit: Walter Momper, »Grenzfall. Berlin im Brennpunkt deutscher Geschichte«, München 1991 (den gleichen Text hat Momper in diesem Jahr unter dem Titel: »Berlin nun freue dich. Mein Herbst 1989«, Berlin 2014, vorgelegt, merkwürdigerweise ohne einen Hinweis auf das gelungene Ursprungswerk). Hinter dem etwas mühsam hintersinnigen Titel des Buches »Von Politik und dummen Fragen. Beobachtungen in Deutschland«, Rostock 2002, von Dieter Schröder verbirgt sich die Nachzeichnung dieser Anfangsphase aus der Perspektive der Verwaltung, was ihren Problemen und Widersprüchen eine ganz eigene, konkrete Kontur gibt – ein rarer, verdienstvoller Fall in der Zeitgeschichte.

Die Bilanz, die Eberhard Diepgen, der langjährige Regierende Bürgermeister, über seine Amtszeit gezogen hat, bietet eine Erörterung des Prozesses der Berliner Wiedervereinigung, wie sie in dieser Prägnanz und Offenheit nirgendwo sonst zu finden ist. Auch in seinem Fall gilt, dass der Umstand, dass er aus seiner bzw. der CDU-Sicht schreibt, dem Erkenntnis- und Dokumentationswert seiner Erinnerungen keinen Abtrag tut: Eberhard Diepgen, »Zwischen den Mächten. Von der besetzten Stadt zur Hauptstadt«, Berlin 2004. Andere Autoren, andere Sichtweisen, andere Tonlagen: Eine expressive Prosa-Etüde sind die sozusagen im vollen Lauf geschriebenen Berlin-Passagen in Klaus Hartungs, »Neunzehnhundertneunundachtzig. Ortsbesichtigungen nach einer Epochenwende«, Frankfurt am Main 1990. Eindringlich tritt das Berlin dieser frühen Phase hervor in der Reportage von Jürgen Leinemann: »Der gemütliche Moloch. Zwei Berlin auf dem Weg zu einer Hauptstadt«, Hamburg 1991. Wie überhaupt Leinemanns Beschäftigung mit Berlin, wie auch die des »Spiegel« insgesamt – trotz der notorischen Neigung des Blattes zur Zuspitzung – alle Achtung verdient.

Das Ringen um den Umzug des Bundestags, eine abenteuerliche Geschichte mit allen Zügen eines Dramas – auch eines Hintertreppendramas –, hat in Dietmar Kansy eine präzise Darstellung gefunden. Sie kann fast als die authentischste gelten – Kansy war als Vorsitzender der Baukommission des Deutschen Bundestages einer der Hauptakteure in dieser quälenden Auseinandersetzung. Sie nimmt für sich ein nicht nur wegen ihrer Faktenfülle, sondern gleichermaßen durch ihren lakonischen Blick und ihren Witz: Dietmar Kansy, »Zitterpartie. Der Umzug des Bundestages nach Berlin«, Hamburg 2003.

Die Baugeschichte Berlins in den Neunzigerjahren ist ein Feld, auf dem eine Fülle von Aufsätzen und Artikeln, von Sammelbänden und Katalogen blüht, dazu – naheliegenderweise – Bildbände, aber eben auch Buchtitel. Einen lebendigen, journalistischen Griff ins schöpferische Chaos der frühen Jahre bietet Eva Schweitzer: »Großbaustelle Berlin. Wie die Hauptstadt verplant wird«, Berlin 1996. Einen architekturkritischen Ansatz mit allgemeiner Verständlichkeit und einleuchtenden Urteilen verbindet Gerwin Zohlen: »Auf der Suche nach der verlorenen Stadt. Berliner Architektur am Ende des 20. Jahrhunderts«, Berlin 2002. Heinrich Wefing, der Architekturkritiker der »Frankfurter Allgemeinen Zeitung«, hat neben seinen Artikeln beispielhafte monografische Arbeiten zum Potsdamer Platz und zum Kanzleramt verfasst: Heinrich Wefing, »Der neue Potsdamer Platz. Ein Kunststück

Stadt«, Berlin-Brandenburg 1998, und »Kulissen der Macht. Das Berliner Stadtschloss«, Stuttgart/München 2001. Aus der großen Zahl von Architekturliteratur im engeren Sinne sind jedenfalls die vier Jahrbücher zu nennen, die die Zeitschrift »Bauwelt« von 1997 bis 2000 herausgebracht hat, weil sie ihre Themen bewusst in den Kontext des Stadtgeschehens hineinstellen: »Bauwelt Berlin Annual. Chronik der baulichen Ereignisse«, herausgegeben von Martina Düttmann und Felix Zwoch, Berlin/Berlin-Basel-Boston 1998 ff.

Eine bedeutende Organisationsleistung, damit aber auch eine bemerkenswerte Anstrengung, Berlins Situation zu begreifen und zu umreißen, stellen die drei Bände zur »Hauptstadt Berlin« dar, die Werner Süß herausgegeben hat. Zusammen mit einem handbuchartigen, fast tausend Seiten starken Wälzer als Schlussstein präsentieren sie geradezu ein Gebirge an Berlin-Beiträgen, und der Ertrag ist dementsprechend – Substanzielles und Spreu, Referentenprosa und prägnante Bestandsaufnahmen: »Hauptstadt Berlin. Band 1: Nationale Hauptstadt. Europäische Metropole«, Band 2: »Berlin im vereinten Deutschland«, Band 3: »Metropole im Umbruch«; zusammen mit Ralf Rytlewsky: »Berlin. Die Hauptstadt. Vergangenheit und Zukunft einer europäischen Metropole«, erschienen von 1994 bis 1999. Die umfangreiche Berlin-Geschichte von Uwe Prell räumt der Vereinigung der Stadt und den Faktoren, die dabei eine Rolle spielen, breiten Raum ein, obwohl sie eingestellt ist in den ambitionierten Versuch, eine Gesamtgeschichte Berlins unter soziologischen Gesichtspunkten zu entwerfen: Uwe Prell, »Berlin – Bühne des Wandels. Ein Reisebericht«, Berlin 2005.

Dank gilt auch den Archiven, die mich bereitwillig unterstützt haben. Am Anfang muss das Archiv des »Tagesspiegel« stehen, zuvörderst sein Leiter, Thomas Friederich, der zusammen mit seinen Mitarbeitern keine Mühe gescheut hat, die Arbeit an diesem Buch zu fördern. Bereitwillig haben mir auch die Archive der »Berliner Zeitung«, der »Frankfurter Allgemeinen Zeitung«, der »Süddeutschen Zeitung« und der »ZEIT« geholfen; es war ein Vergnügen, mit ihnen und in ihnen zu arbeiten. Das Gleiche gilt für die Pressedokumentation des Deutschen Bundestages, die mir ihre einschlägigen Materialien zur Verfügung gestellt hat. Dank auch der Zeitungsabteilung der Staatsbibliothek zu Berlin, den Bibliotheken des Deutschen Bundestages, des Abgeordnetenhauses und der Landesbibliothek Berlin.